RAY COKES: My Most Wanted Life

RAY COKES

My Most Wanted Life

VOR DER KAMERA, HINTER DER KAMERA UND ÜBERHAUPT

DIE AUTOBIOGRAFIE

Deutsche Ausgabe

SCHWARZKOPF & SCHWARZKOPF

Inhalt

Vorwort 7

Prolog 13

Noch ein Prolog 21

Kapitel 1   Meine Kindheit 23

Kapitel 2   School's Out: Ende der Schulzeit 37

Kapitel 3   Brighton Rocks: Spaß an der Südküste 47

Kapitel 4   Trans Europ Express (1978–1987) 85

Kapitel 5   Willkommen bei MTV 107

Kapitel 6   MTV's Most Wanted 167

Kapitel 7   MTV's Most Wanted II – Access All Areas .. 217

Kapitel 8   X-Ray Vision 265

Kapitel 9	Das Leben nach MTV	285
Kapitel 10	Saturday I'm In Love	305
Kapitel 11	Paris	321
Kapitel 12	Transit-Man	367
Kapitel 13	Reeperbahn Reloaded	373
Kapitel 14	Renaissance Ray	377
Kapitel 15	You Gotta Be in It to Win It	381

Epilog 389

Deleted Scenes 393

Abspann 397

*Für meinen Engel Lily –
ohne ihre Führung und
endlose Liebe hätte
meine Geschichte es nicht
auf diese Seiten geschafft.*

Vorwort

Eine persönliche Nachricht an meine Mutter und meinen Vater

Liebe Mum, lieber Dad,

nun ist die Zeit ist gekommen, meine Geschichte zu veröffentlichen. Wenn ich noch länger warte, werde ich mich an nichts mehr erinnern können. Um jegliche Verlegenheit, einen Schock und die wahrscheinliche Exkommunikation eures ältesten Sohnes zu vermeiden, bitte ich euch nun, eure Neugier zu unterdrücken und dieses Buch wieder zu schließen. Darin stehen zu viele unanständige Dinge (manche davon waren sogar illegal), und es kann sein, dass sie für euch kaum zu ertragen sind. Besonders für dich, Mum.

Ich befürchte, dass ihr nicht verstehen werdet oder – noch schlimmer – dass euer Bild von eurem (geliebten) Sohn für immer ruiniert sein wird. Dieses Risiko gehe ich auch bei meinen Lesern ein – auch sie könnten mich nach meinen zahlreichen Enthüllungen fallen lassen wie eine heiße Kartoffel. Aber ihnen gegenüber würde ich mich nicht so schuldig fühlen wie euch gegenüber – meinen Eltern. Die meisten Leute, die diesen Schinken lesen, werden wahrscheinlich nicht mal überrascht von den heftigeren Eskapaden sein und diese sogar von mir erwarten. Deshalb, Mum und Dad – bitte legt das Buch jetzt beiseite, fragt meinen Bruder und meine Schwestern, ob sie euch die familienfreundlichen Passagen vorlesen, und spendet eure Ausgabe einem eurer geliebten Wohltätigkeitsläden in der Fußgängerzone.

Vielen Dank. Ich werde euch am Wochenende anrufen, so wie immer.

In Liebe
Ray(mond) xxxx

PS. Dad, ich nehme mal an, du liest immer noch weiter? Ich wusste, dass ich dich nicht so einfach würde davon abbringen können, aber das ist okay, da du weltoffener bist als Mum und dich definitiv nicht so leicht schockieren lässt. Nicht dass sie voreingenommen wäre (ist sie) oder altmodisch (ist sie auch), aber ich hatte bereits das Vergnügen, Mums Meinung zur modernen Welt kennenzulernen. Und das reicht aus, um zu wissen, wie sie wahrscheinlich auf dieses Buch reagieren wird.

Es passierte, als ich etwa 35 war. Mum saß auf ihrem Sofa mit Blümchenmuster und sah sich im Fernsehen ihre geliebten Lokalnachrichten an. Wie so oft bei dieser Gelegenheit fragte sie mich, ob ich ihr dabei nicht ein wenig Gesellschaft leisten wolle bei einer Tasse Tee, den sie aus einem bereits gebrauchten Teebeutel gemacht hatte (»Man muss sparsam sein, Raymond, der Tee in diesen Beuteln reicht für mindestens drei Tassen!«).

Bei diesen Nachrichtensendungen bringt sie mich immer zum Lachen, erstens weil sie stets ihre offensichtliche Bewunderung für den (etwas dubiosen) Nachrichtensprecher zeigt und zweitens weil sie ihre Verachtung gegenüber der (ausnahmslos viel kompetenteren) Kosprecherin nie verbergen kann. Wenn die Sendung vorbei ist, kommt von meiner Mutter immer derselbe schwermütige Kommentar: »Ach, Raymond – kannst du nicht als Nachrichtensprecher arbeiten?«

Worauf ich immer antworte: »Nein, Mum, ich bin zu jung/alt/unbekannt«, je nachdem wie ich mich gerade fühle, »und ich bin ganz bestimmt nicht seriös genug, um eine politische Eilmeldung angemessen rüberzubringen.«

Dies passiert ungefähr jedes Mal, wenn wir zusammen eine Sendung im britischen Fernsehen schauen, und Mum versteht – trotz all meiner Proteste – immer noch nicht genau, warum ich nicht nach England zurückkehren und als Showmoderator/Nachrichtensprecher oder sogar als fest angestellter Koch in einem Restaurant um die Ecke arbeiten will (»Fernsehen wird es nicht ewig geben, Raymond, du solltest über einen richtigen Beruf nachdenken.«).

Wie du sicherlich noch weißt, hat mir Mum jahrelang nicht geglaubt, dass ich als Moderator arbeitete. Sie sagte mir, dass sie – obwohl sie gefühlte 24 Stunden am Tag vor der Glotze saß – nicht eine einzige Sendung mit mir als Moderator gesehen habe, und sie war überzeugt, dass ich sie anlog und in Wirklichkeit arbeitslos war und von Sozialhilfe lebte. Ich erklärte ihr, dass sie mich deshalb nicht sehen konnte, weil meine Sendung nur über Satellit zu empfangen war und sie weder Kabel- noch Satellitenfernsehen hatte. Erst als wir bei euch eine Satellitenschüssel installieren ließen, konnte sie mich auch auf dem Bildschirm sehen und glaubte mir. Überraschend fand ich, wie unbeeindruckt sie war: »Musst du immer diese Grimassen schneiden, Raymond? Das ist so albern! Und was für schreckliche Musik du spielst – kannst du nicht mal ein Video von Cliff Richard zeigen?!«

Doch wieder zurück zu jenem gemeinsamen Fernsehabend. Damals kam ein Bericht über den tragischen Tod eines Mädchens, das durch Ecstasy gestorben war – sie hatte während ihres E-Trips übermäßig viel Wasser getrunken und ihr Gehirn damit geschädigt. Der Grundtenor des Berichts war jedenfalls, dass Drogen gefährlich und böse sind und unsere Kinder umbringen.

Mum hielt natürlich sofort wieder eine Volksrede.

»Oh, das ist so schrecklich, Raymond, warum tun diese Jugendlichen so was? Jeder, der Drogen nimmt, gehört ins Gefängnis, und jeder, der sie verkauft, gehört standrechtlich erschossen!«

Seltsam, wie oft ich diesen Satz von älteren Leuten schon gehört habe: »Sie gehören standrechtlich erschossen« – für eure Generation war dies offenbar die Lösung für alle gesellschaftlichen Probleme.

Zurück zu Mum und ihrer Tirade. Während dieser Ausbrüche sitze ich normalerweise immer da, nicke und tue so, als würde ich Mum zustimmen, was einfacher und sicherer ist als der Versuch, Eltern etwas zu erklären, was sie ganz einfach nicht verstehen können und auch nicht verstehen wollen. Dieses Mal jedoch beschloss ich, nicht den Mund zu halten und mich gegen ihre Meinung zu stellen.

»Mum, du darfst nicht alles glauben, was in den Nachrichten gebracht wird«, erhob ich tapfer meine Stimme. »Drogen sind nicht ausschließlich nur schlecht, weißt du, Millionen von Menschen nehmen welche, wenn sie am Wochenende feiern gehen, und sie sterben nicht. Jährlich sterben mehr Menschen durch Rauchen und Trinken als durch illegale Drogen.«

»Wirklich, Raymond? Bist du da sicher?«

»Ja, Mum, auch Alkohol und Zigaretten sind Drogen, weißt du? Nur weil man sie im Laden kaufen kann, heißt das nicht, dass sie gut sind – es bedeutet einfach nur, dass sie legal sind, verstehst du, was ich meine?«

»Oh ja, ich denke, du hast vielleicht recht«, antwortete sie und sagte dann: »Aber warum sind dann diese Drogen in Ordnung und andere wiederum nicht?«

»Weil die Regierung beschlossen hat, sie illegal zu machen, das ist der Grund«, war die einzig plausible Antwort, die mir einfiel, ohne gleich in die Geschichte von Rauschmitteln und den zahlreichen Versuchen der Regierung, die Menschen zu kontrollieren und sie von Drogen fernzuhalten, einzutauchen.

Aber ich hatte gerade einen Lauf, und so beschloss ich, mit Volldampf fortzufahren. »Ich kenne viele Leute, die Drogen genommen haben.«

»Wirklich?«, fragte Mum.

Ich konnte weder Schock noch Wut in ihren Augen erkennen, also machte ich weiter. »Ja, so ist es, und das sind keine Junkies, wie man sie in den Nachrichten sieht, das sind ganz normale Menschen, die ein anständiges Leben führen.«

Dann kam die Frage, vor der es mir graute, aber dennoch war ich fest entschlossen, sie dieses Mal ehrlich zu beantworten: »Und hast du schon mal Drogen genommen, Raymond?«

»Ja, Mum, das habe ich.«

»Wirklich?«

»Ja.«

Trotz meiner bestätigenden Antwort gab es wieder kein Anzeichen von Wut oder Enttäuschung in ihrem Gesicht, nur das offensichtliche Verlangen, mehr zu erfahren – also kam ich ihrem Wunsch pflichtgemäß nach.

»Ich habe Kokain, LSD, Marihuana und Ecstasy ausprobiert. Heroin nicht, weil ich es für eine schrecklich zerstörerische Droge halte, die abhängig macht. Ganz abgesehen davon hasse ich Nadeln, wie du weißt.«

Sie lachte und erinnerte sich, dass ich schon beim kleinsten Bluttest beim Arzt ohnmächtig wurde, weil ich solche Angst vor Spritzen hatte.

»Drogen können gefährlich sein«, fuhr ich fort, »aber wenn man weiß, was man tut, und sich sicher ist, gute Ware bekommen zu haben, und mit dem Ganzen verantwortungsvoll umgeht, dann dürfte man auf der sicheren Seite sein. Natürlich gibt es immer wieder Todesfälle, aber das liegt eher am Verhalten der jeweiligen Person, einer allergischen Reaktion oder einem schrecklichen Unfall als an der Droge selbst.«

»Ich verstehe«, sagte Mum. »Du hast also all diese Drogen ausprobiert? Wie bist du an sie rangekommen? Und was passiert, wenn du sie nimmst?«

Ich war ziemlich überrascht, oder besser gesagt, ich fiel aus allen Wolken. Mum zeigte ehrliches Interesse und schien ihre eigene festgefahrene Meinung in Sachen Drogen tatsächlich zu überdenken.

Ich erzählte ihr also alles über Dealer, die Kosten, die Wirkung und die Höhen und Tiefen des normalen Drogenkonsums zum Spaßhaben. Sie stellte viele Fragen, und ich antwortete ihr, so ehrlich ich konnte, während sie sich auf ihrem gemütlichen Sofa zurücklehnte, eine Zigarette nach der anderen rauchte (ihre bevorzugte Droge) und alles, was ich sagte, aufnahm.

Für mich war dies ein enormer Durchbruch. Ich hatte gar nicht vorgehabt, meiner Mutter zu gestehen, dass ich gelegentlich zum Spaßhaben Drogen nahm. Aber nun war es passiert, und ich war froh, ihr ein wenig Erleuchtung bescheren und diese Ansichten, die sie aus der Propaganda in der Klatschpresse so bereitwillig verinnerlicht hatte, geraderücken zu können.

Als ich meine Predigt beendet hatte, schwieg sie, seufzte tief und lehnte sich nach vorn, um ihre Zigarette im Aschenbecher auszudrücken. Dann sah sie mich mit regungsloser Miene an, blickte mir tief in die Augen und sagte eine gefühlte Ewigkeit lang nichts, bis sie plötzlich lächelte und sprach: »Raymond, du bist so ein ungezogener Junge!«

Dies war eine durchaus zu erwartende Reaktion auf eine so deutliche und ehrliche Lobeshymne auf die Realität des Drogenkonsums (jedenfalls meine Sicht darauf), also lächelte ich zurück.

»Ich weiß, Mum.«

»Du bist unmöglich!«, hörte ich sie weiter sagen, als sie aufstand, um den Fernseher auszuschalten. »Du findest es wohl lustig, deine alte Mum so an der Nase herumzuführen! Ich hätte beinahe einen Herzinfarkt bekommen! Du hast gar keine Drogen genommen, nicht wahr? Du hast mich bloß nach Strich und Faden veräppelt, du kleiner Lümmel!«

In diesem Augenblick wurde mir klar, dass ich mich komplett geschnitten hatte zu glauben, dass ich die Vorurteile und Bedenken einer altmodischen Mutter, die ihren Sohn über alles liebt, ändern könnte. Deshalb fiel mir nur eine Antwort ein, die ein liebender, verantwortungsvoller Sohn unter diesen Umständen äußern kann: »Natürlich nicht, Mum, Drogen sind gefährlich, sie ruinieren Leben, und Drogendealer sollten standrechtlich erschossen werden!«

»Na, Gott sei Dank, Raymond«, sagte Mum laut lachend, »da hast du mir einen Moment lang aber einen Schrecken eingejagt, du schlimmer Finger! Möchtest du noch eine Tasse Tee?« Und damit war das Gespräch beendet, das Thema wurde nie wieder angeschnitten.

Vielleicht verstehst du mittlerweile, Dad, warum ich nicht möchte, dass Mum von meinen Ausflügen ins wilde Partyleben liest.

Aber nachdem ich all dies losgeworden bin, denke ich auch: Sollte Mum die Wahrheit über mein leicht hedonistisches Künstlerleben erfahren, wird sie vielleicht doch nicht so schockiert sein, über ihre eigene Reaktion lachen und dabei verkünden: »Oh, Raymond, warum tust du deiner Mutter so was an?!«

Aber generell – vor allem in eurer Generation – ändern ältere Menschen ihre Meinung oder Einstellung nicht so schnell. Und Mütter machen sich Sorgen, immer und überall. Warum also sollte ich das noch verschlimmern?

Also, Dad, bitte sorge dafür, dass Mum ihr idealistisches Bild von ihrem fast perfekten Sohn aufrechterhält, und vertusche meine eher haarsträubenden Heldentaten, so gut es geht. Ach ja, und bitte verurteile auch du mich nicht zu sehr, ich bin wirklich ein ehrlicher, anständiger Mann von Welt mit Verantwortung, der sich allerdings gern auch mal auf der wilden Seite des Lebens herumtreibt.

Jedenfalls war das mal so – mittlerweile bin ich viel zu alt dafür, ehrlich!

Prolog

»Ach, gäbe uns eine Macht die Gabe der Feen,
uns selber zu sehen, wie andere uns sehen!«
ROBERT BURNS

2011 flog ich nach Berlin zu einer Geburtstagsparty eines Freundes, aber anstatt ausgiebig zu feiern, endete der Abend für mich damit, dass ich mich – beziehungsweise meinen Ruf als Fernsehmoderator – wie nie zuvor infrage stellte.

Wie es heutzutage eben sehr schick ist, tauchte ich relativ spät auf der Party auf und wurde von meinem Freund Markus empfangen, mit einer herzlichen Umarmung und einem dicken Joint. Ich nahm einen kleinen Zug und gab ihm das Ding gleich wieder zurück; seine Joints waren für mich viel zu stark, und da er das Rauchen eigentlich aufgegeben hatte, aber immer noch verrückt nach Zigaretten war, enthielten seine Joints auch viel zu viel Tabak. Viele Exraucher aus meinem Bekanntenkreis gleichen ihre frühere Zigarettenabhängigkeit mehr als aus, indem sie zu viele Joints rauchen. Jedenfalls wollte ich nicht gleich völlig zugedröhnt sein, bevor ich die anderen Gäste kennengelernt hatte. Dies mag vielleicht überraschend sein, aber wenn ich nicht vor einer Kamera oder einem Mikrofon stehe, bin ich recht schüchtern, und Kiffer-Paranoia wäre sicherlich kein guter Start in den bevorstehenden langen Abend gewesen.

Markus nahm mich gleich mit und stellte mich seinen Freunden und Kollegen vor, von denen ich kaum jemanden kannte. Die meisten erkannten mich allerdings gleich als den Typen von MTV. Ich freue mich immer noch, dass die Leute mich noch aus dieser Zeit kennen – immerhin ist eine Karriere als Fernsehpromi eher kurzlebig –, und ich finde die Freundlichkeit und Aufrichtigkeit der Leute mir gegenüber immer noch sehr rührend.

Ich mischte mich also unters Partyvolk und stellte mich (oftmals unnötigerweise) vor, und irgendwann kam ich zu einem großen, mürrisch dreinblickenden Mann, der wie ein Wikinger aussah. Als ich ihm meine Hand reichte, ergriff er sie und drückte sie extrem fest, dann zog er mich mit einem leicht schiefen Grinsen im Gesicht zu sich heran und begann zu sprechen: »Ja, ich weiß, wer du bist, du bist Ray Cokes von MTV.«

So weit, so gut, dachte ich. Aber was als Nächstes passieren sollte, überraschte mich.

»Ich bin Max, und das ist Nina«, sagte er und zeigte auf die üppige Blondine in seinem Arm. »Komm bloß nicht auf die Idee, sie später noch zu ficken, verstanden? Sie ist meine Frau!«

Diese Ansage war offensichtlich kein Witz, er warnte mich allen Ernstes davor, mich seiner Partnerin sexuell zu nähern.

Es passiert nicht oft, dass ich sprachlos bin – normalerweise helfen mir meine schnelle Auffassungsgabe und mein Charme aus schwierigen Situationen –, aber dieses Mal stand ich einfach nur da und war völlig perplex. Mein Freund Markus stand ebenfalls fassungslos neben mir, ihm war nicht entgangen, dass diese schroffe Ansage mich etwas durcheinandergebracht hatte.

Während ich mich sammelte und versuchte, eine passende Antwort zu finden, sausten mir tausend Gedanken wild durch den Kopf. Warum ging mich dieser Gast auf eine so direkte Art an? Könnte es sein, dass ich einen Ruf hatte als Aufreißer, der keinen Respekt vor den Frauen anderer Männer hat? Ich gebe zu, dass ich mich in Interviews nie zurückgehalten habe und mich unverfroren als ungezogener Bengel verkauft habe. Und vor der Kamera habe ich am Telefon oft mit Zuschauerinnen geflirtet, aber diese neckischen Spielchen machen aus mir doch noch lange keinen Womanizer! Während ich weiter nach einer Art Rechtfertigung für diese unfreundliche Bemerkung suchte, kam mir in den Sinn, dass mein neuer Bekannter vielleicht zufällig Zeuge einer meiner gelegentlichen Ausflüge in die nettesten Swingerclubs Europas geworden war, wo solche Aktivitäten erwünscht sind. Klar hatten mich andere Hedonisten in diesen Etablissements erkannt, und obwohl ich zunächst etwas peinlich berührt gewesen war, konnte ich mich schließlich damit anfreunden – immerhin waren wir alle aus demselben Grund dort. Es war also möglich, dass dieses Pärchen zur selben Zeit im selben Club wie ich gewesen war, aber ich war mir sicher, mit ihnen keinen Partnertausch gemacht zu haben, da sie definitiv nicht mein Geschmack waren.

All diese Gedanken gingen mir durch den Kopf, und als ich mir hundertprozentig sicher war, dass ich das Pärchen noch nie zuvor gesehen hatte und sich diese Ansage ganz klar darauf bezog, wie ich in der Öffentlichkeit wahrgenommen wurde, antwortete ich dem Typen: »Ganz sicher nicht, deine Frau ist für meinen Geschmack zu groß und zu unattraktiv, und ich würde sie nicht mal haben wollen, wenn sie sich Nyotaimori-mäßig mit meinem Lieblingssushi auf ihrem nackten Körper vor mir präsentieren würde.«

Okay, meine tatsächlichen Worte waren etwas freundlicher: »Natürlich nicht, was denkst du von mir? So was würde mir nicht im Traum einfallen. Aber trotzdem echt nett, dich kennenzulernen!«

Etwas später fand ich seinen Kommentar nicht mehr ganz so kränkend und redete mir ein, dass seine Sorge nichts mit mir zu tun hatte, sondern eher aus einer Unsicherheit wegen seiner möglicherweise nymphomanisch veranlagten Partnerin entstanden war. Zu dieser Folgerung kam ich aus einem sehr einfachen Grund: Seine Frau, die ein enges, sehr tief ausgeschnittenes Top trug, verbrachte den ganzen Abend damit, ihre großen Brüste rauszustrecken und sie jedem, der sie sehen wollte, zu präsentieren, wenn ihr Mann gerade nicht hinsah.

Ein wenig beruhigter fing ich an, mich zu entspannen, mich mit Leuten zu unterhalten und etwas zu trinken, bis eine weitere dubiose Begegnung mich in Sachen Selbstreflexion und innere Zweifel sehr ins Grübeln brachte.

Gegen ein Uhr nachts waren alle Partygäste entweder schon ziemlich dicht vom starken deutschen Bier oder völlig stoned vom türkischen Gras. Wenn ich nicht mit engen Freunden unterwegs bin, ist das ungefähr die Zeit, in der ich mich unter Ausreden von Partys verabschiede. Denn dies ist meistens der Moment, wo die Leute sich genügend Mut angetrunken haben und mich um hässliche Suff-Fotos bitten – die dann immer auf Facebook landen –, mich für etwas, das ich in der Vergangenheit mal zu einem Popstar gesagt oder nicht gesagt habe, kritisieren, oder, was noch schlimmer ist, sich angetrunken auf mich stürzen und lallen: »Ey, ich kenn dich. H-eyyyyy, dubissoch der ausm Fernsehn. Jaah, duhasdoch … Dings gemacht, wie hießassnochma? Jaah, ich kenn dich … wie heißdu nochma?«

Ich treffe eigentlich gern Leute, die mich aus dem Fernsehen kennen, aber es passiert immer wieder, dass deren Enthusiasmus manchmal ein wenig überwältigend ist, vor allem unter Alkohol- oder Drogeneinfluss.

Immer wenn ich in solch seltenen Momenten feststecke, denke ich an die weisen Worte meines guten Freundes Robert Smith von The Cure. Einmal, als wir zusammen in einer Bar was trinken waren, wurde Robert im Minutentakt von betrunkenen Fans angesprochen, die dann immer lauthals ihre Liebe zu seiner Musik proklamierten und ihm dabei, dank der lauten Musik in der Bar, immer aus Versehen ins Ohr oder manchmal sogar ins Gesicht spuckten. Während ich ihn bei diesem Szenario beobachtete, bewunderte ich, wie ruhig, freundlich und zuvorkommend er seinen Fans gegenüber blieb, und sagte: »Robert, ich werde auch ständig angesprochen, und das ist auch gut und schön, aber du bist eine Megaberühmtheit, und die Leute lassen dich einfach nicht in Ruhe. Ich finde es bemerkenswert, wie du damit umgehst.«

»Das ist ganz einfach, Ray«, antwortete er, wobei er mir ins Ohr spuckte. »Ich ziehe es vor, den Leuten einen Vertrauensvorschuss zu geben. Meistens sind sie cool, und ich lächle ihnen gern zu und wechsle ein paar nette Worte mit ihnen, selbst wenn ich müde bin oder mir nicht nach einer Unterhaltung ist. Denn so eine Begegnung dauert meistens nur wenige Minuten.«

Dem stimmte ich voll und ganz zu, aber er war noch nicht ganz fertig.

»Wenn die Leute dich bedrängen oder blöd zu dir sind, begegne ihnen immer freundlich. Wenn du es nicht tust, gehen sie nach Hause und erzählen fünf von ihren Freunden, dass du ein Arschloch bist, und diese fünf Freunde erzählen es jeweils weiteren fünf Freunden. So hast du deinen Ruf als Arschloch in Kürze gefestigt, selbst wenn kein Körnchen Wahrheit in ihrer Geschichte steckt und es im Grunde nur sie selbst waren, die sich völlig danebenbenommen haben.«

Dieses einfache Mantra hat mir in den vergangenen Jahren gut gedient, und ich halte mich an die Fünf-Freunde-Regel, wann immer die Situation aus dem Ruder zu laufen droht. Lächeln, ruhig bleiben und weitermachen – egal unter welchen Umständen.

Zurück zur Berliner Geburtstagsparty. Hier bot sich mir wieder mal die Chance, dieses Mantra anzuwenden, da ich mich nicht schnell genug vom Acker gemacht hatte, bevor der Abend in jene bedrohliche Phase kam. Natürlich hatte ich mich von dem Wikinger und seiner flirtfreudigen Frau ferngehalten und war dankbar, dass die anderen Gäste mir gegenüber sehr freundlich und zuvorkommend waren. Irgendwann stand ich auf dem Balkon, um frische Luft zu schnappen, und unterhielt mich angeregt mit ein paar Freunden, als sich zwei junge Typen, die mir zuvor vorgestellt worden waren, zu uns gesellten. Beide hatten blutunterlaufene Augen, eine Flasche Bier in der Hand und ein dickes Grinsen im Gesicht, und während sie kaum noch stehen konnten, lallte der eine: »H-heeey Ray … Ssorry, dasswir dich stör … aber dürfnwir dich was fragn?«

»Klar«, antwortete ich etwas zögerlich, »nur zu.«

»Hastu nbisschen *Coke*?«, fragte der eine, wobei die Worte völlig unkontrolliert aus seinem Mund purzelten. »Weißdu, nicht Coke wie Cola«, fuhr er lachend fort, »Kokain, Mann. Wir hamnixmehr und brauchn was. Hastu was da?«

»Nein, tut mir leid, Jungs, ich bin zu alt für so was. Ich kann euch leider nicht helfen«, antwortete ich kurz und knapp.

Aber so leicht ließen sie sich nicht abwimmeln.

»Komm schon, Maaann, du mussdochn bisschen Coke bei dir habn, du bist von MTV, Rock 'n' Roll, Maaaann!«

Und sein Kumpel fügte hinzu: »Yeah, und du bisdoch Ray Cokes, Ray COKES, weißte?! Hahahahaha!«

Und damit ließ er sich in einem hemmungslosen Lachanfall zu Boden fallen, gefolgt von seinem Kumpel, der den Spruch offenbar für den Witz des Jahrhunderts hielt.

In einer anderen Umgebung hätte mich dies vielleicht auch zum Lachen gebracht, aber hier erinnerte es mich bloß an einen schrecklich peinlichen Moment auf der After-Show-Party eines berühmtberüchtigten europäischen Indie-Trios. Ich befand mich damals im VIP-Raum des Clubs, zusammen mit dem Leadsänger der Band, der sich gerade eine fette Line feinsten kolumbianischen Kokains reingezogen hatte, direkt vom Cover der neuesten CD seiner Band. Als ich an der Reihe war, das weiße Pulver zu sniefen – auf den Knien, das Röhrchen bereits in einem Nasenloch –, flog plötzlich die Tür auf, und zwei weibliche Fans der Band standen vor uns. Nachdem sie einen flüchtigen Blick auf ihren Helden geworfen hatten, starrten sie auf mich runter und riefen: »Oh, wow. Ray Cokes? – Tatsächlich! Ray Cokes *kokst*!«

Ich versuchte noch verzweifelt, die Beweismittel verschwinden zu lassen, wobei die Mädchen kichernd im Raum standen und zusahen, bis ein stämmiger Securitymann hereingestürmt kam und sie rauszerrte. Allerdings war es zu spät – sie waren Zeuge meines sittenlosen Verhaltens geworden und würden nun wahrscheinlich fünf ihrer engsten Freundinnen erzählen, dass Ray Cokes tatsächlich gern Coke nimmt, so wie es sein Nachname schon vermuten lässt. Heute noch werde ich rot, wenn ich daran denke, wie ich damals erwischt worden bin. Immerhin waren keine Prostituierten involviert.

Ich schweife ab – was mir übrigens oft passiert. Eine enge Freundin aus Frankreich sagte mal zu mir in ihrer wundervollen Muttersprache: »Ray, *tes histoires ce sont des histoires à tiroirs.*«

Frei übersetzt heißt das: Ich mache aus einer kurzen Geschichte eine unnötig lange.

Jedenfalls ließ ich auf der Party in Berlin die beiden Typen lachend zurück und beschloss zu gehen. Die Gäste waren nun schon ziemlich betrunken oder high und fingen an, sich bei ihren angeregten Unterhaltungen gegenseitig aus Versehen ins Gesicht zu spucken. Auch ich hatte von dem Laurent-Perrier-Rosé-Champagner, den ich mitgebracht hatte, schon ganz gut einen im Tee, und durch das starke türkische Gras spürte ich schon ein wenig diese typische Marihuana-Paranoia in mir aufsteigen: Es war also durchaus möglich, dass einige, wenn nicht sogar alle Partygäste mich als redegewandten, drogensüchtigen, frauenverschlingenden Unhold betrachteten, und dieses Gefühl mochte ich gar nicht.

Als ich mich verabschiedete, verkündete ich laut, dass ich noch bei einer anderen Party – einer Orgie mit Sex, Drugs und

Rock 'n' Roll – vorbeischauen müsse, offenbar erwarteten die Leute so was von mir. In Wirklichkeit wollte ich mich einfach nur in mein Hotelzimmer zurückziehen, mir ein oder zwei Bier aus der Minibar sowie eine Zigarette am offenen Fenster gönnen und noch ein wenig Sexual, sorry, ich meine natürlich Social Networking betreiben, bevor ich mich für meinen dringend nötigen Schönheitsschlaf ins Bett legen und mich noch etwas von den Nachrichten auf CNN berieseln lassen wollte.

Jeder hat vielleicht schon Geschichten oder Gerüchte über mich gehört und seine eigenen Schlüsse daraus gezogen. Wer nun dieses Buch liest, wird also die eine oder andere Sache bestätigt oder widerlegt bekommen. Eines ist aber sicher – beim Schreiben dieses Buches habe ich versucht, meine Erlebnisse und Gedanken so ehrlich und gewissenhaft wiederzugeben wie nur möglich. Um die Privatsphäre einiger Personen zu schützen, habe ich manche Namen geändert und gewisse Vorfälle weggelassen, aber alles andere ist die Wahrheit, wie ich mich (noch) an sie erinnern kann.

Nun präsentiere ich euch, liebe Leser, in Technicolor den »Director's Cut«, mit einer Menge Patzer und allen denkbaren Pannen.

Danke für eure Aufmerksamkeit, haltet die Ohren steif und passt auf euch auf.

Wie immer gilt: Euer Input ist mein Output.

Ray Cokes
Antwerpen, Belgien

Noch ein Prolog

Irgendwann im Sommer 1994 kaufte ich mir in einem Sexshop in Amsterdam einen dreiteiligen dunkelblauen Latexanzug mit passender Latexkrawatte und dem obligatorischen Latextaschentuch. Er war maßgeschneidert und sah fantastisch aus; von Weitem wirkte er wie ein normaler Business-Anzug, nur bei genauerem Hinsehen konnte man erkennen, dass ich in Wirklichkeit von Kopf bis Fuß in sexy Latex gekleidet war. Ich hatte ihn einfach so gekauft, ich stehe nicht auf SM oder Bondage – ich hielt es bloß für eine lustige Idee, den glänzenden Gummianzug in meiner MTV-Sendung zu tragen, vielleicht damit die Zuschauer in Sachen Fetischklamotten auf den Geschmack kämen oder damit sie sich wenigstens auf meine Kosten amüsieren könnten. Ich konnte nicht ahnen, dass genau dieser Anzug ein paar Jahre später für mich eine Art Schutzschild sein sollte, gegen unerwünschte Regengüsse und ebenso unerwünschtes menschliches Verhalten. Denn in jenem besagten Moment braute sich über mir ein enormer Sturm zusammen, aus dem letzten Endes nur mein Latexanzug unbeschadet hervorgehen sollte.

Diesen Anzug trug ich nur dieses eine Mal.

Es war Donnerstag, der 9. Mai 1996, kurz vor 21 Uhr, ein eiskalter regnerischer Abend auf der Reeperbahn mitten in Hamburg. Umgeben und unterstützt von einer etwa 60 Mann starken Crew aus England und etwa 100 örtlichen Helfern, bereitete ich mich auf eine große Liveübertragung meiner Show *X-Ray Vision* vor, die umsonst und draußen mitten auf der berühmtesten Sexmeile Europas stattfinden sollte.

Eigentlich wollte ich gar nicht dort sein. Ich hatte nichts gegen den Ort an sich, sondern machte mir nur sehr große Sorgen wegen des Inhalts unseres Showprogramms. Oder genauer gesagt: wegen des fehlenden Inhalts. Schon weit im Voraus hatte ich meinen Bossen das Problem geschildert und unmissverständlich deutlich gemacht, dass dieses Vorhaben bestenfalls ein Flop und schlimmstenfalls ein Desaster werden würde. Bis zum Beginn der Show haderte ich mit der ganzen Sache, und trotz der Unterstützung meines Produzenten und des schlechten Bauchgefühls sah ich mich schließlich mehr oder weniger gezwungen, an meiner eigenen Beerdigung teilzunehmen.

Gegen meinen Willen hatte man mich zu einer Achterbahnfahrt ermutigt, mit der ich vor Millionen von Zuschauern in ganz Europa sowie einem Livepublikum von ein paar Tausend MTV-Fans, ein paar neugierigen Sextouristen sowie einigen Hundert unerbittlichen Toten-Hosen-Fans abstürzen sollte – alle ohne Eintrittskarte, komplett dicht und völlig außer Kontrolle.

Es war also alles vorbereitet für eine MTV-Liveshow mit einem spektakulären Showdown, der mittlerweile legendär ist und in zahlreichen »Die besten Momente der Fernsehgeschichte«-Sendungen gezeigt wurde. Dieses Event, *X-Ray Vision live from Hamburg*, war der Moment, als Millionen von sprachlosen Zuschauern in ganz Europa live am Bildschirm miterlebten, wie ein professioneller Moderator vor fünf Fernsehkameras und einer grölenden Zuschauermasse völlig ausrastete und sich selbst demontierte.

Hinter den Kulissen waren mysteriöse Kräfte am Werk, und meine Version davon, was passiert ist und wer an jenem Abend was gemacht oder gesagt hat, wurde bisher nicht erzählt, aus einem einzigen Grund: Ich hatte diese Episode ganz einfach verdrängt. Seit Kurzem jedoch, dank einiger Gespräche mit früheren Kollegen und Freunden, habe ich die Geschichte wieder auf die Festplatte in meinem Kopf geladen und bin nun bereit, dieses Programm im Laufe meiner Erzählung noch einmal neu zu starten.

Um zu verstehen, wie ich in diesen Schlamassel hineingeraten bin, muss man erst wissen, wie es überhaupt dazu kommen konnte. Zeit für einen Rückblick – Da Capo al Coda.

KAPITEL 1
Meine Kindheit

1958–1964

Hallo. Mein Name ist Raymond Christopher Cokes. Ich wurde am 24. Februar 1958 auf der Isle of Wight geboren – einem wunderschönen kleinen Fleckchen mit einzigartigem Charakter und Kultur, vielen alten hübschen Dörfern und einem vielfältigen, größtenteils unberührten Küstenverlauf. Obwohl nur 380 Quadratkilometer groß, ist sie die größte der zu England gehörenden Inseln und befindet sich im Ärmelkanal, in der Nähe der Küste von Hampshire. Generell wird sie »Holiday Isle« genannt, manchmal auch »Garden Isle« wegen ihrer opulenten Flora und Fauna, während mancher sie auch einfach als »Ghost Island« bezeichnet, weil es hier spuken soll – angeblich wegen irgendwelcher besonderen Kraftfelder unter der Insel.

Eine gewisse Zeit vor meiner Ankunft auf der Insel durften mehr als 25 verschiedene Dinosaurierarten dieses Fleckchen ihr Zuhause nennen (die Insel ist auch bekannt als das maßgebliche Jurassic-Zentrum Großbritanniens). Charles Dickens hatte hier *David Copperfield* verfasst, Queen Victoria hatte sich einen Wohnsitz bauen lassen, in dem sie auch starb, und 1970 fand auf der Insel das wohl größte Rockkonzert statt, das es jemals in Großbritannien gegeben hat. 600.000 Menschen, größtenteils Hippies, kamen zum legendären Isle Of Wight Festival, bei dem der letzte Auftritt des besten Gitarristen aller Zeiten, Jimi Hendrix, stattfand.

Mein Vater Anthony John Cokes war in der Royal Navy – für seine Dienste erhielt er vom Königshaus sogar einen Orden, den

MBE. Zwei Jahre vor meiner Geburt hatte er meine Mutter Cherie Pamela kennengelernt, und zwar in einer Woolworth-Filiale in Portsmouth (eine Geschäftskette, auf die ich später noch genauer eingehen werde). Dort hatte er sie gefragt, ob er mal von ihrem Eis probieren dürfe. Nicht gerade der beste Anmachspruch der Welt, aber offensichtlich wirkungsvoll – kurze Zeit später heirateten sie und sind nach knapp 57 Jahren immer noch ein glückliches Paar. Auch Mum diente kurzzeitig der Queen als Steward im Women's Royal Naval Service, dem Königlichen Marinedienst der Frauen, bevor sie ihre Karriere aufgab und gänzlich Hausfrau wurde.

Schon als Kleinkind wechselte mein Wohnort häufig, da mein Vater als Marineangehöriger oft versetzt wurde, manchmal sogar an sehr exotische Orte. Ein Jahr nach meiner Geburt zogen wir erst einmal aufs nahe Festland (wie Inselbewohner es nennen) und ließen uns in Portsmouth nieder, einem bedeutenden Standort der britischen Marine. Ein Jahr später zogen wir weiter rauf Richtung Norden, zuerst in eine Kleinstadt namens Ipswich in Suffolk, wo Mum und Dad meine erste Schwester Penelope (oder Penny, wie sie gern genannt wird) in die Welt setzten. Dann ging es im Sauseschritt weiter nach Nordirland, in jenen von Unruhen gebeutelten Teil Großbritanniens im Nordosten der Insel Irland. Von diesen ersten vier Jahren meines Lebens weiß ich nichts mehr, und auch an die folgenden sechs kann ich mich nur noch vage erinnern, aber glücklicherweise bestehen diese Erinnerungen größtenteils aus Sonne und Strand, wovon jeder Junge eigentlich nur träumen kann. Denn nach unserer kleinen Tour quer über die Britischen Inseln durfte ich dann auch noch in den Süden umziehen, und zwar ganz weit in den Süden – nach Kapstadt in Südafrika.

Die ersten vier Monate dort wohnten wir in einem Wohnwagen, und ich kann mir gut vorstellen, was für eine Hölle es für meine Mutter gewesen sein muss, zwei Kinder auf so engem Raum großziehen zu müssen. Danach stellte uns die Königliche Navy dann doch eine Wohnung, in die wir einzogen, und dort durfte ich dann auch meine zwei neuen Geschwister begrüßen – meinen Bruder Mark und meine zweite Schwester Deborah (genannt Debbie) –, beide geboren unter den Weiten des afrikanischen Himmels. Okay, in Wirklichkeit in einem Militärkrankenhaus, aber ihr wisst schon, was ich meine.

Wir wohnten an der atemberaubenden Küste von Kapstadt, und wir besuchten oft die weiten, windgepeitschten Strände von Muizenberg. Damals gab es in Südafrika immer noch die Apartheid, die Rassentrennung, und an den Stränden wiesen Schilder darauf hin, dass gewisse Abschnitte »nur für Weiße« zugänglich waren. Natürlich war ich zu jung, um zu verstehen, was da vor sich ging, aber mein Vater hat mir erzählt, dass ich immer überaus wütend war, wenn unsere dunkelhäutige Haushälterin Susan und unser Hausmeister, ein sprachbegabter, liebenswerter Riese namens Cameron, uns nicht zu einem Picknick am Strand begleiten durften. Diese rassistischen Gesetze waren so streng, dass mein Vater nicht mal die dunkelhäutige Babysitterin allein nach Hause fahren durfte – sie mussten immer von einer weißen Frau begleitet werden. Es ist unglaublich, dass diese gesetzlich festgelegte Rassentrennung in der modernen Welt tatsächlich existiert hat, aber so war es wirklich, und das mehr als 40 Jahre lang. Für einen Jungen in meinem Alter sicherlich schwer zu verstehen, und um mich noch mehr durcheinanderzubringen, wurde ich auf meiner ersten Schule in die Obhut der institutionalisierten Religion gegeben – auf der Star Of The Sea Convent Primary, einer katholisch-dominikanischen Einrichtung in St James am Westkap. Die Lehrerinnen dieser strengen, auf Disziplin bedachten Lehranstalt waren Nonnen, und obwohl ich dort eine gute Grundbildung erhielt, sollten die Nonnen mir dennoch ihre einzigartige Weltsicht einbläuen, und zwar in Form von vorgeschriebenem Religionsunterricht. Ich bin mir sicher, dass ich ihre himmlischen Lehren durchaus aufgenommen habe, aber im weiteren Verlauf meiner Geschichte wird deutlich werden, dass organisierte Religion in meiner Welt keinen Platz hat. Trotzdem bin ich ein gläubiger Mensch und glaube an die Kraft des Universums und unsere Fähigkeit, mit ihm zu interagieren.

Zwei Jahre lang blieben wir in Kapstadt, bis mein Vater ganz plötzlich nach England zurückberufen wurde, wofür er gerade mal drei Tage Zeit hatte. Warum das so war, verrät er mir bis heute nicht, offenbar hat es was mit der nationalen Sicherheit und seiner Verschwiegenheitspflicht zu tun. Unser Abmarsch kam sogar recht gelegen, da es in unserer Gegend immer mehr zu Ausschreitungen kam, angeführt von unterdrückten Südafrikanern, die verständlicherweise lautstark gegen die Apartheid protestierten. So war es auch irgendwie nur natürlich, dass sie ihre Wut an der weißen Bevölkerung ausließen.

Mein Vater, der uns aus beruflichen Gründen zunächst allein in Kapstadt zurückließ, sprach mit Cameron, dem Hausmeister, darüber, was dieser tun würde, wenn die Rassenunruhen schlimmer würden und unsere Straße erreichten. Cameron antwortete nur, dass er Mum und uns Kindern die Kehlen durchschneiden würde, damit wir nicht allzu sehr zu leiden hätten, wenn wir den zunehmend gewalttätigen Demonstranten in die Hände fielen. Wenn er dies erledigt hätte, so sagte Cameron, würde er sich selbst das Leben nehmen, um sich Schmerz und Folter zu ersparen, die ihm angesichts seiner Zusammenarbeit mit Weißen drohten. In der Tat ein nobler Mann – ich hoffe, dass er den unglaublichen Wandel in Südafrika Anfang der Neunziger noch miterleben durfte, den furchtlose Aktivisten, Menschenrechtler und Regierungen aus aller Welt angestoßen haben, auch wenn sie viel zu lange gezögert haben. So wurde die südafrikanische Regierung endgültig dazu gezwungen, die Apartheid zu beenden.

Am Ende unseres Südafrika-Aufenthaltes stellte sich heraus, dass die Royal Navy aus Kostengründen nicht für den Rückflug unserer gesamten Familie aufkam. Also flogen nur mein Vater und mein jüngerer Bruder Mark, und meine Mum war gezwungen, mit uns anderen Kindern die lange Variante zu nehmen – eine dreiwöchige Reise auf einem Passagierschiff. Hier fand auch jener Vorfall statt, an den ich mich heute in Sachen Südafrika noch am besten erinnern kann, und mit dem Land am Kap der guten Hoffnung hat dies eigentlich nichts zu tun, weil es irgendwo mitten auf dem Atlantik passierte.

Wie es auf diesen ewig langen Kreuzfahrten üblich ist, gab es jeden Abend ein Unterhaltungsprogramm für Erwachsene sowie eine große Überraschung für die Kinder. Dieses Spektakel sollte die Kleinen vor Freude aufschreien und mit offenem Mund staunen lassen, aber ich weiß noch, dass es mich zu Tode erschreckt und mir die restliche Fahrt lang Albträume beschert hat. Eines schönen Nachmittags, als das Meer spiegelglatt war, die Sonne vom Himmel schien und sich jeder Gast an Deck amüsierte, ertönte plötzlich eine laute Sirene, und ein kleines Boot, eine Art Rettungsboot, machte an unserem Schiff fest. Während ich mir die seltsam aussehenden Figuren, die ich nie zuvor gesehen hatte, auf dem kleinen Boot anschaute, musste ich mit größtem Schrecken feststellen, dass sie auch noch an Bord unseres Schiffes geklettert kamen – und niemand hielt sie davon ab! Der Anführer dieser gruseligen Truppe, ein langhaariger Mann mit Bart, der mit Muscheln übersät war, hielt etwas in der Hand, was wie eine riesengroße Gabel aussah, und er blies in ein Horn und machte schrecklichen Lärm. Hinter ihm standen überaus bizarr aussehende Mädels in Bikinis, die nicht richtig laufen konnten, weil ihre Beine die Form einer Fischflosse hatten. Sie kreischten laut und warfen mit toten Fischen um sich, während sie auf uns zugingen, und das war mehr, als ich ertragen konnte. Ich rannte weg, so schnell ich konnte, um mich hinter meiner Mum zu verstecken, die zu meiner Bestürzung auch noch lachte und jubelte – ihr schienen diese verrückten Gestalten zu gefallen. Vermutlich hat sie versucht, mir zu erklären, dass ich keine Angst zu haben bräuchte – dies war bloß Neptun, der römische Meeresgott, oder vielleicht sein griechisches Pendant, Poseidon, der gekommen war, um uns eine gute Reise zu wünschen.

Aber egal, was meine Mum zu mir sagte, mein sechs Jahre altes Gehirn konnte dies nicht verarbeiten. Ich verstand absolut nicht, wie diese Monster urplötzlich aus dem Nichts auftauchten und dann auch noch auf unser Schiff gelassen wurden. Die restliche Fahrt blieb ich unter Deck, aus Angst, dass diese Kreaturen zurückkehrten und mich bei lebendigem Leibe verspeisten oder, noch schlimmer, mich und die anderen Kinder entführten und uns mit zu sich nach Hause auf den Meeresgrund nahmen, wo wir für den Rest unseres Lebens rohen Fisch essen müssten und unsere Eltern nie wiedersehen würden – mit genau solch einer Geschichte hatte meine Mum mir während der Fahrt immer dann gedroht, wenn ich zu frech war.

Mittlerweile weiß ich, wie es ist, wenn man vor einem undankbaren Publikum auftritt, und im Nachhinein kann ich mich bei jenen armen Schauspielern nur dafür entschuldigen, dass ich nicht empfänglich für ihr Amateurtheater war.

Als wir die heimatliche Küste Großbritanniens irgendwann Ende 1964 endlich erreichten (dank Neptun oder Poseidon, wer auch immer uns als Schutzengel auf dieser Reise begleitet hat), kehrten wir an meinen Geburtsort, die Isle of Wight, zurück und blieben dort ganze drei Jahre, was echt eine Leistung war, da wir normalerweise kaum länger als zwölf Monate irgendwo wohnten.

Heute ist mir klar, dass diese ersten Jahre sehr prägend für meine Reiselust waren, und diesem Muster sollte ich als Erwachsener mehr oder weniger weiterhin folgen.

1964 – 1967

Zurück auf der Isle of Wight, lebten wir zuerst in Freshwater, einem großen Dorf am westlichen Ende der Insel, dann in Totland, einem wesentlich kleineren Dorf gleich nebenan. Die gesamte Familie Cokes lebte damals auf der Insel – viele von ihnen heute noch –, und ich verbrachte den Großteil meiner Freizeit mit meinen Großeltern väterlicherseits (meine Mum hatte ihre Mutter bereits im Alter von acht Jahren verloren, und ihr Vater starb, kurz nachdem ich geboren wurde). Meine Großeltern besaßen ein großes, dreigeschossiges viktorianisches Haus, in direkter Nachbarschaft zu meiner zweiten schulischen Heimat, der Totland Primary, und so besuchte ich sie fast jeden Tag nach der Schule. Grandma (Winifred Ethel Cokes) war eine ausgezeichnete Köchin und hatte für mich immer Kuchen oder leckere Desserts vorrätig, und Grandddad (Thomas Christopher Cokes), oder Gagan, wie ich ihn immer nannte, hatte für mich stets einen Job in seinem riesigen Garten, in dem er sich sein Gemüse selbst zog, worauf er immer mächtig stolz war. Manchmal erzählte er mir Geschichten aus dem Zweiten Weltkrieg, wie er Sergeant Major in der Royal Artillery gewesen war, wilde Schlachten gekämpft hatte und in Dünkirchen verwundet worden war. Dies hatte zur Folge gehabt, dass er den militärischen Dienst vorzeitig beenden musste, bevor er wirklich eine Chance hatte, »den Hunnen mal ordentlich in den Arsch zu treten«. (An alle meine deutschen Freunde: Entschuldigt bitte diese Ausdrucksweise.)

Sein restliches Leben verbrachte er damit, seine Zeit und Kraft dem Gemeinderat zu widmen, wo er 32 Jahre lang Vorsitzender war. Das Dorf Totland würdigte seine Arbeit, indem man dort ein kleines Stückchen Land nach ihm benannte. Solltet ihr die Insel mal besuchen, haltet doch mal in Totland – gleich hinter dem Kriegerdenkmal findet ihr eine vier Quadratmeter große Grasfläche namens Cokes Green. Sagt den Leuten, dass ich euch geschickt habe.

Besonders gut erinnere ich mich daran, wie ich mit Gagan immer zum Angeln vor den »Needles« ging, einer Reihe von drei spitzen Kreidefelsen, die theatralisch aus dem Meer emporragen. Diese Felsen und der Leuchtturm, der auf einem davon steht, sind zum Wahrzeichen der Insel geworden, und bevor mein Traumberuf Kampfjet-Pilot wurde, wollte ich unbedingt ein tapferer Leuchtturmwärter werden.

In einem kleinen Boot schipperten wir vor der Inselküste herum, manchmal auch in stürmischer See, und ich freute mich immer riesig, Gagan und seinen Freunden zuzusehen, wie sie eine Menge Fische fingen und sie an Bord ausnahmen – viele dieser Fischarten gibt es mittlerweile leider nicht mehr, dank der Überfischung in unseren Meeren. Manchmal durfte ich sogar die Angel halten und drehte eifrig die Angelrolle, bis das arme gefangene Tier an Bord war, aber zusehen, wie der Fisch getötet wurde, wollte ich nicht. Ich fand es einfach zu grausam anzusehen, wie man mit einem Holzhammer auf den Kopf des Fisches schlug, während sich das Tier vor lauter Schmerz krümmte und schrie – jedenfalls war dies der Eindruck eines doch zart besaiteten und übersensiblen Jungen, wie ich es war.

Die Insel mag auf der Karte vielleicht klein aussehen, aber hier gab es eine Menge Spielmöglichkeiten für Kinder wie mich, und ich sorgte dafür, dass ich alles sehen durfte. Es gab so viel zu erkunden, beispielsweise einige der wohl schönsten Strände Englands, große Themenparks auf den hohen Cliffs, ein 800 Jahre altes Schloss, altmodische Dampfloks, die auf dem Ryde Pier herumfuhren, ein heruntergekommener Zoo (mit Mitleid erregenden Tieren darin), ein Miniaturdorf, in dem ich mir wie ein Riese vorkam, und eine Teststation für Weltraumraketen, die man sich sogar anschauen durfte, was wohl der sehnlichste Wunsch eines jeden Schuljungen sein dürfte. Aber schon bald musste ich dies alles zurücklassen, da die Familie Cokes mal wieder ihre Siebensachen packte und wegzog. 1967 wurde mein Vater an einen Ort geschickt, der damals noch eine britische Kolonie war – eines der Juwelen im Indischen Ozean, der Inselstaat Mauritius.

1967–1969

*»Zuerst wurde Mauritius erschaffen, dann das Paradies.
Aber das Paradies war nur eine Kopie von Mauritius.«*
MARK TWAIN

Die zwei Jahre, die ich auf Mauritius verbracht habe, sind bei Weitem die denkwürdigste Zeit meiner Jugend, und ich schätze, es liegt an der Tatsache, dass die vier Grundelemente – Erde, Luft, Feuer und Wasser – mich absolut überwältigten und meine fünf Sinne – Hören, Sehen, Riechen, Schmecken und Tasten – von allen Seiten bombardiert wurden. Dies war wahrlich ein 360-Grad-Erlebnis, wie man heute so schön sagt. Anstatt zu versuchen, diese Erinnerungen zu einem gewöhnlichen Text zusammenzufügen, werde ich sie einzeln auflisten und es euch überlassen, daraus eine Geschichte zu machen.

Auch wenn ich wie ein bezahltes Mitglied des mauritischen Touristenverbands klinge, hier sind meine Souvenirs:

Erde: Mauritius ist ein atemberaubend schöner Ort mit Regenwald, botanischen Gärten, gewaltigen Zuckerrohrplantagen, malerischen Gebirgszügen, großen Vulkankratern und spektakulären weißen Sandstränden mit Kiefern und Kokospalmen.

Luft: Laut einer aktuellen Umfrage der Weltgesundheitsorganisation (WHO) liegt Mauritius weltweit ganz vorn, was die Luftqualität angeht, nur Estland hat bessere Werte vorzuweisen. Ich liebe frische Luft über alles und halte mich unglaublich gern im Freien auf, was ganz sicher von meiner Zeit auf der Insel herrührt. Gelegentlich wurde die saubere Luft dort ordentlich durchgewirbelt, wenn ein heftiger Tropensturm die Insel heimsuchte und starke, gefährliche Windböen, sintflutartigen Regen und riesige Wellen am Strand mit sich brachte. Diese Tiefdruckgebiete waren ziemlich angsteinflößend, aber für mich waren sie immer ein Abenteuer, da wir gezwungen waren, in unseren Häusern zu bleiben, oder uns in Notunterkünfte begaben, wo man einige Tage lang mit Kerzen und dem Nötigsten versorgt war, falls der Sturm unerwartet länger anhielt oder eine Spur der Verwüstung hinterließ, was nicht selten passierte.

Feuer: Zum Glück erlebte ich keine Haus- oder Waldbrände; was ich hier mit Feuer meine, ist die intensive Hitze der außergewöhnlich starken Sonne. Das Klima auf Mauritius ist ganzjährig warm und sommerlich, und ich verbrachte jede freie Minute am Strand oder im Meer.

Wasser: Ich fühle mich zu Hause, wenn ich am Meer bin. Oder auf dem Meer. Oder im Meer. Und ich habe vor, meinen Lebensabend an einem sonnigen Ort am Wasser zu verbringen, wo ich schwimmen, segeln und tauchen gehen kann. Der Indische Ozean, der die Insel umgibt, ist und bleibt mein Lieblingsgewässer, und in den ruhigen Lagunen von Mauritius lernte ich auch schwimmen. Ich erinnere mich noch an viele wundervolle Stunden mit meinem Vater, als wir auf Schnorcheltrips zu den Riffen rund um die Insel aufbrachen. Hier, in dem angenehm warmen türkisfarbenen Wasser, sorgte er regelmäßig dafür, dass seine faszinierende Muschelsammlung wuchs, indem er hinabtauchte und Muscheln vom Meeresboden, von Felsen oder vom Riff löste. Dann nahm er sie mit nach Hause und präsentierte sie stolz in einer Vitrine. Die Tatsache, dass wir einfach so einige der atemberaubendsten und wertvollsten Arten aus dem Meer fischten, war mir als jungem Burschen natürlich entgangen, aber heute habe ich deswegen ein schlechtes Gewissen. Das ist mittlerweile natürlich auch strengstens verboten, aber damals war der ökologische Gedanke noch nicht so weit verbreitet, und abgesehen davon wurde die Insel von Großbritannien aus verwaltet, sodass die Ortsansässigen mehr oder weniger tun und lassen konnten, was sie wollten.

Das waren also die Elemente, nun ist es an der Zeit, zu beschreiben, wie diese magische Insel meine Sinne beeinflusst hat.

Hören: In Großbritannien war der Soundtrack meines Lebens gänzlich englischsprachig, und in Südafrika durfte ich mich nur mit Weißen abgeben, also hörte ich auch dort nur meine Muttersprache. Auf Mauritius hingegen drangen viele verschiedene Sprachen an meine Ohren, unter anderem Hindi, Kreolisch und Französisch. Davon war die französische Sprache jene, die ich sofort aufnahm – ich versuchte immer, all die Menschen nachzuahmen, die Molières Sprache konnten, und dies dürfte meine anhaltende Liebe für Frankreich bis zum heutigen Tag erklären.

Sehen: Abgesehen von all den wunderschönen Anblicken, die sich mir an Land boten (und die ich schon im Abschnitt »Erde« erwähnt habe), gab es hier auch eine Menge exotische Dinge im Meer, die ein wahres Fest für die Augen waren. Beispielsweise hatte ich hier meine erste Begegnung mit Delfinen, die fröhlich um das Riff herumtollten, und verschiedensten Fischarten in den buntesten Farben, die direkt unter der Wasseroberfläche schwammen. All dies erfüllte mich mit Ehrfurcht. Durch die Wälder flogen Hunderte verschiedener Vogelarten, Affen schwangen sich von Baum zu Baum, und ein paar riesige, sehr alte Schildkröten lebten in einem Naturschutzpark – der war besser als jeder Zoo, den ich je gesehen habe, und er lag komplett in der Wildnis. Fast überall, wo man hinsah, gab es große Geckos, und obwohl es nicht ganz korrekt ist, bezeichnet man sie manchmal als Chamäleons wegen ihrer Fähigkeit, die Farbe ihres Körpers in Sekundenschnelle ihrer Umgebung anzupassen, um sich zu tarnen (im Laufe meiner Karriere habe ich einige Menschen kennengelernt, die über dieselbe Fähigkeit verfügen). Die meisten meiner Freunde hatten solch eine Echse als Haustier, und auch ich legte mir bald eine zu, indem ich sie von einem Baum fing. Ich nahm sie jeden Tag mit zur Schule, wo sie ganz ruhig auf meinem Tisch saß, bis wir uns zur Spielzeit alle zusammensetzten und unsere Gecko-Freunde verglichen. Meistens artete dies in Wettbewerbe aus, welches Tier am schnellsten seine Farbe ändern konnte.

Riechen: Drei bestimmte Aromen aus meiner Zeit auf Mauritius haben sich meinem Geruchssinn eingeprägt, und genauso wie man durch ein Lied zurück zu einer bestimmten Zeit, einem Ort oder einem Gefühl transportiert werden kann, so nehmen mich auch diese drei Gerüche immer wieder mit auf eine Zeitreise. Zuerst ist da der sehr angenehme Duft von frisch gebackenem Brot, in dessen Genuss ich täglich kam, wenn mein Bus an der Bäckerei vorbei zur Royal Naval School fuhr, wo ich zusammen mit all den anderen Army-Kindern unterrichtet wurde. Jedes Mal wenn wir an der Bäckerei vorbeikamen, drosselte der Busfahrer die Geschwindigkeit, damit wir Schulkinder unsere Nasen aus dem offenen Busfenster halten und dieses tolle Aroma genießen konnten. Ein weiteres Dufterlebnis waren die Gerüche von den sehr unterschiedlichen exotischen Essensständen in der Stadt, die mich und meine Mum umwehten, wenn wir zum Einkaufen gingen. Der dritte Geruch, den ich allerdings am liebsten vergessen würde, ist der scheußliche stechende Gestank von den lebenden Muscheln, die mein Vater in kochendes Wasser schüttete, um die Tiere zu töten und so das Muschelfleisch besser aus der Schale entfernen zu können. Anders als die ersten beiden Gerüche ist mir dieser Gestank in den letzten Jahren zum Glück nicht mehr begegnet.

Schmecken: Von all meinen Sinnen ist dieser langfristig wahrscheinlich am stärksten beeinflusst worden. Die mauritische Küche ist ein Gemisch aus afrikanischem, indischem, französischem und kreolischem Essen, und ich liebe sie. Anders als die meisten Kinder hatte ich bereits einen sehr ausgeprägten Geschmackssinn entwickelt und aß fast alles, was man mir auf den Teller gab, obwohl das möglicherweise mehr mit meiner strengen Erziehung als mit gesunder Neugier zu tun hatte – meine Eltern bläuten mir und meinen Geschwistern ein, dass wir alles essen müssten, egal wie unappetitlich das Essen auf dem Teller vor uns aussah. Jedenfalls wurden meine Geschmacksnerven auf Mauritius zum Leben erweckt, wobei ich eine ganz neue Welt des Genusses entdeckte.

Wie bereits erwähnt, gab es auf den Straßen viele Essensstände, an denen Inselbewohner frische Gerichte oftmals nur in einfachen Bratpfannen zubereiteten. Besonders ekelig war allerdings, dass die

Straßenköche meistens zuerst in die Pfanne spuckten, bevor das Essen hineinkam. Damals hielt ich es für absolut unhygienisch, mittlerweile weiß ich aber, dass sie so bloß testen wollten, wie heiß das Öl war – jegliche Bakterien wurden sofort durch das siedende Öl abgetötet. Die Verkäufer boten die verschiedensten Sachen an; von schmackhaften Currys, die mir mit ihrer Schärfe manchmal höllisch im Mund brannten und die Tränen in die Augen trieben, über leckere Fladenbrote, die Roti genannt wurden, und deren gefüllte Variante Dholl Puri bis hin zu – meine persönlichen Favoriten – Samosas, kleinem frittierten Gebäck mit würzigem Fleisch und Gemüse. All diese fantastischen Gerichte wurden meist mit Kokoswasser aus der frisch aufgeschlagenen Kokosnuss serviert. Zu Hause hatten wir eine wundervolle Haushaltshilfe namens Ella, die wohl die besten nicht zu scharfen Currys kochen konnte, die ich jemals probieren durfte (sie tat die scharfe Chilipaste, ein lokales Gemisch bekannt als Mazavaroo, an den Tellerrand, damit wir Kinder nicht Gefahr liefen, Feuer zu fangen). Diese Currys wurden zusammen mit einem Tisch voller Beilagen serviert, wie etwa Wildreis, selbstgemachtem Fladenbrot und fabelhaften Chutneys. Ohne Zweifel muss ich hier meine Liebe fürs Essen entdeckt haben, und diese Zeit trug sicherlich auch dazu bei, dass aus mir später ein Feinschmecker und Lebemann wurde.

Tasten: Wie definiert man eigentlich »tasten« oder »fühlen«? Laut Wissenschaftlern ist das der physiologische Sinn, durch den äußere Objekte oder Kräfte mittels Körperkontakt gespürt werden können. Jedenfalls kann man für »tasten« oder »fühlen« auch »berühren« sagen, und dieses Wort wird auch in Zusammenhang mit Gefühlsregungen benutzt – so ist man zum Beispiel »berührt« durch schöne oder traurige Momente. Also werde ich beide Begriffe ausführen, um mein sensorisches Kapitel nicht unvollständig zu lassen.

Was den ersten Begriff »fühlen« betrifft, werde ich nie vergessen, wie mein Körper zum ersten Mal gänzlich in das warme, einladende Wasser des Indischen Ozeans eintauchte. Und auch heute noch suche ich, wenn ich in den Urlaub fahre, zuallererst den nächstbesten Strand auf und werfe mich gleich in die Brandung. Auch wenn ich der Pseudowissenschaft Astrologie eher skeptisch gegenüberstehe –

ich bin am 24. Februar geboren, mein Sternzeichen ist Fische. Also hat das Universum offenbar bestimmt, dass ich immer vom Wasser »berührt« werden soll. Und ich stelle sicherlich nicht das Universum infrage!

Im Falle des anderen Begriffs »berühren« kann ich ohne Zögern verraten, dass ich hier auf Mauritius zum ersten Mal im emotionalen Sinne berührt war, und zwar von einer Frau – nicht meiner Mutter oder meinen Schwestern. Ihr Name lautete Stephanie, und vom ersten Moment an, als wir uns begegneten, war ich hoffnungslos verknallt. Wir beide gingen zur selben Schule, waren etwa gleich alt und schon bald unzertrennlich. Einmal sorgten wir sogar für ein wenig Panik auf der Marinebasis, als wir gemeinsam von zu Hause wegliefen – sofort wurde ein Suchtrupp hinter uns hergeschickt. Als man uns schließlich in einem Schrank unter der Treppe im Haus eines Freundes fand, wo wir kuschelten und die ersten Küsse übten, hielt man uns eine saftige Gardinenpredigt und bläute uns ein, so was nie wieder zu tun. Unbeirrt schworen wir uns, eines Tages zu heiraten, und ich versprach Stephanie, ein großes Haus am Strand zu bauen, in dem wir glücklich bis an unser Lebensende wohnen könnten. Dass nichts davon eingetreten ist, dürfte jetzt nicht überraschend sein, da wir beide schon bald zurück nach England in unterschiedliche Städte zogen und uns nie wieder gesehen haben. Stephanie, wenn du dies liest und dich mit mir in Verbindung setzen möchtest, würde ich mich freuen. Nur eines: Wir waren damals jung, unschuldig und Single, und diese drei Dinge treffen auf mich heute nicht mehr zu.

Also gut, liebe Leser, es ist Zeit für mich, wieder zu *Sinnen* zu kommen und euch die nötigen *Elemente* zu liefern, um dieses Kapitel zu beenden und das nächste zu beginnen. Seht ihr, welchen Bogen ich hier gespannt habe? Clever, nicht wahr?

Während ich die oben erwähnten Dinge erlebte, arbeitete mein Vater in der nahe gelegenen Marinebasis oder war auf irgendwelchen Kriegsschiffen unterwegs oder auf geheimer Mission monatelang verschwunden. In diesen Zeiten kümmerte meine Mum sich allein um uns vier Kinder in unserem kleinen Haus, das auf halbem

Wege in die Berge in einem Ort namens Happy Valley stand. In diesem Tal waren wir tatsächlich ziemlich happy, bis Demonstrationen für die Unabhängigkeit von Großbritannien in gewalttätige Ausschreitungen übergingen. Die Regierung war gezwungen, den Ausnahmezustand auszurufen, und schickte die British Army auf die Insel, um den mauritischen Behörden bei der Wiederherstellung der Ordnung zu helfen. Keiner konnte für unsere Sicherheit garantieren, deshalb verließen wir widerwillig unser idyllisches Häuschen und zogen auf das Gelände der schwer bewachten Marinebasis. Hier wohnten wir in sogenannten »married quarters«, also reihenhausähnlichen Unterkünften für verheiratete Armeeangehörige, bis die Stationierung meines Vaters 1969 schließlich ein Ende hatte – ein Jahr, nachdem die Menschen auf Mauritius ihren Kampf für die Unabhängigkeit schließlich gewonnen hatten.

Meine Zeit im Paradies war also vorbei, und nun ging es zurück in die Realität. Als wir nach England zurückkehrten, genauer gesagt in das Städtchen Gosport an der Südküste, erwartete mich ein extremer Kulturschock.

Als Fußnote (und überhaupt nicht als dezente Mahnung an meinen Bruder Mark Michael Cokes, der mit seiner Familie gerade in Kalifornien wohnt, gedacht) möchte ich noch eines hinzufügen: Wenn die jungen (oder älteren) Eltern unter euch irgendwann den Wunsch verspüren, ihr Leben nochmals zu ändern und in einem anderen Land einen Neuanfang zu wagen, sich aber von der völlig veralteten Meinung abhalten lassen, Kinder bräuchten eine gewohnte und sichere Umgebung, dann kann ich euch nur eines raten: Wagt den Schritt. Den Kindern wird es gut dabei gehen, sie werden es euch im späteren Leben danken, und selbst wenn nicht, habt ihr euch wenigstens euren Traum erfüllt. Und vielleicht habt ihr ihnen beigebracht, auf eigene Faust loszuziehen und später auch ihren Traum zu leben.

KAPITEL 2

School's Out:
Ende der Schulzeit

1969, als ich ein fröhlicher, frecher elfjähriger Junge war und die meiste Zeit in Shorts herumlief, verließ meine Familie Mauritius, um nach England zurückzukehren und sich an der Südküste in der Kleinstadt Gosport niederzulassen, ganz in der Nähe des bedeutenden Marinestützpunkts in Portsmouth. Nach der brennenden Sonne und dem privilegierten kolonialen Lebensstil, an den ich mich auf dieser exotischen Insel mitten im atemberaubenden Indischen Ozean so sehr gewöhnt hatte, war Gosport gelinde gesagt ein ziemlicher Kulturschock. Wir wohnten in einem kleinen Reihenhaus, und da ich nicht die nötigen Voraussetzungen für die örtliche bessere Grammar School hatte (und mein Vater sich die Schulgebühren nicht leisten konnte), kam ich auf eine staatliche Gesamtschule namens Brune Park. Bis zu diesem Zeitpunkt war ich von Nonnen in einer Klosterschule in Kapstadt und von strengen Militärlehrern in der Royal Naval School auf Mauritius unterrichtet worden, deshalb war es für einen verwöhnten, aufgeweckten elfjährigen Schuljungen wie mich auch eine große Herausforderung, sich diesem neuen, fremden Regime zu stellen. Die Lehrer waren aber alle gut, die Klassen nicht zu groß, und es gab sogar ein Schwimmbad auf dem Schulgelände, in dem ich mein Können als Schwimmer zur Schau stellen konnte. Nach einer Weile hatte ich mich ganz gut eingelebt, war fleißig und sogar auch recht beliebt, da ich viele Geschichten über weit entfernte Länder erzählen konnte – was immer interessant und faszinierend für meine Mitschüler war, von denen die meisten in und um Gosport aufgewachsen waren.

Für mich ging es also gut los. In meinen Lieblingsfächern Französisch, Erdkunde, Englische Literatur, Hauswirtschaftslehre und – überraschenderweise – Religion war ich anfangs oft der Klassenbeste, aber das sollte sich bald ändern. Während ich mich bemühte, es den Lehrern und damit auch meinen Eltern recht zu machen, fing ich langsam an zu erkennen, dass ich auch die knallharten Mobber der Schule auf meiner Seite haben musste, die Strebern gegenüber nicht ganz so freundlich gesinnt waren. So kam es, dass es mit meinen schulischen Leistungen langsam, aber sicher bergab ging, da ich den Lehrplan vernachlässigte und mich stattdessen auf die Gesetze der Straße konzentrierte. Da ich der Älteste von uns vier Kindern war und unser Vater mit der Navy oft lange auf See war, bekam ich irgendwie die Rolle des Beschützers meiner jüngeren Geschwister Penny, Mark und Debbie aufgedrückt. Das neue Wissen über die Gesetze der Straße sollte sich für mich also als recht nützlich erweisen.

Brune Park bot den Kindern eine gute Schulbildung, war aber nicht die einzige Lehranstalt in der Gegend. Abgesehen von der noblen Grammar School, die ich bereits erwähnt habe, gab es noch die Bridgemary Secondary Comprehensive, deren Ruf ziemlich legendär war – allerdings nicht wegen ihrer hervorragenden Schulpolitik, wenn ich das hinzufügen darf.

Was zu einem Schuljahr unausweichlich dazugehörte, waren die sporadischen Prügeleien zwischen unserer Schule und der Bridgemary – das waren unsere Erzfeinde. Beide Schulen lehrten nach demselben Lehrplan und zogen Schüler mit demselben ärmlichen Arbeiterklasse-Background an, und so kam diese Rivalität ganz einfach nur durch ein gewisses Machogehabe zustande, weil jeder zeigen wollte, wer der härteste Typ der ganzen Stadt war. Anfang der Siebziger war dieses Working-Class-Ethos omnipräsent unter den nicht ganz so wohlhabenden Mitgliedern der britischen Gesellschaft. Das Land befand sich knietief in der Rezession, die Regierung hatte kläglich versagt, und die von der Öffentlichkeit unterstützten, aber extrem kostspieligen Streiks der Bergarbeiter sorgten dafür, dass die meisten Haushalte nur drei Tage in der Woche Strom hatten. Man kann sich sicherlich vorstellen, wie den Leuten zumute war und warum es zu so vielen Ausschreitungen kam. Die Zeiten waren unglaublich schwierig, und wie immer litten die Armen am meisten darunter. Und in harten Zeiten neigt das Proletariat dazu, nicht nur seine Umgebung, sondern auch sich untereinander zu Kleinholz zu machen.

Bei uns Schülern äußerten sich diese Wut und Frustration in einem tief verwurzelten Hass zwischen den beiden Schulen, der häufig in sinnlose Gewalt ausartete. Etwa zwei Mal im Jahr, meistens gegen Ende des Schuljahres, versuchte eine der Schulen, ihre Überlegenheit gegenüber der anderen zu zeigen, was durch eine Massenschlägerei belegt werden sollte. Dabei marschierten immer etwa 50 der härtesten Typen auf den Eisenbahnschienen, die die beiden Lehranstalten verbanden, entlang zur jeweils anderen Schule. Einige kämpften nur mit ihren Händen, andere waren mit Schlagringen oder Holzstöcken bewaffnet, Ziel war es, die andere Schule zu stürmen und jedem, der im Weg stand, die Fresse zu polieren oder eins überzubraten. Ich kann mich noch genau daran erinnern, wie ich eines Nachmittags draußen auf dem Spielplatz stand und zusah, wie der Bridgemary-Mob über die Zäune und Tore geklettert kam und mit seinen Waffen über uns herfiel. Die Kämpfe gewannen mal wir, mal die anderen, aber jedes Mal hinterließen sie Chaos und Verwüstung sowie unzählige Verletzte. Soweit ich mich erinnere, waren die Verletzungen niemals lebensbedrohlich, aber dieses Szenario war trotzdem unglaublich angsteinflößend und besonders schmerzhaft, wenn man nicht austeilte, sondern einstecken musste. Und für einen Jungen wie mich, der in einem meist ruhigen und freundlichen Umfeld und im Ausland aufgewachsen war, weit, weit weg von dem einzigartigen englischen Hooligan-Leben, war dies etwas komplett Neues. Natürlich gab es jedes Mal nach solch einer Ausschreitung einen Vergeltungsangriff, und mit dem Überraschungsmoment als stärkste Waffe zogen unsere härtesten Typen los und schlugen Bridgemary zu Klump, die dann wiederum Rache schworen, und so ging es immer weiter, Jahr für Jahr.

Abgesehen von diesen gelegentlichen Massenprügeleien waren an meiner Schule auch einzelne Schlägereien an der Tagesordnung; meistens wurden Meinungsverschiedenheiten unter zwei Jungen (manchmal auch zwei Mädchen) mit Fäusten geklärt, umgeben von einer lauten Menge, die unisono »Los! Los!« rief. Letztendlich gingen die Lehrer immer dazwischen und lösten den Streit auf, aber dieser wurde dann nur auf einen späteren Zeitpunkt verschoben, zu dem sich die beiden Streithähne und die blutrünstigen Zuschauer an einem bestimmten Ort zur Revanche verabredeten.

Wenn man den Kampf gewann, erntete man großen Respekt von den anderen Kids, aber wenn man verlor, bedeutete das zwangsläufig, dass man von diesem Augenblick an niedergemacht und oftmals gemobbt wurde. Dieser tägliche Überlebenskampf war dafür verantwortlich, dass ich mich dummerweise gegen meine Schulbildung entschied und mich mehr darauf konzentrierte, ein besserer Kämpfer zu werden. Dabei war es nicht so sehr eine Kunst, sondern eher eine Notwendigkeit, um mich selbst zu verteidigen und – was immer noch wichtiger war – akzeptiert zu werden und somit keinen Ärger mit den bösen Jungs und ihren Gangs zu bekommen.

Das tägliche Leben zu Hause war relativ entspannt, und wir vier Kinder standen uns sehr nahe, das tun wir heute noch. Die Tatsache, dass wir an der Küste lebten (und dabei auf meinen Geburtsort, die Isle of Wight, blickten), bescherte uns viele fröhliche Momente am Strand. Natürlich konnte der kalte Ärmelkanal mit seinen Steinstränden nicht mit den bildschönen Küsten mithalten, an denen wir uns in unserem jungen Leben bisher aufgehalten hatten. Aber das tolle Gefühl der Sorglosigkeit war ähnlich und auch sehr wichtig. Eine Zeit lang hatte ich auch Spaß daran, Sea Cadet zu sein – das ist eine Organisation ähnlich wie die Pfadfinder, die mir leider nicht beibringen konnte, Autorität zu respektieren, aber dennoch maßgeblich zu meiner Liebe fürs Segeln und das Leben auf dem Meer beitrug.

Wir hatten nicht viel Geld zur Verfügung, und während Mum versuchte, mit uns über die Runden zu kommen, waren wir zufrieden mit dem, was wir hatten. Das Essen auf dem Tisch war einfach und günstig, und unsere Schuluniformen sowie unsere Freizeitklamotten kamen aus dem Secondhandshop, was bedeutete, dass wir manchmal in abgetragenen, schlecht sitzenden Outfits herumliefen und uns in der Schule oder im Freundeskreis zum absoluten Gespött machten. Wir müssen damals wirklich lustig ausgesehen haben, aber als Kind konnte ich mir nie erklären, was daran komisch sein sollte.

Mum kümmerte sich fast allein um uns, da mein Dad ständig und oft für lange Zeit unterwegs war. So war er nie da, um seinen immer eigensinniger werdenden Sohn zu maßregeln – ich war tatsächlich ein frecher kleiner Querulant geworden. Zwischen mir und meinen Geschwistern gab es regelmäßig Zankereien, meistens von mir angezettelt, und meine sowieso schon schwer geprüfte Mutter war nicht in der Lage, uns im Zaum zu halten. Sie versuchte alles – zum Beispiel durften wir dann nicht fernsehen (auf unserem kleinen Schwarz-Weiß-Fernseher) oder unsere Freunde zu uns einladen, und wenn gar nichts mehr half, versohlte sie uns ordentlich den Hintern. Dasselbe galt für meinen Vater, der, wenn er von seinen Landesverteidigungsmissionen zurückkehrte, es immer so handhabte, dass er dem Anführer (also mir) mit starker Hand klarmachte, wo dessen Platz im Rudel wirklich war und wer im Haus das Sagen hatte. Heute mag einem diese Behandlung schockierend vorkommen, aber damals galt in weiten Teilen der Gesellschaft, dass »Kinder gesehen, aber nicht gehört werden sollten«, und körperliche Züchtigung, zu Hause wie in der Schule, war gang und gäbe. Ich will körperliche Gewalt gegen Kinder überhaupt nicht gutheißen, aber rückblickend war es wahrscheinlich genau das, was ich verdient hatte, und offenbar die einzige Sprache, die ich verstand. Das Ausmaß meines schlimmen Verhaltens während der Abwesenheit meines Vaters wurde ganz deutlich, als er mich beauftragte, einen Plan für uns vier Kinder aufzustellen, um unserer Mutter im Haushalt zu helfen. Diesen militärähnlichen Dienstplan mit täglichen Aufgaben fertigte ich begeistert an, eine detaillierte Auflistung in verschiedenen Farben mit allen Aufgaben, die für uns anfielen – Geschirr spülen, Kamin säubern, Boden schrubben, einkaufen, Betten machen sowie die nicht ganz so anspruchsvolle Aufgabe, mit dem Hund Gassi zu gehen. Zu jeder Aufgabe wurden ein Name, Tag und Uhrzeit sowie die erwartete Dauer der Arbeit eingetragen. Als meine Geschwister mich zur Rede stellten, warum mein Name nirgendwo auf der Liste zu finden sei, merkte ich nur an, dass ich für das Erstellen der Liste verantwortlich sei und somit diese Arbeiten nicht ausführen müsse. Dieser heimtückische Plan ging so lange auf, bis der Matrose nach Hause kam und mir wieder mal disziplinarische Maßnahmen drohten.

Der sonnengebräunte fröhliche Junge, der mit elf Jahren in Brune Park angekommen war, war noch ein ganz anderer Mensch als der junge Mann, der seine Schulzeit im Alter von 15 Jahren beendete. In dieser kurzen Zeit hatte das urbane Leben in England aus einem naiv-optimistischen Kind einen roheren, härteren Teenager gemacht. Die Samen meiner Anti-Establishment-Haltung waren gesät, und ab sofort stellte ich jegliche Form von Autorität infrage und nahm in allen Lebensbereichen eine rebellische Haltung ein. Mein Schulabschluss war alles andere als glänzend – die meisten Abschlussprüfungen hatte ich mit schlechten Noten bestanden, die absolut nicht das widerspiegelten, was ich wirklich konnte –, aber immerhin war ich, als ich die Schule verließ, bereits gut auf das harte Leben vorbereitet.

Allerdings konnte ich wegen meines schlechten Abschlusses meine Karriereaussichten nicht allzu hoch ansetzen. Dort, wo ich wohnte, blieb mir entweder nur der Eintritt in die Royal Navy oder ein Job in der nahe gelegenen Marinewerft. Ich war mir sehr sicher, nicht in die Fußstapfen meines Vaters treten zu wollen, wo ich mich unerträglicher Disziplin und unantastbarer Autorität hätte beugen müssen, und die knallharte Schufterei der Werftarbeiter sprach mich auch nicht an. In der Tat hatte ich nicht die leiseste Ahnung, was ich beruflich machen wollte, aber eines war glasklar – ich wollte raus aus Gosport und anderswo neue Abenteuer erleben.

Um dies zu verwirklichen, brauchte ich einen Job, für den man keine schulischen Bestnoten vorweisen musste. Wie es bei mir so oft der Fall ist, starrte mir die Antwort direkt ins Gesicht. Ich hatte bereits erwähnt, dass ich recht gut in Hauswirtschaftslehre gewesen war – jene Kurse, die meistens nur von Mädchen besucht wurden und in denen man durchaus brauchbare Alltagsfertigkeiten lernte wie Nähen, Bügeln oder das Verwalten eines Haushaltsbudgets. Jene genannten Fähigkeiten hatten mich nie wirklich interessiert, sondern eher ein ganz bestimmtes Element des Kurses, in dem ich auch besonders gut war – Kochen. Ich war fasziniert von der endlosen Vielfalt an Zutaten, der Kreativität, die nötig war, sowie den verschiedenen Zubereitungsmethoden – aus der Kombination daraus entstand meistens ein köstliches Essen. Ich liebte und verschlang die ausgefallenen Speisen, die wir in dem Kurs zubereiteten, wahrscheinlich weil es eine willkommene Abwechslung zu dem eher einfachen und langweiligen Essen war, das wir zu Hause vorgesetzt bekamen. Mir wurde klar, dass ich diesen Karriereweg näher erforschen sollte, und so beschloss ich, Koch zu werden – alles, was ich jetzt noch tun musste, war, mir einen Ort zu suchen, wo ich das Handwerk erlernen konnte. Diese Entscheidung wurde mir abgenommen durch eine zufällige Begegnung während eines Einkaufsbummels in der Fußgängerzone von Gosport.

Dies war kein gewöhnlicher Ausflug zu den Geschäften in der Innenstadt; ich war dort, um eine kriminelle Tat zu begehen, für die ich auch zweifellos Talent hatte. Um in meinem letzten Schuljahr von den harten Straßengangs weiterhin akzeptiert zu werden, hatte ich mir einen Ruf als einer der besten Ladendiebe der Stadt erarbeitet. Nicht, dass ich heute stolz darauf wäre, aber als Teenager war ich spindeldürr, und obwohl ich als Kämpfer immer mein Bestes gab, spielte ich kräftemäßig definitiv nicht in derselben Liga wie die stämmigen Burschen – und in meiner Gegend verdiente man sich Respekt durchs Kämpfen. Ich brauchte also etwas anderes als meine Fäuste, um als würdiges Gangmitglied durchzugehen. Deshalb entwickelte ich langsam und diskret mein dubioses Talent, bis ich selbstbewusst genug war, mit meinen Diebstählen, die ich übrigens auch auf Bestellung ausführte, zu prahlen. Meistens war der örtliche Woolworth-Supermarkt mein Ziel, da er nicht nur voller begehrenswerter Sachen war, sondern generell unterbesetzt war und auch über keine Überwachungskameras verfügte. Das Einzige, was die Ladenbesitzer als Diebstahlschutz hatten, waren ein paar gebogene Spiegel an der Decke über den Regalen sowie Ladendetektive, die man sofort erkannte, weil sie so auffällig gekleidet waren und immer im Supermarkt rumhingen, ohne etwas zu kaufen. Schon bald nahm ich Bestellungen von den Gang-Anführern auf, die immer vor dem Laden warteten, während ich drinnen meine Mission erledigte. Nach getaner Arbeit durfte ich sie dann in ihren Schlupfwinkel begleiten, wo man mir gratulierte und auf die Schulter klopfte, und ich erhielt von ihnen so lange Schutz, bis die nächste Bestellung aufgegeben wurde.

Bei einem dieser Streifzüge war es auch, dass der Anführer jener Gang, ein 16-jähriger Schlägertyp namens Mike – oder »Mad Mike«, wie ihn alle nannten –, mich für ein Gespräch unter vier Augen zur Seite nahm. Ich hatte einige Male gesehen, wie Mike sich geprügelt hatte, und er war immer als Sieger daraus hervorgegangen. Er war größer und stärker als die anderen Jungs und hatte einen wilden, irren Blick. Allerdings kam sein Spitzname nicht von diesem Blick, sondern eher von seiner Vorliebe für kompromisslose Brutalität, die bei Schulhofprügeleien eigentlich völlig deplatziert war. Um einen Kampf zu gewinnen, hatte er einmal zu einem besonders unorthodoxen Mittel gegriffen: Er hatte seinem Gegner einen Finger ins Auge gesteckt und dessen Augapfel herausgeschoben. Seitdem wurde er von allen »Mad Mike« genannt – falls man sich überhaupt traute, ihn anzusprechen. Nachdem er mich ein paar Monate lang beobachtet hatte – den kleinen Außenseiter in der Gang, der alles tat, um irgendeinen Zweck in der Gruppe zu erfüllen –, fand er Gefallen an mir und meinen Diebeskünsten, deshalb sprach er mich an und gab mir ungefragt einen Rat – und wenn Mike sprach, hörte man gefälligst zu. Er sagte mir, dass ich als Dieb einen guten Job machte, aber dass ich meine Zeit mit den Kleindiebstählen in dem Kaff Gosport bloß verschwenden würde. Stattdessen sollte ich lieber die grellen Lichter der Großstadt London anvisieren, wo man viel mehr Möglichkeiten hatte. Zuerst würde ich allerdings weiter an meinem Handwerk feilen müssen, etwas weiter die Küste runter in Brighton, wo er ein paar Typen kannte, die mir dabei helfen könnten. Bevor ich über sein Angebot nachdenken konnte, das mich ganz sicher früher oder später ins Gefängnis gebracht hätte, schritt das Schicksal ein und bereitete meiner kriminellen Karriere zufällig ein abruptes Ende. Auf einem Schulausflug nach London, genauer gesagt beim Stöbern in einem Buchladen in der Victoria Station, war ich auf frischer Tat ertappt worden mit unzähligen Büchern unter meinem Hemd und in der Hose – so viele, dass man eine Bibliothek damit hätte füllen können. Die gefürchtete Hand in meinem Nacken, als ich den Laden verlassen wollte, war ein Gefühl, das ich nie vergessen werde und auch nie wieder erleben möchte. Natürlich gab ich auf der Stelle mein kriminelles Leben auf und entging nur ganz knapp einer Gefängnisstrafe. Leider konnte ich mich auch dieses Mal nicht dem Zorn meines Vaters entziehen.

Die Schule war also aus, und ich hatte letztendlich mein neues Ziel gefunden: Brighton. Und wie heißt es doch so schön in dem Song? *I Do Like To Be Beside The Seaside* – das Meer mag ich sehr.

KAPITEL 3

Brighton Rocks: Spaß an der Südküste

Teil 1: Die Freiheit

Obwohl es für meine Mum nicht einfach war zu akzeptieren, dass ich im Alter von 15 Jahren schnellstens das Familiennest verlassen wollte, ermutigte sie mich trotzdem, meinen Träumen nachzugehen. Ich hatte alle größeren Hotels in Brighton angeschrieben, um mich für eine Ausbildung als Koch zu bewerben, und bekam schließlich eine Zusage von einem Hotel direkt an der Promenade, dem Metropole, heute bekannt als das Hilton Brighton Metropole.

Da ich nur einen Monat hatte, um mir eine Unterkunft zu suchen, fuhr ich eines Morgens nach Brighton und kehrte abends mit einem Stapel Zeitungen sowie einer Liste möglicher Studentenunterkünfte von örtlichen Maklern nach Hause zurück. Nachdem ich alle Wohnungsangebote sorgfältig gelesen hatte, rief Mum in meinem Namen die infrage kommenden Kandidaten an, und schließlich entschieden wir uns für ein Gästezimmer in einem Vorstadthaus, das einem Rentnerehepaar namens Batt gehörte.

Ich packte meinen kleinen Koffer, zog meine beste Jeans (mit Schlag) an sowie ein Nylonhemd, einen langen dunklen Trenchcoat und braune Plateauschuhe, weigerte mich trotz hartnäckigen Beharrens meiner Mutter aber, meine damals extrem angesagte Vokuhila-Frisur zu trimmen – schließlich braucht ein Teenager seine Besonderheiten. Für das Kennenlernen hatten die Hausbesitzer die Anwesenheit eines Elternteils gewünscht, und so begleitete meine Mum mich nach Brighton, was sie gern tat, da sie sichergehen wollte, dass ich mich in meinem neuen Zuhause auch wohlfühlte. Nach einem emotionalen Abschied von meinen Geschwistern stieg ich mit Mum in den Zug, und nach einer kurzen Fahrt entlang der Südküste kamen wir in Brighton an. Unterwegs tat Mum alles, um ihre Tränen zurückzuhalten, wohingegen ich mein Bestes gab, um meine riesige Vorfreude zu verbergen auf den Start in ein neues Leben an einem neuen Ort.

Als wir an der neuen Adresse ankamen, wurden wir von einer freundlichen, kleinen älteren Dame begrüßt, und alles war auch in Ordnung bis zu dem Zeitpunkt, als sie uns ins Wohnzimmer bat und uns ihrem Ehemann vorstellte. Der saß umgeben von spießigen Antiquitäten in einem riesigen, speckigen alten Sessel, und man merkte sofort, dass er der Hausherr war – ein pensionierter Army Major, den man auf der Stelle als den typischen »alten Sack« erkannte. Meine Mutter ignorierte er fast gänzlich, er zog es vor, mich zu mustern und auszufragen – warum ich in so einem jungen Alter zu Hause auszog, warum ich so seltsam gekleidet und meine Frisur eine absolute Katastrophe war, wie lange ich bleiben und welche Ausbildung ich beginnen wollte. Es waren noch viel mehr Fragen, die mir mittlerweile aber entfallen sind. Jedenfalls hatten meine Eltern immer sehr viel Wert darauf gelegt, mir einzubläuen, dass ich mich immer freundlich und respektvoll verhalten solle, egal in welcher Situation. Also beantwortete ich höflich seine Fragen und gab mein Bestes, um den knurrigen alten Sack zu überzeugen, dass ich ein vertrauenswürdiger und zuverlässiger junger Mann war. Nach einer gefühlten Ewigkeit und einem Verhör, das der Spanischen Inquisition würdig gewesen wäre, gab er schließlich nach und bot mir das Gästezimmer an. Während Mum völlig entgeistert aus der Wäsche guckte und der armen Mrs Batt die ganze Situation sichtlich unangenehm war, fing er an, mir die Hausregeln zu verlesen – keine Besucher, kein Essen auf dem Zimmer, Ausgang nur bis zehn Uhr abends, und, als ob das alles nicht schon genug wäre, keine Musik tagsüber oder in der Nacht. Nicht gerade das, was ich mir erhofft hatte, als ich mich auf den Weg in mein neues Leben gemacht hatte! Im Gegenteil, ich hatte sogar die Befürchtung, dass ich in diesem Augenblick wahrscheinlich den größten Fehler meines jungen Lebens machte. Faktisch tauschte ich ein strenges militärartiges Regime gegen ein anderes ein. Dennoch hatten wir keine Wahl – im Voraus war eine Kaution an die Batts gezahlt worden, und wir konnten es uns nicht leisten, dieses Geld zu verlieren. Mum kehrte also nach Gosport zurück, und widerwillig bezog ich das Gästezimmer im ersten Stock, das kaum größer war als das Bett, das darin stand.

Gleich am nächsten Tag begann ich meine Ausbildung.

Die Hotelküche war riesig, und darin arbeitete eine große Belegschaft, um alle Gäste des 300 Zimmer umfassenden Hotels mit Frühstück, Mittag- und Abendessen zu versorgen. Als Auszubildender musste ich natürlich erst einmal all die niederen Tätigkeiten verrichten, beispielsweise den ganzen Tag lang Kartoffeln aus mülleimergroßen Behältern schälen, Hunderte von Zwiebeln in feinste Stücke schneiden und – mein persönlicher Horror – einmal in der Woche unzählige Hühnchen entbeinen und widerliche blutige Tierinnereien aussortieren, die in der hausgemachten Pastete verwurstet wurden.

Nach etwa einem Jahr stieg ich zum Assistenten des stellvertretenden Küchenchefs auf, ein Berg von einem Mann namens Jorge; er war Portugiese und hatte ein südländisches Temperament, das gelegentlich ohne Warnung ausbrach, was nicht selten zu Gewalttätigkeiten führte. Im Laufe der Zeit lernte ich alles Wichtige in Sachen Essenszubereitung, Rezepte und schließlich auch das Kochen und Servieren der Gerichte auf Cordon-Bleu-Ebene. Ich war einer von drei Azubis; wir arbeiteten jeder zwölf Stunden am Tag und wurden jeweils in den Abteilungen eingesetzt, wo gerade Hilfe nötig war. Aber unsere Arbeit wurde nicht geschätzt, stattdessen wurden wir ausgenutzt. Mir war jedoch klar, dass diese Zeit für etwas Größeres gut war und dass ich einfach mein Bestes geben musste, um sie zu überstehen.

Am liebsten war mir die Patisserie-Abteilung, da die Arbeit Kreativität, Feingefühl und Ruhe erforderte. Der ziemlich brillante Konditor war ein liebenswürdiger Kerl namens Paul, der mich unter seine Fittiche nahm, mit mir all sein Wissen teilte (das ich sofort wieder vergaß) und mir eine kleine Verschnaufpause verschaffte von dem psychopathischen Souschef, der mich dann und wann mit dem Fleischbeil quer durch die Küche verfolgte, wenn ich mal wieder ein Essen vergeigt oder es gewagt hatte, ihm zu widersprechen – was ich oft tat. Ich hatte keine Angst vor diesem Irren, aber anders als zu Schulzeiten konnte ich hier keine Prügelei anfangen, um die Differenzen beizulegen, also war Weglaufen die sinnvollste Lösung.

An meinen freien Tagen schlenderte ich durch Brighton und sah mir die Sehenswürdigkeiten an. Die Stadt lag nicht mal 100 Kilometer von Gosport entfernt, aber es kam mir wie eine komplett andere Welt vor. Ich wusste nichts über Brighton außer die Geschichten, die ich gehört hatte, und die Bilder aus dem Fernsehen, als es hier in den Sechzigern die legendären Ausschreitungen zwischen den Mods und den Rockern gegeben hatte, zwei rivalisierenden Jugendsubkulturen. Vor meiner Ankunft hatte ich leidenschaftlich gern *Quadrophenia* von The Who gehört – eine Rockoper beziehungsweise ein Konzeptalbum, das in der Zeit jener Ausschreitungen spielt und aus der Sicht eines Mod-Teenagers namens Jimmy erzählt wird. Wenn ich durch die Straßen von Brighton lief, stellte ich mir immer vor, Jimmy zu sein, auch wenn ich wahrscheinlich mehr wie ein Rocker als wie ein Mod aussah, keinen Motorroller besaß, und die einzige Gang, mit der ich tagtäglich abhing, waren die geknechteten Küchenangestellten im Metropole Hotel.

Die Küste von Brighton ist sehr weitläufig, ein gewaltiger Kieselstrand, soweit das Auge reicht, mit zwei ins Meer reichenden Piers. Einer davon wurde vor wenigen Jahren bei einem starken Sturm völlig zerstört und ist mittlerweile nicht mehr in Gebrauch, auf dem anderen ist ein recht heruntergekommener Vergnügungspark, der mit seiner Vergnügungsmeile, den Achterbahnen, Hellseherbuden und kitschigen Souvenirständen jährlich viele Besucher anzieht. Dies sowie der Duft des Meeres, Fish & Chips und pinkfarbene Zuckerwatte gaben mir eine erste Kostprobe vom wahren Leben an der englischen Küste. Im Stadtzentrum gab es unzählige Künstlertypen sowie Jugendgangs, von angsteinflößenden Skinheads über glückliche Hippies und piekfein gekleidete Mods bis hin zu schmuddeligen Rockern – alle stellten stolz ihre Gruppenzugehörigkeit zur Schau, was nicht selten für urplötzliche heftige Schlägereien sorgte. Zu diesem bereits farbenfrohen Mix kamen noch Hunderte von ausländischen Studenten hinzu, die entweder an der Sussex University oder an einer der zahlreichen Sprachschulen eingeschrieben waren. Überall wo ich hinsah, entdeckte ich wunderschöne Mädchen, und für einen 15-jährigen Jungen war das eindeutig wie das Paradies auf Erden. Immer wenn die Sonne rauskam, war der Strand proppenvoll mit blonden Skandinavierinnen, exotischen Brasilianerinnen und – mein persönlicher Favorit – leichtlebigen Französinnen, die heiß darauf waren, »les petits Anglais«, die kleinen Engländer, kennenzulernen und sie in die hohe Kunst des *French Kissing*, des Zungenkusses, einzuführen.

Eines dieser Mädchen, eine Austauschstudentin aus Strasbourg namens Catherine, wurde meine erste feste Freundin – sie begleitete mich bei meinen Spaziergängen durch die Stadt, und in ihrer Studentenbude teilte sie mit mir ihr Wissen in Französisch, in vielerlei Hinsicht. Natürlich konnte ich sie nicht mit zu mir nehmen, da Mr Batt deutlich gemacht hatte, dass ich keinen Besuch empfangen dürfte. Selbst als ich ihn überzeugte, dass wir fleißig die Werke Molières zusammen studierten und mein Zimmer das einzige ruhige Fleckchen war, das wir finden konnten, waren mein kleines Bett und die winzige Kammer nicht gerade der Ort, an dem man Zweisamkeit suchte. Und ein Mädchen konnte man damit schon mal gar nicht beeindrucken. Wir waren nur ein paar Monate zusammen, aber ich glaube, dass meine Zeit mit Catherine ausschlaggebend dafür war, dass ich heute frankophil bin – ich liebe alles, was mit Frankreich zu tun hat; natürlich das Essen und den Wein, die wundervollen Städte und die beeindruckende Küste im Süden des Landes, aber auch die Lebensweise – das »Savoir-faire« und das »Savoir-vivre«.

Catherine gab mir auch ein gewisses Zugehörigkeitsgefühl in all den schrecklichen Phasen von Heimweh, die ich während meiner Zeit bei den Batts durchmachte. Ich hasste es, dort zu sein, und nach einem anstrengenden Arbeitstag kam ich oft völlig fertig und natürlich später als zehn Uhr abends nach Hause, um mir gleich von dem mürrischen alten Mann eine Standpauke anzuhören, der offenbar dachte, er wäre immer noch in der Army. Jeden Abend verkroch ich mich unter meiner Bettdecke und suchte Trost, indem ich heimlich mein ganz leise gedrehtes Transistorradio einschaltete und John Peels Sendung auf Radio BBC hörte, der mir so viel über

Musik beibrachte. Oder RTL Luxembourg 208 über Mittelwelle, ein ausländischer Sender, der teilweise auf Englisch sendete, die neusten Pophits spielte und freundliche, lustige Moderatoren hatte, die damals – abgesehen von Catherine – meine einzigen wahren Freunde waren.

Glücklicherweise hatte mein Leiden unter diesem strengen Regiment nach ein paar Monaten ein Ende. In Anwesenheit meiner Mutter, die von dem unerträglichen Mr Batt herbeordert worden war, wurde verkündet, dass ich ausziehen müsse, und zwar innerhalb einer Woche. Der Grund für dieses plötzliche Ende war meine angebliche Angewohnheit, im gemeinsam genutzten Bad immer auf den Boden zu pinkeln, den die arme Mrs Batt deshalb jeden Tag putzen müsse. Natürlich stimmte dies überhaupt nicht – ich war vernünftig erzogen worden und wusste, wie man eine Toilette benutzt. Das Problem war das winzig kleine viktorianische Waschbecken in dem Badezimmer; immer wenn ich mir die Hände und das Gesicht wusch, landete der Großteil des Wassers zwangsläufig auf dem Boden. Trotz meiner Proteste weigerte sich der alte Mann, mir zu glauben, und wies mich an, mir eine neue Bleibe zu suchen. An jenem Nachmittag gingen meine Mum und ich die Anzeigen in der Zeitung durch und fanden glücklicherweise ein größeres Zimmer in einem Haus, das insgesamt drei Zimmer, ein gemeinsames Badezimmer und eine kleine Küche hatte. Es kam mir viel einladender vor, und der Besitzer sagte, dass ich sofort einziehen könnte. Im Leben kann man nicht immer gewinnen, aber man kann sich an den kleinen Siegen erfreuen. So konnte ich schließlich doch noch über Mr Batts triumphieren, indem ich gleich am nächsten Morgen auszog und ihn somit um eine weitere Woche Miete brachte.

Meine neue, viel gemütlichere Unterkunft lag näher am Stadtzentrum und war somit teurer als das alte Zimmer – fünf Pfund pro Woche musste ich mehr zahlen, was die Hälfte meines wöchentlichen Einkommens war (selbst wenn man die Inflation berücksichtigt und wie viel dies in heutiger Zeit wäre, war das in keinster Weise eine fürstliche Bezahlung). Dennoch schaffte ich es, mich relativ gut über Wasser zu halten, indem ich an meinen Arbeitstagen im Hotel aß und mir an meinem einzigen freien Tag in der Woche zu Hause Omeletts machte.

Ich wohnte dort etwas länger als ein Jahr. Meine beiden Mitbewohner, die in den zwei anderen Zimmer lebten, waren lustige Partytypen, sie waren ein paar Jahre älter als ich und ich freundete mich mit ihnen an, während ich mich in dieser neuen, aufregenden Stadt immer mehr zu Hause fühlte. Die beiden Typen führten mich auch ins Nachtleben Brightons ein, indem sie mich in einen großen Club namens Shelly's mitnahmen. Der Club hatte eine sogenannte »Late Licence«, was bedeutete, dass er bis in die frühen Morgenstunden geöffnet bleiben durfte (damals mussten alle Bars und Kneipen mit Alkoholausschank, die nicht über diese Lizenz verfügten, laut Gesetz um 23 Uhr schließen). Die DJs dort legten meistens Disco-Musik auf, und der Club war immer voller hübscher Mädchen, die man von der Galerie aus sehr gut beobachten konnte. Die Galerie, die man über eine große Treppe erreichte, umgab die gesamte Tanzfläche. Man musste 18 oder älter sein, um Zutritt zu diesem Spaßtempel zu bekommen, aber ich sah älter aus, als ich war, und schaffte es immer, mich in den Club zu mogeln – zu jener Zeit fragte noch kein Türsteher nach einem Ausweis, weil die meisten Leute eh keinen hatten. Damit das Gesindel draußen blieb, gab es einen besonderen Dresscode, der streng eingehalten wurde: lange Kleider und Stöckelschuhe für die Ladys, Hemd und Krawatte für die Gentlemen. Die Türsteher hatten einen Krawattenverleih aufgemacht, mit dem sie ein Bombengeschäft machten, da sie all die nicht korrekt gekleideten jungen Männer (also die meisten von uns) mit Krawatten versorgten – als Mietgebühr zahlte man ein Pfund, und die Krawatte musste bei Verlassen des Clubs wieder abgegeben werden. Ich konnte die Masche der Türsteher nur bewundern – es war ein brillantes Geschäftsmodell.

Jedes Wochenende trafen meine beiden Kumpels und ich uns mit einer größeren Gruppe Hipster aus Brighton und zogen dann gemeinsam ins Shelly's – testosteronbefeuert und voller Hoffnungen. Diese älteren, cooleren Trendsetter verließen den Club immer mit einem Mädchen im Arm und verzogen sich in ihre teuren Wohnungen an der Promenade (bezahlt von Papa), um das zu tun, was immer diese Leute auch taten, während ich und meine beiden Freunde meistens allein nach Hause gingen und unseren Frust mit einer Tasse Tee hinunterspülten. Der Anführer jener Gang, ein strammer 21-jähriger Bursche namens Pete, den ich kaum kannte, sprach mich eines Abends an, als wir nebeneinander auf der Galerie standen. Von oben blickte er auf die Tanzfläche, als würde ihm der Club gehören, und musterte die Girls.

»Hey, Ray, alter Kumpel«, sagte er und drehte sich zu mir. »Siehst du die da unten? Eines Tages werden sie alle mir gehören. All diese Schnecken – die werden mir zu Füßen liegen.«

Ich hatte keine spontane oder besonders witzige Antwort auf seine Prahlerei parat und stand nur schweigend da, während er weitersprach.

»Und was ist mit dir? Sieh dich doch mal an. Was willste mal werden? Was machst du noch mal? Kochen, stimmt's?«

»Äh, ja«, antwortete ich, »ich mache eine Ausbildung und hoffe, eines Tages mal *Chef* zu werden.«

»Ein *Chef*? Das ist ein Scheißkoch, oder?«, brummte er.

»Stimmt, das ist das französische Wort für Koch – *Chef de Cuisine*.«

»Was? Französisch? Komm mir nicht mit den Scheißfranzosen. Und wie willst du richtig Kohle verdienen, wenn du bloß eine Scheißmenge Essen servierst? Oh ja ... und die Mädels werden dich richtig sexy finden mit dem dämlichen weißen Hut auf dem Kopf.«

»Äh«, war meine einzige Antwort, da mir wieder nichts Besseres einfiel.

»Du musst deinen Mann stehen, Alter, such dir einen richtigen Job. Kochen ist was für Mädchen.«

»Na ja, nicht wirklich, Pete – die meisten *Chefs* sind Männer. So oder so, ich werde ein reicher und berühmter *Chef*, und all die Mädels werden auch mir zu Füßen liegen.«

»Sei kein Idiot, Mann, Köche kennt kein Mensch«, winkte er ab, und er hatte recht.

Damals gab es keine berühmten Köche, und keiner von uns hätte sich vorstellen können, dass es viele Jahre später tatsächlich Superstar-Köche geben sollte, die auch noch ihre eigene Fernsehsendung haben. Es sollte sogar so weit kommen, dass es viel zu viele *Chefs* in der Glotze gab – zu viele Köche verderben unweigerlich den Fernsehbrei.

»Du musst berühmt werden«, setzte Pete seine Ansprache fort, »du musst Rockstar werden oder Schauspieler, kein Scheißwasserträger.«

»Ja, vielleicht werde ich das, wart's mal ab – eines Tages werde ich berühmt sein«, antwortete ich, um endlich meinen Mann zu stehen. Ich hatte zwar keinen blassen Schimmer, was ich tun oder wie ich ein Promi werden sollte, aber ich wollte, dass der Typ mich ernst nahm.

»Ach ja?«, erwiderte Pete ungläubig mit hochgezogener Augenbraue.

»Jawohl, eines Tages wirst du meinen Namen in Leuchtbuchstaben sehen. Und schau dir die da unten an!«, sagte ich mit breitestem Südküstenakzent, während ich auf die Tanzfläche zeigte. »Alle werden sie meinen Namen kennen, Mann. Ray Cokes, merk dir diesen Namen, Pete.«

Er lächelte, dann klopfte er mir auf die Schultern und drehte sich weg, um zu gehen. Aber vorher sagte er noch: »Träum weiter, Kumpel, träum weiter. Na ja, ich muss los – viel Glück, Ray. Viel Glück.«

Und damit zog er ab nach unten auf die Tanzfläche, wo er irgendeinem armen, ahnungslosen Mädchen seinen Drink übers Kleid schüttete, das er später wahrscheinlich ins Bett bekommen würde, weil er sich als Clubbesitzer ausgegeben hatte.

Weder Pete noch ich konnten wissen, dass mein Name und mein Gesicht eines Tages tatsächlich auf Millionen von Bildschirmen, auf den Titelblättern von Zeitschriften und noch später unzählige Male im Internet zu sehen sein würden und dass ich wiederum noch später über mich selbst ein Buch mit meinem Namen darauf schreiben würde.

Zurück im wahren Leben frustrierten mich das beständige Chaos und die Hektik der Kochausbildung in diesem großen Hotel immer mehr, und ich sehnte mich nach etwas Kleinerem, das ich besser bewältigen konnte und das vielleicht nicht so stressig sein würde. Die Hälfte meiner Ausbildung war vorbei, aber ich beschloss, sie abzubrechen und den nächsten Schritt zu tun. Auch mein Zimmer kündigte ich, da ich mir die Miete nicht mehr leisten konnte.

Bewaffnet mit wenig mehr als nur der furchtlosen Zuversicht eines Jugendlichen, elementaren, aber soliden Kenntnissen in Sachen Kochen und vor allem einem exzellenten Empfehlungsschreiben eines Vier-Sterne-Hotels – das mir Paul, der hilfsbereite Konditor ausgestellt hatte –, zog ich also los und klapperte fast alle

Hotels in und um Brighton ab, um einen neuen Job zu finden. Es überraschte mich nicht, dass ich überall abgewiesen wurde. Als ich beinahe schon jede Hoffnung verloren hatte und befürchtete, nach Gosport zurückkehren zu müssen, bot mir ein kleines Familienhotel einen Job an, großzügigerweise gleich als Küchenchef. Ich war ganz klar unterqualifiziert, aber ihr ursprünglicher Küchenchef hatte kurzfristig gekündigt, und sie brauchten auf der Stelle Ersatz. Innerhalb einer Woche war ich aus meiner Wohnung aus- und in das kleine Hotel eingezogen, die Besitzer stellten mir außerdem eine Unterkunft gleich auf der gegenüberliegenden Straßenseite in Aussicht, die noch von dem scheidenden Chefkoch bewohnt war.

Ein neues Abenteuer hatte gerade begonnen, im Rahmen dessen ich Simon kennenlernen sollte, der heute zu meinen ältesten Freunden zählt. Er war es auch, der mich mit auf die wilde Seite des Lebens nahm und maßgeblich dazu beitrug, dass aus mir der Mann wurde, der ich heute bin.

Teil 2: Das Erwachen

Beinahe über Nacht, im Alter von 17 Jahren, wurde ich vom Auszubildenden in einem Viersternehotel, das Reiche und Berühmte beherbergte, zu einem vollwertigen Chefkoch in einem Zweisternehotel, das eher kostenbewusste Reisende als Zielgruppe hatte. In jenem St Catherine's Lodge Hotel gab es auch ein paar Dauergäste – ältere Leute, die nirgendwo anders hinkonnten, die niemanden hatten, der sich um sie kümmerte, und die den Trubel in einem Hotel am Strand dem ruhigen, genormten Leben in einem Pflegeheim vorzogen. Neben mir bestand die Küchenbelegschaft aus Jimmy – einem älteren und recht verrückten schottischen Souschef, der Whisky über alles liebte und den man wegen seines starken Akzents kaum verstand – und einem ruhigen, unglaublich langsamen, aber sehr systematisch arbeitenden und zuverlässigen indischen Tellerwäscher, der kaum Englisch sprach und gern förmlich als Mr Patel angesprochen werden wollte. Es war ein kleines Wunder, dass wir überhaupt irgendwelche Speisen hinbekamen, bei all den Sprachbarrieren und der schlechten Kommunikation zwischen uns.

Die Restaurantbelegschaft, zuständig für den Speisesaal im Vorderhaus, war eine ebenso seltsame Mischung. Dort arbeitete Pete, der junge, naive Kellner-Azubi (gleichzeitig der einzige Kellner), beaufsichtigt von dem dreisten, oftmals unglaublich lustigen Simon, der sechs Monate älter war als ich und mit dem ich mich sofort verstand. Simon war ursprünglich Kellner gewesen, hatte sich nach Petes Eintritt aber selbst zum Chef-Sommelier befördert (zum Glück konnte er aber auch mal als Kellner aushelfen). Er wusste nur sehr wenig über Wein, aber bis heute ist er der beste Bluffer, den ich jemals kennengelernt habe. Die Hotelrezeption und die Putzaufgaben teilten sich zwei junge Damen, Joan und Rebecca, die beide Mitte 20 waren und aus dem nordenglischen Leeds kamen. Trotz unserer hartnäckigen Versuche, die beiden hübschen Mädels irgendwie ins Bett zu bekommen, ließen sie uns jedes Mal abblitzen. Schließlich vertrauten sie Simon und mir das Geheimnis an, dass sie in Wirklichkeit ein Liebespaar waren. Mir war damals noch kein lesbisches Pärchen, das sich auch noch als solches outete, über den Weg gelaufen, denn zu jener Zeit gab man so etwas nicht einfach so preis – die Mitglieder der Gay Community hatten damals noch sehr mit Stigmatisierung zu kämpfen. Genau deshalb waren Joan und Rebecca auch nach Brighton gezogen, weil dort eine freie und liberale Haltung gegenüber Menschen aller Coleur herrschte – was die Stadt sich bis heute bewahrt hat.

Jedenfalls wurde unsere recht chaotische, größtenteils junge und unerfahrene Truppe von dem Hotelmanager Mr Bacon geleitet, einem kleinen wieselartigen Mann Ende 40, der ein Auge auf alles und jeden hatte. Er begegnete uns allen mit Geringschätzung, außer Simon.

Der letzte im Bunde war John, der Barkeeper – ein tätowierter ehemaliger Boxer, der urplötzlich Heilung im christlichen Glauben gefunden hatte und Abstinenzler geworden war. Er war sehr stolz auf seine kleine Bar, die nicht nur für Hotelgäste geöffnet war, sondern auch für die Allgemeinheit. Allerdings herrschte dort meistens gähnende Leere, außer an Wochenenden, wenn der Manager Mr Bacon wieder mal zu seiner Ferienhütte in Wales gefahren war.

Dann mischte sich die Belegschaft immer unter die Gäste und feierte mit ihnen die ganze Nacht hindurch. Dabei lenkten wir John so oft es ging ab, um so viele Drinks wie möglich abzuzocken. Sonntagnachmittags versammelte sich immer das ganze Rentnervolk aus Brighton in dem Pub, beanspruchte die Bar für sich und schlürfte Gin, spielte Bridge und plauderte über die guten alten Zeiten, jedenfalls diejenigen, die sich noch daran erinnerten. John, der Barkeeper, beobachtete dieses Treiben immer mit einem Pint-Glas voll Wasser in der Hand, was ihm schließlich den Spitznamen »John The Baptist«, also Johannes der Täufer, einbrachte. Den Namen hasste er wie die Pest, weil er ihn als Gotteslästerung betrachtete, und er wurde immer sehr wütend, wenn wir ihn so nannten – was wir natürlich bei jeder Gelegenheit taten.

Jedenfalls arbeitete diese Gurkentruppe hart, 14 Stunden am Tag, sechs, manchmal sieben Tage die Woche, um den Hotelgästen dreimal am Tag eine warme Mahlzeit zu servieren sowie die Dauergäste mit unzähligen Teegedecken und mit Milch, die mit Gin veredelt war, zu versorgen. Die Tatsache, dass wir alle umsonst auf der gegenüberliegenden Straßenseite wohnten, in jeweils eigenen Zimmern in einem dreistöckigen Reihenhaus, bedeutete, dass wir fast jede Stunde zusammen verbrachten und dafür sorgten, dass dieses kleine Familienhotel tatsächlich lief – geführt von einer, wie man sagen kann, kleinen Familie.

Simon und ich wurden schnell beste Freunde. Er war wirklich ein lustiger Kerl, der uns alle mit seinen komischen und unanständigen Witzen unterhielt, und er unterstützte mich immer gern bei meinen kleinen Streichen, beispielsweise als ich den Azubi-Kellner Pete mit einem Fleischbeil zu einem Tisch schickte, nachdem eine ziemlich verpeilte und ganz offensichtlich leicht demente alte Dame nach einem Filetmesser für ihren Whitebait verlangt hatte (Whitebait sind sehr kleine panierte Weißfische, die meistens als Ganzes verspeist werden).

Als die Freundschaft zwischen Simon und mir enger wurde, erzählte er mir auch immer mehr von seinem bisherigen Lebensweg – eine beschwerliche Reise, gegen die meine Jugend das reinste Paradies auf Erden war (was zeitweise ja auch stimmte). Simon wurde in Brighton geboren, und seine Eltern trennten sich, als er zwölf war.

Seine Mutter verließ die Familie, und Simon und seine beiden Brüder wurden zu Freunden gegeben. Seine Mutter heiratete schließlich erneut, einen geschiedenen Mann mit zwei kleinen Töchtern, der sich als absoluter Psychopath entpuppte. Um mal ein Beispiel zu nennen, wie schlimm es mit seinem Stiefvater war: Eine der Glanztaten des Alten war, Simons jüngeren, völlig verängstigten Bruder in eine Toplader-Waschmaschine zu stecken, weil er schmutzig war und saubergemacht werden musste. Das war aber nur die Spitze des Eisbergs, die anderen Geschichten sind Simons Privatsache und gehören in sein Buch, nicht in meins. Es reicht wohl zu sagen, dass der Alte eingesperrt gehörte. Letztendlich schaffte Simons Mum es, mit ihren drei Söhnen zu fliehen und in einem völlig überfüllten Frauenhaus in Brighton unterzukommen. Und da sie nur Sozialhilfe bezogen, machten Simon und sein älterer Bruder sich auf, um Arbeit zu finden und die Familie zu unterstützen.

Während dieser harten Zeiten – und so wie ich als Teenager in meinem Zimmer gesessen und Trost in allem, was Marc Bolan und T. Rex als Platte veröffentlicht hatten, gesucht hatte – waren die ersten Songs von David Bowie Simons ständige Begleiter und Trostspender gewesen. Er brachte sich selbst auch das Gitarre- und Klavierspielen bei. Er ist einer der begabtesten Musiker, die ich kenne, ein absolutes Naturtalent. Es ist wirklich eine Schande, dass er trotz aller Bemühungen nie ein großer Rockstar geworden ist, aber das ist eine andere Geschichte. Jeden Tag nach der Arbeit trafen wir uns in seinem Zimmer (er hatte einen viel besseren Plattenspieler als ich, auf Raten gekauft, wie alles andere auch, was er besaß), und er spielte mir David-Bowie-Songs in voller Lautstärke vor, zeigte sie mir auf der Gitarre und brachte mich zum Lachen, wie es nie zuvor jemand geschafft hatte, allein mit seinen Monty-Python-Platten und seiner eigenen unendlichen Sammlung an primitiven Witzen. Ich brachte T. Rex und meine neu entdeckte Liebe für die seltsame Welt von Roxy Music ein, und gelegentlich, angelockt durch die laute Musik, gesellten sich auch Joan und Rebecca zu uns, tanzten mit uns die Nacht durch und brachten unsere Hormone ganz gewaltig durcheinander.

Ich darf Simon auch dafür dankbar sein – oder ihm die Schuld dafür geben –, dass ich damals zum ersten Mal mit Drogen in Berührung kam. Ich war 17 Jahre alt, trank nur selten Alkohol (immerhin durfte ich es vom Gesetz her noch nicht), hatte mir noch nicht die absolut lächerliche Angewohnheit des Rauchens zugelegt und war in Sachen Drogen noch gänzlich unschuldig. Jene schändliche Tat fand eines Morgens statt, nachdem ich in der Nacht zuvor von Barmann John (illegalerweise) getauft wurde mit einem Getränk, das er »Unterwasserbombe« nannte – dabei wird ein mit Whisky gefülltes Schnapsglas in einem vollen Bierglas versenkt und alles auf einmal und zusammen getrunken. Heutzutage ziehen sich die jungen Leute die »Jägerbombe« rein, bei der nach einem ähnlichen Prinzip statt Whisky Jägermeister genommen wird und in einem großen Glas voller Red Bull versenkt wird. Beide Varianten sorgen dafür, dass man schnell ziemlich betrunken ist – und dass man am nächsten Tag fürchterliche Kopfschmerzen hat. Jedenfalls musste ich am folgenden Morgen arbeiten, und während ich mich wegen bösen Schlafmangels und des noch böseren Katers kaum auf den Beinen halten konnte, kam Simon in die Küche gestürmt, der von Johns merkwürdiger Trinkzeremonie nur wenige Stunden zuvor offenbar gar nicht beeinträchtigt war. Sofort bemerkte er meinen Zustand und bot mir diskret eine kleine gelbe Pille an.

»Hier, nimm eine davon – das wird dir helfen.«

»Was ist das?«, wollte ich wissen.

»Och, mach dir keine Sorgen«, gab er zurück, und log ganz beiläufig: »Das ist eine starke Vitaminpille, die ich vom Arzt verschrieben bekommen habe – die hilft dir beim Wachbleiben.«

Als ich ihn fragte, wie er seinen Doc überzeugt hatte, ihm die Pillen zu verschreiben, verriet er mir flüsternd, dass er in Wirklichkeit vom Hotelmanager Mr Bacon regelmäßig mit diesen Pillen versorgt werden würde, um die Angestellten bei Laune zu halten und zu motivieren. Das kam mir ziemlich merkwürdig vor, erklärte aber immerhin Simons gutes Verhältnis zu dem wieselartigen Hotelmanager. Oftmals bekommt man verschreibungspflichtige Arzneimittel auch illegal auf der Straße, wobei die Käufer sie einzig und allein zur Bewusstseinserweiterung nutzen – oder in diesem Falle zur beruflichen Leistungssteigerung. Natürlich hätte ich ablehnen können, aber der Tag hatte gerade erst begonnen und sollte noch lang werden, daher nahm ich Simons Angebot an – und erledigte bis

Dienstschluss alle anfallenden Aufgaben mit absoluter Leichtigkeit. Dies lag an der kleinen gelben Pille, die, wie ich später herausfinden sollte, das Aufputschmittel Dexedrine war – ein Amphetamin, das zur Behandlung von AHDS bei Kindern verschrieben wird.

Nachdem Simon und ich ungefähr ein Jahr zusammen im St Catherine's Lodge gearbeitet hatten, fingen die Arbeit, die kleine Lebensgemeinschaft und das ältere Klientel an uns zu langweilen, und so beschlossen wir beide, dass es Zeit war weiterzuziehen. Wir gingen die Lokalzeitungen nach Stellenanzeigen durch und stolperten über eine Annonce, in der nach Küchenpersonal gesucht wurde – und zwar im trendigsten Restaurant in Brighton, dem Browns. Dort wurde traditionelles englisches Essen von gut aussehenden, modisch gekleideten Kellnerinnen in einem schicken Ambiente zu modernster Musik serviert. Unsere Bewerbungen waren schließlich auch erfolgreich, und so bekamen wir beide einen Job angeboten – ich als Souschef und Simon, dem ein beruflicher Aufstieg ziemlich egal war und der vor allem das Leben genießen wollte, nahm eine Arbeit als Tellerwäscher an (weil gerade kein Kellnerjob zu vergeben war). Jeder suchte sich eine Bleibe, er in einer kleinen Wohnung im Stadtzentrum, ich in einem großen viktorianischen Reihenhaus, das ich mir mit drei schwulen Typen teilte, von denen einer als Küchenchef im Browns arbeitete. In dem Haus hatte ich ein eigenes Zimmer, und in den restlichen Räumlichkeiten waren immer viele Leute – meistens irgendwelche Männer, die für schnellen Sex vorbeikamen. Einer der Bewohner verliebte sich sogar in mich und kam eines Nachts in mein Zimmer geschlichen. Er weckte mich aus einem tiefen Schlummer, indem er mir Zärtlichkeiten ins Ohr flüsterte und sich an mich kuschelte. Man sagt ja, dass man alles mal ausprobieren sollte, und dies war das erste – und einzige – Mal, dass ich die klassische Löffelstellung mit einem mächtigen Ständer gegen meine blanken Arschbacken gepresst erleben durfte.

Das Browns jedenfalls war genauso, wie wir es uns vorgestellt hatten, und noch viel mehr. Der Laden war ständig proppenvoll mit Trendsettern und Medienlieblingen, die Musik war laut und die Angestellten sahen verdammt gut aus – für den Jungen aus dem kleinen verschlafenen Gosport, der gerade erst anfing, seine Augen für die Welt da draußen zu öffnen, war das alles unglaublich glamourös. Die Küche war für mich nicht weniger aufregend – wuselig, hektisch und laut, mit ständiger Musikbeschallung aus dem großen Radio, das auf Radio Caroline eingestellt war, jenen berüchtigten illegalen Piratensender auf dem Meer vor der Küste Englands (um so die britischen Senderegeln und -richtlinien zu umgehen). Da unabhängig von den eingeschränkten Radio-Playlisten des Festlands, war die Musik auf Radio Caroline vielseitig, aufregend und für uns auch der Antrieb für unsere pausenlose Arbeit. Die Kellnerinnen waren alle Möchtegern-Models, sexy Rockchicks, die immer zu dem Küchen-Soundtrack tanzten und sangen, als sie hereinkamen und die aufgenommenen Bestellungen weitergaben. Mit ihrem sonnigen Lachen und ihrem grenzenlosen Enthusiasmus für das Leben auf der Überholspur gaben sie dem Laden Schwung. Eine von ihnen, eine freche Brünette namens Carol, ging sogar noch weiter und bot der schwitzenden, hart arbeitenden Küchenbelegschaft einen besonderen Service – sie war bekennende Nymphomanin und gab regelmäßig jedem, der etwas Dampf ablassen musste, Blowjobs auf der Restauranttoilette. Dave, der Restaurantmanager, wusste nichts von diesem Angebot und rügte uns irgendwann für die viel zu häufigen Toilettenpausen während unserer Schicht. Also mussten wir schließlich einen geheimen Dienstplan ausarbeiten, basierend auf Angebot und Nachfrage.

Meine Welt veränderte sich rapide. Die Exzesse, die mir im Browns begegneten, gingen weit über das hinaus, was ich bis dahin in meinen jungen Jahren erlebt hatte, und gelinde gesagt war es ein unsanftes Erwachen. Es war nicht nur der zwanglose Sex, der einem angeboten wurde, sondern auch die Drogen, die in so großer Menge bei der Belegschaft kursierten, wie Speisen über den Tresen wanderten. Der Küchenchef, der genauso hieß wie ich (er war Ray 1, ich war Ray 2), war nicht nur ein cooler Stadtrebell, sondern zufällig auch einer der größten Dealer der Südküste. Einmal pro Woche präsentierte er nach Ladenschluss allen Interessierten einen prall gefüllten Koffer mit einer Auswahl an weichen und harten Drogen. Nebenbei erklärte er uns noch, wie viel wir von dem Zeug jeweils nehmen dürften, in welcher Umgebung man es am besten nahm und welche Wirkungen zu erwarten seien. Wenn er die unglaublichen Highs anpries und vor den unausweichlichen Lows warnte, kam er immer wie ein weiser Schamane rüber. Er verkaufte uns den illegalen Stoff zum Einkaufspreis, da er genügend Profit anderswo machte. Ich kann mich noch an die riesige Auswahl an Cannabis erinnern, die Ray 1 in seinem mobilen Laden anbot: Gras in Form von Thai Sticks oder Haschisch à la Goldener Libanese – alles hochwertige und rein natürliche Ware, weit entfernt von dem giftigen, mit chemischem Dünger und unter künstlichem Dauerlicht hochgezogenen Zeug, das so viele junge Leute heutzutage rauchen. Ray 1 bot auch Kokain an, das damals als Droge der Reichen galt und das wir uns mit unserem mageren Lohn einfach nicht leisten konnten. Zudem hatte er die günstigere Variante, Amphetamin (Speed), und Magic Mushrooms, die er in den Wäldern selbst gesammelt hatte, sowie eine Droge, die die Hippie-Bewegung der Sechziger inspirierte und die auch die Beatles auf ihrer *Magical Mystery Tour* genommen hatten – Lysergsäurediethylamid, oder kurz gesagt: LSD. Die einzigen Drogen, die er nicht in seiner Sammlung hatte, waren Heroin – weil er es als zu gefährlich und zerstörerisch ansah – sowie Ecstasy, das damals noch lange keine so große Bekanntheit hatte wie heute.

Diese Fülle an Leckereien für Erwachsene sollte für Simon und mich zu einer wahren Entdeckungsreise werden, wir experimentierten fröhlich mit fast allen oben genannten Drogen und erkundeten, was man mit ihnen alles so anstellen konnte. Zu jener Zeit waren wir beide wieder zusammengezogen und verbrachten die meiste Zeit des Tages damit, Songs zu schreiben, feinstes Marihuana zu rauchen – um den kreativen Flow anzukurbeln – sowie uns Speed reinzuziehen, was die Tage und Nächte für uns definitiv länger machte. Schließlich nahmen wir unseren Mut zusammen und warfen uns Acid ein – LSD –, entweder in Form von kleinen Papierschnipseln mit verschiedenen Symbolen darauf oder als Microdots, also streichholzkopfgroße Krümel. Diese bewusstseinsverändernden Trips, die acht bis zwölf Stunden anhielten, veränderten radikal unsere Wahrnehmung der Welt sowie unseres Daseins als Erdenbewohner – sie enthüllten eine alternative Wirklichkeit und erlaubten Zugang zu einem Geisteszustand, der schon vor Hunderten von Jahren zahllose einheimische Stämme inspiriert hat und meiner Meinung nach nicht durch andere Mittel erlangt werden kann. Erfahrene Yogis und diejenigen, die Transzendentale Meditation praktizieren, mögen mir hier widersprechen, aber für solche Praktiken bin ich viel zu ungeduldig, ich habe schon immer den schnellsten und bequemsten Weg vorgezogen.

Damals war ich nicht mal 20, ich war verantwortungslos, beeinflussbar und wollte unbedingt alles mal ausprobieren. Die Gefahr dabei, diese Geschichte fast vier Jahrzehnte später aufzuschreiben, ist, dass man diese Worte jetzt aus dem Kontext reißen und gegen mich verwenden könnte. Dass ich den Spaß beschreibe, den ich während meiner Drogeneskapaden hatte, könnte man als schlechtes Beispiel für andere betrachten, deshalb erlaubt mir bitte, meine Position etwas näher zu erläutern. Ich darf mich glücklich schätzen, von Natur aus nicht zu den Menschen mit hohem Suchtpotenzial zu gehören. Außerdem habe ich ein starkes Verlangen, fit und gesund zu bleiben, wodurch es mir damals vergönnt war, meine Neugier in diesen Dingen zu stillen, ohne den dunklen Seiten des Drogenmissbrauchs zu erliegen. Mir ist natürlich klar, dass es keinen Drogenkonsum ohne Konsequenzen gibt, und manche Drogen können durchaus gefährlich sein, sogar tödlich, wenn sie in großen Mengen oder unklug konsumiert werden. Dies gilt jedoch für alle Drogen, legal oder illegal – für mich stellt sich dabei immer die Frage: Wer hat beschlossen, dass Alkohol akzeptabel ist und Ecstasy nicht? Und warum hat man das gesetzlich festgelegt? Sollten wir nicht die Sachlage infrage stellen, statt den Status quo zu akzeptieren? Oder zumindest eine vernünftige und offene Debatte darüber führen, ohne jene zu verdammen, die eine alternative Sichtweise haben?

Ich bin sicherlich kein Experte für dieses Thema, aber ich stelle mich auf die Seite derer, die für die Legalisierung von Cannabis oder wenigstens für die Dekriminalisierung der meisten, wenn nicht sogar aller, Drogen sind. Auf diesem Weg können die Qualität und die Dosierung kontrolliert werden, Konsumenten müssten nicht in den Knast und Abhängige könnten eine vernünftige Behandlung statt einer Gefängnisstrafe bekommen (es sei denn, sie verdienen den Aufenthalt hinter schwedischen Gardinen wegen irgendeiner anderen kriminellen Tat). Skrupellosen, reichen und oftmals brutalen Drogenbaronen würde so die Geschäftsgrundlage genommen werden, und die Steuereinnahmen aus der kontrollierten Ausgabe von Drogen könnte für wichtige soziale Belange verwendet werden. Warum diese Meinung immer noch als höchst kontrovers gilt, ist mir ein Rätsel, da sie von unabhängigen Studien zu Drogenkonsum in der Gesellschaft, die von verschiedenen öffentlichen Stellen in Auftrag gegeben wurden, weitgehend geteilt wird. Diese Studien empfehlen meistens eine Gesetzesänderung, aber ängstliche Politiker müssen nun mal an ihre Karrieren denken und sind dementsprechend nicht in der Lage oder nicht gewillt, diese Änderung herbeizuführen. Stattdessen ziehen sie es vor, ihren unergiebigen, endlosen und letztendlich nicht gewinnbaren »War on Drugs«, ihren Krieg gegen Drogen, zu führen. Die Phrase »War on Drugs« wurde 1971 zum ersten Mal vom damaligen US-Präsidenten Richard Nixon benutzt. (Ungefähr zur selben Zeit äußerte ein weiterer, offenbar viel vertrauenswürdigerer Amerikaner, der gefeierte, mittlerweile verstorbene Ökonom und Autor Milton Friedman, diesen Satz: »Ich glaube, dass der Staat ebenso wenig das Recht hat, mir vorzuschreiben, was ich in meinen Mund tue, wie mir zu sagen, was aus meinem Mund kommen darf.«)

Gelegentlich rauche ich immer noch gern mal einen Joint, weil mir das Gefühl, high zu sein, gefällt, und ich würde wahrscheinlich auch nicht ablehnen, wenn mir jemand auf dem Höhepunkt einer Silvesterparty MDMA anbietet. Aber alle anderen (illegalen) Drogen gehören für mich der Vergangenheit an, größtenteils weil ich es will (nach dem Motto: Kenn ich schon, abgehakt), aber auch wegen der Tatsache, dass ich mittlerweile viel älter bin und die Erholungsphase nach einem Exzess – legal oder sonst wie – einfach viel unangenehmer ist und mehr Zeit in Anspruch nimmt, die ich in meinem regen Arbeitsleben einfach nicht habe.

Jedenfalls ist die einzige wirklich bleibende Erinnerung an meine verrückte Jugend die Tinte, die man mir in den rechten Oberarm gepikt hat. Während jener Phase, als ich fast 18 war, hielt ich es für eine verdammt gute Idee, mir ein Tattoo stechen zu lassen – meine Arme waren total dünn, und ich dachte, dass ein Tattoo mich cooler, tougher und rebellischer aussehen lassen würde, wie einen Einzelgänger. Tattoos waren damals noch etwas Ausgefallenes, die Einzigen, die diesen besonderen Körperschmuck trugen, waren Matrosen, harte Burschen oder Exknackis. Zu jener Zeit gab es noch keine modischen Tribal-Motive oder raffinierte Designs aus der Feder eines richtigen Künstlers – die einzigen Tattoos, die man damals bekommen konnte, waren Schiffsanker, halb nackte Frauen, große rote Herzen mit einem Mädchennamen darin oder verschiedene wilde Tiere, wofür ich mich letztendlich auch entschied. Ich wollte den Kopf eines schwarzen Panthers auf meinem Oberarm, weil ich mir vorstellte, dass, wenn mich eine heiße Braut fragte, warum ich eine wilde Katze als Bild auf meinem Arm trug, ich dann antworten könnte: »Weil Panther immer allein auf Jagd gehen«, oder alternativ: »Weil Panther immer auf ihren Pfoten landen.«

Eines armseliger als das andere, ich weiß.

Wie sich herausstellte, sollte ich bei dem Tattootermin mehr bekommen als erwartet. Ein Kollege vom Browns hatte gehört, dass das Stechen des Tattoos sehr schmerzhaft sei, und schlug vor, dass ich vor dem Termin ein paar Bier trinken und ein wenig Speed nehmen solle, was den Schmerzen entgegenwirken und mir helfen sollte, vor den Zuschauern im Laden, die alle viel älter und härter als ich waren, die Zähne zusammenzubeißen. Mein Kollege hatte mit beidem recht. Der Laden war voll mit muskelbepackten, tätowierten, toughen Typen, die Tätowiergeräte waren damals noch ziemlich einfach, und die Schmerzen waren unerträglich. Obwohl ich während der Session ordentlich benebelt war, spürte ich das Brennen auf meiner Haut und konnte nicht hinschauen, was der Tätowier auf meinem Arm trieb – aus Angst, dass man mein Unbehagen bemerken würde, oder noch schlimmer, dass ich beim Anblick meines eigenen Blutes ohnmächtig werden würde. Ich war zwar gewieft und, wie bereits erwähnt, hatte keine Angst vorm Kämpfen, aber hier war ich ein Junge in einer Männerwelt, einer völlig anderen Liga, und das auch noch vor einem ziemlich bedrohlichen Publikum. Als ich das Gefühl hatte, die Schmerzen nicht länger ertragen zu können, fragte ich den Tätowierer, wie lange das Ganze noch dauern würde, worauf er antwortete, dass wir noch nicht mal die Hälfte geschafft hätten – er hatte gerade erst die Outlines fertig. Nachdem ich doch einen Blick gewagt hatte, musste ich völlig schockiert feststellen, dass zu dem Kopf des Panthers ein kompletter Körper dazugekommen war und ich nun ein sehr großes Katzenvieh – zumindest die Umrisse – über den kompletten

Oberarm hatte. Also stand mir der noch viel schmerzhaftere Teil des Ausmalens noch bevor, und ich hatte keine andere Wahl, als in den sauren Apfel zu beißen. Letzten Endes sollte ich das Ganze dennoch überleben – sowie der Panther auch, der mittlerweile allerdings ein wenig verblasst und nur noch ein Schatten seiner selbst ist. Nach der Tattoosession, die im Hafen von Portsmouth stattgefunden hatte, kehrte ich nach Brighton zurück, wobei ich im Zug stolz meine blutverschmierte Kleidung zur Schau stellte und das Meisterwerk schließlich vor meinen Kollegen im Browns enthüllte. Allerdings musste ich mir gleich von einem von ihnen anhören, dass es eher nach Scooby-Doo aussah als nach einer gefährlichen Wildkatze. Mir kam auch zu Ohren, dass jemand es als Ratte bezeichnet hatte, aber für mich ist mein wilder Begleiter – auch wenn es nicht gerade die beste Darstellung eines schwarzen Panthers ist, die ich je gesehen habe – seither eine unauslöschliche Erinnerung daran, dass ich nie etwas, was ich tue oder getan habe, bereuen sollte und von allem, was ich tue und erlebe, lernen kann. Na ja, zumindest ist das die Theorie.

Zwischenspiel: Der Sommer 1976

Jeder erinnert sich daran, wo er oder sie in bestimmten wichtigen Momenten der Geschichte war. Und wir alle haben Augenblicke erlebt, die für uns persönlich ungemein bedeutungsvoll waren.

Das Jahr 1976 hat sich für immer in mein Gehirn eingebrannt, weil es die Geburtsstunde einer neuen Bewegung war, die eine radikale Veränderung der Musikwelt bedeutete und gleichzeitig auf mich tiefgreifende Auswirkungen hatte.

Ich war 18 Jahre alt, und England litt unter einer enormen Hitzewelle. Das Land war total verschuldet, die Arbeitslosenzahlen so hoch wie nie zuvor, aber dieser lange, heiße Sommer ließ die Menschen all das vergessen, und man sah überall nur fröhliche, strahlende Gesichter. Normalerweise bedeutet Sommer im Juli und August ein paar Tage Sonnenschein gefolgt von sintflutartigen Regengüssen, wobei man viele enttäuschte, gelangweilte Familien sieht, die versuchen, das Beste aus ihrem Urlaub in tristen Seebädern zu machen. Jener Sommer war jedoch der heißeste in Großbritannien seit Beginn der Wetteraufzeichnung, und so war Brighton mit seinem ausgedehnten Strand, einer frischen Sommerbrise und einem kühlen, großen Meer zum Schwimmen der ideale Aufenthaltsort. Simon und ich hatten eine fantastische Zeit, ich mit meinem neuen Tattoo, wir beide manchmal völlig zugedröhnt, und der harten, aber aufregenden Arbeit im Browns.

Um das folgende Kapitel besser verstehen zu können, schlage ich vor, dass ihr YouTube oder Spotify öffnet (ein exzellenter Musik-Streaming-Dienst für uns Hörer, aber nicht so gut für diejenigen, die mit Musik ihr Geld verdienen). Ich habe eine Liste zusammengestellt mit den großen Hits des Jahres 1976, die bis Oktober veröffentlicht wurden – oder zumindest den Songs, die einen großen Einfluss auf die Psyche der Nation hatten. Vor diesen Songs konnte man einfach nicht flüchten, sie wurden immer wieder und überall in jenem langen, heißen Sommer 1976 gespielt.

(Achtung! Das Hören der folgenden Musikstücke kann bei manchen Lesern zu unerwünschten Nebenwirkungen führen. Dazu gehören spontane Tanzeinlagen, tränenreiche, schmerzhafte oder schöne Erinnerungen und/oder körperliche Beschwerden. Das Hören dieser Songs geschieht also auf eigene Gefahr, der Autor übernimmt hierfür keinerlei Verantwortung.)

Die Guten

The Isley Brothers: *Harvest For The World*
The Small Faces: *Itchycoo Park*
The Four Seasons: *December, 1963 (Oh, What A Night)*
Donna Summer: *Love To Love You Baby*
The Walker Brothers: *No Regrets*
War: *Low Rider*
The Real Thing: *You To Me Are Everything*
Bee Gees: *You Should Be Dancing*
Thin Lizzy: *The Boys Are Back In Town*
T. Rex: *I Love To Boogie*

Bryan Ferry: *Let's Stick Together*
ABBA: *Dancing Queen*
The Rolling Stones: *Fool To Cry*
Diana Ross: *Love Hangover*
Candi Staton: *Young Hearts Run Free*
Queen: *Bohemian Rhapsody*
The Andrea True Connection: *More, More, More*
Manfred Mann's Earth Band: *Blinded By The Light*
The Shangri-Las: *Leader Of The Pack*

Die gar nicht so Schlechten

Sutherland Brothers & Quiver: *Arms Of Mary*
Dolly Parton: *Jolene*
Fox: *S-S-S-Single Bed*
Leo Sayer: *You Make Me Feel Like Dancing*
Tina Charles: *I Love To Love (But My Baby Loves To Dance)*
Gallagher & Lyle: *Heart On My Sleeve*
Billy Ocean: *Love Really Hurts Without You*
Peter Frampton: *Show Me The Way*
Bellamy Brothers: *Let Your Love Flow*
Silver Convention: *Get Up And Boogie*
KC & The Sunshine Band: *(Shake, Shake, Shake) Shake Your Booty*

Und die absolut Grässlichen

John Miles: *Music*
Johnny Wakelin: *In Zaire*
The Wurzels: *Combine Harvester (Brand New Key)*
David Dundas: *Jeans On*
Brotherhood Of Man: *Save Your Kisses For Me*
Demis Roussos: *The Roussos Phenomenon*
Simon May: *Summer Of My Life*
Elton John & Kiki Dee: *Don't Go Breaking My Heart*
Cliff Richard: *Devil Woman*

Eric Carmen: *All By Myself*
Dr. Hook: *A Little Bit More*
Sailor: *Girls, Girls, Girls*

Wie ihr also sehen könnt (und ich hoffe, ihr hattet Spaß beim Hören dieser Sommerklänge), waren die Charts voll mit Soul, Pop, Disco, recycelten Oldies, Progressive Rock und dem unvermeidlichen kommerziellen, billigen Müll, der jedes Jahr zu dieser Zeit sein hässliches Haupt erhebt. Aber schon bald sollte sich der Himmel verdunkeln, und im Oktober zog in der Musikszene ein unerwarteter Sturm auf. Auf den Straßen Londons geschah irgendetwas – ein frischer Wind fegte durch die Stadt, er trug das Alte fort und brachte etwas Neues mit sich. Die warmen Sommertage sollten bald vergessen sein, da Gruppen von streitlustigen jungen Männern mit Gitarren sowie von provokativen jungen Frauen mit einer gewissen Attitüde den Mainstream von allen Seiten angriffen, und zwar mit jeder Menge Beleidigungen. Ladies & Gentlemen, Elvis hat das Gebäude verlassen – bitte begrüßen Sie mit mir … den Punk-Rock.

Teil 3: Die Erlösung

Wo die Wurzeln des Punk-Rock zu finden sind, darüber werden noch heute hitzige Debatten geführt, deshalb ist alles, was ich von hier an schreibe, meine ganz persönliche Sicht der Dinge, gestützt durch ein paar mir bekannte Tatsachen.

Man ist weitestgehend einer Meinung, dass Garagenbands aus den späten Sechzigern wie The Sonics, The Stooges oder MC5 den Grundstein für zukünftige Punkmusiker legten mit ihrer rohen, manchmal experimentellen Musik, die eine ganze Menge bestehender Rock-'n'-Roll-Regeln brach. The Velvet Underground und The New York Dolls werden auch oft genannt als Impulsgeber für eine neue Richtung, aber die ersten wahren Punkbands tauchten um 1974 auf, als Künstler wie die Ramones, Johnny Thunders and the

Heartbreakers, Blondie sowie die Talking Heads häufig Gigs im legendären Club CBGB's in New York City spielten.

Ich hatte von diesen Bands gehört, und sie gefielen mir auch, aber sie haben mich nicht wirklich berührt. Das Erlebnis, das mein Leben verändern würde, sollte mit der Bewegung kommen, die etwa zwei Jahre später in der englischen Musikszene explodierte – ganz klar inspiriert durch das, was in den USA passierte, aber keine direkte Kopie.

Zu jener Zeit waren die meisten englischen Jugendlichen ohne Job und deshalb sehr zornig, was sich in immer häufigeren Ausschreitungen in der Öffentlichkeit zeigte. Das Unterhaltungsangebot an Mainstream-Musik für Leute wie mich bestand nur noch aus maßlosen, überbezahlten Musikvirtuosen, die ihre Platten mit todlangweiligen zehnminütigen Gitarrensoli füllten oder, noch schlimmer, mit nervtötenden zehnminütigen Schlagzeugsoli. Kurz gesagt, es war Zeit für eine grundlegende Revolution.

Auf den Straßen Londons und vor allem in einer Boutique namens SEX auf der eleganten King's Road schmiedeten ein paar rebellische Köpfe den Plan, das Musikestablishment durch einen neuen, lauten und aggressiven Kreuzzug umzukrempeln. Diese Bewegung wurde angeführt von den zwei Besitzern des Ladens – von dem Kunststudenten Malcolm McLaren und seiner Freundin, der Designerin Vivienne Westwood –, und die Musik und Mode sollten sich für die damalige Jugend radikal verändern und dazu beitragen, mich zu dem Mann zu machen, der ich bin (jedenfalls in Bezug auf meine Haltung gegenüber Musik und Autorität – ich war nie ein »Dedicated Follower of Fashion«, also ein modischer Mitläufer, um es mit den Worten der Kinks auszudrücken). Malcolm und Vivienne hatten zuvor in Amerika gearbeitet und Kostüme und Bühnendesigns für die New York Dolls entworfen, und als sie nach Großbritannien zurückkehrten mit all den neuen Einflüssen aus New York, erkannte Malcolm – ein leidenschaftlicher Beobachter von Trends –, dass die britische Jugend einen neuen Style brauchte, und so zog er los und initiierte die Punkbewegung.

Drei junge Typen – Glen Matlock, Steve Jones und Paul Cook – waren Stammkunden in Malcolms Boutique und hatten eine Band namens The Strand, allerdings fehlte ihnen der Frontman. Was als

Nächstes geschah, ist unklar, da es unterschiedliche Berichte darüber gibt, wer ihn wirklich in die Band holte, aber eines ist klar: Ein 19-jähriger junger Mann namens John Lydon, der ebenfalls häufig im Laden anzutreffen war, wurde als Sänger eingestellt, von Jones umgetauft in Johnny Rotten (wegen seiner schlechten Zähne), und die Band änderte ihren Namen in The Sex Pistols. Dies alles passierte unter den wachsamen Augen McLarens, der auch ihr Manager wurde und ihnen durch verschiedenste Schocktaktiken dazu verhalf, ein weltweites Phänomen zu werden.

Die Nachricht über diese aufregende neue Entwicklung in der Musikszene erreichte auch uns in Brighton, und wir begrüßten sie mit offenen Armen. Plötzlich gab es eine Vielzahl an mitreißenden neuen Bands, die musikalisch alle nach dem Do-it-yourself-Prinzip vorgingen; es war ganz egal, dass die meisten Musiker ihre Instrumente überhaupt nicht beherrschten. Die Botschaft, die sie übermittelten, war, dass jeder eine Band gründen und eine Platte aufnehmen kann. Die einzige Regel lautete, dass es keine Regeln gab – und damit gab es auch keine musikalischen Vorbilder mehr.

Von einem Tag auf den anderen nahmen die Plattenläden all die großen Namen der Musikszene aus dem Schaufenster – größtenteils langweilige Progressive-Rock-Acts wie Yes und ELP (Emerson, Lake and Palmer) – und ersetzten sie durch Singles von jungen Punks, die dem Mainstream mit ihren dreiminütigen Drei-Akkord-Wundern wütend den Krieg erklärten. Die antiautoritäre Ideologie, die raue, kantige Musik und die jugendliche Rebellion des Punk sprachen mich sofort an. Ich weiß noch, wie ich an einem kalten regnerischen Oktobertag eilig das Haus verließ, um die Single *New Rose* von The Damned (offiziell die allererste britische Punkplatte) zu kaufen, und danach freudestrahlend zurückkehrte, um den Krach mit Simon zu teilen. Wir drehten die Anlage voll auf, und der Song war so schnell und so anders als alles, was wir je gehört hatten, dass wir nicht wussten, wie wir darauf reagieren sollten – deshalb warfen wir uns wild durchs Zimmer (der offizielle Punk-Tanz, der Pogo, sollte erst ein Jahr später vom Sex-Pistols-Bassisten Sid Vicious erfunden werden, der Gründungsmitglied und Hauptsongwriter Glen Matlock 1977 ersetzte).

Mein nächster Kauf einen Monat später war *Anarchy In The UK*, die Debütsingle der Sex Pistols. Die Band hatte eine Haltung und eine Energie, die mich einfach umhaute, und der Song fing sehr gut den Zeitgeist ein. Bis dahin hatte ich mich in den Kreisen, in denen ich mich aufhielt, immer eher als Außenseiter gefühlt, aber hier war eine Bewegung, mit der ich mich total identifizieren konnte, und so wurde ich schnell zu einem richtigen Anhänger.

Jeden Abend schaltete ich das Radio ein, um die Sendung der BBC-Legende John Peel zu hören, da er immer die neuesten Punk-Scheiben spielte. Was er nicht spielte, war uninteressant. Von diesem Zeitpunkt an verballerte ich mein ganzes Geld für Singles und Alben der unzähligen neuen Bands, die Woche für Woche erschienen. Es sind zu viele, um sie alle zu nennen, aber zu meinen Favoriten gehörten die Sex Pistols, The Clash (wahrscheinlich die wichtigste Punkband überhaupt), The Damned, später Siouxsie and the Banshees, X-Ray Spex und The Buzzcocks. Ich war auch ein treuer Anhänger von The Jam, die zwar keine Punks waren, aber dieselbe Energie und mit Paul Weller einen brillanten Songwriter hatten, mit dessen Texten wir uns alle identifizieren konnten.

Auch wenn ich eher an britischen Eigengewächsen interessiert war, gab es einen amerikanischen Import, der meinen Plattenteller kaum verließ, und das war das meisterhafte Debütalbum *Horses* der Punk-Poetin Patti Smith – später kam noch ein weiterer US-Import dazu, und zwar Television und ihr bahnbrechendes Album *Marquee Moon*.

Damals reiste ich auch regelmäßig nach London, um jene Bands live zu sehen und in die große Publikumsmenge einzutauchen, um dieses einzigartige Zugehörigkeitsgefühl zu erleben. In den meisten Fällen wurden diese Gigs jedoch im letzten Moment abgesagt aus Angst vor Ausschreitungen im Publikum, so heftig war die von den Medien befeuerte Furore rund um die Punk-Bewegung. Im Dezember jenes Jahres wurde diese Wahrnehmung in der Öffentlichkeit nochmals verschärft, als die landesweit damals noch relativ unbekannten Sex Pistols zum ersten Mal im Fernsehen auftraten, in einer Vorabendsendung in London, moderiert von einem Journalisten um die 50 namens Bill Grundy. Die Sendung wurde live ausgestrahlt zu einer Uhrzeit, in der Schimpfwörter im Fernsehen absolut tabu und komplett verboten waren, und unpassenderweise war die Band (und der Moderator wahrscheinlich auch) ziemlich betrunken. Ich sah mir ungläubig jenes kurze Interview an, das schnell in einem absoluten Chaos endete, da Bill Grundy die Band – besonders Gitarrist Steve Jones – so sehr provoziert hatte, dass die Jungs eine Schimpftirade abließen, die ich in einer Vorabendshow im Fernsehen so noch nie gehört hatte. Grundy flirtete auch noch mit einer jungen Frau im Studio, die zum Tross der Band gehörte, ein Mädchen namens Susan, das später eine eigene Band gründen sollte – die höchst einflussreichen Siouxsie and the Banshees. Ich kann nur jedem ans Herz legen, sich diese Sendung mal auf YouTube anzusehen, die den Moderator seine Karriere kostete, die Sex Pistols mit einem Schlag bekannt machte und Punk-Rock in den Mainstream beförderte. Am nächsten Tag hatten alle Klatschzeitungen diesen Auftritt auf der Titelseite, wobei der *Daily Mirror* die legendäre Überschrift »The Filth and The Fury«, also der Schmutz und der Zorn, brachte. Nach diesem Auftritt, der heute Fernsehgeschichte ist, war die Öffentlichkeit natürlich völlig aufgebracht und verurteilte die Band aufs Äußerste. Gern wird die Geschichte eines Lkw-Fahrers erzählt, der seinen Fernseher zertrümmerte, weil ihn die Schimpftirade zur Abendbrotzeit so sehr in Rage gebracht hatte.

Innerhalb von nur wenigen Monaten hatte der Punk das Ruder übernommen und sollte noch einige Jahre lang das Establishment schockieren, verärgern und provozieren, bis das Genre sich diversifizierte und die Bewegung in zahlreiche Ausläufer zerfiel. Es gab auch einen linksgerichteten politischen Zweig, der nach völliger Anarchie strebte und von Bands wie Crass angeführt wurde, aber das war nicht mein Ding.

Damals änderte sich auch mein Aussehen – wahrscheinlich zum Besseren. Meine langen Haare kamen ab, und ab sofort trug ich einen Igelschnitt wie Sid Vicious, die Schlaghosen wurden durch zerrissene schwarze Jeans ersetzt, Plateauschuhe machten Platz für schwere Doc-Martens-Stiefel, die Nylonhemden gab ich weg und holte mir dafür abgewetzte T-Shirts mit Punk-Slogans drauf, und zu guter Letzt durfte die gebrauchte schwarze Motorradjacke nicht fehlen, die ich mir aus einem Secondhandshop besorgte. Da wir kein Geld hatten, um uns professionell Ohrlöcher stechen zu lassen – ganz abgesehen von der Tatsache, dass wir damals noch nicht alt genug dafür waren –, machten Simon und ich es selbst. Bewaffnet mit einem Bier für die Nerven, einem Eiswürfel, um den Schmerz zu lindern, und einer dicken Nähnadel stachen wir uns gegenseitig ein Loch für die punktypische Sicherheitsnadel im Ohr.

Journalisten fragen mich häufig, warum Punk einen so lang anhaltenden Einfluss auf mich gehabt hat, und das kann ich mir selbst nicht erklären. Offensichtlich kam die Musik zur richtigen Zeit am richtigen Ort zu mir und bewegte mich sehr – es war Musik für die Besitzlosen. Was ich sonst noch davon mitnahm, ist etwas schwieriger in Worte zu fassen, da es eher ein Gefühl ist als ein Bewusstseinszustand. Sicherlich wurden in jenen Jahren einige meiner Einstellungen geformt – vor allem eine gesunde Nichtachtung von Autorität, das Verlangen, alles zu hinterfragen, der Zwang, eher zu zerstören als zu schaffen, keine Angst vorm Scheitern zu haben, mir selbst die Erlaubnis zu geben, manchmal verantwortungslos zu handeln, und das Bedürfnis, immer authentisch und mir selbst und meinen Überzeugungen treu zu bleiben.

Malcolm McLaren mag Punk in Großbritannien losgetreten haben, aber der Grund, warum so viele von uns sich dem anschlossen und warum es eine so riesige Bewegung war, lag nicht unbedingt an seinen geschickten Manövern (die manche Leute auch als manipulativ bezeichnen würden). Dies hatte eher mit den aufregenden neuen Sounds zu tun sowie mit der Tatsache, dass wir als Besitzlose plötzlich den Glauben hatten, unsere Zukunft verändern zu können.

John Lydon sagte einst über die Zeiten, in denen wir damals lebten: »Jeder wuchs mit einem Bildungswesen auf, das dir klipp und klar sagte: Wenn du auf der falschen Seite großgeworden bist … dann hattest du verdammt noch mal keine Hoffnung und überhaupt keine Karriereaussichten.«

Für mich bedeutete das, dass es an einem selbst lag – wenn du willst, dass etwas geschieht, dann geh los und sieh zu, dass es geschieht.

Anfang 1977 beschlossen Simon und ich, unsere Jobs im Browns zu kündigen, zusammen eine kleine Wohnung zu beziehen und wie die meisten unserer Zeitgenossen eine Zeit lang von Sozialhilfe zu leben, da wir so mehr Zeit hatten, Songs zu schreiben und Musik zu machen. Seit Oktober 1976 war dies eigentlich das Einzige, was uns noch interessierte – wir wollten auch in einer Punkband sein.

Im folgenden Frühjahr sollte dies auch passieren. In der Lokalzeitung *The Argus* hatten wir eine Anzeige gesehen, in der ein 19-jähriger Heavy-Metal-Gitarrist namens Graham einen weiteren Gitarristen und einen Sänger für seine neue Band suchte. Wir stellten uns bei ihm vor und spielten ein paar Coverversionen von bekannten Rocksongs – *All Right Now* von The Free und das obligatorische *Paranoid* von Black Sabbath. Simon zeigte seine unbestreitbaren musikalischen Fähigkeiten, während ich mein Bestes gab, um Graham zu überzeugen, dass ich das nötige Selbstvertrauen und die Fähigkeit hatte, mich als Sänger gegen einen Soundbrei aus lauten Gitarrenriffs durchzusetzen. Das Line-up wurde durch den Schlagzeuger Nick – ein kleiner, dürrer, biersaufender Metal-Freak – und Mark am Bass vervollständigt, der sich offensichtlich für Bruce Foxton hielt, den Bassisten meiner neuen Lieblingsband The Jam. Zusammen traten wir unter dem Namen Rough Justice auf, und unser Repertoire bestand aus schneller gespielten Rockklassikern, Coverversionen von aktuellen Punksongs und ein paar unserer eigenen Hymnen, deren Texte und Melodien sich mir gerade entziehen (seid froh). Wir spielten nur drei Gigs zusammen, wobei der erste Auftritt im Juni 1977 auf einem örtlichen Schulspielplatz besonders denkwürdig war – zum 25-jährigen Thronjubiläum der britischen Königin spielten wir den Sex-Pistols-Hit *God Save The Queen* so laut, wie wir konnten, und immer wieder, bis die Polizei kam und uns wegen Unruhestiftung verwarnte. Die zweite Show fand in einem kleinen Pub statt, und woran ich mich noch erinnere, ist, dass ich nach dem Gig schweißgebadet und voller Rotze und Bier war. Unser dritter und letzter Auftritt fand in der Uxbridge Town Hall am westlichen Stadtrand von London statt vor etwa 400 betrunkenen Studenten der dortigen Universität. Das Publikum rastete völlig aus; unser Set bestand mittlerweile nur noch aus Punksongs, und meine Bühnenpräsenz war mitreißend und kraftvoll geworden – laut Graham, der wirklich beeindruckt von meinem Frontman-Style war und es sehr mochte, wie ich über die Bühne rannte, auf die Lautsprecher kletterte und ins Publikum sprang. Er fragte mich, woher ich all die Energie nahm, und die Antwort war einfach: Ich fühlte mich in der

Rolle wohl und war von Natur aus energiegeladen, aber ich hatte auch ein halbes Gramm Speed genommen (Amphetamin, die angesagte Droge der Punk-Generation). Zusammen mit Simon hatte ich mich kurz vor dem Auftritt auf die Toilette zurückgezogen und die Droge reingezogen – und plötzlich kam mir alles viel größer, besser und stärker vor, und ich fühlte mich wie Superman.

Eher ungewöhnlich für jene Zeit – gerade wenn man bedenkt, dass er im Musikbusiness arbeiten wollte –, hatte Graham eine starke Abneigung gegen Drogen, und als Gründungsmitglied hatte er uns anderen strikte Anweisungen gegeben, dass jegliche illegalen Substanzen in der Band verboten seien. Jeder, der mit Drogen erwischt würde, sollte sofort gefeuert werden. Graham war auch bekennender Christ, und er war der Meinung, dass dieses illegale Verhalten sich nicht mit seinen Werten vertrug. Allerdings entschied sich die Hälfte der Band dafür, in Grahams Abwesenheit seine Anweisung zu ignorieren, und so bekam er nichts von unserem Drogenkonsum mit, bis er eines Nachmittags zum Tee vorbeikam – dieses Treffen führte unweigerlich zum sofortigen Ende der Band.

An jenem Tag saßen Simon und ich in unserer gemeinsamen Wohnung zusammen und schrieben Songs, nicht für die Band, sondern für ein eventuelles Soloprojekt, das eher von den neuen Post-Punk-Indie-Bands inspiriert war, die verstärkt in der Szene auftauchten. Damals hatte Simon ein kleines Studio in unserem Wohnzimmer aufgebaut, inklusive Aufnahmegeräten und einer Vielzahl an Musikinstrumenten. Ich konnte nur drei Akkorde auf der Gitarre spielen (ist heute noch so), aber bekanntermaßen reichte das zum Musikmachen aus (ist auch heute noch so). So nahmen unsere Songs immer mehr Form an, größtenteils dank Simons brillantem musikalischen Talent, egal an welchem Instrument. An jenem Tag hatten wir bereits einige Joints geraucht und waren gerade dabei, einen letzten Take mit dem riesigen Tonbandgerät, das zu jener Zeit gängig war, aufzunehmen, als es an der Tür klingelte. Zu jedem Marihuana-High gehört unweigerlich eine heftige Paranoia, und so erstarrten Simon und ich und hofften, dass der oder diejenige vor der Tür wieder wegging und wir uns weiter in unseren musikalischen Sphären treiben lassen konnten. Allerdings war der unangekündigte Besucher sehr hartnäckig und klingelte nochmals, und so schlich ich mich zum Fenster, um herauszufinden, wer uns so unbedingt besuchen wollte. Eigentlich dachte ich, ich sei vorsichtig gewesen, gut versteckt vor neugierigen Blicken, aber ich war total stoned, demnach ziemlich ungelenk und wurde sofort entdeckt – von niemand anderem als von Graham, der vor der Tür wartete.

»Oh, shit, das ist Graham!«, rief ich.

»Oh, nein, pass auf, dass er dich nicht sieht – versteck dich!«, hörte ich Simon sagen.

»Zu spät, er hat mich gesehen!«, antwortete ich.

»Verdammt!«, fluchte Simon. »Schnell, versteck das Gras! Und das Speed-Briefchen auch!«

»Ich gehe runter und lass ihn rein, und du lässt die Beweismittel verschwinden und kochst uns einen Tee, okay?«

»Okay!«, sagte Simon und räumte schnell das ganze Drogenzubehör weg, das überall herumlag.

Langsam ging ich die Treppen hinunter zur Tür und versuchte, mich zusammenzureißen, so normal wie möglich auszusehen und den zugedröhnten, grinsenden Idioten zu verstecken, der ich wahrscheinlich war.

Als ich mit unserem ungebetenen Gast ins Wohnzimmer kam, sah ich mich zunächst nervös um, aber Simon hatte gute Arbeit geleistet und alles Verdächtige verschwinden lassen. So sah es wirklich so aus, als machten wir bloß Musik und tranken Tee.

»Na, was treibt ihr so?«, fragte Graham und nippte an seinem Tee, während Simon und ich weiterhin unser Bestes gaben, um unseren benebelten Zustand zu verbergen.

»Och, wir probieren bloß ein paar neue Songs aus«, antwortete Simon.

»Cool, lasst mal hören.«

»Na ja, die Sachen sind ein bisschen anders als das, was die Band im Moment macht«, warnte ich ihn nervös vor, weil er vielleicht denken könnte, dass wir allein weitermachen wollten oder seine Autorität in der Band infrage stellten. Doch Graham ließ nicht locker.

»Ist egal«, sagte er, »könnte gut für uns sein, mal die Richtung zu ändern und neue Songs ins Programm zu nehmen. Na los – spielt sie mir vor.«

Etwas zögerlich stand Simon schließlich auf, spulte das Band zurück und drückte auf den Startknopf. Dann lehnten wir uns zurück und hörten zu, wie die ersten Klänge eines neuen Songs aus den Lautsprechern ertönten.

»Nicht schlecht«, befand Graham und hörte sich unsere Komposition aufmerksam bis zum Ende an. Dann sagte er nochmals: »Echt nicht schlecht.«

»Danke, Mann«, erwiderte Simon, »wie Ray gesagt hat, sie sind ein wenig anders, aber wir haben uns überlegt, mal was Neues zu probieren.«

»Ja, finde ich völlig in Ordnung«, verkündete Graham, dann schwieg er wieder und hörte zu, wie der zweite Song begann.

So weit, so gut – allerdings sollte sich das schnell ändern.

Während die ersten Powerchords aus den Lautsprechern dröhnten, nickte Graham zustimmend mit dem Kopf, lächelte und sagte: »Ja, geiles Riff, Si, echt cool … welche Akkorde sind das, du musst …«

Weiter kam er nicht, denn die Musik hörte plötzlich auf, und auf dem Band war eine Türklingel zu hören.

Simon und ich saßen einfach nur da, wieder mal erstarrt, weil wir sofort ahnten, was gleich passieren würde.

Auf dem Band hörte man unsere Stimmen: »Oh, shit, das ist Graham!«

»Oh, nein, pass auf, dass er dich nicht sieht – versteck dich!«

»Zu spät, er hat mich gesehen!«

»Verdammt! Schnell, versteck das Gras! Und das Speed-Briefchen auch!«

Et cetera. Et cetera.

Während das aufgezeichnete Gespräch weiterlief, saß Graham einfach nur da mit offenem Mund, und als er ihm klar wurde, was er gerade hörte, wurde sein Gesicht knallrot vor Wut. Schließlich stand Simon auf und schaltete das Tonbandgerät aus (was er offensichtlich vor lauter Panik ganz vergessen hatte). Natürlich war es zu spät – der Schaden war bereits angerichtet. Die Erkenntnis, dass wir ihn die ganze Zeit nur angelogen und weiterhin Drogen genommen hatten, war mehr, als Graham ertragen konnte. Wütend stand er auf, warf angewidert seine Teetasse zu Boden und sagte mit lauter Stimme:

»Ich kann nicht glauben, dass ihr das Zeug nehmt! Ich hatte euch gesagt, keine Drogen – keine Scheißdrogen in der Band!«

»Das ist doch nur ein bisschen Gras, Graham!«, versuchte ich ihn zu beruhigen. »Hin und wieder mögen wir nun mal einen kleinen Joint, das ist gut für die Kreativität.«

»Stimmt – das ist doch nicht der Rede wert, Mann, bleib locker«, sagte Simon.

»Ihr könnt mich mal, ich glaub euch kein Wort«, entgegnete er uns. »Ihr Kiffer seid alle Junkies.«

Mit diesem einen Satz wussten wir gleich, dass Graham absolut keine Ahnung von Drogen hatte und somit jeder weitere Versuch, ihn zu überzeugen, sinnlos war.

Nachdem er aus dem Haus gestürmt war, sahen Simon und ich uns an und brachen in lautes Gelächter aus. Wir hatten einen blöden Fehler gemacht, was uns unsere Positionen in der Band gekostet hatte, aber eigentlich wollten wir auch gar nicht mehr weitermachen – schließlich hatten wir diese neuen Songs genau aus diesem Grund geschrieben. Ich brauche nicht zu erwähnen, dass wir nie wieder etwas von Graham hörten. Rough Justice lösten sich kurz danach auf, und an diesem Punkt endete auch meine Rockstarkarriere – da mir das nötige musikalische Talent einfach fehlte, wandelte ich ab sofort auf anderen Pfaden. Simon gründete seine eigene Band, schrieb eigene Songs und versuchte jahrelang alles, um einen Plattenvertrag zu bekommen, bevor er schließlich aufgab und sich neu erfand als Computerfreak/Hacker/Programmierer auf dem gerade neu entstehenden Software-Markt.

In den folgenden sechs Monaten sollte ich Brighton verlassen und nach Belgien ziehen, wo ich innerhalb kürzester Zeit ein Radio- und Fernsehstar werden sollte. Dies klingt recht unglaubwürdig, aber es stimmt tatsächlich. Liebe Leser, glaubt mir, dies alles basiert auf wahren Begebenheiten. Und das Leben schreibt nun mal die besten Geschichten.

Epilog: Das Ende

In jener Zeit, als Simon und ich viel Musik zusammen machten und schamlos die Vorteile unseres Sozialstaates ausnutzten, wurden wir aus der gemeinsamen Wohnung geschmissen. Nicht weil wir etwas Schlimmes getan hatten, sondern weil der Vermieter etwas getan hatte, was wir entdeckt hatten. Der Name des Vermieters lautete Mr Jones, aber Mr Spanner wäre irgendwie passender gewesen.

Unsere kleine Wohnung lag im Obergeschoss eines dreistöckigen Hauses – der Vermieter wohnte im Erdgeschoss, und eine junge Jurastudentin namens Claire hatte sich auf der Etage dazwischen eingemietet. Eines Abends erwähnte sie uns gegenüber, dass sie schon einige Male ein Geräusch draußen vor ihrem Badfenster gehört hätte und das Gefühle habe, dass ihr jemand beim Baden zusah. Uns allen war klar, dass der Vermieter dahinterstecken musste, da sonst niemand Zutritt zu dem kleinen Hof hinter dem Haus hatte, auf den das Badfenster hinausging. Natürlich boten Simon und ich ihr sofort unsere Hilfe an und dachten uns einen gerissenen Plan aus, um den Täter in flagranti zu erwischen. Eigentlich war es ganz einfach – ich drehte die Wasserhähne der Wanne so fest zu, dass Claire sie nicht mehr öffnen konnte. Dann bat sie den Vermieter um Hilfe und signalisierte ihm damit, dass sie ein Bad nehmen wolle.

Simon, Claire und ich legten uns also am Küchenfenster, das ebenfalls auf den Hof hinausging, auf die Lauer, natürlich im Dunkeln, damit wir nicht gesehen wurden. Und da zeigte sich plötzlich unsere Beute. Eine Gestalt stellte leise eine Leiter an die Hauswand und stieg vorsichtig hinauf, um durch Claires Badfenster zu spähen – es war tatsächlich niemand Geringeres als Mr Jones. Als er das obere Ende der Leiter erreicht hatte, klopfte Simon laut ans Fenster, sodass unser Voyeur heftig erschrak und eilig hinunterklettern wollte. Dabei fiel er von der Leiter und landete mit einem lauten Klatscher auf dem Betonboden. Wir drei brachen natürlich vor lauter Lachen zusammen, und obwohl diese Verletzung der Privatsphäre sicherlich sehr verstörend war, war Claire nun erleichtert, dass wir den Übeltäter entlarvt und diese Vorfälle ein Ende hatten. Minuten später, als wir uns immer noch nicht von unserem Lachanfall erholt hatten, hörten wir ein Geräusch an unserer Wohnungstür.

Wir nahmen an, dass der Vermieter unseren Gesprächen lauschte, und so rannte Simon zur Tür und öffnete sie sehr schwungvoll. Sie ging nach außen auf, und Simon war sich durchaus bewusst, dass jemand, der davor stand, die Tür direkt vor den Kopf bekommen würde. Wieder freuten wir uns riesig bei dem Anblick, wie Mr Jones zu Boden ging, und natürlich entschuldigten wir uns und taten so, als hätten wir von seiner Anwesenheit nichts gewusst. Er war außer sich vor Wut, und als er sich wieder gefangen hatte, verkündete er, dass wir mit unserer Vermutung falsch lägen und er nur das Außenlicht habe reparieren wollen. Natürlich glaubten wir ihm nicht – wir hatten ihn auf frischer Tat ertappt, und außerdem war die Lampe etwa auf Kopfhöhe, sodass man dafür keine Leiter benötigte. Das Einzige, was er jetzt noch tun konnte, war, uns rauszuschmeißen, was er auch gleich tat – wir hatten genau eine Woche Zeit, um das Haus zu räumen. Da wir keine Wahl hatten und eigentlich auch gar nicht mehr dort wohnen wollten, zogen wir also aus. Claire fand sofort eine neue Wohnung, und Simon kam erst einmal im Haus seiner Mutter unter. Ich hingegen – obwohl meine Mutter sich Sorgen machte und vorschlug, dass auch ich für eine Weile nach Hause kommen sollte – hatte keine Lust auf eine Rückkehr nach Gosport und suchte mir stattdessen eine Unterkunft im Haus von Freunden, die mich auf dem Sofa schlafen ließen.

Meine neue vorübergehende Bleibe war über einer Kunstgalerie, die von Tom und Helen geführt wurde, einem etwas älteren, viel gereisten Pärchen, das ich während meiner Zeit im Browns kennengelernt hatte. Sie waren als Gäste dort gewesen und hatten nach ihrem Essen darum gebeten, mit dem Küchenchef sprechen zu können. Natürlich hatte ich angenommen, dass sie sich über irgendetwas beschweren wollten, aber in Wirklichkeit wollten sie nur wissen, wo sie Marihuana herbekamen – ich sah offensichtlich aus wie jemand, der ihnen in dieser Sache weiterhelfen könnte. Dies sollte nicht das einzige Mal bleiben, dass Leute mich als Ansprechpartner in Sachen Drogen betrachteten, wie man später noch lesen wird. Jedenfalls kamen sie mir vertrauenswürdig vor, deshalb griff ich ihnen unter die Arme. Ich checkte kurz meinen eigenen Vorrat und gab ihnen einen großen Teil davon ab, natürlich umsonst, weil ich nicht vorhatte, Dealer zu werden. Die beiden waren kürzlich von den USA nach

Brighton gezogen. Tom war ein freundlicher Amerikaner Mitte 30, und seine blonde irischstämmige Frau Helen war deutlich jünger als er, sie war eine talentierte Künstlerin, die ihre Kunstwerke in ihrer neuen Galerie ausstellen wollte.

Wir hingen oft zusammen ab und rauchten Joints, während Helen mich mit ihrer Lebensfreude und ihrem kreativen Flair aufmunterte und Tom mich mit seinem umfassenden Wissen beeindruckte. Faszinierend waren auch die oft haarsträubenden Geschichten aus seiner Zeit als Soldat in Vietnam, wenn ich ihn mal überreden konnte, mir davon zu erzählen. Zwischen uns dreien herrschte sofort Harmonie – eine dieser seltenen Begegnungen, bei denen man das Gefühl hat, als würde man sich schon seit sehr langer Zeit kennen. Es wird oft behauptet, dass es Zufälle nicht gibt und dass sich die Wege mancher Menschen aus einem bestimmten Grund kreuzen. Dies scheint ein wiederkehrendes Thema in meinem Leben zu sein, weshalb ich glaube, dass tatsächlich universelle Kräfte am Werk sind, die ich nicht beeinflussen kann.

Eines Morgens am Frühstückstisch, als ich etwa eine Woche bei ihnen wohnte, wollte Tom sich mal ernsthaft mit mir unterhalten. Schonend, aber mit Nachdruck, brachte er mir bei, dass ich ohne Job, ohne Wohnung und ohne Geld »auf bestem Wege ins Nirgendwo« sei und dass ich seiner Meinung nach mal aus Brighton raus müsse und woanders neu anfangen solle. Dann sagte er noch, dass, wenn ich seinen Rat annahm, er mich voll und ganz dabei unterstützen würde. Ich hingegen fühlte mich hier und jetzt eigentlich ziemlich wohl und wollte nichts verändern – immerhin ist Sorglosigkeit ein Luxus der Jugend, den man sich im späteren Leben nicht mehr leisten kann. Aber mir war auch durchaus klar, dass ich kein wirkliches Ziel vor Augen hatte und dass es vielleicht gar keine so schlechte Idee war, auf den Rat eines älteren, weiseren Menschen zu hören und mir von ihm den Weg zeigen zu lassen. Allerdings hatte ich nicht damit gerechnet, dass das Ergebnis so drastisch sein würde – und so schnell kam.

Nach unserem Gespräch rief Tom einen Freund aus dem Gastronomiegewerbe an und fragte nach, ob es irgendwelche Jobs in seinem Laden gebe. Der Freund sagte Tom, dass sein Küchenchef gerade gekündigt habe und er umgehend Ersatz brauche. Die Bezahlung sei überaus gut, und für eine Unterkunft wäre auch gesorgt. Wenn ich gleich am nächsten Tag beginnen könnte, würde der Job mir gehören. Dies klang wie das perfekte Angebot – bis Tom verkündete, dass das Restaurant in Belgien, genauer gesagt in Brüssel, war. Also müsste ich, um dort am nächsten Morgen anzufangen, noch am selben Abend die Nachtfähre von Dover nehmen.

Damals wie heute glaubte ich an eine Art Schicksal – an einen für mich vorgezeichneten Weg, bei dem ich jedoch frei wählen kann, in welche Richtung ich gehen möchte. Bei jener Gelegenheit wählte ich den Weg in ein neues Land.

Ich rief Simon an und erzählte ihm von meinem relativ spontanen Plan, und ich hoffte, dass dieser seine Zustimmung fand – was er auch tat. Dann packte ich meinen kleinen Koffer, sagte Tom und Helen Lebewohl und machte mich auf den Weg zum Bahnhof, um den Zug nach Dover zu nehmen.

Für mich hieß es also: Nächster Halt – Belgien. Einfache Fahrt, Rückgabe und sonstige Änderungen ausgeschlossen.

KAPITEL 4
Trans Europ Express
(1978 – 1987)

Ursprünglich hatte ich nur einen kurzen Aufenthalt in Brüssel geplant und wollte recht schnell wieder nach England zurückkehren. Aber letztendlich blieb ich fast ein ganzes Jahrzehnt, und diese Jahre detailliert wiederzugeben würde die folgende Reise sehr lang und beschwerlich machen. Um die Sache für mich zu vereinfachen und für euch verträglicher zu gestalten, kommt diese Erzählung als einer dieser leisen Hochgeschwindigkeitszüge daher, die quer durch Europa rasen und nur in den größeren Städten und Metropolen halten. Also, alles an Bord, der Zug ist bereit zur Abfahrt.

Nächste Station: Hard Rock

Wenn man in den späten Siebzigern von England auf den europäischen Kontinent reisen wollte, hatte man nur sehr begrenzte Möglichkeiten. Reisen per Flugzeug war unverschämt teuer, Billigflieger sollte es erst viele Jahre später geben, und so war die einzig erschwingliche Option für junge Leute oder Angehörige der Arbeiterschicht wie mich, den Zug von London zu den weißen Kreidefelsen von Dover und von dort aus die langsame Fähre über den oft sturmgepeitschten Ärmelkanal nach Frankreich zu nehmen. Ich war 20, hatte eine große Sehnsucht nach neuen Abenteuern in der Ferne in mir und machte mich mit einem kleinen Koffer mit all meinen Habseligkeiten auf die lange Reise. Etwa zwölf Stunden später kam ich an meinem Ziel an – Brüssel, Belgien.

Mein neuer Job war Küchenchef im Hard Rock Café auf der Chaussée D'Ixelles mitten in Brüssel. Das sollte ich zumindest glauben. In Wirklichkeit stand auf dem Schild über dem Eingang The Hard Rock, und in kleinen Buchstaben darunter: A Smart American Café. Mir schwante sofort, dass dies bestimmt kein offizielles Hard Rock Café war, sondern bestenfalls eine Hommage an die weltberühmte Restaurantkette und im schlechtesten Fall eine Abzockerbude. Trotz umfangreicher Recherche im Internet habe ich nirgendwo einen Hinweis auf eine Verbindung zwischen dem offiziellen belgischen Hard Rock Café und diesem Restaurant gefunden, sondern nur ein Foto (von der berühmten Achtzigerjahre-Band Lou & The Hollywood Bananas, wie sie in dem Restaurant eine Goldene Schallplatte überreicht bekommen) als Beweis, dass es diesen Ort tatsächlich gab. Selbst auf der Website des offiziellen Hard Rock Cafés, das Ende 2012 in Brüssel seine Pforten geöffnet hat, gibt es keinerlei Hinweise auf einen früheren Versuch, sich in Belgien zu etablieren. Ich kann also nur annehmen, dass ich Teil eines ausgefuchsten Schwindels geworden war, mit dem man Gäste anlocken wollte, die glauben sollten, im legendären Hard Rock Café gelandet zu sein.

Die Ausstattung des Ladens erinnerte an ein aufgedonnertes American Diner, mit ein paar Fotos von bekannten Musikern an den Wänden, aber ohne die Promi-Gitarren und Erinnerungsstücke, die man von einem richtigen Hard Rock Café erwarten würde. Die Gäste störte dies aber nicht, und so war der Laden jeden Abend proppenvoll mit Ortsansässigen, Touristen und häufig auch internationalen Superstars, die nach ihrem Konzert in der nahe gelegenen Veranstaltungshalle Vorst Nationaal noch einen Happen essen wollten. Jeder glaubte, dass dies das einzig wahre Hard Rock Café und der angesagteste Ort der Stadt war. Ich hingegen zog es vor, einfach keine Fragen zu stellen – ich hatte einen Job und ein Dach über dem Kopf, und das war alles, was zählte.

Egal ob legitim oder nicht, das Restaurant gab dem Herzen der belgischen Hauptstadt tatsächlich ein kleines bisschen amerikanisches Flair. Das Essen war durchaus authentisch, es gab übergroße

Teller mit amerikanischem Fastfood, die zu einem permanenten Soundtrack von massentauglichem Rock für Erwachsene serviert wurden, wie beispielsweise Fleetwood Mac und Bruce Springsteen sowie dem ein oder anderen Beach-Boys-Song an sonnigen Tagen. Die Steaks waren riesig, die Burger noch größer, und alles auf der Speisekarte kam zusammen mit unglaublich großen Körben mit den besten frittierten Kartoffelstäbchen an den Tisch, die ich jemals gesehen habe – belgische Pommes frites.

Der Barkeeper, der stolz hinter seiner immer gut besuchten Cocktailbar ganz am hinteren Ende des Etablissements stand, war ein blondhaariger Surfertyp mit blauen Augen, und die Kellnerinnen waren teils importierte Beach-Girls aus Kalifornien, teils Blondinen von hier, die alles taten, um das Klischee der amerikanischen Cheerleaderin zu erfüllen. Eines dieser Mädchen wurde schließlich meine Freundin, die Mutter meines Sohnes und für mich auch eine Art Dorn im Auge.

Der Laden war ein spaßiger, lauter und überraschend glamouröser Arbeitsort, jedenfalls für die Belegschaft im Essbereich. Die Küche war das absolute Gegenteil – unterbesetzt, mies ausgestattet und ziemlich unhygienisch. Da es keine Klimaanlage gab und die Abzugshaube über dem Grill regelmäßig verstopft war, war die Hitze unerträglich, die Luft klamm und der Boden schmierig, rutschig und damit gefährlich. Als Küchenchef arbeitete ich sechs Tage die Woche in der Mittags- und Abendschicht, zusammen mit einem sehr freundlichen und fleißigen marokkanischen Souschef, der größtenteils die Vorbereitung übernahm, sowie seinem jüngeren Bruder, der immer unter einem Berg von dreckigen Tellern, Töpfen und Pfannen begraben war, während er versuchte, seiner Aufgabe als Tellerwäscher nachkommen – für eine Spülmaschine reichte das Budget einfach nicht.

Die Tage und Nächte waren lang, die Arbeit hart und recht unbefriedigend, aber immerhin war der Weg nach Hause nicht weit – ich musste einfach nur die Treppe hinauf zu meinem Apartment im dritten Stock gehen, das sehr einfach gehalten, aber ausreichend war und an das ich schöne Erinnerungen habe.

Der Ladenbesitzer, ein kräftiger Mann um die 50 aus Chicago, wohnte auch in dem Haus, in der Penthouse-Wohnung über mir.

Er hieß John und war ein patriotischer Exsoldat, der – so wie Tom, mein Bekannter aus Brighton, der mir den Job beschafft hatte – in Vietnam gekämpft hatte und in geschäftlichen Dingen absolut keine Gnade kannte. Er war tough, ging ziemlich rücksichtslos mit der Belegschaft um und führte ein strenges Regime auf der Arbeit, aber gleichzeitig war er auch charmant und lustig, und ich kam gut mit ihm klar. Über ihn selbst erfuhr ich nie viel, beispielsweise wie und warum er in Brüssel gelandet war – er war einfach nicht der Typ, dem man viele Fragen stellte. Vielleicht war es meine junge, beeinflussbare Vorstellungskraft, die mit mir durchging, aber ich war mir damals sicher, dass er Connections zur Mafia in Brüssel und in den USA hatte, deshalb war er für mich immer wie einer dieser Oldschool-Chicago-Gangster, ein Windhund – der »Boss«, im wahrsten Sinne des Wortes. In seinem Büroschreibtisch hatte er eine große Knarre liegen, er sagte mir, dass sie nur für den Fall da sei, dass die Dinge im Laden mal aus dem Ruder liefen. Ich konnte mir nicht vorstellen, was genau er damit tun wollte, wenn es wirklich mal zu Gewalttätigkeiten kommen sollte, aber es hielt ihn nicht davon ab, mir das Ding bei jeder Gelegenheit stolz zu zeigen (meistens wenn ich meinen Gehaltsscheck abholte). Dabei nahm er immer einen kräftigen Schluck aus der Flasche Jack Daniel's, die stets griffbereit auf seinem Schreibtisch stand, und prahlte damit, dass er laut des zweiten Artikels der amerikanischen Verfassung das Recht habe, Waffen zu besitzen. Dass das Gesetz nur für Amerikaner, die auch in den USA wohnten, galt, störte ihn wenig, denn immer wenn ich ihn darauf hinwies, gab er Folgendes zurück:

»Cokes, ich lebe vielleicht an diesem gottverdammten Ort, aber mein Blut ist amerikanisch, mein Herz ist amerikanisch, dieses Scheißrestaurant ist amerikanisch, und so wie ich es sehe, befinden wir uns auf amerikanischem Territorium, in den Vereinigten Staaten von Belgien – verstanden, Kumpel?«

Ich zog es vor, nicht mit dem Boss darüber zu diskutieren, auch nicht über irgendwelche anderen Sachen. Seine Präsenz war übermächtig, und das eine Mal, dass ich sah, wie ein Kollege seine Wut zu spüren bekam, reichte mir für die sofortige Einsicht, immer alles Nötige zu tun, um niemals bei ihm in Ungnade zu fallen. Wenn es tatsächlich zu irgendwelchen Problemen gekommen wäre, hätte ich immer sofort zurück nach England fliehen können, aber der Ort hatte etwas Besonderes an sich – das Flair von möglichen illegalen Aktivitäten und Gefahr –, was mich und meine Punk-Einstellung ansprach.

Ein paar Jahre lang machte die Arbeit dort Spaß, aber als ein stämmiger tätowierter Engländer Ende 20 zu uns kam und nach einer Arbeit als Küchenhilfe suchte, sollte es sich zum Schlechteren wenden. Ich werde den Namen des Mannes nicht preisgeben, da er im Bewerbungsgespräch mit mir verriet, dass er auf der Flucht vor der britischen Polizei sei; angeblich hatte man ihm eine Falle gestellt, und er zog es vor zu fliehen, statt sich einer Gefängnisstrafe zu stellen für ein Verbrechen, das er nicht begangen hatte. Er hatte schon für bewaffneten Raubüberfall gesessen und keine Lust auf weitere Jahre hinter schwedischen Gardinen. Ich fand nie heraus, weswegen er verurteilt worden war, da er sich weigerte, darüber zu sprechen, und immer wenn ich es versuchte, bekam er diesen wahnsinnigen Blick. Er war ein direkter, geradliniger Typ aus London mit einem großartigen Humor und einem unglaublichen Wissen über englische Literatur, das er sich im Gefängnis angeeignet hatte. Leider hatte er auch eine wilde, gewalttätige Seite, die mich zuerst faszinierte, mir dann aber Angst machte, weil sie beinahe dafür sorgte, dass ich eingesperrt wurde für ein Vergehen, das ich in der Tat begangen hatte – mehr dazu in Kürze. Es wäre sicherlich besser gewesen, wenn ich mich nicht auf ihn eingelassen und ihm den Job angeboten hätte, aber der Boss – der sich wahrscheinlich selbst in dem Engländer erkannte – fand ihn sympathisch. Abgesehen davon mag ich Außenseiter irgendwie, und so beschloss ich, über seine kriminelle Vergangenheit und den irren Blick hinwegzusehen. Wenn er sich ganz normal verhielt, war er intelligent und verständnisvoll, ein verlässlicher Kumpel, der eine Weltlichkeit an sich hatte, die ich damals nur bewundern konnte, aber dies alles traf überhaupt nicht zu, wenn er die Fassung verlor. Ohne Zweifel war er der härteste Typ, den ich bis dahin kennengelernt hatte, und damals waren mir schon einige gruselige Monster über den Weg gelaufen. Aber es war immer gut, ihn als starken Partner in der Küche an meiner Seite zu haben sowie als zuverlässigen Beschützer, wann immer wir das Brüsseler Nachtleben unsicher machten.

Ich erinnere mich noch an viele Prügeleien mit bösen Jungs in oder vor dubiosen Kneipen, wobei mein Kollege meist nicht der Anstifter war, aber dennoch immer als Sieger daraus hervorging. In guter englischer Hooligan-Manier trank er gern einen über den Durst, worauf eine ordentliche Schlägerei folgte, bei der er seine Kampfkünste zur Schau stellte, die er sich hinter Gefängnismauern angeeignet hatte. Ich hielt mich meistens zurück und teilte nur hin und wieder den einen oder anderen Schlag aus, und selbst wenn ich nicht traf oder generell einfach zu unerfahren war, konnte ich ihm wenigstens den Rücken freihalten.

Einmal begleitete uns unser jugendliches und furchtloses – oder wie man auch sagen könnte: dummes – Verhalten bis nach Spanien, nachdem wir gemeinsam eine billige Pauschalreise gebucht hatten. Wir kamen in einem kleinen Hotel unter, in dem viele Familien wohnten, und zwar in Lloret de Mar an der Costa Brava. Wir hofften auf sieben Tage Sonne, Meer und Sex mit den Chicas vor Ort, aber ich erinnere mich nur noch daran, dass wir ständig Sangria in Hülle und Fülle soffen und nur Ärger mit den Chicos vor Ort hatten. Zum Glück – bevor wir uns noch tiefer in Probleme mit den Gangs in der Stadt reinreiten konnten – führte ein Vorfall in der ersten Hälfte unseres Urlaubs dazu, dass wir von der Policía abgeführt wurden.

Wir beide hatten mittlerweile die Nase voll von dem günstigen, aber Kater verursachenden traditionellen Rotweingemisch und sehnten uns nach Bier und Whisky – was wir uns aber nicht leisten konnten –, und so heckte mein Kumpel einen teuflischen Plan aus. Nachdem er die Hotelbar ausgekundschaftet hatte, war ihm der Lagerraum für die alkoholischen Getränke aufgefallen, und mithilfe seines niederträchtigen kriminellen Verstands hatte er auch die perfekte Route zu diesem verschlossenen Raum ausbaldowert – durch die Schächte der Klimaanlage, die an unserem Zimmer vorbeiführten. Der Eingang zu diesem Labyrinth von Rohren an der Decke war über unserer Dusche, und so entfernten wir einige Male die Lüftungsöffnung, kletterten in die engen Schächte und krochen zu dem Lagerraum. Dort angekommen, stieg mein Partner im *Mission: Impossible*-Stil in den Raum, schnappte sich ein paar Flaschen, reichte sie zu mir herauf, und dann machten wir uns schnellstens wieder auf den Weg zurück zu unserem Zimmer und erfreuten uns an unserer Beute. Natürlich machten wir als junge, verantwortungslose Burschen dabei immer kurz halt über den Zimmern der Girls, die unter uns gut sichtbar am Duschen waren, und genossen still die Aussicht durch die Lüftung. Genau diese schlimme Verletzung der Privatsphäre sollte uns schließlich zum Verhängnis werden, da eines der Mädchen uns gehört haben musste, wie wir über ihre Köpfe hinwegkrochen. Als sie hochschaute und die beiden Spanner über sich im Lüftungssystem entdeckte, schrie sie verständlicherweise wie am Spieß, während wir zusahen, dass wir zurück zu unserem Zimmer kamen. Das Mädchen hatte gleich die Hotelleitung alarmiert, die sofort ein paar Securitymänner zu dem Zimmer schickte, in dem sich die zwei mutmaßlichen Täter befanden. Nur wenige Minuten nach unserer Rückkehr in unser Zimmer, wo wir die geklauten Sachen verstecken wollten, hämmerte es bereits an der Tür.

Ich hatte mittlerweile ziemlich Schiss, aber mein Freund lachte nur über die Absurdität der ganzen Angelegenheit, während wir verzweifelt versuchten, unsere Beute verschwinden zu lassen. Auf einmal traten zwei stämmige Securitymänner in den Raum, nachdem sie mit einem Generalschlüssel die Tür geöffnet hatten, und bevor wir wussten, wie uns geschah, wurden wir schon gegen die Wand gepresst – in flagranti erwischt und sehr offensichtlich schuldig im Sinne der Anklage. Dieses Mal kam es uns nicht mal in den Sinn, uns zu wehren. Kurze Zeit später traf der Hotelmanager ein, dann wurde die Polizei gerufen. Und noch etwas später fanden wir uns auf dem Polizeirevier zum Verhör wieder, wegen Diebstahls und Voyeurismus. Als die Beamten jedoch merkten, dass wir kein Geld hatten, um die anfallenden Buß- bzw. Schmiergelder zu zahlen, und dass wir bloß zwei englische Rüpel waren, die es nicht wert waren, dass man Zeit oder Mühe auf sie verschwendete, wurden wir für die Nacht in eine Zelle gesteckt, ohne jeglichen Komfort, aber mit einer Menge Zeit, um darüber nachzudenken, was wir getan hatten. Am nächsten Morgen wurden wir zurück zum Hotel geführt, wo wir unsere Sachen holten, dann zum Flughafen gebracht und ins nächstbeste Flugzeug nach Hause gesteckt. Wir hatten sehr viel Glück, dass wir nicht härter bestraft worden waren, und wir wurden auch nicht festgenommen, als wir wieder am Brüsseler Flughafen landeten.

Obwohl ich bei dieser kriminellen Tat dabei gewesen war, wurde mir nun klar, dass ich das angstlose Verhalten meines Freundes vielleicht ein wenig zu sehr bewundert hatte und dass er durchaus in der Lage sein könnte, mich vom rechten Weg abzubringen. Der Umgang mit diesem Mann war gefährlich und konnte mich in große Schwierigkeiten bringen – deshalb war es Zeit, diese Freundschaft zu beenden. Wie sich herausstellte, brauchte ich gar nicht aktiv zu werden, denn das Schicksal schritt ein: Nicht lange nach dieser Spanien-Episode nahm die Karriere meines Freundes und Kollegen im Hard Rock ein plötzliches Ende, als eines Abends ein schrecklicher Unfall passierte. Die Pommes-Fritteuse kippte versehentlich um und das heiße Fett übergoss sich über die unbedeckten Arme meines Freundes, was zu Verbrennungen dritten Grades führte. Da er polizeilich gesucht wurde, konnten wir ihn nicht einfach ins nächste Krankenhaus fahren. Stattdessen brachte der Boss ihn zu einem freundlichen Arzt, und danach hörte ich nie wieder von ihm. Jedenfalls bin ich noch heute überaus vorsichtig mit heißem Fett in der Küche, da sich die Bilder von bis auf die Knochen verbranntem Menschenfleisch für immer in mein Gedächtnis eingeprägt haben.

Auch bei mir dauerte es nicht mehr lange, bis ich den Laden verließ. Wie es bei mir so üblich ist, tauchte nach wenigen Jahren wieder mal mein abenteuerlustiges Ich auf, und ich strebte nach Neuem. Den Schritt der Kündigung musste ich nicht mal selbst machen, da ich irgendwann gefeuert wurde, weil ich einen ganzen Tag lang nicht bei der Arbeit auftauchte. An meinem freien Tag war ich unterwegs gewesen, hatte mich mit einem belgischen Freund zum Feiern und Trinken getroffen, was in eine 48-stündige Sauftour ausartete, bei der wir irgendwie in Oostende an der belgischen Küste gelandet waren. Irgendwann hatte ich meinen Kumpel irgendwo verloren, und so kehrte ich allein, völlig abgebrannt und heftigst verkatert nach Brüssel zurück. Ich trampte den ganzen Weg zurück zum Hard Rock und wurde bei meiner Ankunft vom Boss abgefangen, der verständlicherweise völlig außer sich war und mich umgehend feuerte. Das war aber gar nicht so schlimm, denn dadurch, dass ich im Anschluss immer wieder neue Jobs ohne Zukunft annahm, fand ich schließlich meine wahre Berufung. Bevor wir jedoch zu dieser Episode kommen, muss ich euch unbedingt noch eine denkwürdige Anekdote vom Hard Rock erzählen – eine, die ich aus offensichtlichen Gründen noch nicht vielen Leuten erzählt habe. Aber immer wenn ich an sie denke, zaubert sie mir ein Lächeln aufs Gesicht – und ich hoffe, auf eures auch. Eines Abends während einer stressigen Schicht wurde ich mit einem meiner Lieblingshassobjekte konfrontiert – einem aufgeblasenen, überheblichen Besserwisser und Aufschneider.

Eine der Kellnerinnen kam zu mir in die Küche mit einem Essen, das zurückgegangen war – einem Filetsteak, das angeblich zu lange gebraten worden war. Der Gast hatte es blau haben wollen, also fast roh, und er hatte sich lauthals beschwert, dass das ihm servierte Steak blutig sei und nicht mehr blau. Ich denke, jeder weiß, dass es generell kein kluger Schachzug ist, Essen im Restaurant zu bemängeln und zurückgehen zu lassen – Köche fühlen sich schnell beleidigt, wenn man sie kritisiert, und manchmal kann das zurückgegebene Essen Ziel von allen möglichen Arten von Missbrauch werden, bevor es zurück auf den Teller und zum Gast kommt. Muss ich das wirklich weiter ausführen? Okay – es kann draufgespuckt, in den Mülleimer gesteckt und dann wieder auf den Grill gelegt werden, auf dem Boden landen, wie ein Fußball durch die Küche gekickt werden oder – im besten Fall – ohne jegliche Änderung zum Gast zurückgebracht werden. Dieses Mal jedoch darf ich verkünden, dass keines der oben genannten Dinge passiert ist; ich kann sogar behaupten, dass ich solche Gastronomieverbrechen nie begangen habe, aber ich bin definitiv Zeuge davon geworden. Jedenfalls sah ich die Angelegenheit ganz anders als der Gast, in meinen Augen war das Steak perfekt gebraten, aber ich entschied dennoch zu seinen Gunsten und warf ihm ein neues Stück Fleisch auf den Grill – ich ließ es nicht mal eine Minute lang von beiden Seiten braten, um einfach nur die Oberfläche zu versiegeln, den Saft einzuschließen und dem Stück die typischen braunen Streifen vom Grillrost zu verpassen. Aber kaum zu glauben, auch dieser zweite Teller kam zurück! Der Gast protestierte wieder, dass das Fleisch zu lange auf dem Grill gewesen sei, und sagte der Kellnerin, dass er sich das Steak auch selbst braten könne, wenn der Koch keine Ahnung davon hätte. Jetzt war ich wirklich sauer – wir hatten ein volles Restaurant, und ich hatte keine Zeit für diesen Quatsch.

»Wer ist der Typ, der sich da draußen ständig beschwert?«, fragte ich die Kellnerin.

»Ein echter Idiot, ziemlich betrunken und ziemlich laut«, gab sie zurück.

»Okay. Dann schauen wir ihn uns mal genauer an.«

Direkt vor der Küche lag die Bar, wo ich mir erst einmal ein Bier holte und die Zuschauer, entschuldigt, die Gäste musterte, ohne dass sie mich sahen.

»Das ist er«, flüsterte die Kellnerin und zeigte auf einen der gemütlicheren Tische, die normalerweise für romantisch veranlagte Gäste reserviert waren, die sich den ganzen Abend lang verliebt in die Augen blicken wollten. Ein fetter Mann um die 50 in einem schlecht sitzenden Blazer, mit Doppelkinn und schütterem Haar, saß seinem Date gegenüber, einer total aufgebrezelten, ziemlich üppigen jüngeren Frau – offenbar eine Escortdame. Ich war mir ziemlich sicher, dass dieser Kerl die Lady bloß mit seinem Machogehabe, dass er Steak nur roh aß, beeindrucken wollte, und ich hatte das Gefühl, dass er in die Schranken gewiesen werden musste.

»Okay, ich kümmere mich um ihn«, sagte ich und ging zurück in die Küche.

Um zu verstehen, was nun kommt, muss ich erst einmal erklären, wie das Essen im Hard Rock serviert wurde. In den Achtzigern gab es auf den Tellern in Restaurants immer viel Rohkost – zu einer Menge Chinakohl kamen verschiedene Salatblätter, die wiederum mit Tomatenscheiben, Zwiebeln, Karottenstreifen, Sellerie und einer Prise Petersilie garniert wurden. Das Stück Fleisch legte man in die Mitte mit der Rohkost drumherum, bevor der Teller zusammen mit einem Korb Pommes und der silbernen Soßenschüssel zum Tisch gebracht wurde. (Am Rande sei noch erwähnt, dass das Wort »blau« im Englischen auch etwas leicht Anrüchiges haben kann – beispielsweise nennt man Pornofilme auch »blue movies«.)

Ich machte also einen Teller mit der normalen Rohkost-Ausstattung fertig, aber statt ein neues Steak in die Mitte zu legen, holte ich meinen Penis raus, polierte ihn ein wenig auf (die meisten Männer werden die Notwendigkeit dieses Schritts verstehen), legte ihn in die Tellermitte und ging hinaus ins Restaurant. Die Kellnerinnen und der Barkeeper waren zunächst überrascht, dass ich ein

Essen servierte und den Teller dann auch noch auf Hüfthöhe hielt, und sie waren ebenso entsetzt, als ihnen plötzlich klar wurde, was da vor sich ging.

Schnell ging ich zu dem betreffenden Tisch und sprach laut und deutlich zu dem Fiesling: »Guten Abend, der Herr, wie mir berichtet wurde, waren Sie nicht zufrieden mit der ›cuisson‹ Ihres Steaks? Nun … ist dies ›blau‹ genug für Sie?«

Beide schauten auf den Teller und entdeckten meinen entblößten Penis, wobei die Frau einen spitzen Schrei ausstieß und der Mann aufsprang und wütend schrie: »Bah, wie widerlich! Was fällt Ihnen ein? Nehmen Sie das Ding von mir weg!«

»Keine Sorge«, gab ich zurück, »ich tue ihn dahin, wo er hingehört, sobald Sie sich dorthin verpisst haben, wo Sie hingehören. Sie sind mit der Kellnerin mies umgesprungen, und Sie haben meine Zeit mit Ihren dämlichen Beschwerden verschwendet, deshalb denke ich, es ist für Sie an der Zeit zu gehen.«

Schnell nahmen die beiden ihre Siebensachen und verließen den Laden, wobei der Mann wütend heftige Beschimpfungen von sich gab und seine Begleitung nur dümmlich kicherte. Das ganze Restaurant hatte dieses Spektakel mitbekommen, und sehr zu meiner Überraschung brachen alle spontan in Applaus aus. Der Mut hatte mich zu diesem Zeitpunkt aber bereits wieder verlassen, und als mir bewusst wurde, wie vulgär meine Reaktion gerade gewesen war, ging ich eher verlegen zurück in die Küche. Im Nachhinein muss ich zugeben, dass meine Darbietung ziemlich unkultiviert und unangebracht war, aber trotzdem auch lustig. Ich kann nur von Glück sagen, dass der beleidigende und beleidigte Gast nicht geistesgegenwärtiger gehandelt und etwa seine Gabel in mein blankes Anhängsel gestochen hat, vielleicht mit den Worten: »Blau genug? Weiß nicht, Kumpel, lass doch mal sehen, wie roh es noch ist!«

Ich brauche wohl nicht zu erwähnen, dass wir den Typen nie wieder gesehen haben.

Nächste Station: Vaterschaft

Wie bereits erwähnt, war ich damals mit einer Kellnerin zusammen, die ich im Hard Rock kennengelernt hatte, Marie-Pierre. Sie hatte eine entzückende Tochter namens Julie, die ohne Vater aufwuchs, da dieser bei einem Motorradunfall ums Leben gekommen war. Nach nur wenigen Monaten wurde Marie-Pierre schwanger, und kurze Zeit später wurde mein Sohn Simon Malcolm Cokes geboren; benannt nach meinem besten Freund Simon sowie zwei Männern, deren Arbeit mich maßgeblich inspiriert und zu dem Mann gemacht hat, der ich bin – Sex-Pistols-Manager Malcolm McLaren sowie Schauspieler Malcolm McDowell, dessen Filme *Uhrwerk Orange*, *If …* und *O Lucky Man* meine Jugend stark geprägt hatten.

Mit 21 war ich aber noch viel zu jung und wild, um Vater zu sein, und ich war auch nicht in die Mutter meines Kindes verliebt. Meine väterlichen Instinkte setzten sich aber dennoch durch, und so wuchs meine Liebe für meinen Sohn und seine Halbschwester ins Unermessliche. Ich blieb etwa fünf Jahre lang mehr oder weniger Teil dieser kleinen Familie, bevor ich mich schließlich in den Zug zur nächsten Haltestelle in meinem Leben setzte: London Town. Nachdem ich jahrelang in anderen Ländern gewohnt hatte, entfremdeten wir uns zwangsläufig, und obwohl es nicht stimmt, muss es für meinen Sohn Simon so ausgesehen haben, als hätte immer meine Karriere Priorität gehabt und nicht sein Wohl. Meine stetigen Versöhnungsversuche wurden meist durch wenig hilfreiche, giftige Kommentare der ihm Nahestehenden behindert, und obwohl ich alles tat, um gegenzuhalten, kämpfte ich einen aussichtslosen Kampf. Auch wenn meine Beziehung zu Simon belastet ist und manchmal auch schwierig war, stehen wir uns heute immer noch sehr nahe und arbeiten daran, unsere schmerzhafte Vergangenheit hinter uns zu lassen, um eine liebevolle Zukunft zu schaffen.

Nächste Station: Musik

Nach meinem Rausschmiss beim Hard Rock arbeitete ich in vielen verschiedenen Jobs. So war ich beispielsweise Packhilfe in einem Verlag, arbeitete in einem feinen Hotel als Reinigungskraft und tat so, als hätte ich davon Ahnung, und lernte als Küchenchef in einem russischen Restaurant, wie man Borschtsch kocht. In meiner freien Zeit hing ich so oft wie möglich in einem Plattenladen namens Caroline Music herum und freundete mich mit einem der Verkäufer an, Christian Verwilghen – der nebenbei auch als Konzertpromoter in Brüssel arbeitete und mir sehr oft kostenlose Konzerttickets zur Verfügung stellte.

Nachdem ich eine Zeit lang ziellos in Brüssel von Job zu Job gewandert war, bekam ich endlich einen Job, der mir wirklich Spaß machte – ich wurde Verkäufer bei Captain Music (einer von zweien), einem ganz neuen Plattenladen in Brüssel. Ich liebte diesen Job, da ich den ganzen Tag lang Vinylscheiben an enthusiastische Kenner verkaufen und einmal pro Woche den Firmen-BMW nach Amsterdam fahren durfte, um dort neue Platten bei Boudisque zu kaufen, dem damals größten Plattenladen des Kontinents und Hauptdistributor von britischen und amerikanischen Acts. In dieser Zeit vor dem Schengen-Abkommen – als die Grenzen innerhalb Europas noch stark bewacht wurden – musste ich immer am Grenzübergang anhalten und jedes einzelne Stück, das ich importierte, zollamtlich deklarieren. Der bürokratische Papierkram war unglaublich umfangreich, und die Zollbeamten kontrollierten immer jede einzelne Platte auf meiner Liste. Meist hing es von dem Diensthabenden ab, ob diese Prozedur Stunden dauerte oder ruck, zuck vorbei war – Letzteres war der Fall, wenn jener Beamte sich beim Durchsehen der Hunderte von Scheiben in meinem Kofferraum als Fan einer der Bands outete und ich ihm vorschlug, doch deren neues Album als Geschenk zu behalten. Ich weiß noch, dass Echo & The Bunnymen und U2 bei diesen Gelegenheiten besonders begehrt waren.

In dem Laden arbeitete ich sechs Tage in der Woche, und am Wochenende besserte ich mir mein Einkommen auf, indem ich als Barkeeper sowie gelegentlich als DJ in einem Brüsseler Nachtclub arbeitete. In jener Zeit brauchte man, um sich als DJ bezeichnen zu dürfen, nicht mehr als zwei Plattenspieler und ein Mikrofon. Darüber hinaus musste man nur wissen, welche Musik die Leute auf die Tanzfläche brachte und wie man den Crossfader benutzte, um einen 12"-Remix in den nächsten übergehen zu lassen. Wenn man den Beat nicht genau traf, konnte man immer noch das Mikro nehmen und hineinsprechen, um den Fehler zu vertuschen. Damals gab es noch kein Pitch-Shifting, keine Beat-Zaubereien, Scratching oder Mash-ups – keine Turntable-Kultur, sondern nur die Grundlagen. Heute nehme ich kaum Angebote als DJ an, da ich die Aufgabe, auch wenn sie manchmal wirklich gut bezahlt wird, eher einschüchternd finde. Eines der letzten Male, dass ich hinter den Decks stand, war vor ein paar Jahren vor 8.000 Leuten in der riesigen Brüsseler Halle Vorst Nationaal. Auch wenn mein DJ-Kumpel und ehemaliger MTV-Kollege James Hyman mich begleitete, hatte ich mich zu weit aus meiner Komfortzone herausbewegt – als wir eine falsche Platte spielten und 8.000 Leute plötzlich aufhörten zu tanzen, war es für mich ein schrecklicher Moment. Heute gibt es so viele (überbezahlte) Superstar-DJs, die diese Arena-Shows so perfekt meistern und die hohen Erwartungen der Zuschauer erfüllen können, dass ich der Meinung bin, dass ich keine angemessene Performance abliefern könnte, auf die ich stolz wäre. Das DJ-Leben ist nichts für mich – auch wenn ich es tun würde, wenn es in einem wesentlich kleineren Rahmen stattfindet, man mich nett fragt, gut bezahlt oder mich dazu drängt.

Nichtsdestotrotz gibt es eine Form des DJ-Seins, die mir wirklich Spaß macht, und zwar die des Radio-DJs. Als ich mich dieser Aufgabe das erste Mal stellte, arbeitete ich immer noch bei Caroline Music. Zwar weiß ich nicht mehr, wie ich an den Job gekommen bin, aber ich bekam eine wöchentlich und zwar immer sonntagnachmittags gesendete zweistündige Radioshow bei einem Sender namens FM Bruxelles. Das Ganze war ein illegaler Piratensender, geführt von meist unbezahlten Studenten und Musikfans wie mir, und wurde gänzlich durch Hörerspenden und Benefizveranstaltungen finanziert. Meine Nachmittagssendung bei FM Bruxelles trug den eher einfallslosen Namen *The Ray C Show*; es war meine erste Erfahrung als Moderator und bestand im Grunde darin, viel zu viel zu quasseln und zwischendurch so viele Punk- und New-Wave-Platten zu spielen, wie ich in 120 Minuten Sendezeit unterbringen konnte. Es gab keine Struktur und keine Playlist – so wie Independent-Radio eben war, bevor amerikanische Produzenten irgendwie zu Gurus der Musikindustrie wurden und ein Heavy-Rotation-Format durchsetzen konnten, bei dem dieselben 20 Platten immer wieder gespielt wurden.

Ein weiterer aufstrebender DJ bei jenem Sender war ein schrulliger und einzigartig talentierter Belgier namens Marcel Vanthilt, der mittlerweile ein guter Freund von mir ist. Damals hatte ich nicht viel mit ihm zu tun, aber sechs oder sieben Jahre später liefen wir uns wieder über den Weg, als es uns auf der Suche nach dem großen Erfolg zu den grellen Lichtern der Großstadt zog – zu dieser Geschichte werden wir in Kürze kommen.

Während meiner Zeit in Belgien wuchs meine Liebe zur Musik immer mehr, und ich schaute mir viele unvergessliche Konzerte in intimer Atmosphäre an, da die meisten der britischen und amerikanischen Bands, die ich mochte, hier noch relativ unbekannt waren und oftmals in kleinen vollgestopften Läden in Brüssel spielten. Einige dieser Acts hätten sicher auch größere Hallen vollbekommen können, wollten dies aber nicht, und jahrelang hatte ich angenommen, dass die Belgier allgemein als gute Zuhörer gelten und die Bands ihre neuen Songs gern vor kleinem, aber anspruchsvollem Publikum testen wollten, bevor sie diese anderswo vor Tausenden spielten. Mittlerweile habe ich von einigen Künstlern erfahren, dass dies nur teilweise der Wahrheit entspricht und dass ein weiterer Grund für diese Herangehensweise jener ist, dass Belgien ein kleines Land ist mit dem unglücklichen und unverdienten Ruf als langweiligstes Fleckchen Europas. Was in Belgien passiert, bleibt oftmals auch in Belgien – sollte das neue Set einer Band nicht gut ankommen, wird es niemand anders mitbekommen.

Jedenfalls fanden zwei der bedeutendsten Liveperformances, die ich jemals gesehen habe, in Brüssel statt, und beide waren von derselben Band – 1979 und 1980, als Joy Division auf ihrer ersten und dann letzten Europatournee waren. Sie traten im Plan K auf, einer alten Zuckerfabrik, die als Multikulti-Center umgestaltet worden war und nur einigen Hundert Besuchern Platz bot. Die Band auf dem Höhepunkt ihrer Karriere zu sehen und die explosive, beeindruckende Performance von Leadsänger Ian Curtis hautnah mitzuerleben, bewegte mich zutiefst – die Musik, die seine Stimme begleitete, war so intensiv, und er war eindeutig einer der besten Frontmänner aller Zeiten.

Ian litt an Epilepsie, und ich war mir nie ganz sicher, ob sein einzigartiger Tanzstil auf der Bühne ausgedacht oder auf seine Krankheit zurückzuführen war. Bei beiden Gelegenheiten traf ich ihn hinter der Bühne; er war sehr freundlich (im Gegensatz zu Bassist Peter Hook, der unangenehm, arrogant und ziemlich furchterregend war), aber er war auch sehr in sich gekehrt. Unsere Gespräche gingen zwar nie über Small Talk hinaus, aber ich wusste über seine persönlichen Probleme Bescheid, da ich gut mit Annik Honoré befreundet war – einem hübschen, klugen Mädchen, das für eine belgische Plattenfirma arbeitete und auch für die Buchungen im Plan K zuständig war. Heute weiß man, dass Ian im letzten Jahr seines Lebens stark unter seiner Krankheit litt sowie darunter, zwischen zwei Frauen – seiner Ehefrau Deborah und Annik – zu stehen, aber damals war dies noch ein wohlgehütetes Geheimnis. Jeder, der sich mit Joy Division auskennt, weiß, dass Annik in die Bandgeschichte eingegangen ist als Auslöser für das emotionale Durcheinander, das zu Ians Zusammenbruch und letzten Endes zu seinem tragischen Selbstmord geführt hat.

Erst kürzlich hat Annik in der Öffentlichkeit über ihre Beziehung mit Ian gesprochen, und sie behauptet heute noch, dass sie und Ian zwar verliebt waren, aber es bei ihnen nie um körperliche Liebe ging. Ich werde zu all den Spekulationen nicht noch mehr hinzufügen, sondern nur sagen, dass Annik mir mehrere Male anvertraut hat, welchen Schmerz und welches Leid die beiden durchmachen mussten. Ich weiß ganz sicher, dass sie mit ihm zusammen sein wollte, und so wie sie mir sagte, war es bei ihm genauso. Alles andere geht mich nichts an. In der Zeit, in der ich an diesem Buch gearbeitet habe, ist Annik leider verstorben, und somit hat sie alle Geheimnisse mit ins Grab genommen. (Wer mehr über dieses Thema wissen möchte, möge sich die Single *Love Will Tear Us Apart* anhören, den Joy-Division-Klassiker, einen meiner absoluten Lieblingssongs.)

Nächste Station: Fernsehen

Als ich bei Captain Music arbeitete, sprach mich eines Tages ein Mann namens Maurice Amaraggi an. Er hatte eine eigene Videoproduktionsfirma und suchte jemanden, der sich mit Musik auskannte und fließend englisch sprach. Maurice brauchte einen Moderator für eine monatliche Videoshow auf Music Box, einem bahnbrechenden Fernsehkanal, der 24 Stunden am Tag sendete und über Satellit etwa 60 Millionen potenzielle Zuschauer in Europa und dem Nahen Osten erreichen konnte. Ich nahm an einem kleinen Casting teil und bekam den Moderatorenjob, und damit hatte ich auch endlich meine wahre Berufung gefunden – auch wenn ich es damals noch nicht wirklich wusste.

Meine Sendung hieß *Trans Europ Music*, und jeweils 30 Minuten lang durfte ich Videos von europäischen Bands präsentieren sowie Interviews mit internationalen Stars, die gerade in Brüssel haltmachten. Mein allererstes Interview vor der Kamera war mit Boy George, und ich hatte Glück, dass bei meiner ersten Begegnung mit der Kunst der professionellen Gesprächsführung mir solch ein charmanter Mann gegenübersaß. Denn bei diesem ersten Mal hatte ich schreckliches Lampenfieber, und so fiel ich mitten im Interview in ein schwarzes Loch und verlor völlig den Faden – ich hatte keine Ahnung, wo ich war und was ich machte. George fiel dies sofort auf und er fragte, ob alles okay mit mir sei, und als ich kein Wort rausbrachte, nahm er einfach meine vorbereiteten Fragen und führte das Interview mit sich selbst, bis ich wieder unter den Lebenden war.

Insgesamt moderierte ich etwa ein Dutzend dieser Sendungen, und sie waren auch gut gemacht, aber immer wenn ich sie mir heute ansehe, muss ich über meinen hölzernen Moderationsstil und meine schreckliche Vokuhila-Frisur lachen. Trotzdem musste ich wohl irgendetwas richtig gemacht haben, denn einer der Regisseure, mit denen ich bei *TEM* zusammengearbeitet hatte, erkannte mein Potenzial und wurde schließlich mein Mentor. Sein Name war Michel Perin, und neben seiner Arbeit als freischaffender Regisseur war er auch Programmdirektor für RTBF (Radio Television Belgium Francophone), einen der zwei öffentlich-rechtlichen Sender Belgiens. Michel plante eine tägliche 30-minütige Videoclip-Show namens *Images In* und lud mich zum Casting ein. Zu jener Zeit arbeitete ich noch ganztags im Plattenladen und hatte nicht wirklich Lust darauf, Moderator zu sein – weil ich einfach nicht gut genug in dem Job war. Trotzdem nahm ich seine Einladung an, und ein paar Tage später bot er mir überraschenderweise den Moderationsjob an – vorausgesetzt, ich würde einen Crashkurs machen, um mein jämmerliches Französisch so aufzubessern, dass mich die Zuschauer bei meiner Moderation auch verstehen könnten. Seine liebenswürdige Ehefrau Chantal leitete den Sprachkurs, daher fiel es mir nicht schwer, diese Mission anzugehen. Auch wenn sein Kollege Maurice der Erste war, der mir einen Job als Moderator gegeben hatte, war es Monsieur Perin, der mir half, besser zu werden und letztendlich meine Fernsehkarriere zu starten.

Ein paar Monate später tauchte ich also zum ersten Mal im nationalen Fernsehen auf und fiel dadurch einem Mann auf, den ich sehr bewunderte, einem der Gründungsmitglieder der belgischen Synth-Pop-Gruppe Telex – eine Art Kraftwerk light. Marc Moulin war nicht nur Keyboarder der Band, sondern arbeitete nebenbei auch als Programmdirektor für Radio Cité, einen RTBF zugehörigen Radiosender. Er fragte mich, ob ich Lust hätte, ins Team zu kommen und eine zweistündige Sendung jeweils samstags und sonntags zu moderieren. Und so wie Michel mich vor der Kamera geformt hat, half mir Monsieur Moulin am Mikrofon, und ich bin diesen beiden inspirierenden Männern zu großem Dank verpflichtet, was meine Medienkarriere betrifft. (Leider weilt Marc nicht mehr unter uns, er verlor 2008 den Kampf gegen den Krebs, und während ich diese Zeilen schreibe, ist auch Michel gesundheitlich sehr angeschlagen, stemmt sich aber mit allen Kräften gegen seine Krankheit und hat noch nicht vor, das Zeitliche zu segnen.) Durch die wohlwollende Führung der beiden entwickelten sich meine Moderationskünste langsam, aber stetig, und schon bald fragte man mich, ob ich als Komoderator bei einem großen Event teilnehmen wolle, gesendet live vom Brüsseler RTBF-Sendezentrum.

Dieses Event hieß *Europe A Go-Go* und war eine durch die Eurovision gesponserte Jugendkulturshow, die gleichzeitig in 15 weitere europäische Länder übertragen wurde. Für mich war es eine eher beängstigende Vorstellung, daran teilzunehmen, da ich als Moderator gerade erst angefangen hatte, und die Aufgabe wurde noch erschwert durch die ziemlich albernen Mätzchen meines Komoderators, des amerikanischen Comedians Jango Edwards. Jenseits der Kameras war er ein lustiger, umgänglicher Kerl, aber sobald die Sendung losging, nervte er mich fast zu Tode mit seiner hektischen, chaotischen Präsenz und seinen ständigen Unterbrechungen beim Moderieren. Die fünfstündige Live-Performance mit zahlreichen Berichten über die verschiedenen Jugendkulturen in ganz Europa mögen zwar interessantes Fernsehprogramm gewesen sein, aber die Moderation dieser Sendung war beileibe keine Freude.

Kurze Zeit später bekam ich eine eigene Show auf RTBF, die ich nicht nur moderierte, sondern auch inhaltlich vorbereitete. Dies sollte ein Wendepunkt in meiner Karriere werden, eine Art Übergangsritual, könnte man sagen, bei dem ich von der eher formelhaften Herangehensweise an meine Arbeit abwich und stattdessen einen neuen Moderationsstil für musikalische Unterhaltung entwickelte. Diese Sendung sollte übrigens auch ausschlaggebend dafür sein, dass die Talentscouts von MTV Europe auf mich aufmerksam wurden.

Rox Box war eine wöchentliche einstündige Sendung, die von Music Box mitproduziert wurde, und das Format beinhaltete den typischen Mix aus Musikvideos, Interviews und Livekonzerten von nationalen wie internationalen Künstlern. Was die Sendung von anderen abhob, war die Art, wie das Ganze dem Zuschauer präsentiert wurde. Der Sender hatte ein sehr kleines Budget für dieses Projekt freigegeben, und wie es bei diesen begrenzten Ressourcen üblich ist, musste das beteiligte Team sich besonders hart ins Zeug legen, um ein überzeugendes Konzept abzuliefern. Man stellte mir einen netten jungen Regisseur an die Seite – André Chandelle – sowie einen tüchtigen Regieassistenten – Serge Bergli –, und wir suchten uns ein kleines Team bestehend aus extrem kreativen Leuten, die uns beim Ausarbeiten der Ideen und des Sets halfen. Ohne Aufsicht durch die Bosse bei RTBF und uns gänzlich selbst überlassen, waren bei den zahlreichen Brainstorming-Sessions, soweit ich mich noch erinnere, viele belgische Biere und Joints mit feinstem marokkanischen Hasch in Umlauf, und während einige der Ideen, die es in die Sendung schafften, tatsächlich innovativ waren, war eine Menge davon auch ziemlich durchgeknallt. Immerhin waren wir bei einem öffentlichen Fernsehsender, der kaum Risiken einging und Grenzen überschritt, und ehrlich gesagt habe ich keine Ahnung, wie wir so lange mit unseren verrückten Sachen durchgekommen sind (das werdet ihr im Laufe des Buches noch häufiger von mir lesen).

An die *Rox Box*-Sendungen habe ich tolle Erinnerungen, vor allem auch weil eine Ausgabe mir dankenswerterweise meine erste richtige Liebesaffäre beschert hat. Eines Tages kam die Band Zinno zu uns, um ihren aktuellen Song *Money Is Honey* zu präsentieren, den nicht ganz so erfolgreichen Nachfolger ihrer Single *What's Your Name?*, die 1985 ein weltweiter Hit gewesen war. Die Band bestand aus zwei Typen, die ich kaum kannte, aber sehr mochte – Frédéric Jannin, ein humorvoller Comiczeichner, und Jean-Pierre Hautier, ein Radio- und Fernsehmoderator für RTBF (der leider 2012 an Krebs verstarb). Jean-Pierre und Frédéric performten ihren Song zum Playback und wurden dabei von zwei Damen begleitet, einer Brünetten und einer Blondine, die eine Choreografie tanzten und die Refrains sangen (sie hatten auf der Platte nicht gesungen – die echten Stimmen gehörten zu Studiomusikern). In die Blondine verliebte ich mich Hals über Kopf, ihr Name war Aurelia. Die Gefühle beruhten zunächst nicht auf Gegenseitigkeit, aber irgendwann änderte sie ihre Meinung, und so führten wir zweieinhalb Jahre lang eine leidenschaftliche Beziehung. Aurelia ist heute glücklich verheiratet, hat drei Kinder und lebt in Kalifornien, und wir sind immer noch enge Freunde.

Im Nachhinein, so würde ich sagen, war besonders eine unserer Ideen symptomatisch für *Rox Box*: die Schöpfung der Figur Supercokes. Im Grunde war dies bloß eine Quatschidee, um die Inhalte miteinander zu verbinden, wobei ich im billigen Superheldenkostüm lächerliche Stunts machte – um den Rock 'n' Roll zu retten. Viele dieser kleinen Darbietungen waren gefährlich und ohne Vorbereitung gedreht worden und ohne dass ein professionelles Stuntteam sicherging, dass mir nichts dabei passierte. Um mich von all den anderen Fernsehmoderatoren abzuheben, sprang ich zum Beispiel mit Fallschirm aus einem Flugzeug, setzte mit einem Motorrad über Hindernisse oder rannte auf einem fahrenden Zug herum. Das machte zwar alles sehr viel Spaß, aber der Sender verstand oder schätzte nicht wirklich, was wir taten, und so wurde unsere Sendung irgendwann eingestellt.

Das Finale von *Rox Box* war ein freches und mutiges Spektakel, bei dem ich und eine Kommandotruppe (meine Crew) alle maskiert und in identischen Supercokes-Kostümen mit einem Helikopter auf dem Parkplatz von RTBF landeten. Dann rannten wir durch die Korridore der Macht und schossen mit Platzpatronen aus echten Gewehren, während ich in die Kamera verkündete, dass wir den Senderboss jagten und von ihm wissen wollten, warum er die Sendung eingestellt hatte. Um dieses Event so authentisch wie möglich aussehen zu lassen, hatten wir nur die zwei festangestellten Securitymänner im Voraus in unseren Plan eingeweiht, und so hatte niemand anders im Gebäude eine Ahnung, was vor sich ging, und die echten Angstschreie passten hervorragend zu dem inszenierten Chaos. Das Produktionsteam hatte sogar einen Komparsen (von der Crew) bereitgestellt, aus dessen Rücken viel (Kunst-)Blut gegen die Glaswände spritzte – er war beim Fluchtversuch von den imaginären Gewehrkugeln eines meiner Soldaten getroffen worden. Dann nahmen wir den Boss (natürlich ein Double von unserer Crew) gefangen und quälten ihn, bevor wir das Studio zerlegten, in dem gerade die (imaginäre) Nachfolgesendung von *Rox Box* gedreht wurde. Diese Szenen drehten wir separat im Studio, da ich darin als Nachfolgemoderator verkleidet mit Perücke, Bart und Kitsch-Outfit zu sehen war, wie ich einige der besten Akkordeonspieler Belgiens vor der Kamera präsentiere. Dies sollte die neue Show auf RTBF darstellen, genannt *Musette Box*, die es natürlich nie gegeben hat. Auch hier hatten wir, um wieder echte Reaktionen einzufangen, den Akkordeonspielern nur verraten, dass sie Teil einer lustigen Sequenz unserer Show sein würden. Wir hatten verschwiegen, dass während ihres Auftritts ein paar laute, durchgeknallte Typen mit Gewehren das Studio stürmen würden. Auf dem Bildschirm sah es echt genug aus, aber genauso echt war auch die Verärgerung des Bandleaders der Akkordeongruppe. Nach dem Chaos ging er vor lauter Wut auf mich los, weil ich seiner Truppe so einen Schrecken eingejagt hatte. Diese ultrabrutalen Szenen waren als augenzwinkerndes »Fuck you!« an die obersten Herren des Senders gedacht und hätten sich sicherlich auch gut in einem Tarantino-Film gemacht, aber als

Finale einer Sendung, die sich der Kraft und Schönheit der Musik gewidmet hatte, waren sie vielleicht ein wenig überzogen. Man stelle sich nur vor, wie das heute gelaufen wäre – innerhalb von Minuten hätte eine Spezialeinheit das Gebäude umzingelt, gestürmt und die bewaffneten Terroristen einen nach dem anderen abgeknallt, bevor man (leider zu spät) erkannt hätte, dass alles nur ein dummer Scherz eines aufmüpfigen Moderators gewesen war, der gern Ärger sucht.

Wäre aber sicherlich eine gute Sendung gewesen.

KAPITEL 5

Willkommen bei MTV

**Song 1: I Want My MTV –
Her mit dem Musikfernsehen!**

Während meiner Zeit in Brüssel hatte ich neben einem Motorrad, einer Honda CB 200, verschiedene gebrauchte Autos, und alle waren unkluge oder unglückliche Käufe. Eines davon war ein cremefarbener Mercedes 200, der zuvor als Taxi genutzt worden war und der komplett auseinanderfiel, als ich aus Versehen gegen meine Garagenmauer fuhr. Ein anderes war ein roter Honda Civic, der gut lief, bis eines Tages der Motor explodierte und Feuer fing. Oder ein grüner Peugeot 504, der zwar ein sicheres Fahrzeug war, aber ziemlich langsam und irgendwie langweilig zu fahren war. Zu guter Letzt holte ich mir einen blauen Fiat 131 Mirafiori, den ich von einem privaten Verkäufer gekauft und in bar bezahlt hatte, allerdings hatte dieser vergessen, mir mitzuteilen, dass der Rückwärtsgang überhaupt nicht funktionierte. Als mir das auffiel, war der Verkäufer natürlich schon über alle Berge. Dieses Auto sollte jedoch den ersten Eindruck, den ein wichtiger MTV-Boss beim ersten Treffen von mir bekam, mitprägen. Aber lasst uns diese Geschichte erst einmal hier parken und in den Rückspiegel blicken, zurück in eine Zeit, in der Video den Radiostar gekillt hat.

Am 1. August 1981 war MTV USA auf Sendung gegangen, und fünf enorm erfolgreiche Jahre später, im Herbst 1986, schickte der Sender vier Manager rüber nach London, um den Start von MTV Europe in die Wege zu leiten. Dies war ein brandneuer Kanal, der 24 Stunden am Tag Musikfernsehen auf dem gesamten europäischen Kontinent ausstrahlen sollte, und zwar über Kabel und Satellit. Die vier MTV-Typen waren Brian Diamond (zuständig für Studioproduktion und On-Air-Talent) und Jon Klein (Leiter der On-Air-Promotion und Genie vor Ort) sowie ihr Boss Liz Nealon (ausführende Produzentin) und Liz' Boss Mark Booth (Managing Director). Ihr Auftrag bestand darin, das preisgekrönte Programmformat von MTV auf Geschmack, Lebensstil und Kultur des europäischen Publikums zuzuschneiden sowie ein passendes Moderatorenteam zusammenzustellen – Video Jockeys, oder VJs, wie man sie nannte. Dies war keine leichte Aufgabe, da es, anders als in Amerika, in Europa mehrere Sprachen und unterschiedliche Kulturen gab. Das Team musste also Moderatoren finden, die Grenzen überschreiten konnten, Figuren, mit denen sich solch ein breitgefächertes Publikum identifizieren konnte. Viele Leute nehmen immer an, dass VJs wegen ihres guten Aussehens, ihres netten Wesens oder des umfangreichen Musikwissens ausgewählt werden. Obwohl diese Vorzüge sicherlich wichtig sind, erklärte mir Brian kürzlich, dass es damals neben dem Offensichtlichen eher um die Fähigkeit ging, »eine Verbindung schaffen zu können zwischen dem, was im Studio vorgeht, und den Zuschauern zu Hause – die VJs sollten ihre Freunde vor der Kamera sein«.

So wurden in der englischen Musikpresse Anzeigen aufgegeben, um englische und europäische Kandidaten, die bereits in Großbritannien wohnten, anzulocken. Im Dezember 1986 machte Brian eine Minitour nach Brüssel, Amsterdam und Berlin, während sein Kollege Robb Hart, ein leise sprechender englischer Gentleman und neu eingestellter MTV-Programmleiter für den europäischen Raum, fünf Städte in fünf Tagen besuchte – Berlin, Amsterdam, Paris, Mailand und Kopenhagen. Ihre Mission war, »Leute mit multikulturellen Fähigkeiten« zu finden, »Leute, die englisch sprechen konnten, aber sich mit den verschiedenen Kulturen auskannten, Leute, die paneuropäisch waren« (was immer das auch bedeuten soll). Brian suchte die männlichen Kandidaten, und Robb, als Einziger im Team verheiratet, wurde als am besten geeignet betrachtet, was die weiblichen Kandidaten anging. Als ich Robb kürzlich zu diesem Thema befragte, verriet er mir, dass jede Stadt, die er besuchte, tatsächlich ihrem Klischee entsprach. In Amsterdam waren die Mädels, die zum Casting kamen, brutal direkt und irgendwie unheimlich; in Mailand wollte ein korrupter Castingagent erst einmal einen großen Batzen Geld, bevor er die Mädels vorsprechen ließ (sein Vorschlag wurde aber freundlich abgelehnt); in Paris herrschte größtenteils absolutes Chaos, wobei die Damen sich gegenseitig beim Vorsprechen störten und jede versuchte, die andere in völlig unverständlichem Englisch auszustechen; die Berliner Kandidaten waren entweder zu stoned oder hatten zu krasse politische Ansichten, und in Kopenhagen präsentierte ein schmieriger Zuhältertyp ein Penthouse voller hübscher dänischer Mädels, die alle zusammengepfercht auf einem Sofa saßen. Die Einzige, die aus dem Haufen hervorstach, war diejenige, die zu spät zum Vorsprechen kam, eine Lederhose und ein enges Top trug und sich ganz dreist mit gekreuzten Beinen auf den Marmortisch vor dem Sofa setzte und dabei Kaugummi kaute. Sie hieß Maiken Wexo und bekam letztendlich auch den Job.

In Brüssel traf Brian sich derweil mit Maurice Amaraggi, Mitinhaber von Zabriskie Films, einer Produktionsgesellschaft, mit der ich schon für zwei Fernsehsendungen zusammengearbeitet hatte. Maurice hatte mich Brian empfohlen und zeigte ihm ein Videoband mit Ausschnitten aus meiner Fernseharbeit. Was Brian am meisten beeindruckte, war die Anmoderation eines Musikvideos, für die ich oben auf einem fahrenden Zug gefilmt wurde. Ich hatte ein Superheldenkostüm an und sprang von Waggon zu Waggon, bevor ich mich zur Kamera drehte, um meine Moderation zu Ende zu bringen. Der Clou war, dass sich im Hintergrund ein Tunnel näherte, den ich nicht sehen konnte, weil ich ihm den Rücken zuwandte. Dies war ein unglaublich gefährlicher und ziemlich dämlicher Stunt, da ich den Regisseur gebeten hatte, im letzten Augenblick »Achtung!« zu rufen, bevor ich mich flach auf den Waggon legen und der Zug im Tunnel verschwinden würde. Dort moderierte ich im Dunkeln weiter, bis der Zug auf der anderen Seite wieder ans Licht kam und ich mich stolz und siegreich präsentieren durfte. Ich wollte, dass die Szene so atemberaubend wie nur möglich aussah, aber hätte mein Timing nicht hundertprozentig gestimmt, wäre ich bei der Tunneleinfahrt geköpft worden. In jener Zeit gab es noch kein YouTube, wo man der Welt diesen spektakulären Unfall hätte präsentieren können, also wäre meine Tapferkeit/Dummheit völlig unbemerkt geblieben (ein Schicksal, das wahrscheinlich noch schlimmer gewesen wäre als der Tod des Moderators). Damals war ich noch der verrückten Ansicht, dass, solange das rote Licht an der Kamera leuchtete, mir nichts passieren konnte – das ist auch heute noch so, aber mittlerweile bin ich ein wenig vorsichtiger geworden.

Maurice organisierte ein Treffen zwischen Brian und mir, und gleich am nächsten Tag trafen wir uns zum Mittagessen in einem Fischrestaurant in der Innenstadt. Mit seinen langen, wehenden Haaren, seinem Jeanshemd, schwarzen Röhrenjeans und ausgelatschten Cowboyboots sah Brian eher aus wie ein Heavy-Metal-Gitarrist als wie ein Fernsehboss, und ich mochte ihn auf Anhieb mit seiner typisch amerikanischen positiven und enthusiastischen Einstellung. Wie in Belgien üblich, war das Essen grandios, und wir unterhielten uns locker über Musik und MTV. Sehr zu meiner Freude lud Brian mich am Ende nach London ein, um bei den VJ-Testaufnahmen mitzumachen. Obwohl mir die große Herausforderung des Vorsprechens noch bevorsteht, freute ich mich riesig über die Chance, mich beweisen zu dürfen, da ich den Job bei MTV unbedingt haben wollte. Der Sender hatte bereits die Musikszene in den Vereinigten Staaten komplett verändert, und ich wollte Teil der europäischen Revolution sein – auch wenn das bedeutete, dass ich alles, was ich mir bisher in Belgien aufgebaut hatte, zurücklassen müsste.

Beim Verlassen des Restaurants hoffte ich, dass Brian sich ein Taxi zurück zum Hotel nehmen würde und nicht bei mir in meinem klapprigen alten Fiat mitfahren wollte. Aber genau das war der Fall, und so musste ich ihn wohl oder übel in das kleine Geheimnis um den großen Mangel unseres Transportmittels einweihen – nämlich dass es keinen Rückwärtsgang hatte. Ich weiß noch, dass der Moment, als ich hinterm Lenkrad saß und Brian auf der Motorhaube lehnte, um uns aus dem Parkplatz herauszuschieben, mir unglaublich peinlich war – obwohl es eigentlich eine urkomische Situation war. Hier war der Mann, den ich so gern beeindruckt hätte, und er schob und schwitzte und fragte sich wahrscheinlich, warum er nicht einfach mit dem Taxi gefahren war. Schließlich stieg er auf der Beifahrerseite ein, völlig außer Atem, aber guter Laune, und trotzdem machte sich bei mir das Gefühl breit, dass dieses kleine Fiasko einen nicht allzu guten Eindruck hinterließ. Jedoch hätte ich mir keine Sorgen zu machen brauchen. Später, als ich mit Brian wegen dieses Buches sprach, sagte er mir, dass gerade diese Autogeschichte mitzuerleben interessant war, da sie mehr über mich verraten hatte, als ein Casting es jemals hätte tun können. Die Tatsache, dass ich eine Schrottkarre fuhr und wie ich mich aus einer misslichen Lage auf lustige und theatralische Weise herausimprovisiert hatte, vermittelte Brian einen besseren Eindruck davon, wer ich wirklich war. Außerdem hatte ich die nötigen Fähigkeiten gezeigt, die man für die unvermeidbaren Stolperfallen des Live-Fernsehens braucht.

Dieses Szenario zeigte, dass der alte »Sei ganz du selbst«-Spruch in den meisten Fällen, wenn die Umstände schwierig sind oder man sich unwohl fühlt, zutrifft. Und bis heute versuche ich tatsächlich, nach dieser Maxime zu leben. Oscar Wilde drückte es am besten aus, als er sagte: »Sei du selbst; alle anderen sind schon vergeben.«

Später, während unseres Gesprächs für dieses Buch, überraschte Brian mich mit dem Geständnis, dass er nach diesem ersten Treffen bereits sicher war, dass ich der Richtige für den Sender sei. Allerdings wollten die anderen Bosse noch sehen, wie meine Arbeitsweise war und wie ich vor der Kamera aussehen würde, und so waren die anstehenden Testaufnahmen, die eigentlich nur noch eine Formalität waren, absolut notwendig. Ich wünschte, dass er mir das damals schon verraten hätte, denn in den Wochen vor meiner Reise nach London verbrachte ich jeden Abend damit, mich vorzubereiten, zu recherchieren, mir Gedanken zu machen, nicht schlafen zu können und darüber hinaus mir noch mehr Gedanken zu machen. Ich wollte mein MTV – und den Job unbedingt haben.

Song 2: Absolute Beginners – Blutige Anfänger

Im April 1987 erhielt ich ein Schreiben von Brian Diamond mit »MTV Europe«-Briefkopf, in dem er mir gratulierte, dass ich es schon so weit geschafft hatte, aber gleichzeitig auch deutlich machte, dass ich den Job noch nicht ganz in der Tasche hatte. Ein einziger Schritt lag jetzt noch vor mir, um den Titel »MTV Veejay« tragen zu dürfen – die Testaufnahmen. Auf zwei Seiten waren all die wichtigen Details aufgelistet: Zeit und Ort (Punkt 12.10 Uhr am 7. Mai 1987), Kleidung (»Worin du dich am wohlsten fühlst, wir wollen deine Persönlichkeit in deiner Haltung und auch deinem Äußeren sehen, also verlass dich nicht darauf, einfach nur eine Rolle zu spielen«), Beschreibung der Zielgruppe (»Die MTV-Zuschauer in Europa kommen aus einem heterogenen Gebiet, und die Zielgruppe ist zwischen 12 und 34 Jahren alt, zu der man langsam, kurz und bündig sowie in klarem Englisch ohne Slangwörter spricht, damit man verstanden wird«) und Konkurrenzdruck (»Weniger als man vielleicht erwartet hätte nach der riesigen Menge von Antworten, die wir auf unsere Anzeige bekommen haben, und all den Castings in ganz Europa. Mach dir keine Gedanken über die anderen – du bist aus einem bestimmten Grund so weit gekommen. Wir haben dein Videoband, Foto oder Gesicht gesehen, und uns hat es gefallen. Wir möchten mehr davon sehen.«). Als Anhang gab es noch einen detaillierten Fragebogen, den man vorher ausfüllen und am Tag der Testaufnahmen einreichen musste (er enthielt eine deutliche Warnung in Großbuchstaben: »KEIN FRAGEBOGEN, KEIN VORSPRECHEN«).

Der Brief endete mit den Worten: »Sei zuversichtlich, sei bereit, sei pünktlich und sei ein Glückskind!«

Dem Brief lag ein detailliertes, sechs Seiten langes Dokument bei, in dem exakt beschrieben wurde, was mich bei den Testaufnahmen erwartete. Außerdem enthielt es ausgiebige Infos zu Musikvideos und MTV an sich, mit denen man sich zur Vorbereitung für die verschiedenen Aufgaben vor der Kamera befassen musste.

Das Vorsprechen war in folgende fünf Abschnitte unterteilt:

Punkt 1: Anmoderation verschiedener Musikvideos unter Verwendung der vorab zugesandten Informationen.

Punkt 2: Dasselbe wie unter Punkt 1, nur dieses Mal sollten das vorbereitete, selbst geschriebene Script vom Teleprompter abgelesen werden (ein Bildschirm direkt vor der Kamera, auf dem die vorgefertigten Texte gezeigt werden, sodass der Moderator direkt in die Kamera sehen und gleichzeitig den Text ablesen kann. Auf diese Weise entsteht für den Zuschauer der Eindruck, dass der Moderator aus dem Stegreif spricht – ein nützliches Werkzeug, aber nicht so einfach zu benutzen, wie es scheint).

Punkt 3: Noch mal dasselbe, aber hier sollte der vorzutragende Inhalt erst kurz vor der Aufnahme bekannt gegeben werden. Damit wollte man unsere Improvisationsfähigkeiten testen und wie wir in weniger vorgegebenen Situation reagierten.

Punkt 4: Vorbereitung und Durchführung eines Interviews mit einem Studiogast, in diesem Fall MTV-Boss Brian Diamond, über MTV und Musik allgemein (letztendlich wurde bei mir daraus mehr ein Gespräch über seine Haare und wie viel Make-up er trug als alles andere).

Punkt 5: Eine persönliche Befragung vor der Kamera, wobei man mir alle möglichen Fragen über mich selbst stellte (daher auch der Fragebogen, der im Voraus ausgefüllt werden musste). Die Fragen sollten so ehrlich und spontan wie möglich beantwortet werden.

Man kann sich sicherlich vorstellen, dass mir dies alles ziemlich Angst machte. Bis dahin hatte meine Fernseh- und Radioarbeit in Belgien aus improvisiertem Spaß bestanden, zusammengeschustert in allerletzter Minute von einer kleinen Crew Gleichgesinnter, die ein paar Joints zu viel geraucht hatten. Diese ganze MTV-Sache hingegen schien etwas ernsthafter und auch eine viel größere Herausforderung zu sein.

Eine Woche nach Eingang jenes Briefs bekam ich ein Flugticket nach London und zurück zugeschickt – Ankunft um zehn Uhr morgens, Rückflug um drei Uhr nachmittags, also gerade mal Zeit, um in die Stadt zu kommen, an den Testaufnahmen teilzunehmen und zum Flughafen zurückzufahren. Das relativ übersichtliche Studio lag im Norden Londons, und in einem kleinen Warteraum saßen etwa 20 nervöse Bewerber, die sich entweder angeregt unterhielten oder auf dem Flur auf und ab tigerten und leise ihre vorbereiteten Texte übten. Jedes Mal, wenn jemand ins Studio gerufen wurde, ertönte ein kollektives »Viel Glück!« von den restlichen Wartenden. Was die Sache noch schlimmer machte, war, dass man mit dem Vorsprechen bereits eine ganze Stunde hinterherhing, was bei den Anwesenden für immer heftigere Schweißausbrüche sorgte. Was mich anging, so weiß ich noch, dass ich innerlich ziemlich nervös war, es äußerlich aber mit Fröhlichkeit und Selbstbewusstsein überspielte. Als ich im Studio an der Reihe war, rauschte ich nur so durch die einzelnen Abschnitte, was vor allem meinem vorherigen netten Kontakt mit Brian zu verdanken war, aber auch der Tatsache, dass ich mich so akribisch auf diesen Moment vorbereitet hatte, sodass die meisten Anmoderationen mir schon in Fleisch und Blut übergegangen waren und ich mich so auch sehr stark vom vorgegebenen Script entfernen konnte. Was meine Arbeit angeht, so liegen mir Improvisationen immer sehr gut, und ich habe festgestellt, dass, wenn ich meine Vorbereitung gründlich mache, ich freier improvisieren kann und nur in absoluten Notfällen darauf zurückgreifen muss.

Das Vorsprechen verging für mich wie im Flug, und ich war relativ zufrieden mit mir, weil ich mein Bestes gegeben hatte. Ich erinnere mich noch, wie ich beim Verlassen des Studios die übrigen VJ-Anwärter ansah und dachte, dass sie alle viel besser aussahen, viel jünger und viel cooler als ich waren und dass ich gegen sie wahrscheinlich überhaupt keine Chance hatte. Ich weiß auch noch, wie ich mich über mich selbst ärgerte, weil ich in Jeanshose und der dazu passenden Jeansjacke angetreten war – wohl kaum der letzte Schrei für einen Trendsetter-Sender wie MTV. Als ich den Aufzug ins Erdgeschoss betrat, kam Brian gerade die Treppe heraufgelaufen, und als sich die Fahrstuhltüren schlossen, rief er noch: »Bis bald, Mr Cokes, bis bald!« In diesem einen Moment dachte ich, dass dies vielleicht, ganz vielleicht, ein Zeichen war, dass ich den Job bekommen hatte, für den ich, wie viele meinen, geboren bin.

Eine Woche später saß ich mit meiner damaligen Freundin Aurelia in der Wohnung, die wir uns im Dachgeschoss der Riesenvilla ihrer Großeltern teilten, mitten in einem kleinen Wald in einem Vorort von Brüssel. Das Telefon (im Erdgeschoss, das einzige Fernsprechgerät im Haus) klingelte, und Grandpa rief von unten, dass eine Lady aus London für mich am Telefon sei. Es war der Anruf, auf den ich sieben schlaflose Nächte lang gewartet hatte. Meine Hände zitterten, als ich den Telefonhörer nahm, ich erwartete das Schlimmste, hoffte aber das Beste. Die Anruferin stellte sich als Liz Nealon vor, die ausführende Produzentin von MTV Europe, und sie sagte ganz einfach: »Ray, ich freue mich, dich bei MTV willkommen zu heißen.«

Zuerst war ich völlig sprachlos und zitterte am ganzen Körper, während das Gefühl der Erleichterung mich überrollte wie eine riesige Welle, und als die Realität zurückkehrte, füllten sich meine Augen mit Tränen, und ich spürte, wie die salzige Flüssigkeit meine geröteten Wangen hinunterlief. Ich schwieg, während Liz mir sagte, dass sie mir einen Vertrag schicken und meinen Umzug nach London organisieren würde. Sie sagte noch ein paar Dinge mehr, aber ich hörte schon gar nicht mehr zu, ich weinte einfach nur Freudentränen, während Aurelia mich fest im Arm hielt und fälschlicherweise annahm, dass man mich abgelehnt hätte und ich am Boden zerstört sei. Als ich ihr die guten Nachrichten verkündete, schüttete sie Wein in zwei Gläser, die wir uns auf ex hinunterkippten, bevor wir weitere Flaschen öffneten und die ganze Nacht hindurch feierten. Das Warten hatte endlich ein Ende, das Abenteuer sollte nun beginnen, und ich durfte mich nun stolz Ray Cokes, MTV VJ, nennen.

Als es an der Zeit war, Belgien zu verlassen, wurden noch ein paar Tränen vergossen, da ich mich von all denen verabschieden musste, die ich in den vergangenen neun Jahren kennen- und schätzen gelernt hatte. Diese Aufgabe war relativ leicht verglichen mit der herzzerreißenden Herausforderung, meinem geliebten sechsjährigen Sohn Simon und seiner achtjährigen Schwester Julie zu erklären, dass dies ein Angebot war, das Daddy nicht ablehnen konnte. Die beiden hatten schon durchmachen müssen, dass ich ihre Mutter und das gemeinsame Familienheim verlassen hatte, und nun musste ich ihnen sagen, dass ich auch noch in ein anderes Land zog. Ich tat alles, um sie zu trösten, aber in ihren Augen konnte ich sehen, dass sie irgendwie wussten, dass von diesem Tag an zwischen uns nichts mehr so sein würde, wie es mal war – und ich wusste es auch. Für mich war es wirklich ein heftiger Kampf zwischen Herz und Kopf, aber letzten Endes wusste ich, dass dies eine einmalige Gelegenheit war, und ich würde es für immer bereuen, wenn ich sie nicht ergriff.

Song 3: (You Gotta) Fight For Your Right (To Party) – Die Party kann beginnen

MTV sorgte dafür, dass der Umzug nach London recht schmerzlos verlief, mit einem großzügigen Angebot von 3.000 Pfund Umzugsgeld sowie 100 Pfund pro Tag für die vorläufige Unterkunft, die ich vier Wochen lang bewohnte, bevor ich einen festen Wohnsitz fand. Mein Vertrag war zunächst auf zwei Jahre befristet, mit einem

Anfangsgehalt von 20.000 Pfund im Jahr, was im zweiten Jahr auf 25.000 steigen sollte. Hinzu kamen noch 2.000 Pfund Garderobengeld, die in Anwesenheit eines professionellen Stylisten ausgegeben werden mussten, was mir nur recht war, da ich wahrscheinlich eh nur Klamotten gekauft hätte, die für einen angeblichen Trendsetter-VJ unpassend gewesen wären – mein Sinn für Mode war nie wirklich ausgeprägt. Ich beauftragte keinen Anwalt, um den Vertrag zu prüfen, ich versuchte auch nicht, mein Gehalt zu verhandeln, ich unterzeichnete einfach auf der gestrichelten Linie – und freute mich, mit den großen Jungs in einer Liga zu spielen in der Erwartung, dass die Spiele bald beginnen mochten.

Nach einer umfangreichen Suche hatten die MTV-Bosse die ersten sechs Moderatoren gefunden und eingestellt, die nicht unterschiedlicher hätten sein können. Soweit ich das beurteilen kann – durch kürzlich geführte Gespräche mit den verschiedenen Leuten, die für die Besetzung der Positionen zuständig gewesen waren –, wurden wir lose wie folgt kategorisiert:

Marcel Vanthilt – der schrullige, intellektuelle, irre Euro-Typ aus Belgien; Maiken Wexo – die göttliche Sexbombe aus Dänemark; Chris Salewicz – der anerkannte britische Musikjournalist mit einer gewissen Street-Credibility; Steve Blame – der extravagante, geschwätzige Journalist mit einem umfangreichen Wissen über die Underground-Szene Londons (außerdem bekennend schwul, was ein paar amerikanische MTV-Bosse überhaupt nicht verstanden); Jerry Foulkes – der adrette Junge-von-nebenan-Typ, dessen Sexappeal die weiblichen Teenie-Zuschauer anlocken sollte sowie zweifellos auch einige sexuell verwirrte Teenie-Jungs; und zu guter Letzt ich – der Punk/Bad Boy/Rebell mit einer kleinen Prise anarchischem Witz, durch und durch englisch, aber mit umfangreichem Wissen über das Leben in Europa. Eigentlich sollte es noch einen glorreichen siebten VJ geben, aber Al Munteanu, ein amerikanischer Rockmusik-Fan, der mit seinen Eltern in Deutschland lebte und die deutsche Sprache und Kultur sehr gut kannte, hatte leider kein Arbeitsvisum für Großbritannien bekommen. So tauchte er einmal bei der Launchparty von MTV Europe auf und ward danach nicht mehr gesehen.

Unsere erste gemeinsame Pflichtveranstaltung als offizielle MTV VJs war die Launchparty des Senders in einem coolen Nachtclub in

Amsterdam, wo wir das neue europäische Gesicht dieses amerikanischen Unternehmens repräsentieren sollten – es war ein teurer und protziger PR-Stunt, der MTV Europe ins öffentliche Bewusstsein bringen sollte. Am Samstag, den 1. August 1987, bestiegen wir VJs sowie fast alle Büromitarbeiter und leitenden Angestellten (insgesamt nur etwa 25 Leute) einen Reisebus und fuhren zur Victoria Station im Stadtzentrum von London, wo wir den Expresszug zum Flughafen Gatwick nehmen sollten. Als wir im Bahnhof ankamen, hatte sich am Bahnsteig bereits eine Menge Fotografen und Fernsehcrews versammelt, die unbedingt Aufnahmen oder kurze Statements von den vielen Prominenten ergattern wollten, die eingeladen waren, uns auf der Jungfernfahrt des Dampfers MTV Europe zu begleiten. Mich erinnerte das Ganze ein wenig an die Furore am roten Teppich bei Preisverleihungen, und mittlerweile hatte sich auch schon eine große Menschentraube um uns gebildet, wobei einige sich bloß fragten, was der ganze Trubel sollte, und andere laut kreischten, als sie ihre Lieblingspromis erblickten.

Während ich am stehenden Zug entlang durch die wilde Menschenmenge lief und meinen reservierten Platz suchte, wurde ich von den Presseleuten natürlich völlig ignoriert, da sie größere Fische zu fangen hatten. Im Rampenlicht stand eine vielseitige Mischung aus berühmten Gesichtern, von denen einige schon seit ein paar Jahren die Aufmerksamkeit der Öffentlichkeit genossen, aber es waren auch Newcomer anwesend, die ihre ersten Charterfolge feierten und mit diesem PR-Termin ihre Bekanntheit im Musikbiz nun ausbauen wollten.

Zu den Promis gehörten Terence Trent D'Arby, Bananarama, Boy George, die ehemaligen Wham!-Backgroundsängerinnen Pepsi and Shirlie, verschiedene Mitglieder von den Stranglers, Def Leppard, Clash-Gitarrist Mick Jones mit seiner neuen Band Big Audio Dynamite, Bruce Dickinson, der Leadsänger von Iron Maiden und gleichzeitig einer der nettesten Menschen im Musikbusiness, sowie Elton John, Harvey Goldsmith (damals der wichtigste Rockkonzertpromoter Großbritanniens) und seltsamerweise Donny Osmond – der in den Siebzigern ein großes Teenie-Idol gewesen war und nun versuchte, sich als cooler Solokünstler neu zu erfinden. Vermutlich half es ihm auch, dass er auf den Rock-'n'-Roll-Expresszug zur angesagtesten Party in ganz Europa aufsprang, aber die meisten Anwesenden waren der Meinung, dass er hier ziemlich fehl am Platze war.

Die 60-minütige Zugfahrt selbst war höchst unterhaltsam, die etwa 30 Waggons waren allein für unsere Party reserviert, wobei viel getrunken und geraucht wurde – jawohl, geraucht, zu jener Zeit gab es noch Raucherabteile in Zügen –, Künstler in den Gängen Musik machten, verschiedenste Stars sich zu Gesprächen zusammensetzten und ein paar Statisten, die als Schaffner oder Putzkraft verkleidet waren, die Gäste unterhielten. Zu diesen Statisten gehörte eine junge Dame namens Davina McCall, damals komplett unbekannt, aber heute jedem Briten ein Begriff, da sie zu den berühmtesten Fernsehmoderatorinnen des Landes gehört. Sie war als Putzfrau verkleidet, hatte dick roten Lippenstift auf ihren Lippen (und Zähnen), Lockenwickler in den Haaren, Zigarette im Mundwinkel, und sie schob einen Rollwagen mit einer typisch britischen Teekanne darauf durch die Gänge, allerdings servierte sie daraus nicht das in Großbritannien so beliebte Heißgetränk, sondern Champagner. Dies alles kostete natürlich ein Vermögen, aber damals gab es in der Musikindustrie noch Geld im Überfluss, und die Exzesse der Neunziger deuteten sich bereits an – ein fantastisches Jahrzehnt, in dem Plattenfirmen mit Geld nur so um sich warfen, wovon wir alle profitierten, bis sie es irgendwann versäumt hatten, intelligent auf die Veränderungen durch das Internet Anfang des neuen Jahrtausends zu reagieren, und fast ihre ganze Macht und ihr Geld verloren. Bevor ich weitererzähle, hier noch ein Hinweis fürs Protokoll: In einem Interview habe ich Davina mal sagen hören, dass sie den Startschuss für MTV Europe gegeben habe. Das stimmt nicht. Ich war's – und es wurde beinahe zum Desaster. Ein paar Jahre danach begann sie, selbst Karriere auf MTV zu machen, und auch da hatte ich meine Finger im Spiel, aber das ist eine Geschichte für später.

Als der Zug am Flughafen hielt und die knapp 200 Fahrgäste ausgestiegen waren, wurden wir alle zu einer Lounge gebracht, wo wir es uns mit leckeren Hors d'œuvres und noch mehr edlem Champagner gutgehen ließen. Als wir schließlich die gläsernen Gänge entlangliefen, um die zwei extra gecharterten Flugzeuge zu besteigen, versammelte sich auf der anderen Seite der Glaswand eine große Gruppe junger, aufgeregt kreischender Mädchen. Boy George lief gerade den mit Stars gespickten Korridor entlang, und er freute sich sichtlich über die Begeisterung der Fans – bis er begriff, dass sie alle nur wegen Donny Osmond kreischten, der ein paar Schritte weiter stehen geblieben war, den Fans zulächelte und für Fotos posierte. George war sichtlich erschüttert, damals erholte er sich immer noch von seiner schweren Heroin- und Kokainabhängigkeit, und ich bin mir sicher, dass es ihm gutgetan hätte, so angehimmelt zu werden.

Über den Flug nach Amsterdam gibt es eigentlich nicht viel zu erzählen, außer dass die Kopflehne an jedem Sitz mit einem MTV-Logo versehen war (das die meisten von uns mitgehen ließen) und dass es einige Essensschlachten gegeben hat – diese eher kindische Form der Unterhaltung war damals sehr beliebt. Nach der Ankunft in Amsterdam begaben sich die meisten Gäste direkt zur Partylocation, obwohl sie noch eine ganze Stunde bis zum Beginn des Events totschlagen mussten. Ich und ein paar andere beschlossen, die Zeit zu nutzen und einen Coffeeshop zu suchen (eine Entscheidung, die ich später noch sehr bereuen sollte). Wir waren bereits ziemlich angetrunken von zahlreichen Bieren und Champagner, aber die Aussicht, Marihuana legal zu kaufen und einfach so in der Öffentlichkeit zu rauchen, war einfach zu verführerisch. Unter denen, die mit mir in dem zugeräucherten Café saßen, war auch der zuvor erwähnte Al (der unglückliche VJ, der nie einer wurde) sowie ein 16-Jähriger aus Schweden namens Henrik Schyffert. Meine direkte Vorgesetzte, Liz, hatte Henrik während einer Geschäftsreise nach Stockholm kennengelernt und war sofort beeindruckt von seiner grenzenlosen Energie und seinem rabenschwarzen Humor gewesen. Sie fragte gleich Henriks Mutter um Erlaubnis, ob sie ihm einen Job bei MTV Europe in London anbieten dürfe – vor Kurzem hat Liz mir erzählt, dass sie damals absolut keine Ahnung hatte, auf welcher Position sie Henrik einsetzen sollte, aber sie wusste, dass er genau der Typ Europäer war, den der Sender brauchte. Und ihr Vertrauen in ihn sollte sich auszahlen – Henrik ist ein bemerkenswerter Kerl und ein fantastischer Arbeitskollege, und mittlerweile gehört er zu den größten Comedystars in Schweden. Sein Heimatland liebt ihn, so wie ich auch.

Als wir von unserem Coffeeshop-Einkaufsbummel zurückkehrten, angenehm stoned und gelegentlich von unkontrollierbaren Lachanfällen übermannt, war das Roxy bereits brechend voll und die Party in vollem Gange. Es war ein wirklich extravagantes Event, Alkohol war umsonst und floss in rauen Mengen, ausgeschenkt von schrill und freizügig gekleidetem Servicepersonal. Hübsche Möchtegerns mischten sich unter die echten Stars, und jeder versuchte, den anderen zu übertreffen, sei es beim Posen, Herumstolzieren oder Tanzen auf dieser Party des Jahrzehnts. MTV kam in die Stadt, und das sehr stilvoll. Verständlicherweise ist dieser Abend in Amsterdam heute größtenteils nur noch eine verschwommene Erinnerung; abgesehen von der tanzwütigen Menge kann ich mich noch vage an die Live-Auftritte von Big Audio Dynamite und eine typisch überhebliche Darbietung von Terence Trent D'Arby erinnern, der während seines gesamten Auftritts dem Publikum den Rücken zukehrte – die Zuschauer wiederum ignorierten ihn und unterhielten sich fröhlich weiter.

Trotzdem gibt es einen bestimmten Vorfall, der sich für immer in mein Gedächtnis gebrannt hat – die eigentliche Zeremonie zum Sendestart um Mitternacht, die ich kurzerhand fast völlig vergeigte.

Gegen elf Uhr abends kam der große Boss Mark Booth, Managing Director bei MTV, zu mir und erklärte mir den Ablauf der Zeremonie um Mitternacht. Während ich Probleme hatte, aufrecht zu stehen und ein ernstes Gesicht zu machen, verkündete er, dass es mein Job sei, auf die Bühne zu gehen, die Gäste zu begrüßen, eine kurze Rede zu halten und dann den Ehrengast Elton John anzukündigen. Elton sollte dann den großen Schalter in Form einer Abrissbirne betätigen und MTV Europe offiziell in den Äther schicken, wobei das Dire-Straits-Video *Money For Nothing* auf dem großen Bildschirm hinter ihm gezeigt werden sollte. Ich hatte absolut keine Ahnung gehabt, dass es diese Showeinlage geben sollte, und obwohl ich mich geschmeichelt fühlte, teilte ich Mark sofort mit, dass ich gern früher über diese Aufgabe informiert worden wäre, da ich mittlerweile ziemlich hacke war und kaum noch vernünftig sprechen und somit auch keine zusammenhängende Ansprache vor Publikum halten konnte. Mein Protest stieß jedoch auf taube Ohren, und Mark sagte mir nur, dass ich irgendwie nüchtern werden und die Sache durchziehen solle. Mir blieb also keine Wahl, und so fing ich an, mich auf den Moment vorzubereiten. Aber anstatt den vernünftigen Weg zu wählen und mich hinzusetzen, ein kleines Script zu verfassen und zu proben, heckte ich mit meinen zwei neuen Freunden Al und Henrik den Plan aus, gemeinsam auf die Bühne zu gehen und die Zuschauer statt mit einer ganz normalen Ansprache mit einem Rap zu begrüßen – immerhin war dies MTV, hier sollten Dinge einfach anders gemacht werden. Wie so viele Ideen, die unter Drogen- oder Alkoholeinfluss entstehen, kam mir das wie der beste Plan aller Zeiten vor. Fünf Minuten vor dem Zehn-Sekunden-Countdown zum Sendestart tauchten wir ordnungsgemäß auf der Bühne auf, begrüßten das Publikum und begannen dann mit unserer Rap-Einlage (ich würde sie heute nicht mehr als solche bezeichnen), wobei ich die Führung übernahm. Zum Glück habe ich den Großteil des Textes vergessen, außer die ersten Zeilen, die lauteten:

My name's Ray, and I'm a VJ, I play videos every day
Die anderen beiden antworteten mir mit:
His name's Ray, he's a VJ – he plays videos every day
Dann rappten wir drei zusammen:
MTV, it's the place to be, welcome y'all to the Roxy!

Hätten wir an dieser Stelle aufgehört, wäre es nicht ganz so schlimm gewesen, vielleicht nur ein wenig peinlich. Aber als wir uns erst einmal eingegroovt hatten, fing es an, lustig zu werden (für uns, nicht unbedingt für die Zuschauer), und wir vergaßen komplett, dass der Countdown bereits lief. Gerade noch rechtzeitig kam ich zur Besinnung, da ich plötzlich sah, wie verschiedene MTV-Bosse in der ersten Reihe uns mit großen Augen anstarrten und auffordernde Handbewegungen machten, sowie lautes Gebrüll vom seitlichen Bühnenrand vernahm. Harvey Goldsmith schrie alle und jeden an, bloß diese Idioten von der Bühne zu holen und Elton diesen verdammten Launch machen zu lassen. Es war nicht mal mehr eine Minute Zeit, als wir unseren Rap abbrachen und ich eilig Elton ankündigte, dann verließen wir drei so schnell wie möglich die Bühne und liefen natürlich direkt in die Arme von Harvey, der außer sich war vor Wut, dass ich eine Legende hatte warten lassen und stattdessen mit meinen Kumpels Mätzchen auf der Bühne machte. Er schrie mir seinen Zorn so lange direkt ins Gesicht, bis ich ihm irgendwie entfliehen konnte und mich unter die Partygäste mischte. Dort bot mir gleich jemand einen Joint an, und als ich ihn mir gerade zwischen die Lippen gesteckt hatte, zog Liz Nealon ihn mir wieder raus und sagte mit sehr ernster Stimme: »Du bist jetzt ein MTV VJ – rauche nie, nie wieder einen Joint in der Öffentlichkeit! Ach ja, Mark will dich Montagmorgen um neun in seinem Büro sehen; es ist wohl am besten, wenn du ihm für den Rest des Abends aus dem Weg gehst.«

Offensichtlich hatte ich noch eine ganze Menge zu lernen. Dieser Job sollte nicht anders sein als bei jedem anderen großen Unternehmen, wo man sich an gewisse Regeln und Vorschriften halten muss, auch wenn es im Namen des Rock 'n' Roll ist.

Als Marcel Vanthilts Stimme aus den vielen Fernsehmonitoren ertönte, die in der ganzen Halle verteilt standen, und die Zuschauer zu der allerersten Sendung von MTV Europe begrüßte, fing das Publikum an, laut zu jubeln. Ich hingegen saß allein in einer dunklen Ecke, war auf einen Schlag wieder nüchtern und wusste, dass die Party für mich vorbei war. Ich wusste, dass nach dem Wochenende ein ernstes Gespräch auf mich wartete mit dem mächtigen Boss des Senders, dessen Sendestart ich um Haaresbreite versaut hätte.

Gegen zwei Uhr morgens verließen wir das Gebäude und machten uns auf den Weg zurück zum Flughafen, um nach Hause zu fliegen. Passenderweise war es ein recht turbulenter Flug, und obwohl die Stewardess alle Passagiere aufforderte, sich zu setzen und anzuschnallen, blieben wir – immer noch stockbesoffen – stehen, ignorierten die Anweisungen des Flugpersonals und tanzten in den Gängen. Es war ein großer Spaß, aber insgeheim war mir klar, dass es eine holprige Landung in London werden würde – in mehr als nur einer Hinsicht für einen ganz bestimmten VJ.

Song 4: Close But No Cigar – Knapp vorbei, aber völlig daneben!

Das folgende Szenario basiert auf einer wahren Begebenheit. In diesem Film kamen keine Tiere zu Schaden; nur der Stolz und das Ego eines jungen Mannes, der dachte, er könne mit allem davonkommen.

AUFBLENDE:
Büro des Senior MTV Europe Executive
Montag, 3. August 1987, 9 Uhr morgens

Mark Booth, eine mächtige Figur bei Viacom, der Muttergesellschaft von MTV Networks, sitzt ruhig hinter seinem Schreibtisch und rollt einen teuren Montblanc-Kugelschreiber zwischen den Fingern. Mark war ein Jahr zuvor nach Europa gekommen, um den Start von MTV Europe — dem brandneuen Zwilling von MTV USA — zu managen.

Vor ihm sitzt Ray Cokes, ein vom Sender neu eingestellter Video Jockey — sichtlich nervös, während er auf die ersten Worte seines neuen Bosses wartet.

> MARK
> Also, Ray, willkommen zurück. Wie geht's dir?

> RAY
> Großartig, danke, Mark, alles gut. Und dir?

> MARK
> Alles bestens, Kumpel, aber wir müssen jetzt mal über dich sprechen.

> RAY
> Ja ... Ich schätze, deswegen bin ich auch hier.

> MARK
> Ja, wir müssen uns ernsthaft unterhalten.

RAY
Okay, äh, über was?

MARK
Nun, erst einmal — wie findest du ist der Sendestart am Samstag verlaufen?

RAY
Ich fand's echt brillant! Fantastische Party, ein Riesenspaß. (Pause) Ich würde sagen, mein Bühnenauftritt hätte etwas besser sein können, etwas kürzer vielleicht.

MARK
Hätte etwas besser sein können? Kumpel, ich sag dir eins — es hätte nicht schlimmer sein können!

RAY
Oh. Wirklich? Ähm, also …

Während Mark Rays Antwort ignoriert, steht er auf und geht zum Fenster, wo er hinaus auf die Londoner Skyline blickt, und mit dem Rücken zu Ray sagt er weiter:

MARK
Mann. Du baust mit deinen Kumpels auf der Bühne absoluten Scheiß, lässt einen Scheißsuperstar und den wichtigsten Rock-'n'-Roll-Promoter des Landes am Bühnenrand warten — und dann verpasst du auch beinahe noch den Countdown um Mitternacht. Muss ich es dir wirklich noch mal erzählen?!

> RAY
> Okay. Nun, das ist wohl wahr, aber ich hatte dich gewarnt, dass ich etwas neben mir stand und nicht in der Lage war …

Mark dreht sich wieder zu Ray um, hebt seine Hand und sagt:

> MARK
> Unterbrich mich nicht, Mann. Harvey und Elton waren echt angefressen — deinetwegen musste Elton seine Rede schnell herunterrattern, und hinterher hast du Harvey offensichtlich auch noch gesagt, er solle sich verpissen! Ich habe den Rest des verdammten Abends damit verbracht, ihn zu beruhigen. Weißt du, wie wichtig dieser Kerl für den Sender ist? Er will, dass du gehst …

Eine drückende Stille liegt in der Luft, als Mark zurück zu seinem großen Ledersessel geht, sich hinsetzt und zurücklehnt. Dann sagt er:

> MARK
> Und weißt du was? Er hat recht. Ray, du hast richtig Scheiße mit den großen Jungs gebaut, und ich habe leider keine andere Wahl — du bist gefeuert.

Ray sieht ihn völlig schockiert und ungläubig an und zittert sichtlich.

                    RAY
            Wirklich, Mark — gefeuert?

Mark lehnt sich vor und antwortet:

                    MARK
            Ja, wirklich, Ray — gefeuert.

                (LANGE PAUSE.)

Ray, der noch lernen muss, auf die wohlüberlegten Redepausen seiner Chefs — eine häufig eingesetzte Taktik, um dem Angestellten das Gefühl zu geben, etwas sagen zu müssen, damit er sich vielleicht noch weiter reinreitet — nicht einzugehen, sagt:

                    RAY
            Ich weiß nicht, was ich sagen soll.
            Äh, ich wollte niemanden verärgern,
            es passierte im Eifer des Gefechts,
            und ich habe bloß …

                    MARK
            Halt die Klappe und hör zu, Kumpel.
            Du hast gerade erlebt, wie ich dich
            gefeuert habe, behalte immer im Kopf,
            wie sich das anfühlt. (PAUSE) Aber
            jetzt stelle ich dich wieder ein —
            und ob du weiter bei uns bleibst
            oder nicht, liegt ganz allein bei
            dir. Liz und Brian sind große Fans
            von dir, ich übrigens auch — aber bau
            mir nicht noch mal so eine Scheiße.
            Denk dran, dies mag zwar das Musikgeschäft sein, aber trotzdem ist es
            immer noch ein Geschäft, und wenn du

mit den großen Jungs spielen willst, musst du endlich aus dem Sandkasten raus.

RAY

Sandkasten, ernsthaftes Geschäft, keine weitere Scheiße mehr. Ich hab's verstanden, Mark. Danke. Vielen Dank. Verdammt, das war knapp …

MARK

Ja, knapp vorbei und völlig daneben, Kumpel. Jetzt verschwinde und zeig den Leuten, was du kannst.

Ray steht auf, lehnt sich vor und gibt Mark die Hand, dann dreht er sich weg und will gehen. Als er Marks Stimme nochmals hört, dreht er sich noch einmal um in Erwartung einer letzten Standpauke.

MARK

Oh, Ray, eine Sache noch … Ich hab noch nie jemanden zweimal eingestellt.

RAY

Ich hab's verstanden, Boss. Danke für die zweite Chance.

ABBLENDE.

ENDE

```
        ALTERNATIVES ENDE 1
Oh, Ray, eine Sache noch ... Es heißt
M-TV, nicht ME-TV.


        ALTERNATIVES ENDE 2
Oh, Ray, eine Sache noch ... Du kannst
nicht rappen, das war echt scheiße!


        ALTERNATIVES ENDE 3
Oh, Ray, eine Sache noch ... Das neue
Elton-John-Video läuft jetzt auf
Heavy Rotation, und das ist deine
Schuld.
```

Song 5: Talking Heads & Senses Working Overtime – Schöne, bunte neue Fernsehwelt

Ich suchte mir eine kleine Wohnung im Loft-Stil im Norden Londons, genauer gesagt im schönen Stadtteil Muswell Hill. Die Gegend hatte ein dörfliches Flair und war ein willkommener Rückzugsort von dem lauten Trubel im Zentrum Londons. Da es keine direkte U-Bahn-Verbindung und nur einen unzuverlässigen, unregelmäßigen Busservice gab, bedeutete das für mich lange Arbeitstage und mühselige Fahrten mit dem öffentlichen Nahverkehr. Aber mir machte das nichts aus, ich war einer der Auserwählten und drauf und dran, Teil einer europaweiten Musikrevolution zu werden.

In den Monaten vor dem Launch in Amsterdam verbrachte ich meine Zeit mit der Vorbereitung und den Proben und Aufnahmen meiner ersten Ansagen vor der Kamera. In den ersten Wochen, während Chris und Steve ihre Nachrichten vorbereiteten und jene interviewten, die in den News auftauchen sollten, hatten wir übrigen vier VJs nichts anderes zu tun, als den ganzen Tag in einem Büro

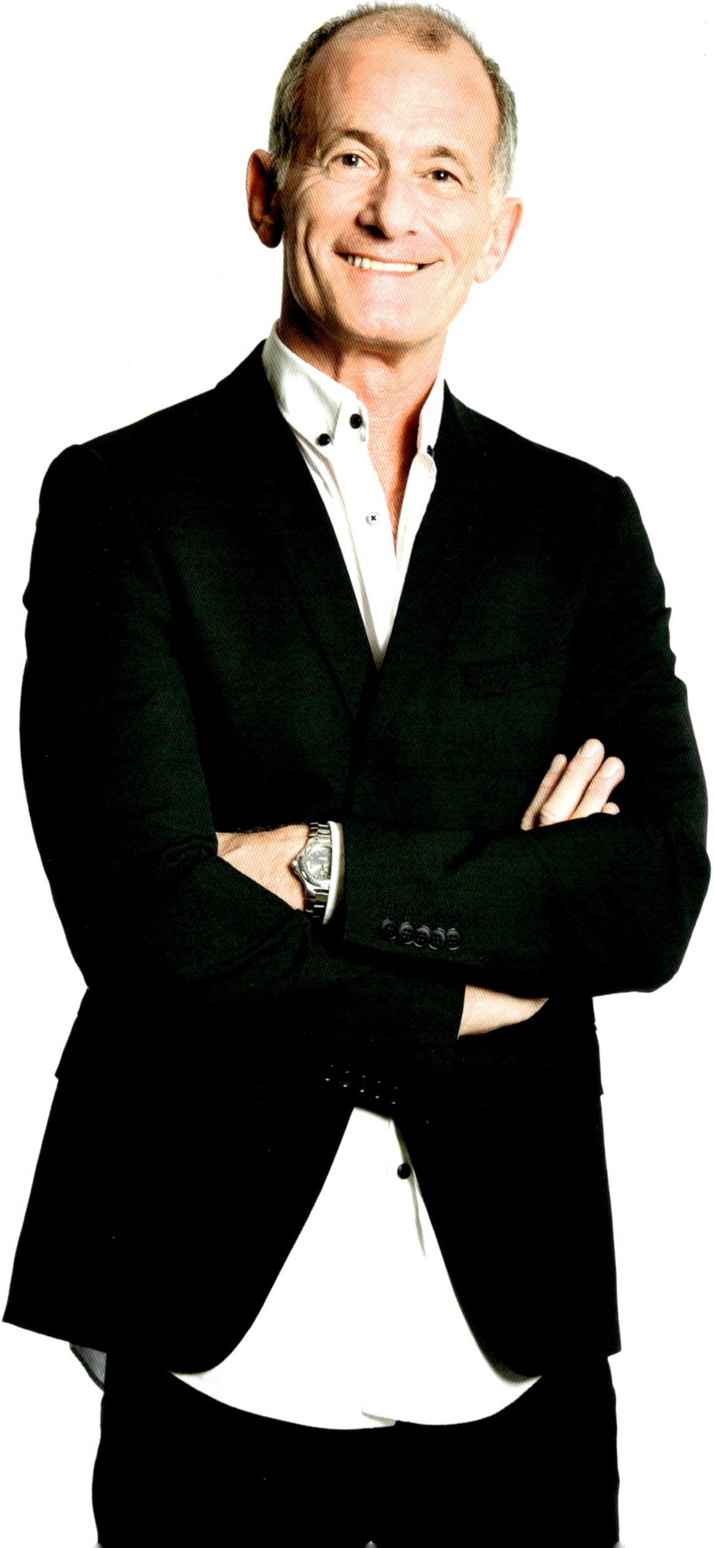

1. Meine Mum und ich im Sommer 1959 **2.** Baby Raymond wird getauft **3.** und **4.** Eine stolze Mutter mit ihren wohlerzogenen Kindern

1. Mums und Dads Hochzeit **2.** Life's a beach **3.** Die vier kleinen Strolche **4.** Auf der Ansichtskarte sind Mum, Dad und ich zu sehen

1. Die Welt gehört mir **2.** Als Schuljunge in Kapstadt **3.** Sehr positive Zeugnisanmerkungen von meinen Lehrern

1. Musik, Schlaghosen und Bier – von wegen Sweet Sixteen **2.** Mein Abschlusszeugnis – nicht gerade ein Einser-Schüler **3.** Shades of Ray – Passfotos aus den Siebzigern und frühen Achtzigern

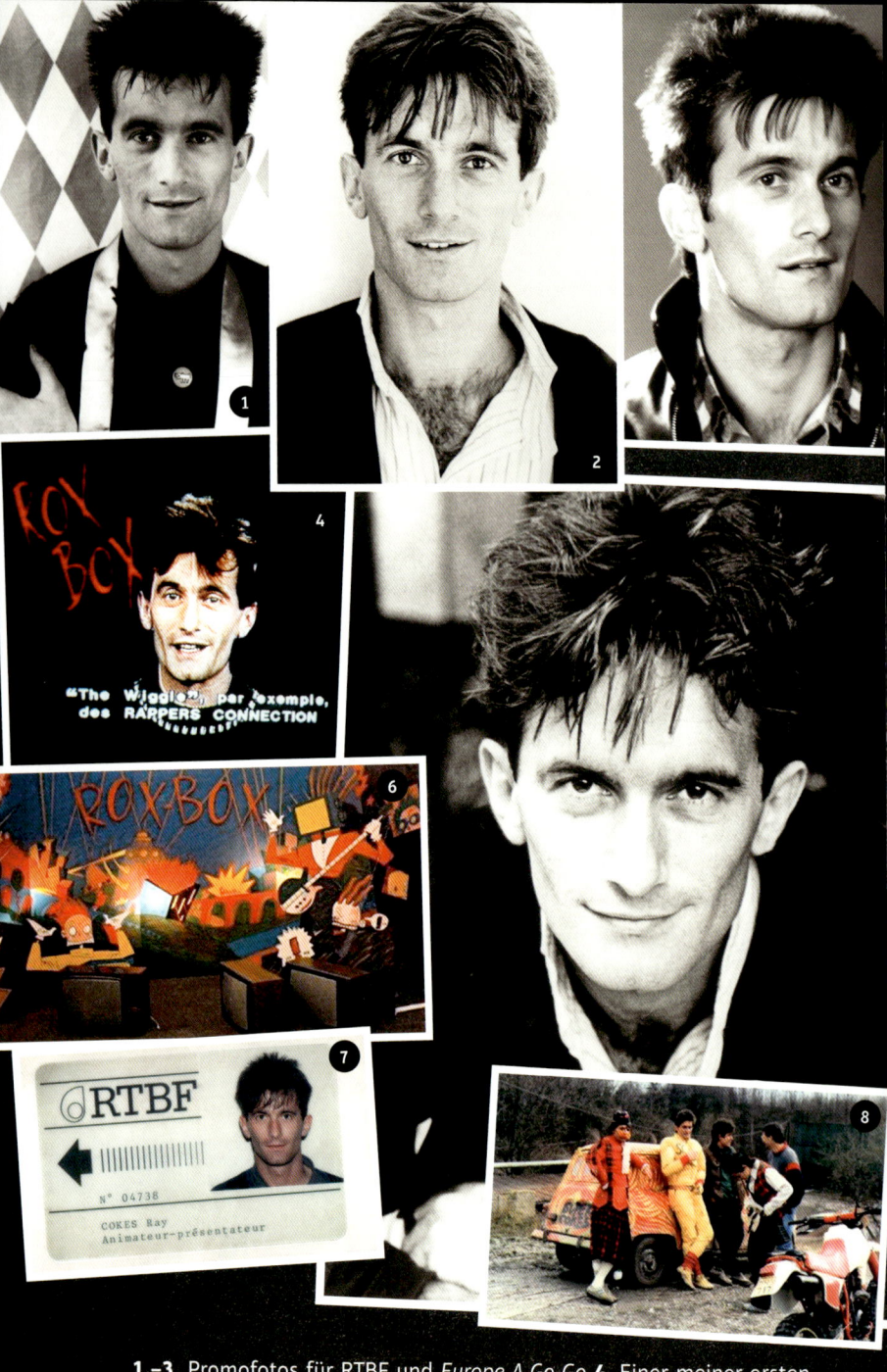

1.–3. Promofotos für RTBF und *Europe A Go-Go* **4.** Einer meiner ersten Gehversuche als Moderator von *Rox Box* **5.** Promofoto für die RTBF-Sendung *Images In* **6.** Am Set von *Rox Box* (Artwork von Fabrizio Borrini) **7.** Mein RTBF-Ausweis **8.** Außendreh – Motorradstunt für eine neue Folge von *Supercokes*

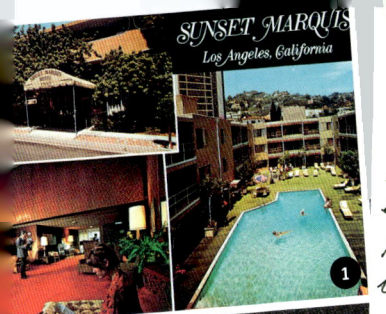

1. und **2.** Postkarte von U2-Bassist Adam Clayton **3.** MTV-Europe-VJs, erste Generation **4.** Mein MTV-VJ-Vertrag – ein Traum wird wahr **5.** Der Beginn der Reise – Flugdaten für das MTV-Casting, April 1987 **6.** Pass für die MTV-Launchparty **7.** Ein frühes Promofoto für MTV (man beachte den Vokuhila) **8.** Presseausweis vom Filmfestival in Cannes

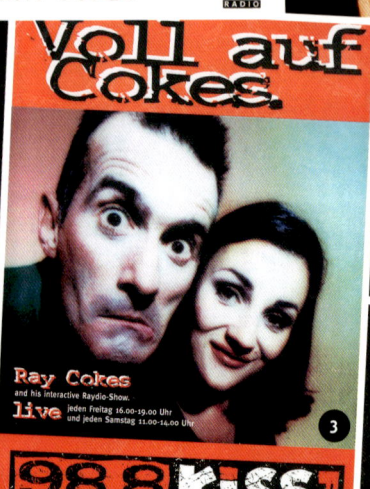

1. Promomaterial von Virgin Radio **2.** *Wanted* auf Channel 4: Der Moderator und sein Team **3.** *Voll auf Cokes* – Promoflyer des Berliner Radiosenders KISS FM **4.** Leider etwas voreilig – die *Sun* verkündet, dass ich der mögliche Nachfolger von Chris Evans bei *Don't Forget Your Toothbrush* bin **5.** Bericht in der *Gala*: Das Treffen mit Mr David Bowie beim VH-1-Launch in Hamburg

1. The Wedding Present? Nein, das sind The Cure! **2.** Robert Smith und ich rocken den Strand bei meiner Hochzeit, Pampelonne, Südfrankreich, September 1998.

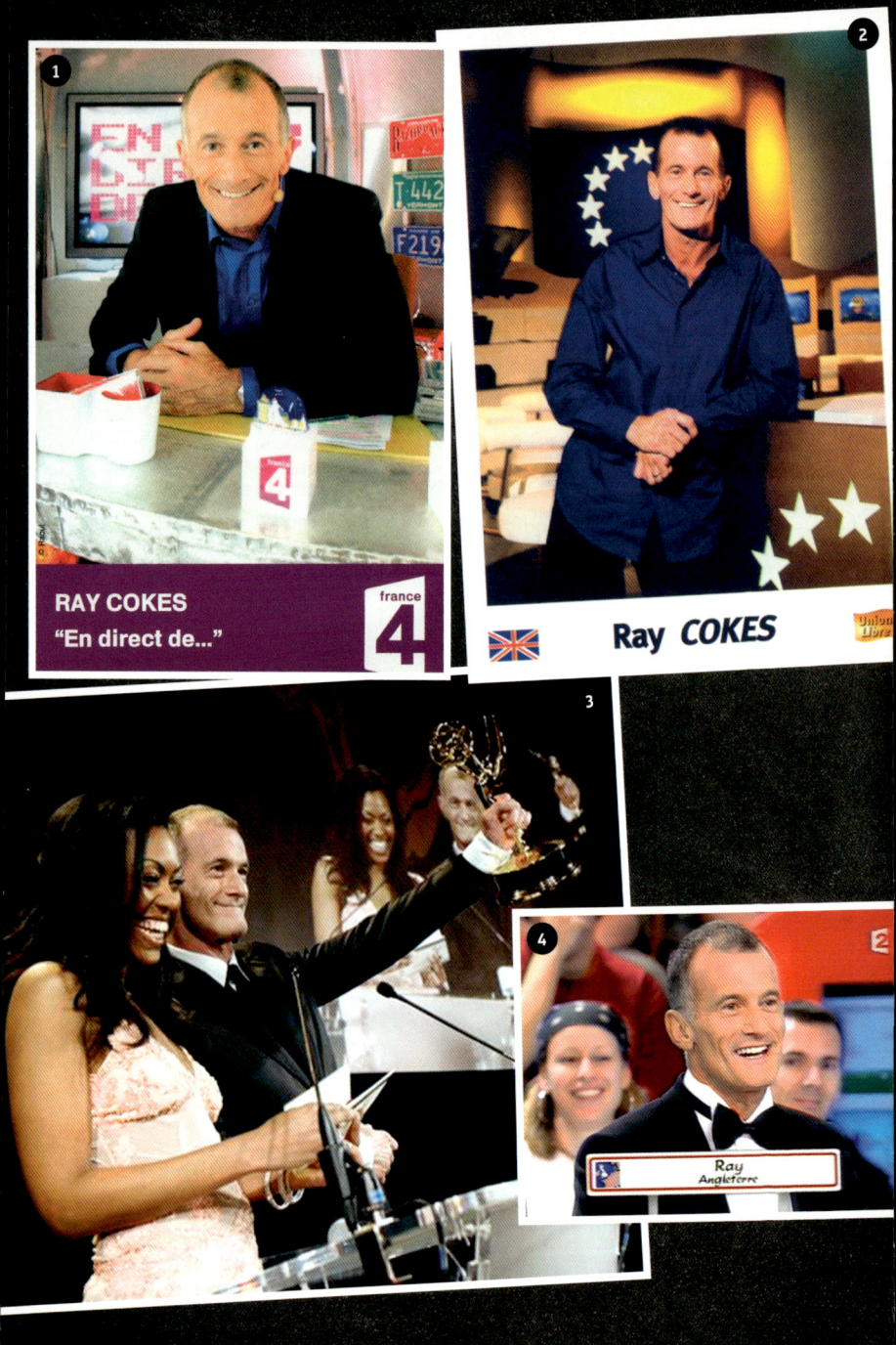

1. Promofoto für die France-4-Show *En direct de…* **2.** Promofoto für *Union Libre* **3.** Ausgezeichnet mit dem renommierten Emmy Award, Cannes, 2006 **4.** Fliege und Smoking: An Englishman in Paris

TOURNEE GENERALE een

PERSMOMENT 11 JANUARI 2011

1. Werbung für Tournée Générale Tripel Hop, mein eigenes Bier
2. Harald Schmidt und ich sprechen Französisch in der *Harald Schmidt Show* im deutschen Fernsehen **3.** Kein seltsames Gebräu: Mein *Tournée Générale*-Komoderator Jean Blaute und ich

1. Promofoto für *Belgium's Got Talent* **2.** Meine Schwestern Penny und Debbie mit Juror Ray **3.** Die wahren Juroren (v.l.n.r.): Rob Vanoudenhoven, Koen Wauters, Karen Damen und meine Wenigkeit

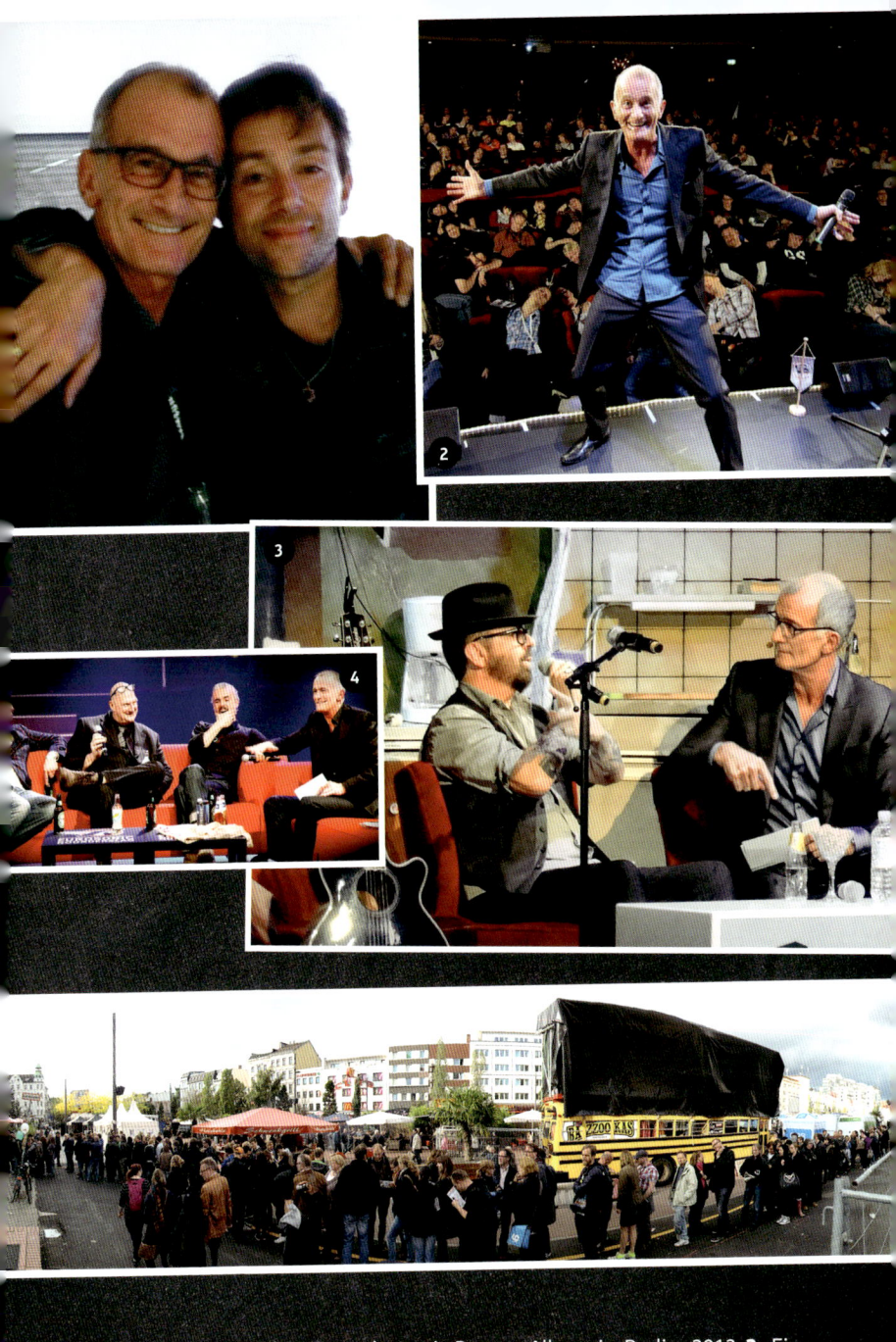

1. Das Treffen zweier alter Freunde – mit Damon Albarn in Berlin, 2013 **2.** Ein offensichtlich begeistertes Publikum bei *Ray's Reeperbahn Revue*, Hamburg, 2011 **3.** *Ray's Reeperbahn Revue* 2013 mit Special Guest Dave Stewart **4.** Eurosonic Festival in Groningen, Niederlande, mit meinen Freunden von Triggerfinger **5.** Die unglaubliche Schlange vor dem Schmidt Theater für *Ray's Reeperbahn Revue*

1

2

1. Mein Dad erhält von der Queen einen MBE-Orden (das ist meine Mum neben ihm, nicht Ihre Majestät) **2.** Mein Kumpel Simon und ich vor dem berüchtigten Love Sub, Burning Man Festival, Nevada, USA, 2006 **Nächste Seite:** Fotosession in Berlin, Herbst 2013

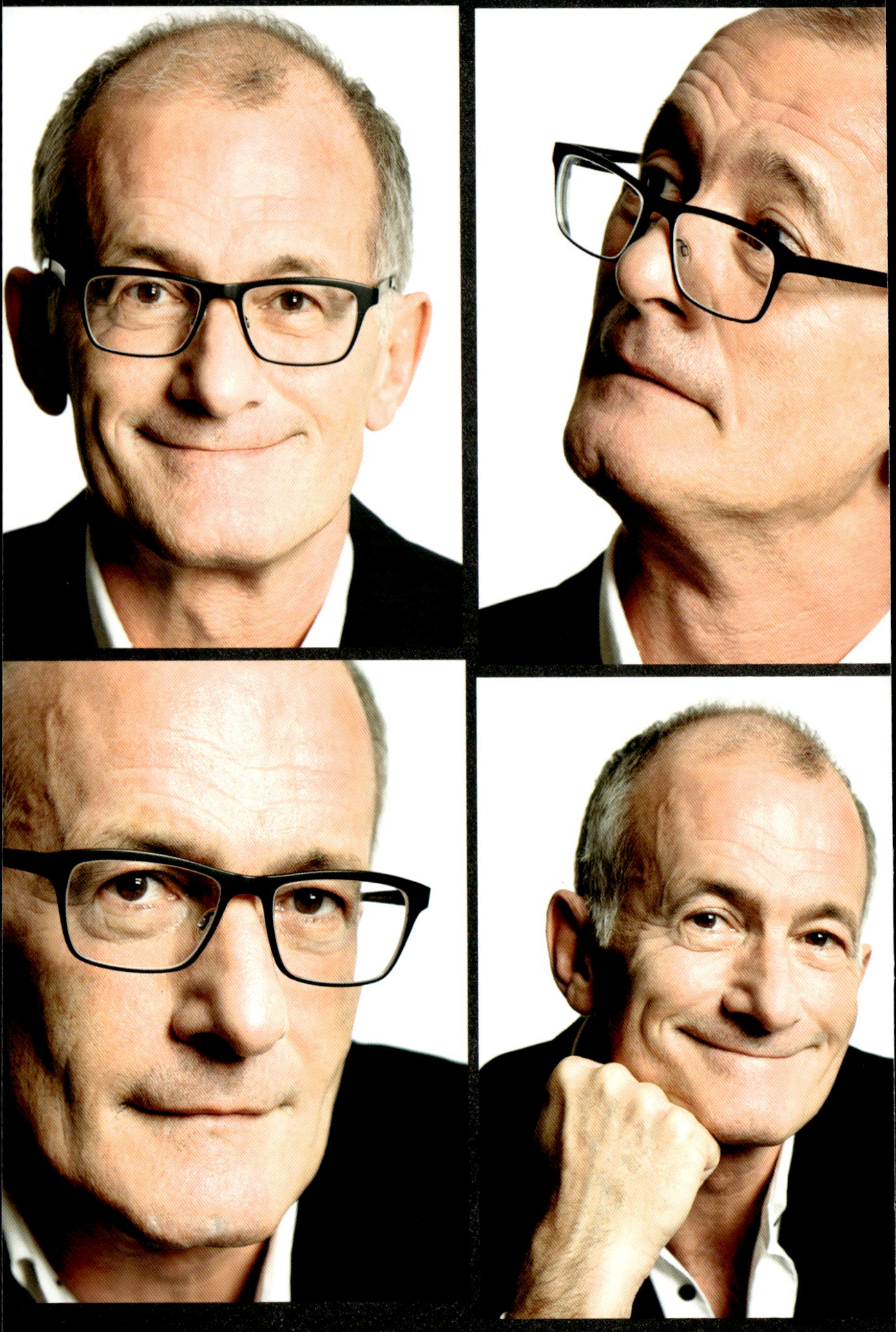

herumzuhängen und uns eine Unmenge an Musikvideos – uns kam es vor wie alle Clips, die jemals gedreht worden waren – anzusehen. Immer wieder wurden uns neue VHS-Videokassetten gegeben, die wir uns genau anschauten, uns dazu Notizen machten und lustige, interessante Scripts vorbereiteten.

Als der amerikanische MTV-Spähtrupp 1986 in der englischen Hauptstadt angekommen war, dachte man, dass es einfach sein würde, ein geeignetes Studio für den Sender zu finden – in New York City gab es Studios an jeder Ecke, aber in London standen damals kaum Räumlichkeiten zur Verfügung. Schließlich wurde mit der englischen Gesellschaft AIR TV ein Deal gemacht, dass in einer Garage in Camden Town ein individuell gefertigtes Studio für MTV gebaut werden sollte. Zwischenzeitlich wurde ein großes Gebäude auf einem trostlosen Industriegelände in Stonebridge Park im Nordwesten Londons gemietet, und hier verbrachten wir auch die ersten acht Monate. Das Studio war im Grunde eine riesige Tonbühne und ähnelte einem Flugzeughangar; es war unbeheizt und hatte keine Klimaanlage, ein echt höllischer Ort zum Arbeiten. Im Sommer war es unerträglich heiß unter den Studiolampen und im Winter eiskalt, und so mussten große Industrielüfter angeschafft werden, die uns je nach Jahreszeit Abkühlung verschafften oder wärmten. Wegen des Lärms konnten diese Geräte natürlich nur in den Pausen benutzt werden, was bedeutete, dass alle ausgerechnet dann unter den Wetterbedingungen zu leiden hatten, wenn die Kameras liefen.

In einer Ecke der riesigen Halle war also unser kleines Studio aufgebaut, designt wie ein trendiges Loft in New York oder vielleicht sogar ein gemütliches Apartment über den Dächern von Paris, vollgestopft mit Bücherregalen, einem Tisch, einem bequemen Sofa und einem Sessel. Dies war unser gemeinsames Zuhause, von dem aus wir die universelle Sprache der Musik verbreiten sollten, in etwa zwei Millionen europäische Haushalte. Da es damals nur vier VJs gab, hatte jeder von uns täglich sechs Stunden Sendezeit zu füllen, und diese bewältigten wir in zwei- oder dreistündigen Arbeitsschichten. Unter Brian Diamonds Aufsicht nahmen wir täglich ungefähr 60 individuelle Ansagen auf, die jeweils etwa ein bis zwei Minuten lang waren. Die Herausforderung bestand darin, etwas

Neues zu Videos oder Bands zu sagen, die wir bereits unzählige Male angesagt hatten. Es gab kein Handbuch und auch keinerlei Informationen für uns, wie MTV USA vorging, und so war es für alle Beteiligten unbekanntes Terrain, und jeder musste zusehen, dass es irgendwie klappte.

Bestimmt jeden Tag besuchten große Stars das Studio, und während unserer Schicht wurden uns ein oder zwei Acts für Interviews zugewiesen. Manchmal hatten diese Promis komplett unbekannte Musiker im Schlepptau, die gerade erst einen Plattenvertrag unterschrieben hatten, und mit diesen mussten wir meistens ganz spontan auch sprechen – was teilweise zu echt hirnverbrannten Interviews führte. So war im Allgemeinen der Umgang der Plattenfirmen mit MTV – wir konnten die etablierten Stars für Interviews bekommen, aber dafür mussten wir auch etwas über die neu unter Vertrag genommenen Acts bringen. Dies galt auch für Videos an sich – beispielsweise bekamen wir im September 1987 die exklusive Erlaubnis, das neue 16-minütige Videoepos *Bad* von Michael Jackson eine Woche vor Veröffentlichung zu zeigen, aber nur wenn wir im Gegenzug das neueste Video von T'Pau (oder einem ähnlichen One-Hit-Wonder) zur Playlist hinzufügten.

In jener Anfangszeit glaubten die damals noch überaus mächtigen Plattenfirmen nicht an dieses brandneue europaweite Nonstop-Musikfernsehen und wollten deshalb nichts davon wissen. Sie hatten sogar gewaltigen Einfluss auf MTV Europe – immerhin hätte es ohne sie nichts gegeben, was man 24 Stunden lang auf einem Musiksender hätte zeigen können, und das wussten sie auch. Viele Leute nehmen fälschlicherweise an, dass die Musikvideos kostenlos zur Verfügung gestellt wurden, als Promo-Maßnahme; aber während dies der Fall bei MTV USA war, wollten die Plattenfirmen in Europa pro Nutzung bezahlt werden. Diese Tatsache wurde von den Aktieninhabern als große Fehlkalkulation im MTV-Geschäftsmodell betrachtet, aber der oberste Boss Mark Booth hatte keine andere Wahl, als sich auf diesen Deal einzulassen, der dem Sender nicht nur viel Bürokratie bescherte, sondern ihn auch eine Menge Geld kostete, nur damit die Sendezeit gefüllt werden konnte.

Während dieser ersten Monate machten wir eigentlich nichts anderes als an- und abmoderieren, oft ungeheuer teure Kurzfilme erstellen, die die Plattenfirma reicher, die Stars berühmter, MTV bekannter und die VJs völlig fertigmachten. Die Arbeit war ermüdend und monoton, aber die entstehende Langeweile führte auch oft zu wilder Kreativität und war ausschlaggebend dafür, dass der brillante Marcel Vanthilt und ich zum ersten Mal zusammen im Fernsehen auftauchten. Wir waren beide gleichermaßen frustriert von den engen Grenzen des Formats, und mit Brians Segen machten wir oft gemeinsame Schichten und präsentierten die Videos auf alle möglichen albernen Arten – dazu gehörte beispielsweise, dass wir einen ganzen Abend lang vor der Kamera in einer ausgedachten Quatschsprache redeten. Immer wenn ich mit Marcel arbeitete, entstand zwischen uns eine verrückte Energie, und diesen besonderen Funken gibt es heute noch, wenn wir mal eine Show gemeinsam moderieren. Ich denke sogar oft, dass ich Marcel indirekt dafür zu danken habe, dass ich letztendlich eine der größten Nummern bei MTV wurde. Von Anfang an war er bei den Bossen überaus beliebt wegen seiner sonderbaren, gänzlich einzigartigen Art zu moderieren, und er sollte schnell für seine Leistung belohnt werden. Wir drehten einige Monate lang unsere verrückten Segmente, bis wir beide für eine Bewertung unserer bisherigen Arbeit in Liz Nealons Büro gerufen wurden. Marcel ging aus dem Gespräch mit einer Gehaltserhöhung heraus sowie mit einer Einladung zu den MTV Video Music Awards in Los Angeles in jenem September, während ich mir eine ernsthafte Schelte abholen durfte. Nach dem kolossalen Bockmist, den ich bei der Launchparty gebaut hatte, dem drohenden Todeskuss für meine aufblühende Karriere, ermahnte Liz mich auf nette Weise, dass, obwohl sie meinen Moderationsstil sowie meine kantige und unbeschwerte Art mochte, sie nicht länger mit mir zusammenarbeiten könne, wenn sie mir nicht vertrauen konnte und ich nicht das tat, was von mir erwartet wurde. Wenn ich nicht das Gesamtbild im Blick hätte, könnte ich auch kein Star bei MTV sein, und das wäre eine Schande, denn ich hätte – in ihren Augen – das Zeug, um ihr größter Star zu sein. Liz war immer eine faire, ehrliche Chefin, und ich fand ihre Kommentare gänzlich nachvollziehbar und gut gemeint, sie waren mir sogar willkommen. Ich musste mir einiger Dinge erst noch bewusst werden und verstehen, dass ich ein kleines Rädchen in einer großen Maschine war, die ohne mich genauso gut funktionieren würde, dass ich einfach durch einen anderen Fernsehsprecher ausgetauscht und bloß mit einem feuchten Händedruck verabschiedet werden könnte. Die Tatsache, dass ich nun mit Marcel in einem Konkurrenzkampf stand, feuerte mich nur noch mehr an. Ich wollte allen zeigen, was ich draufhatte; ich hatte keine Zweifel – Marcel sollte besser aufpassen, dass ich ihn nicht von seinem Thron stieß.

Aber wie gewohnt, sollte mich dieser Rat zur rechten Zeit von einer Chefin, die ich sehr respektierte, nicht davor bewahren, meine freche, aufmüpfige Seite erneut zu präsentieren und alles durch eine spontane fiese Bemerkung einem noch höheren Tier gegenüber aufs Spiel zu setzen. Ganz am Anfang gehörte MTV Europe drei großen Unternehmen – Viacom, der US-Mediengruppe des Tycoons Sumner Redstone, dem auch MTV Networks gehörte, sowie British Telecom und Mirror Group Newspapers, im Besitz und unter der Leitung des bekannten, kontroversen britischen Medienmoguls Robert Maxwell. Er war ein überlebensgroßer Koloss von einem Mann mit einem riesigen Medienimperium und wurde gefürchtet/gehasst/respektiert von allen, die mit ihm zu tun hatten. Ein paar Jahre später, 1991, als er starb, kam heraus, dass all seine Pracht und Herrlichkeit bloß ein falsches Spiel gewesen war – unter anderem war er ein korrupter Rentenbetrüger und angeblich ein Mossad-Agent gewesen, wobei sein unglücklicher Tod sehr viele Fragen aufwarf, was allerdings in seine (Auto-)Biografie gehört, nicht in meine.

Eines Nachmittags wurden wir informiert, dass dieser Medienmogul die Studios besuchen würde, um die Crew und die VJs kennenzulernen und zu sehen, wofür sein Geld ausgegeben wurde. An jenem Tag versammelten wir uns alle draußen auf dem Parkplatz und warteten auf die Ankunft von Mr Maxwell, als wäre er irgendein Würdenträger auf Staatsbesuch und wir das Begrüßungskomitee. Ich kann mich noch genau daran erinnern, dass Brian und Liz äußerst nervös waren. Alle erwarteten, dass der Mann in einem Wagen mit Chauffeur vorfahren würde, aber schon bald wurde uns deutlich, dass dies nicht der Fall war. Das unverkennbare Flapp-Flapp-Tucker-Tucker-Geräusch eines Helikopters wurde immer lauter, und schon bald erschien das Fluggerät in unserem Sichtfeld und schwebte langsam auf den Parkplatz herab, wobei die Rotorblätter Staub aufwirbelten und uns kleine Steinchen ins Gesicht schleuderten. Dieser Ort war definitiv nicht als Hubschrauberlandeplatz geeignet, aber es war zweifellos ein bequemer Parkplatz für einen viel beschäftigten Tycoon und ein passender völlig überzogener Auftritt. Ich war beeindruckt von dieser krassen Zurschaustellung von Prunk, und gleichzeitig amüsierte mich die Absurdität dieses ganzen Spektakels in hohem Maße. Warum sollte man auch fahren, wenn man fliegen konnte?

Als das fliegende Ungetüm (ich meine den Helikopter) gelandet war, stieg der VIP-Passagier aus und hielt eine kurze Ansprache – in der seltsamerweise der Satz »Ich hoffe, Sie genießen alle Ihren Urlaub« vorkam. Dann zeigte Liz ihm in Windeseile die Studios, und wir, seine Angestellten, die nur dieses eine Mal ihrem Boss so nahe kommen sollten, folgten brav. Ein paar Softdrinks und Snacks später stellten wir uns wieder in Reih und Glied auf, und der monströse Medienmann nahm unsere Parade ab und musterte einen nach dem anderen. Brian stand neben mir, und nachdem er sich als Produktionsleiter vorgestellt hatte, war ich an der Reihe. Nachdem Liz unserem illustren Gast erklärt hatte, dass ich einer der VJs war, und ihm ein paar Sätze zu meinem Lebenslauf gesagt hatte, beendete sie ihre Vorstellung mit den Worten: »Das ist Ray Cokes.« Ich reichte ihm meine Hand, die er mit einem extrem festen Griff drückte, und während er mich mit seinem eiskalten, dunklen Blick förmlich durchbohrte, sprach ich die unsterblichen Worte: »Nett, Sie kennenzulernen, Mr Murdoch ... äh, Entschuldigung, ich meine Mr Maxwell.«

Um dies kurz zu erklären – der australische Medienmogul Rupert Murdoch war der Erzrivale und eingeschworene Gegner des Mannes, der vor mir stand, und meine bewusst gewählten, provokativen Worte hätten meiner Zeit bei MTV durchaus ein sofortiges Ende bereiten können. Während Mr Maxwells Händedruck noch fester wurde, erschien auf seinem Gesicht ein hauchdünnes Lächeln, und er antwortete nur:

»Das lass ich dir noch mal durchgehen, junger Mann, nur dieses eine Mal.«

Ich weiß nicht warum, aber ich verspüre immer den Drang, solche pompösen und bombastischen Momente entzaubern zu müssen – wahrscheinlich ist das der Punk in mir. Nachdem Mr Maxwell wieder in sein Fluggerät geklettert war und mit großem Lärm zu seinem nächsten Termin verschwand, kam Brian zu mir, umarmte mich herzlich und nannte meinen Stunt idiotisch, zum Totlachen und mutig, und dann fügte er noch hinzu: »Mach solche Dinge auch bei deinen Ansagen, aber sag niemandem, dass ich dir das gesagt habe.« Ich hatte einen neuen Mentor gefunden, und Mr Diamond war immer auf meiner Seite, als sich die mittlerweile langweiligen Anmoderationen immer mehr entwickelten, eine anspruchsvoller und prahlerischer als die vorherige – bis sie sich hin zu eigenen Sendungen auswuchsen.

Schon bald sollte ich meinen eigenen Helikopter haben – und ich verbrachte die meisten Wochenenden damit, in ihm durch die Gegend zu fliegen, um von dem Adrenalinrausch herunterzukommen, der regelmäßig durch meine Arbeit bei dem am schnellsten wachsenden Fernsehsender Europas entstand. Okay, es war nur ein virtueller Hubschrauber in einem Videospiel, aber für mich fühlte sich das echt genug an.

Song 6: The New Wave – Frischer Wind

Während wir ersten paar VJs weiterhin täglich Hunderte von Anmoderationen aufnahmen (was einige mit der unangenehmen Arbeit in einer Würstchenfabrik verglichen und unseren Arbeitsplatz deshalb in Sausage Factory umbenannten), stieß eine weitere Person zu uns, die dank der starken Unterstützung seitens unserer visionären Chefin Liz Nealon tatsächlich eine Art Revolution in Gang setzte. Sophie Bramly war eine junge, coole und trendige Französin, die zuvor als Fotografin gearbeitet und mit den ersten Stars der Hip-Hop-Szene in der Bronx abgehangen hatte, jenem berühmten toughen Stadtteil von New York City. Am Ende des ersten Jahres schaffte Sophie es irgendwie, die Bosse davon zu überzeugen, dass wir eine ganze Sendung nur für diesen aufregenden neuen Musiktrend machen müssten. Dies war natürlich eine beachtliche Leistung, da MTV, obwohl Hip-Hop und Rap von schwarzen Künstlern dominiert wurde, in jener Zeit noch kaum Musik von dunkelhäutigen Künstlern spielte. Das hatte nichts mit Rassismus zu tun, sondern eher mit der Tatsache, dass die ursprünglichen Vorbilder des Senders amerikanische Rock-Radiostationen waren, und so waren die einzigen dunkelhäutigen Künstler, die es auf die Playlist schafften, eher Crossover-Acts – Leute wie Prince, Lionel Ritchie und Michael Jackson. Was das Musikfernsehen betraf, wurde Hip-Hop immer noch sehr ghettoisiert, und Sophie änderte dies, als sie eine neue wöchentliche Show bekam, in der sie all die neuen Videos dieser aufblühenden Szene präsentierte und auch die ganzen Genre-Größen interviewte. Der genial einfache und einprägsame Titel der Show, *YO!* (das in der Rap-Szene gängige Wort für »Hallo«), war von Henrik Schyffert vorgeschlagen worden, aber etwa neun Monate später, als MTV USA seine eigene Ausgabe launchte, wurde der Titel zu *YO! MTV Raps* geändert, um ganz deutlich zu machen, worum es in der Sendung ging – es gab Bedenken, dass die amerikanischen Zuschauer mit einem einfachen *YO!* nichts anzufangen wüssten (das ist kein Witz).

In den ersten zweieinhalb Jahren bauten wir den Sender nach und nach auf. Wir waren Pioniere, brachen alle möglichen Barrieren runter und – wenn man dem Hype Glauben schenken möchte – halfen dabei, Mauern einzureißen. Eines ist sicher: Als wir auf das Ende des Jahrzehnts zusteuerten, bot sich uns die wohl beste Gelegenheit, unsere Message durch einen Schnappschuss zu verbreiten – und zwar als die Berliner die Mauer niederrissen, die ihre Stadt jahrzehntelang geteilt hatte. Als uns in London die Nachricht über diese Geschehnisse erreichte, wurden wir fast alle ins nächste Flugzeug nach Berlin gesteckt, um ein paar Segmente zu filmen. Ich freute mich riesig über die hier und jetzt stattfindende Revolution, aber ich fühlte mich auch ein wenig unwohl damit, ein Großunternehmen vor einer Mauer zu repräsentieren, die für so viele Menschen so viel Leid bedeutet hatte. Mit dem Mikrofon mit MTV-Logo in einer Hand und einem Hammer in der anderen, kloppte ich wie verrückt auf die mit Graffiti verzierte graue Betonmauer ein und hoffte, dass niemand den Eindruck gewann, ich wäre nur wegen der Publicity dort. Die Jungs vom Marketing hingegen hatten keinerlei Skrupel: Einer von ihnen reichte zwei DDR-Soldaten auf der Mauer einen

MTV-Regenschirm und schoss das perfekte Foto. Diese Kultaufnahme wurde später stolz in unserem Büro aufgehängt, wo man sich mehr oder weniger einig war, dass MTV tatsächlich beim Mauerfall mitgeholfen habe. Jedenfalls fühlte ich mich mit alldem nicht wohl. Trotzdem war es eine unvergessliche Erfahrung, wie die Menschen trotz Armeepräsenz durch und über die Betongrenze stürmten.

Anfang 1990 lautete auch bei MTV das Motto: »Raus mit dem Alten, her mit dem Neuen«. Die Plätze in der Führungsetage wurden geräumt und von neuen Leuten besetzt, eine neue Firmenstruktur wurde etabliert, und unsere kleine Familie erlebte sozusagen einen Babyboom. Die neuen Bosse holten frische Talente, und brandneue Sendungen zu bestimmten Themen wurden aus dem Boden gestampft. Anders als *YO!* waren diese Shows kaum bahnbrechend, sie waren eher ein Haufen Videos, die unsere Programmabteilung unter einem bestimmten Motto zusammenstellte (*120 Minutes* war beispielsweise eine zweistündige Sendung nur für Indie-Musik, und die *MTV European Top 20* waren genau das, was der Name versprach), aber für diese neuen Sendungen wurden auch mehr VJs gebraucht, um den Anforderungen dieses rapide expandierenden, Tag und Nacht laufenden Musiksenders gerecht zu werden.

Zu dieser Zeit hatten einige VJs der ersten Stunde genug und beschlossen, das Unternehmen zu verlassen; mein Kumpel Marcel schockierte uns alle mit seiner Kündigung und gab als Grund an, dass er mit der Fließbandarbeit unzufrieden sei und zu Hause in Belgien einige viel versprechende Angebote vorliegen habe; Chris Salewicz hatte sich vor der Kamera nie wohlgefühlt und kehrte zu seiner ersten Liebe, dem Schreiben, zurück, und Jerry Foulkes wurde einfach entlassen. Das erste neue VJ-Blut, das in die Venen des Systems gepumpt wurde, war durchaus eine vielseitige Mischung; da war die liebenswerte Pip Dann, eine bekannte Fernsehmoderatorin in ihrer Heimat Neuseeland; aus Deutschland kam Kristiane Backer, eine nicht gerade begabte Moderatorin, aber ein sehr sympathisches Schnuckelchen, und zuletzt der frühere One-Hit-Wonder-Popstar Paul King, sozusagen eine sprechende Musikenzyklopädie auf zwei Beinen. Ach ja, für die Klatschmäuler unter euch – er war bei einigen auch bekannt als »King Dong«, angeblich wegen der Proportionen seines besten Stücks.

Neuer Geschäftsführer und Entscheidungsträger wurde Bill Roedy, der in der US Army während des Vietnamkriegs gedient und später unter anderem den großen Sender HBO in den Staaten geleitet hatte. Er war es, der eine neue Dynamik in den ganzen Laden brachte. Ich bewunderte Bill, hatte aber kaum Gelegenheit, ihn mal näher kennenzulernen, da er offenbar immer nur unterwegs war und Präsidenten und Prominenten die Hände schüttelte, um die Marke MTV weltweit immer bekannter zu machen. Ganz klar, mit Captain Bill Roedy am Steuer hoben wir richtig ab. In seinen ersten zwei Jahren sorgte er für ein phänomenales Wachstum des Senders, wobei die Zahl der erreichten Haushalte von 20 Millionen auf 38 Millionen anstieg – das bedeutete, dass potenziell 80 Millionen Zuschauer nun MTV sehen und die europaweite Party mitfeiern konnten. Hin und wieder bekam ich einen handschriftlichen Brief von Bill, in dem er mir immer sagte, wie sehr er meine Arbeit mochte, und ich weiß noch, dass ich stets äußerst stolz und froh darüber war. Ich bin sicher, dass es für ihn manchmal schwer gewesen sein muss, meine Mätzchen vor der Kamera gegenüber den anderen Bossen zu verteidigen. Neben Bill gab es einen weiteren starken Mann an der Spitze, Brent Hansen (Pips Ehemann), der sich vom Produzenten von MTV Europe hochgearbeitet hatte zum Leiter von Programming und Production, oder irgendeinem anderen bedeutenden Rang, der mir gerade nicht einfällt. Brent, ein lässiger langhaariger Neuseeländer, war ein Chef, der anpackte und stets ansprechbar war – er ließ seine Bürotür immer offen, und man brauchte keinen Termin, um mit ihm zu sprechen. Am Ende wurde er zum allmächtigen Präsidenten des Senders ernannt, und auch wenn wir nicht immer einer Meinung waren, blieben wir stets enge Verbündete.

Die Neunziger waren da, und für uns hatte eine neue Ära begonnen. Für die fleißigen Honigbienchen bei MTV war es nun an der Zeit, auszuschwärmen und dem Sender einen guten Ertrag zu bringen.

Song 7: »Ray's Requests« – Ein erster Erfolg

Nach der Zeit in dem riesengroßen Lagerhaus in der Industriebrache von Stonebridge Park bekamen die MTV-Studios ein brandneues, extra angefertigtes Zuhause bei AIR TV in der trendigen, coolen Gegend von Camden Town. Trotz der Tatsache, dass ich mittlerweile eigene Sendungen hatte, nämlich *MTV At The Movies* und *The Big Picture* (mehr dazu später), musste ich gelegentlich immer noch die undankbare Aufgabe des VJs übernehmen und wohl oder übel die Lücken zwischen den Videoclips mit Moderation füllen. Zum Glück sollte dies bald zu einem Ende kommen, denn in jener Zeit wurde der Grundstein für eine neue Show gelegt, die sich letztendlich zu einer der erfolgreichsten Sendungen auf MTV mausern und zu der wohl besten Zeit meiner neuneinhalb Jahre beim Sender werden sollte – *MTV's Most Wanted*.

In der Zeit, als es noch keine E-Mails, SMS und Social Media gab, konnte man MTV nur über die normale Briefpost erreichen. Täglich erhielten die VJs Hunderte von Briefen aus ganz Europa, geliefert in großen grauen Postsäcken vom örtlichen Zusteller, der überhaupt keine Ahnung hatte, wer wir waren. Die Briefe wurden, bevor wir sie bekamen, geöffnet und gelesen von einem der unzähligen Praktikanten, die mittlerweile ein fester Bestandteil jeder Abteilung im Sender geworden zu sein schienen. Ein Job bei MTV war so gefragt, dass sich junge Menschen aus allen Ecken des Kontinents bewarben, und wenn es keine Jobs gab, boten diese Leute trotzdem ihre Dienste an und waren bereit zu allem, was man ihnen offerierte, egal um was für eine niedere Tätigkeit es sich handelte. Oft wird angenommen, dass es in der Medienbranche besonders wichtig ist, den Fuß in die Tür zu bekommen, und dass ein Einstieg als Laufbursche immer zu Größerem führen könnte. Sicherlich kann es hin und wieder mal so kommen, aber meistens ist es so, dass die freien Stellen zwar intern ausgeschrieben, dann aber doch mit Leuten von außerhalb – die dann meistens auch noch gute Connections haben – besetzt werden.

Bei MTV jedoch konnte es ein Laufbursche tatsächlich bis zum Leiter der Abteilung, für die er Botengänge gemacht hatte, bringen. Hier bei uns, wo Fachpersonal mit Amateuren zusammenarbeitete, wo Qualifikation manchmal nicht so wichtig war wie blankes Talent und wo Enthusiasmus häufig die fehlende Erfahrung ausglich, wurde der amerikanische Traum gelebt, und jeder bekam die Chance, seine Brillanz zu zeigen. Ich erinnere mich noch an drei Fälle, bei denen dies zutraf: Alan Howard kam ganz am Anfang als Cateringhilfe zu MTV und stieg schließlich zum Studioleiter und Produzenten auf (er war maßgeblich an der Entwicklung meiner Sendungen beteiligt), James Hyman fing in der internen Poststelle an und schuf letztendlich die einflussreiche Dance-Show *The Party Zone*, gehostet von der quirligen Partymaus Simone Angel, und Vanessa Warwick war zunächst Brent Hansens persönliche Assistentin, bevor sie selbst VJane wurde und die Sendung *The Headbanger's Ball* moderierte. Das war eine wöchentlich ausgestrahlte laute und pompöse Heavy-Metal-Show, die zu Vanessa passte, da sie sich sehr gut in der Szene auskannte. Mit ihren Hardrock-Outfits und den langen blonden Haaren mit unzähligen farbigen Strähnchen war sie wirklich die ideale Besetzung für die Sendung. Immer wenn wir uns über den Weg liefen, fiel mir auf, wie schüchtern und normal sie eigentlich war, eher der Typ, der früh zu Bett geht. Heavy Metal? Von wegen, wohl eher ein Fliegengewicht!

Doch zurück zur Poststelle. Wie gesagt, die Briefe wurden geöffnet und für uns gelesen, was nicht nur praktisch und bequem war, sondern auch bedeutete, dass wir eventuelle negative Kritiken nie zu Gesicht bekamen – anders als heute, wo Online-Kommentare direkt abgegeben werden können, nicht immer positiv und (obwohl ich es wirklich versuche) schwer zu ignorieren sind. Im Laufe der Zeit stellten wir fest, dass die Zuschauerbriefe immer öfter Musikwünsche beinhalteten, oftmals mit einer Widmung für eine bestimmte Person oder zu einer besonderen Gelegenheit. Mir wurde schnell klar, dass es eine tolle Idee wäre, diese Briefe vor laufender Kamera vorzulesen und den Zuschauerwunsch zu erfüllen – und auch, dass es eine clevere Möglichkeit wäre, die langweilige und monotone Aufgabe der VJ-Moderation loszuwerden. Brian Diamond gab der Idee grünes Licht, und so bekam ich einen Produzenten zugewiesen, ebenjenen Mr Alan Howard, einen 26-jährigen netten Kerl, der anfangs Sandwiches in der Studioküche geschmiert hatte und mittlerweile einige der VJ-Moderationen produzierte. Zusammen mit Brian dachten wir uns einen simplen Titel für die täglich ausgestrahlte Sendung aus sowie ein ganz einfaches Format. Der Praktikant ging die Post durch, Alan programmierte die Songs, ich nannte in der Show den Namen des Absenders, fasste den Brief kurz zusammen und kündigte das gewünschte Video an. Es dauerte nicht lange, bis *Ray's Requests* fester Bestandteil und ein sehr erfolgreiches Format des Senders wurde, und die Nähte des Postsacks begannen allmählich zu platzen, da wir mit Zuschauerwünschen nur so bombardiert wurden.

Während der ersten Aufzeichnungen dieser Show lernte ich einen jungen Kollegen kennen, der zu einem wichtigen Bestandteil meiner Mätzchen vor der Kamera werden sollte und dessen Name eng mit meinen weiteren Shows verbunden sein würde: Ladies and Gentlemen, bitte begrüßen Sie mit mir ... Rob The Cameraman. Rob Mansfield, ein wirklich schüchterner, liebenswürdiger Typ, hatte gerade seine Arbeit als einer von zwei fest angestellten Kameramännern bei MTV begonnen (der andere hieß Andy Pellett, später auch bekannt als Andycam), und wir verstanden uns auf Anhieb. Das Set-up für die VJ-Anmoderationen war immer dasselbe – die Kamera wurde auf einem großen Sockel aufgestellt, den man während der Aufzeichnung hoch und runter fahren lassen konnte, und der VJ stand etwa drei Meter davon entfernt vor einer blauen oder grünen Leinwand. Dieser Bluescreen, auch Chroma Key genannt, wird beim Film oder Fernsehen oft für Spezialeffekte genutzt – mit seiner Hilfe kann ein Bild oder ein Film hinter dem Moderator eingeblendet werden (ich möchte mich für diese eher dämlichen Details entschuldigen und hoffe, dass ich euch damit nicht langweile, weil noch ein paar weitere folgen werden).

Immer wenn ich für *Ray's Requests* vor der Kamera stand und die Briefe vorlas, verspürte ich den Drang, die Moderation persönlicher zu gestalten, und deshalb ging ich immer so nah wie möglich an die Kamera heran – und ignorierte die gängige und auch notwendige Distanz zwischen der Linse und mir. Meiner Interaktion mit Rob während der Show, die zum festen Bestandteil der Sendung wurde, lag nicht irgendein toller Plan zugrunde, sondern sie entstand einfach dadurch, dass er irgendwie mit meiner unkonventionellen Vorgehensweise vor der Kamera umgehen musste. Bei den meisten Fernsehkameras ist es so, dass das Subjekt mindestens einen Meter davon entfernt stehen muss, und da ich mich ständig nach vorn lehnte, wodurch mein Gesicht praktisch an der Linse klebte, hatte Rob es schwer, mich im Fokus zu halten. Er konnte dies sogar nur dadurch erreichen, dass er die Kamera über die Macrosteuerung seitlich an dem Gerät bediente und somit daneben und nicht dahinter stand. So konnten wir uns während der Sendung direkt ins Gesicht schauen, und für mich fühlte es sich nur natürlich an, gelegentlich zu ihm zu blicken und eine witzige Bemerkung in seine Richtung zu machen. Ich war frech und aufdringlich, während Rob zurückhaltend und schüchtern war, aber im Laufe der Zeit begegneten wir uns immer mehr auf Augenhöhe. Dadurch, dass ich sozusagen ständig in seine Kamera kriechen wollte und ihn durchgängig mit meinen blöden Sprüchen nervte, wurde Rob immer selbstbewusster und gab mir Kontra, und dieser spielerische Wettstreit zwischen uns wurde schließlich zu einem Markenzeichen der Sendung.

Wir nahmen täglich mehrere Folgen von *Ray's Requests* auf, die dann in der folgenden Woche ausgestrahlt wurden, bis wir uns eines Tages einem Dilemma ausgesetzt sahen, was schließlich dazu führte, dass die Sendung live ausgestrahlt wurde. Die sogenannte TAR-Abteilung bei MTV (TAR steht für Talent and Artist Relations, also Künstlerbetreuung) war nicht nur zuständig dafür, die Künstler für Interviews oder Live-Performances in Sendungen zu buchen, sondern auch dafür, Preise für verschiedenste wöchentliche Verlosungen, sogenannte Competitions, aufzutreiben. So wurden den VJs dann und wann ein paar Konzerttickets in die Hand gedrückt, die sie in ihrer Show verlosen durften. Bei einer dieser Gelegenheiten kam Lizzie Anders, meine Lieblingskollegin der TAR-Abteilung, zu uns ins Studio und übergab uns fünf VIP-Pässe für ein Bryan-Adams-Konzert eine Woche später. Allerdings hatten wir die Sendung für jene Woche bereits abgedreht und uns wurde klar, dass die Zuschauer nicht genug Zeit hätten, um an MTV zu schreiben und die Tickets zu ergattern. Zum Glück hatte Produzent Alan einen Geistesblitz – wir drehten jeweils fünf neue Anmoderationen (für jede Show eine), in denen ich die Zuschauer bat, »diese Telefonnummer anzurufen, um die Pässe zu gewinnen – wer zuerst kommt, mahlt zuerst«. Die Nummer, die ich herausgab, war Alans Anschluss, und jede Woche saß er an dem Abend, an dem die Sendung lief, am Telefon und vergab ein Ticket an den ersten Anrufer. Das einzige Problem dabei war, dass noch lange nach der Ankündigung Tausende von Anrufen eingingen, was Alan dazu zwang, sein Telefon für den Rest der Woche auszustöpseln und den Stecker nur in der Zeit der Ausstrahlung der Sendung wieder in die Buchse zu stecken. Dieser erfolgreiche kleine Streich entging auch nicht der Aufmerksamkeit der MTV-Bosse, und so schaffte Brian es, Brent zu überzeugen, dass *Ray's Requests* als Liveshow auf Sendung gehen sollte.

Für dieses neue Live-Format wurde der Bluescreen entfernt und stattdessen ein kleines Set errichtet, dessen zentrales Element eine gemalte Europakarte auf der Wand hinter mir war. Nun hatte ich die Teilnehmer der Competitions während der Sendung direkt an der Strippe (die heute noch begehrte »Goodie-Bag« mit MTV-Merchandising feierte in der allerersten Liveshow ihr Debüt), aber noch wichtiger war, dass ich jetzt jeden Abend mit vier oder fünf Zuschauern aus ganz Europa interagieren und so mein Publikum kennenlernen konnte. Ohne Vorwarnung rief ich sie an, um mit ihnen über ihren Brief zu sprechen und sie ihre Widmung selbst ansagen zu lassen, anstatt dass dieses durch Dritte, also mich, geschah.

Abend für Abend hörten wir immer wieder neue lustige, traurige, unglückliche oder faszinierende Geschichten von den Zuschauern, die uns beeindruckten und oftmals zu langen Telefongesprächen zwischen mir und dem jeweiligen Anrufer führten. Dies bedeutete, dass etwa die Hälfte der geplanten Videoclips nicht gesendet werden konnte und einige Werbepausen gekürzt werden mussten oder ganz entfielen (ein logistischer Albtraum für den jeweiligen Regisseur der Show). Während der Gespräche scherzte und flirtete ich immer mit den Jungs und Mädels, und sie taten dasselbe mit mir. Die Unterhaltungen waren immer heiter, positiv und offen. Durch diese und andere Begegnungen mit Fans und Zuschauern wurde für mich die Idee von Europa als einer gemeinsamen Nation mit der Zeit immer realer. Durch eine gemeinsame Verbindung, das Überwinden von Grenzen und die Idee, dass wir im Grunde alle gleich sind, schien MTV das zu schaffen, wovon Politiker nur träumen konnten. Unterschiedliche Menschen aus unterschiedlichen Kulturen, vereint unter einer Flagge – nur dass dies nicht die blau-gelbe Sternchenflagge der Europäischen Gemeinschaft war, sondern das berühmte Markenlogo von MTV.

Mit dem Start der Live-Sendungen fingen wir auch an, das Format an unsere Bedürfnisse anzupassen, und so – als Vorbote der Zukunft – nahm Rob die Kamera von dem Sockel, um mit ausgefallenen Kameraeinstellungen herumzuexperimentieren. Dies passte sehr gut zu meinen neuerlichen Anwandlungen, während der Show unaufhörlich rumzuhampeln und Grimassen zu schneiden. Als die Sendung ein paar Monate gelaufen und jeder im Team völlig überwältigt vom rasanten Erfolg von *Ray's Requests Live* war, beschloss Brian, dass die Show weiter ausgebaut werden müsste, und setzte sie für einen gewissen Zeitraum aus, um ein neues Format zu entwickeln, das auf derselben Zuschauerinteraktion basierte, dieses Mal jedoch mit prominenten Gästen und einer gelegentlichen Live-Performance. Natürlich waren Alan und ich völlig hin und weg von diesem Plan und nahmen uns eifrig der Aufgabe an; wir jonglierten mit Ideen, bis wir etwas hatten, mit dem alle glücklich waren. In der Tat gab es nur eine einzige Sache, bei der es zu vehementen Meinungsverschiedenheiten kam, und das war der Name der neuen Show. Brian hatte bereits einen Vorspann für ein neues Videowunsch-Format, das auf MTV USA auf Sendung gehen sollte, in Auftrag gegeben und wollte aus Kostengründen denselben Trailer und die Grafiken für unser neues Abenteuer benutzen. Wir hingegen wollten bei *Ray's Requests* bleiben, schließlich hatte sich der Name bewährt. Letzten Endes ließ Brian jedoch seine Autorität spielen und traf die Entscheidung für uns – diese ganz neue, verbesserte und interaktive Liveshow zur besten Sendezeit sollte als *Most Wanted* an den Start gehen. Um wenigstens eine Art persönlichen Sieg in dieser Sache davonzutragen, schlug ich vor, wenigstens »MTV's« vor das »Most Wanted« zu setzen, um uns von der FBI-Liste der meistgesuchten Verbrecher der Welt selben Namens abzuheben – und dabei konnte ich mich sogar durchsetzen. Ich bestand auch auf einen neuen Vorspann, und so kam David Flack, unser fest angestelltes Grafik-Genie, auf die Idee, eine Sequenz eines alten Schwarz-Weiß-Films zu benutzen und einfach meinen Kopf dort hineinzumontieren. In dem Film war ein Mann mit komplett bandagiertem Kopf auf einem Drehstuhl zu sehen, mit dem Rücken zur Kamera. Dem Mann wird der Verband von einem Arzt langsam abgenommen, dann wird er mit dem Gesicht zur Kamera gedreht, wobei dem Zuschauer mein hineinmontiertes Gesicht präsentiert wird.

Während wir uns also mit all diesen aufregenden neuen Veränderungen konfrontiert sahen, hatte die deutsche Band Scorpions einen Welthit mit *Wind Of Change*, und obwohl es ein Song war, den wir alle leidenschaftlich hassten, war es doch auch ein passender Soundtrack für die Zeiten, die vor uns lagen. Der frische Wind entwickelte sich zu einem Hurrikan, und *MTV's Most Wanted* sollte alles im Wege Stehende wegpusten und schließlich zu MTV's Most Watched Show werden, dem erfolgreichsten Format des Musiksenders. Aber bevor ich euch davon erzähle, erlaubt mir, die vor uns liegende Straße kurz zu verlassen und euch mit auf eine kleine Tour durch die anderen Sendungen zu nehmen, die ich damals noch moderierte.

Song 8: »MTV At The Movies« & »The Big Picture« – Ausflug in die Filmwelt

Irgendwann im Winter 1988, als der Sender nicht länger ausschließlich Musikvideos spielte, sondern im Rahmen einer neuen Programmstrategie thematische Sendungen schuf, konnte ich mit *MTV At The Movies* einen weiteren Punkt zu meinen Aufgaben als MTV VJ hinzufügen. Die Sendung war eine einmalige Gelegenheit für die Filmindustrie und ein Goldesel für MTV. Die Filmfirmen wurden für den Sender zu wichtigen Werbepartnern, die Millionen von Dollars in die Kassen schwemmten (und zweifellos die Anteilshaber froh stimmten), und es ergab durchaus Sinn, sie ins Boot zu holen. Schließlich waren unsere Zuschauer genauso an Filmen und Filmpromis wie an Musik und Popstars interessiert. Die Idee, eine regelmäßige Filmsendung zu machen, lag irgendwie auf der Hand, aber wie es zuvor bei Hip-Hop und Rap-Musik gewesen war, waren wir auch dieses Mal wieder allen einen Schritt voraus, nicht mal unserem großen Bruder drüben in Amerika war dieser Gedanke gekommen. *MTV At The Movies* war eine täglich ausgestrahlte, halbstündige Show, im Grunde ein pompöses Trailer-Fest, bei dem die Studios ihre heißesten neuen Filme anpreisen konnten. Für mich war es eine ganz neue Disziplin, da ich jeden Filmtrailer mit einem extra angefertigten Script präsentierte und das Ganze vom Teleprompter ablas. Diese Texte wurden von mir und dem wohl sprachgewandtesten und gebildetsten Teammitglied, John Dunton-Downer, geschrieben. Die Tatsache, dass die Trailer für sich sprachen und nicht viel Input von uns Moderatoren brauchten, bedeutet nicht, dass wir die Aufgabe nicht ernst nahmen, und so blieben wir bis spät in die Nacht im Büro, rauchten unzählige Zigaretten und hingen über einem extrem langsamen Computer, um uns witzige und informative Ankündigungen zu jedem Film einfallen zu lassen.

Dies machten wir einige Monate lang, bis der Spaß Anfang 1989 erst richtig losging, als eine neue, zusätzliche Sendung fürs Wochenende hinzukam – *The Big Picture*. Hier gab es ausführliche Besprechungen, längere Ausschnitte aus den Filmen sowie Interviews mit den Schauspielern. Der Großteil des Materials wurde wieder von den Filmfirmen bereitgestellt, und zwar in Form von sogenannten »Electronic Press Kits« (bekannt als EPKs) – Paketen mit sendefähigen Interviews mit den Stars, Szenen aus den Filmen und exklusivem Bildmaterial von den Dreharbeiten. Alles, was wir jetzt noch zu tun hatten, war, uns das Beste aus diesen EPKs herauszusuchen, den Moderator der Interviews herauszuschneiden und durch mich zu ersetzen. So entstand der Eindruck, dass wir Originalmaterial präsentierten, gedreht und geschnitten von unserem eigenen Team. Diese Methode war viel kostengünstiger, als ein Team loszuschicken und das Material zu drehen. Ganz abgesehen davon war dieses Vorgehen damals auch gang und gäbe bei jedem Fernsehsender, und wir folgten nur dem Trend. Auch wenn die großen Namen und das exklusive Bildmaterial zweifellos die Sendung bereicherten, hatten wir dennoch das Gefühl, dass das Ganze eine etwas zu sichere Nummer war, ein wenig zu konventionell für MTV, und wir wollten unseren Zuschauern etwas Kantigeres präsentieren.

Im Laufe der Zeit, als unsere Beziehungen zu den Filmstudios immer besser wurden und sie uns immer ernster nahmen, ermöglichte man es uns, die Stars persönlich zu treffen und am Filmset zu drehen, damit wir eigenes Material in unserer Sendung präsentieren konnten. Allerdings bedeutete ein Interviewtermin mit einem großen Filmstar nichts anderes, als auf einer endlos langen Liste mit anderen Journalisten zu landen, die eingeladen wurden, an einem sogenannten »Press Junket«, einem Presseausflug, teilzunehmen. Zu diesem besonders nervtötenden Ereignis gehört, dass jeder Interviewer seine 10 bis 15 Minuten mit dem Star bekommt, die unbedingt und ausnahmslos eingehalten werden müssen. Mit so wenig Zeit und sehr wenig Geduld aufseiten der oftmals bereits völlig genervten Schauspieler hatte ich nie die Chance, dem Interview eine persönliche Note zu geben, deshalb hasste ich diese Ausflüge. Verständlicherweise war das bei den Stars nicht anders, denen immer und immer wieder dieselbe Frage gestellt wurde und die immer und immer wieder dieselbe Standardantwort gaben. Anfangs versuchte ich tatsächlich, etwas anders zu machen, indem ich lustige und skurrile Fragen stellte, aber meistens ließen mich die Schauspieler dann wissen, dass sie zu geschafft für eine einfallsreiche Antwort seien, und es folgte der obligatorische Satz: »Können wir jetzt bitte einfach weitermachen?«

Bei einer denkwürdigen Gelegenheit, als ich einem (wie überraschend!) überaus unfreundlichen und gänzlich unkooperativen Mel Gibson gegenübersaß, der jede meiner Fragen mit einsilbigen Kommentaren beantwortete, brach ich das Interview ganz einfach vorzeitig ab. Immerhin konnte ich diesen Moment als einen dieser kleinen Siege betrachten, von denen mein Boss Brent mir einige Jahre zuvor erzählt hatte. Bei einer anderen Gelegenheit geschah das Gegenteil, da war ich es, der einfach stehengelassen wurde, und zwar von dem beeindruckend großen, altehrwürdigen Schauspieler Donald Sutherland. Ich litt damals sehr unter einer Grippe, und mit meiner Intervieweröffnung wollte ich eigentlich mein Mitgefühl ihm gegenüber ausdrücken, der schon sichtlich fertig von den zahlreichen Interviews war. Ich sagte so etwas wie: »Wow, Sie sehen aus, wie ich mich fühle«, worauf er sofort antwortete: »Okay, dieses Interview ist vorbei.«

Abgesehen von diesen Presseausflügen hatte ich großen Spaß daran, die Sendung vorzubereiten und zu moderieren, da es etwas ganz anderes war, als sich den ganzen Tag lang tonnenweise Musikvideos anzuschauen und sich irgendetwas einfallen lassen zu müssen, was man darüber sagen könnte. Es war interessant, von Filmen schwärmen zu dürfen, und generell fand ich die Filmstars auch geheimnisvoller als ihre musikalischen Pendants. Was mir immer besonders gut gefiel, waren die Einladungen zu Privatvorführungen all der neuen Filme, die in schicken Präsentationsräumen stattfanden, wie es sie im Gebäude einer jeden großen Filmfirma gab. Oft war ich der Einzige im Saal, man servierte mir Essen und Getränke und sagte, ich solle mich wie zu Hause fühlen. Egal was man jetzt denken könnte – diese VIP-Behandlung hat niemals meine Besprechung des betreffenden Films beeinflusst, obwohl ich zugeben muss, dass es mir dadurch manchmal schwerer fiel, eine negative Bewertung abzugeben.

Song 9: Cokes in Cannes – Abenteuer und Glamour in Südfrankreich

Im Mai 1989, kaum ein Jahr nachdem wir unser kleines Filmimperium innerhalb des Senders aufgebaut hatten, bekamen wir die Erlaubnis (und das Budget), an der wichtigsten europäischen Veranstaltung für alles rund um das Thema Zelluloid teilzunehmen – den Internationalen Filmfestspielen von Cannes an der wunderschönen französischen Riviera. Als eine Art Vorbereitung auf *MTV At The Movies* hatten mich die MTV-Bosse ein Jahr zuvor bereits für zwei Tage nach Cannes geschickt, und nun freute ich mich riesig, dorthin zurückzukehren. Ich durfte mich sogar so glücklich schätzen, die nächsten sechs Jahre für MTV von dem glamourösen Festival zu berichten, und unser Budget, unsere Präsenz und unsere Bedeutung im sonnigen Süden Frankreichs nahmen Jahr für Jahr zu. Aus Hotelzimmern wurden Villen, Villen wurden zu Burgen, und Mietwagen wurden zu gemieteten Yamaha- und schließlich Ducati-Motorrädern.

Im ersten Jahr kam unsere kleine fünfköpfige Crew in einem billigen Dreisternehotel in einem ziemlich zwielichtigen Teil der

Stadt unter, und es war uns fast unmöglich, auch nur einen im Entferntesten bekannten oder wichtigen Menschen vor die Kamera zu bekommen, da wir nicht die nötigen Kontakte hatten, um uns mit den begehrten Presseausweisen zu versorgen. In Cannes kann man zwar immer den lebenswichtigen Akkreditierungspass um den Hals tragen, was allerdings noch lange nicht heißt, dass man Zutritt zu allen Bereichen hat. Ich glaube sogar, dass es etwa 20 unterschiedliche Kategorien der Akkreditierung gibt, und in unserer ersten Zeit bekamen wir immer die allerniedrigste Grundausstattung – was uns im Grunde nur das Recht gab zu filmen. Jedes Mal, wenn wir uns mühsam Mittel und Wege ausgedacht hatten, um auf eine Pressekonferenz zu kommen, wurden wir von den omnipräsenten, völlig gestressten und aufgeblasenen Damen von der PR- oder Pressestelle (oder Nazis mit Clipboards, wie wir sie liebevoll nannten) gebremst. Diese Damen verweigerten uns den Zutritt, da wir nicht das nötige Akkreditierungslevel besaßen oder uns nicht hundertprozentig ans Protokoll gehalten hatten, und sie taten uns oftmals als relativ unbekannten Musiksender und somit als unwichtig für ihre Promopläne ab. Aber trotz all dieser Hindernisse schafften wir es letztendlich, Interviews mit allen Stars des Films, der in jenem Jahr die namhafte Goldene Palme gewann, zu bekommen – des einflussreichen Indie-Films *Sex, Lügen und Video*. Dafür dass wir Neulinge waren und von den Verantwortlichen wie sehr unwillkommene Gäste behandelt wurden, war dies eine unglaubliche Meisterleistung, die vor allem der Beharrlichkeit und dem Wagemut unserer heißblütigen Produzentin Juliette Hohnen geschuldet war. Sie hatte den Regisseur des Films, Steven Soderbergh, zufällig getroffen, als dieser bei einem völlig überteuerten Kaffee auf einer Hotelterrasse saß, und da sie wusste, dass er kurz zuvor einen Konzertfilm für die Progrock-Band Yes gedreht hatte, nahm sie an, dass er MTV gegenüber vielleicht nicht abgeneigt sein würde. Frech wie sie war, sprach sie ihn einfach an und bat um ein Interview mit ihm und den Darstellern, und Soderbergh erfüllte ihr großzügig diesen Wunsch. Für uns war das natürlich grandios, da unser bisheriges Material für unsere Sendung darin bestand, dass ich den Strand entlang und durch eine Menge halb nackter Starlets lief, die dort jedes Jahr für hungrige Klatschfotografen posieren. Hinzu kamen noch Aufnahmen von mir, wie ich die berühmte Croisette-Promenade entlangspazierte und über die angesagten Filme sprach (die wir nicht sehen durften) sowie über die großen Filmstars (die wir nicht interviewen konnten).

Im folgenden Jahr wurden Justin Murphy und Produzent John DD von zwei Produktionsmanagern begleitet – der brillanten Debbie Philips und Sara Martin, die beide ohne wirkliche Kontakte tagein, tagaus durch ganz Cannes eierten und unermüdlich versuchten, uns Interviews und Zutritt zu den Vorführungen zu verschaffen, die wir so dringend brauchten. Wir konnten sogar Yamaha Motorcycles dazu überreden, uns drei ihrer neuesten Maschinen zu leihen, damit wir einfacher durch die Stadt kommen konnten und, was wahrscheinlich wichtiger war, damit ich so cool wie möglich aussehen könnte, wenn ich beim Moderieren die Croisette auf einer schnellen, zweirädrigen Bestie rauf und runter fuhr. Bevor Justin die Funktion des Regisseurs übernommen hatte, war er bereits ein talentierter Kameramann gewesen, daher verstand er es sehr gut, unseren Berichten Schwung, Tempo und Action zu verpassen, und ich war sehr stolz darauf, was wir alle mit diesem doch sehr kleinen Budget erreicht hatten. Die einzige Ernüchterung in jenem Jahr kam an dem Abend, als John, Justin und ich in einem Restaurant essen gingen – als wir kaum 45 Minuten später aus dem Laden kamen, waren unsere geliehenen Motorräder verschwunden. John bekam daraufhin die undankbare Aufgabe übertragen, der Yamaha-Geschäftsstelle zu beichten, dass die Maschinen gestohlen worden waren, aber sehr zu seiner Überraschung zuckte man dort nicht mal mit der Augenbraue, sondern ließ uns wissen, dass drei Ersatzmotorräder innerhalb von 24 Stunden bei uns eintreffen würden – eine unglaublich großmütige Geste. Wie versprochen, kamen die brandneuen Zweiräder am nächsten Abend bei uns an, und an jedem war ein Schloss mit dicker Kette in knalligem Orange angebracht, zusammen mit einem kleinen Zettel und den Worten: »Bitte nimm mich mit. Wünschten, wir könnten auch dort sein. Liebe Grüße von Yamaha«.

Im dritten Jahr hatten wir keine großen Mühen mehr und kannten die Stadt wie unsere Westentasche. Unsere Arbeit wurde auch dadurch erleichtert, dass MTV Europe seinen vierten Geburtstag mit einer Reichweite von über 25 Millionen europäischen Haushalten feierte. Wir waren zu einer ernst zu nehmenden Größe geworden, und nun taten sich für uns Türen auf, die bisher verschlossen geblieben waren, und überall, wo wir hinkamen, wurden wir mit offenen Armen empfangen – trotzdem rümpften einige dieser schrecklichen PR-Mädels immer noch die Nase angesichts unserer unkonventionellen Vorgehensweise und waren meistens nicht sehr hilfsbereit. Man muss dazusagen, dass wir damals schon ziemlich krasse Forderungen äußerten – so bestanden wir beispielsweise darauf, einen Schauspieler auf einem ausgeliehenen Speedboot zu interviewen statt in der üblichen formellen Umgebung eines Hotelzimmers. Oder wir führten das Gespräch während eines Mittagessens auf der Terrasse eines Penthouse-Zimmers mit Meerblick im glanzvollen Hotel Carlton. Wir haben es den Agenten, Managern und Presseleuten sicherlich nicht leicht gemacht und immer auf das gewisse Extra gedrängt, um unseren Zuschauern ein Breitbild-Erlebnis des Festivals zu präsentieren, nahe dran und direkt – MTV-Style eben. Wir waren ein Haufen unbekümmerter, lauter Querulanten, und wir genossen jede Minute.

Zu meinen unvergesslichsten Erinnerungen der 1991er-Ausgabe des Festivals gehören die verantwortungslose Einnahme von MDMA und das erste Treffen mit MDNA und ARNIE. Mit Ersterem ist natürlich die Droge Ecstasy gemeint, mit den beiden Folgenden die zwei Superstars Madonna und Arnold Schwarzenegger. Beide waren in der Stadt, um ihre neuen Filme zu promoten; die Queen of Pop zeigte ihren *Truth Or Dare/In Bed With Madonna*-Film außer Konkurrenz, während der Austro-Adonis gekommen war, um Trailer seines anstehenden Special-Effects-Knallers, des gespannt erwarteten *Terminator 2 – Tag der Abrechnung*, zu zeigen und darüber zu sprechen. Dies war eine der Gelegenheiten, bei denen es von großem Vorteil war, für MTV zu arbeiten, da beide Filme unsere Zuschauer direkt ansprachen. Um ehrlich zu sein, war mein Treffen mit Madonna nur eine flüchtige Begegnung, da sie absolut keine Interviews geben wollte, und unsere Wege kreuzten sich nur kurz auf der Party, die man ihr zu Ehren in einem Nachtclub in der Stadt gab. Ein Mitarbeiter der Plattenfirma stellte uns einander vor, sie gab mir lächelnd die Hand, und das war es auch schon. Am selben Abend durfte ich auch ein paar Höflichkeiten mit Eddy Murphy,

Dennis Hopper, Malcolm McDowell, Jean Paul Gaultier und Tina Turner austauschen – sie alle hielten sich im VIP-Bereich des Clubs auf, mittendrin die Queen of Pop, die all die Bewunderung sichtlich genoss. Obwohl wir uns in allen Bereichen des Clubs aufhalten durften, blieben wir immer noch ein Fernsehteam – man traute uns nicht wirklich, wir wurden nicht als Teil des engen Kreises angesehen und waren deshalb auch nicht dazu eingeladen, mit den anwesenden Stars den einen oder anderen Cocktail zu trinken. Die meisten Leute nehmen an, dass ich viele prominente Freunde habe, aber obwohl ich tatsächlich viele Promis kenne und sie mich in einem Raum voller Menschen ebenfalls gleich erkennen würden, gibt es nur einen oder zwei, die für mich mehr als nur berufliche Bekanntschaften sind. Abgesehen von der Distanz zwischen uns, die allein dadurch zustande kommt, dass meine Arbeit journalistischer Natur ist, gilt es meist auch noch ein weiteres Hindernis zu überwinden – die Tatsache, dass ich oft auch Fan dieser Leute bin, mit denen ich zu tun habe. Als ich ein Jahr später Sharon Stone interviewte, nach der Weltpremiere ihres berüchtigten Films *Basic Instinct*, sprachen wir über genau dieses Thema. Ich fragte sie, ob sie sich vorstellen könne, sich mit einem ihrer Fans anzufreunden, und sie antwortete, dass solch eine Freundschaft schwierig sei, da »dieser Mensch dich objektiviert hat, für ihn bist du ein Objekt, und damit ist die Menschlichkeit der Beziehung verloren gegangen«. Dieses recht philosophische Gespräch führte noch zu weiteren Einsichten in die Befindlichkeiten und die Gedanken eines Superstars, und ich war höchst beeindruckt von dieser wunderschönen und faszinierenden Frau. Sogar so sehr, dass ihr Pressesprecher einschreiten und mich ermahnen musste, auch ein paar Fragen über ihren Film zu stellen.

Um meine Geschichte von Cokes in Cannes 1991 zu beenden, fehlt noch die Sache mit meinem Rendezvous mit Mr Schwarzenegger und was MDMA damit zu tun hatte. Der Grund für diese ungewöhnliche Verbindung wird deutlich werden, wenn ich über die weniger bekannte Seite des Festivals berichte, die man im Fernsehen definitiv nicht zu sehen bekommt.

Cannes ist ein Party-Festival, wobei knapp zehn Tage lang jeden Abend mindestens 20 Events stattfinden, und für die meisten Besucher hat es eine hohe Priorität, gleich nach Ankunft in ihrem gebuchten Hotel ein Ticket für eine oder mehrere dieser exklusiven Partys zu ergattern. 1991 waren rund 20.000 Vertreter der Filmindustrie und um die 2.000 Fernsehcrews anwesend (2014 haben sich diese Zahlen bereits verdoppelt), deren eigentliche Arbeit tagsüber in und um den Palais des Festivals et des Congrès stattfand. Das Networking und das Unterzeichnen der millionenschweren Deals fand eher spät am Abend oder in den frühen Morgenstunden statt; entweder in der Hotelbar, auf einer Terrasse draußen in der warmen Nacht oder auf einer der vielen Partys, die oftmals nicht vor Sonnenaufgang enden.

So wie bei den Akkreditierungen gibt es auch bei den Partypässen eine komplexe Hierarchie – man muss entweder die richtigen Connections haben oder unglaublich berühmt sein, um Zutritt zu den verschwenderischsten, mit Stars gespickten Veranstaltungen zu bekommen. Dies mag sich nach einer Menge Spaß anhören, und das war es auch, aber es ist auch eine anstrengende Zeit für alle Beteiligten, in der längere Schlafphasen und Erholung absolute Mangelware sind. In diesen zwei Wochen muss man es ruhig angehen lassen, wenn man sich nicht völlig verausgaben und vielleicht wichtige Dinge verpassen möchte. Aber in Cannes gilt das Motto »Work hard, party harder«, und wir alle hielten uns daran.

In jenem Jahr war die Party von Moving Pictures International der angesagteste Ort, und unser stets einfallsreiches Produktionsteam hatte ein paar Tickets an Land ziehen können. Die Location war wahrlich atemberaubend, eine mittelalterliche Burg in La Napoule, 30 Minuten Fahrt die Küste entlang von Cannes entfernt. Regisseur Justin und ich hatten unsere Dreharbeiten für den Tag beendet, und gegen zehn Uhr abends verließen wir unsere Villa und stiegen auf unsere Stahlrösser, um zu der Party zu fahren. Unser Freund und Kollege John DD blieb zurück, er saß noch an unserer mobilen Schneidemaschine, um das am Tag gedrehte Material zu bearbeiten und es für den Schnitt vorzubereiten. Wir hatten mit ihm vereinbart, uns gegen Mitternacht an der Hauptbar zu treffen. Man bedenke, dass dies vor der Zeit der Mobiltelefone war, und womit wir gar nicht gerechnet hatten, war, dass sich auf der Party etwa 1.000 weitere Gäste tummelten und es ungefähr genauso viele Bars gab, daher sollte es nicht einfach werden, sich später zusammenzufinden.

Justin und ich liefen in der Burg herum, unterhielten uns mit einigen bekannten Gesichtern, genossen den Blick von den Türmen auf das wie ein dunkler Spiegel unter uns liegende Mittelmeer und bestaunten die Vielzahl von übergroßen Yachten, die draußen im Hafen lagen und still auf die Rückkehr ihrer viel beschäftigten Besitzer warteten. Gegen Mitternacht hatten wir jeden Winkel der Burg untersucht, fast jeden weiblichen Gast im glänzenden Abenddress begutachtet und einige Gläser feinsten Champagner getrunken, als wir feststellten, dass wir, wenn wir unseren Kumpel irgendwie in diesem glamourösen Chaos finden wollten, uns weiter durch die Menge bewegen mussten. Während eines unserer Rundgänge trafen wir zufällig auf den DJ dieser Party, einen netten Kerl, den wir beide aus London kannten. Wir waren alle überrascht, uns auf dieser Party zu treffen, und nach einer herzlichen Umarmung und ein wenig Lästerei fragten wir ihn – da wir wussten, dass er ein Partytier war –, ob er wüsste, wo man Ecstasy herbekam. Wie gesagt, Kokain war überall erhältlich, wenn man wusste, wo man suchen musste, aber wir wollten lieber etwas anderes für unsere Privatparty, die in ein paar Tagen steigen sollte, wenn all die Arbeit in Cannes erledigt war. Zu unserer großen Freude wusste der DJ nicht nur, wo man E bekam, sondern hatte auch selbst ein paar Pillen bei sich und überließ uns welche für einen wirklich guten Preis. Ordnungsgemäß übergaben wir das Geld und erhielten dafür drei kleine weiße Tabletten, jede mit dem Bild einer Taube darauf, dem Symbol des Friedens. Diese Pillen, die eine sehr reine Form von MDMA enthielten, waren Anfang der Neunziger für kurze Zeit im Umlauf. Wie Tina Turner einst sang (allerdings nicht über Ecstasy, wie ich annehme) – die Dove-Pillen waren »simply the best«.

Gegen ein Uhr hatten wir John endlich gefunden und erzählten ihm gleich von unserem Glück, dass wir ein bisschen E für unsere Cannes-Abschlussparty bekommen hatten. Nachdem wir ihm diskret eine der Pillen übergeben hatten und annahmen, dass er sie gut aufbewahren würde, machten wir uns nochmals auf den Weg durch die Menge und verloren uns aus den Augen, während wir fröhlich mit jedermann plauderten.

Als John, Justin und ich uns wiedertrafen, standen wir plötzlich vor einem schwierigen Dilemma, als ein breit grinsender John verkündete: »Hey Leute, ich glaube, es fängt an zu wirken, dieses Zeug ist echt der Knaller!«

Worauf Justin und ich gleichzeitig antworteten: »Welches Zeug?«
»Das E, das ihr mir gerade gegeben habt!«, rief er freudig.
»Du hast es doch nicht etwa genommen, oder?«, fragte Justin.
»Warum denn *jetzt*?«, wollte ich wissen.
»Ihr habt doch gesagt, es soll für die Party sein!«, gab er zurück.
»Ja, es ist für die Party«, sagte Justin.
»Na, dann ist ja alles gut, wir sind auf der Party!«, rief er.
»Nein, nicht DIESE Party!«, entgegnete ich. »UNSERE Party!«
»Oh, Scheiße!«, rief er.
»Wann hast du es denn eingeworfen?«, wollte ich wissen.
»Weiß nicht, vor 'ner halben Stunde vielleicht«, antwortete er, »kurz nachdem ihr es mir gegeben hattet.«
»Oh nein«, sagte Justin besorgt, »du weißt, dass wir morgen früh um neun das Interview mit Arnie haben, oder?«
»Genau, und es ist schon zwei Uhr«, fügte ich hinzu.
»Äh, ja, stimmt. Verdammt!«, sagte John.
»Okay«, hörten wir Justin mit fest entschlossenem Blick sagen, »wir müssen uns auf den Weg machen, bevor du völlig neben dir stehst.«

Fürs Protokoll: Es dauert etwa 30 bis 60 Minuten, bis eine Ecstasypille ihr Ziel erreicht hat und die gewünschte Wirkung einsetzt, und der Trip hält etwa sechs Stunden an.

»Okay, Leute«, sagte John, »dann lasst uns getrennt fahren.«
»Warte mal, Murph«, sagte ich (Murph ist unser Spitzname für Justin), »in diesem Zustand können wir ihn nicht allein lassen, oder? Ich meine, er wird jetzt die ganze Nacht voll drauf sein!«
»Scheiße, du hast recht«, gab Justin zurück.

Wir wussten beide, was wir zu tun hatten, und ohne zu zögern griffen wir in unsere Taschen, holten die Pillen hervor, und mit einem lauten und heiteren »Einer für alle, alle für einen!« warfen auch wir uns ein E ein.

Wir hatten eine 30-minütige Heimfahrt vor uns, und da Justin der sicherste Fahrer von uns war, fuhr er voraus und gab das Tempo vor, ich fuhr am Ende und behielt meinen Kumpel John im Auge.

Als wir durch die leeren, kurvigen Straßen zu unserer Villa fuhren, merkte ich, wie die Droge bei mir zu wirken begann, und es war nur offensichtlich, dass es bei Justin genau dasselbe war, weil er plötzlich einen majestätischen Wheelie hinlegte, also nur auf dem Hinterrad fuhr. Dies sollte das Zeichen für jeden Einzelnen sein, die anderen mit immer blöderen und vor allem gefährlicheren Stunts zu überbieten.

»Hey, guckt mal, ich stehe und fahre einhändig!«

»Hah! Das ist doch gar nichts; sieh mich an, ich knie auf dem Motorrad und fahre einhändig!«

»Pfft, ihr Weicheier! Guckt her – ich mache einen Wheelie mit dem Hinterrad!« (Dieser Stunt, bei dem der Fahrer nur auf dem Vorderrad steht, ist in der Tat beeindruckend.)

In jenen Morgenstunden wurden wir wohl von Schutzengeln begleitet, denn auf diesen letzten Kilometern verhielten wir uns echt dumm und verantwortungslos, und es war ein kleines Wunder, dass keiner von uns einen Unfall baute. Als wir drei komischen Musketiere sicher in unserer Villa angekommen waren, machten wir es uns am Pool bequem, genossen die angenehme Wirkung der Droge, kicherten wie blöd, machten uns gegenseitig Liebeserklärungen und zelebrierten dieses sorglose und tollkühne Lebensgefühl, das man als junger Mensch hat.

Gegen acht Uhr morgens, ohne Schlaf und mit einem nachlassenden, aber immer noch spürbaren E-Rausch, setzten wir uns wieder auf die Motorräder. Während des traumhaften, 40 Kilometer langen Trips nahmen wir unsere Helme ab, sangen laut vor uns hin und genossen diesen Moment aufs Äußerste. Wir waren auf dem Weg ins Hôtel du Cap-Eden-Roc, eine unverschämt teure Residenz in Cap d'Antibes, die richtigen Stars und den Reichen und Mächtigen vorbehalten war – hier sollten wir Arnold Schwarzenegger interviewen. Als wir mit unseren knatternden Motorrädern laut unsere Ankunft ankündigten, wurden wir sogleich mit einem kollektiven »Psssst!« von den Nazis mit Clipboards empfangen, und ich erinnere mich auch noch, von irgendwoher ein leises »Verdammte MTV-Hooligans!« gehört zu haben.

Wir drei waren große Fans von Arnie, und anders als bei den anderen Medienvertretern vor Ort, die mit dem Mann zum Interview um einen großen Tisch herum saßen, stand für uns ein Einzelgespräch an. Ich war wirklich aufgeregt, die Legende kennenlernen zu dürfen – für mich war es, als würde ein kleiner Junge auf Superman treffen oder, wie in diesem Fall, ein erwachsener Mann auf den Terminator. Aufgrund meines Zustands kann ich mich natürlich nicht mehr an das eigentliche Interview erinnern, nur noch an den ersten und den abschließenden Wortwechsel. Wir saßen in einer Ecke auf der Hotelterrasse mit Blick auf das glitzernde azurblaue Meer, und als der überlebensgroße Superstar selbstbewusst auf unseren Tisch zumarschierte, wobei seine baumstammdicken Arme aus seinem kurzärmeligen Hawaiishirt herausquollen, riss ich mich so gut wie möglich zusammen. Ich trat vor und reichte ihm zur Begrüßung meine Hand, die er nur ganz leicht drückte. Der Mann war so groß wie ich (1,88 Meter), aber sein Körper war etwa zwei oder drei Mal so mächtig wie mein dürres Klappergestell, und ich hatte das Gefühl, dass er, wenn er gewollt hätte, die Knochen meiner Hand mit Leichtigkeit hätte zerdrücken können.

»Hey, ich bin Ray Cokes von MTV, nett, Sie kennenzulernen, Sir.«

»Ah, MTV«, gab er in seinem unverkennbaren österreichischen Akzent zurück, »ich mag MTV. Aber ihr müsst mehr Mozart spielen, hahaha.«

Wie immer bei solchen Gelegenheiten, wenn man mit einem Megastar zu tun hat, der seinen Witz für lustiger hält, als dieser eigentlich war, ist man verpflichtet, das eigene aufgesetzte Lachen ordentlich zu übertreiben.

»Hahaha«, lachte ich laut los, »sehr lustig, Arnie – äh, ist es okay, wenn ich Sie Arnie nenne?«

»Besser nicht, wenn du hier am Stück rausgehen willst«, war seine ernste Antwort. Dann fing er an zu lächeln und sagte: »Du kannst mich Arnold nennen – denn das ist mein Name, hahaha.«

»Okay, sorry, Arnie, ich meine Arnold«, gab ich frech zurück. »Ich hoffe, es stört Sie nicht, wenn ich meine Sonnenbrille während des Interviews auflasse?« (Ich fragte dies aus Höflichkeit, da er keine Sonnenbrille trug, während meine schicke Brille von L.A. Eyeworks, die ein Vermögen gekostet hatte und der ähnelte, die er in *Terminator* getragen hatte, meine blutunterlaufenen und aufgedunsenen Augen verdeckte.)

»Ah, ihr MTV-Jungs wollt immer cool aussehen, hm?«, merkte er an.

»Na ja«, sagte ich etwas verlegen, »der eigentliche Grund ist, dass ich gestern Abend eine Menge Action gesehen habe.«

»Vorsichtig, junger Mann«, warnte er mich, »in dieser Stadt ist nur Platz für einen Actionhelden, hahaha.«

Dann beugte Arnold sich vor, wuschelte durch meine schwarze Igelfrisur und sprach: »Komm, sei nicht so eine Pussy – wer wie der Terminator aussehen will, muss sich wie der Terminator verhalten.«

»Okay, Arnold, vielen Dank.«

»Gern geschehen«, sagte er mit breitem Grinsen, das im Handumdrehen wieder zu einem ernsten Blick wurde. »Na los, du bist gekommen, um mich zu interviewen, also lass uns anfangen.«

Nach diesem kurzen, aber höchst unterhaltsamen Small Talk begann ich schließlich, meinen Job zu machen. Ich denke, die meisten Leute hielten Mr Schwarzenegger damals für einen muskelbepackten Trottel ohne Hirn, aber bei dieser sowie bei anderen Gelegenheiten, wenn sich unsere Wege beruflich kreuzten, nahm ich ihn immer als witzigen, cleveren Mann wahr, völlig in Einklang mit der Welt und gänzlich zufrieden mit sich. Er war sich dessen bewusst, dass er kein Alleskönner war, wollte sich davon aber nicht bremsen lassen, und er wusste haargenau, welche Regeln man in Hollywood befolgen musste. Und trotz seines gigantischen Erfolgs war es immer einfach, mit ihm zu sprechen und mit ihm klarzukommen. Abgesehen davon habe ich, wie ich glaube, nie einen optimistischeren Menschen als ihn getroffen. Okay, Tom Cruise ist auch sehr positiv eingestellt, aber sein Optimismus hat irgendwie immer etwas Gruseliges an sich.

Am Ende des Interviews fragte ich Arnold noch um Rat, wie ich denn meine Ziele erreichen könne, so wie er es damals auch getan hatte – und seine Antwort kam wie aus der Pistole geschossen: »Vergiss niemals, dass du alles erreichen kannst, was du willst. Alles. Und wenn du reich werden willst, kauf dir Häuser, aber denk immer dran: Die Lage ist verdammt wichtig.«

Wie ich sagte, er ist nicht dumm. Nach unserer (gar nicht so) unheimlichen Begegnung mit der Megastar-Art setzten wir uns an einen sonnigen Tisch auf der Terrasse, nippten an exorbitant teuren

Espressos, rauchten ein paar Zigaretten und genossen die schöne Umgebung. Wieder mal dank unseres nimmermüden Produktionsteams hatten wir gerade einen der größten Filmstars auf diesem Planeten kennengelernt und interviewt. Aber wir wollten mehr. Es muss an der abklingenden Wirkung der Drogen gelegen haben in Kombination mit dem Schlafmangel und dem einzigartigen Arnie-Boost-Effekt, dass wir unseren nächsten tollkühnen Plan auszuhecken begannen. Was wir wirklich brauchten in Cannes, war ein exklusiver Zugang zu einem großen Star, zu jemandem, den alle wollten, aber den nur wir bekamen, jemandem, den wir kontrollieren konnten. Natürlich war dies eine Mission Impossible, weil solch ein Filmstar ganz einfach nicht existierte. So war für uns klar, dass wir einen erfinden mussten. Schließlich hatte der berühmte britische Schauspieler Michael Caine einst gesagt: »Um ein Filmstar zu sein, muss man sich selbst erfinden.«

Wir dachten uns, was er kann, können wir auch, denn: Arnie hatte uns gerade gesagt, dass wir alles tun könnten, was wir wollten. Alles.

Zwei Jahre später taten wir genau das und stellten der völlig ahnungslosen Öffentlichkeit unseren eigenen Filmstar vor: Der große Roy Cakes gab sein Debüt auf der Eröffnungsfeier der 46. Internationalen Filmfestspiele von Cannes.

Song 10: Here Comes Your Man – Gestatten, Roy Cakes

Von Ray Cokes zu Roy Cakes in zehn einfachen Schritten

Schritt 1:
Finde einen Schauspieler, der in diese Rolle schlüpft
Das war einfach. Ich erfand mich als *Roy Cakes* neu.

Schritt 2:
Kreiere den passenden Look
Die Inspiration für unseren fiktiven Filmschauspieler hatten wir von einer britischen Fernsehserie namens *Jason King*, die wir

beide, wie Justin und ich uns vage erinnerten, in den Siebzigern gern gesehen hatten. Schauspieler Peter Wyngarde verkörperte darin Jason King, einen amateurhaften Schnüffler und Dandy, der gemeine Schurken jagte, zu exotischen Orten reiste, Abenteuerromane schrieb und am Ende immer glamouröse Girls im Arm hatte. Als wir uns die Serie nochmals anschauten, wirkte sie überholt und ziemlich albern – in anderen Worten, sie war perfekt für ein billiges Plagiat. Ein paar Jahre später verriet Michael Myers, dass er die Mode von *Jason King* ebenfalls als Inspiration für seine James-Bond-Parodie *Austin Powers* genommen habe. (Ich bin heute noch der festen Überzeugung, dass er sie von Roy Cakes hat, aber was soll's.)

Schritt 3:
Erfinde eine Background-Geschichte

Roy Cakes war in den Siebzigern ein großer Filmstar gewesen, aber nach einigen gefloppten Filmen war er in der Bedeutungslosigkeit versunken. In den vergangenen 20 Jahren hat er in Thailand gelebt. Sein sehnsüchtig erwartetes Comeback sollte er in Cannes mit einem neuen Film feiern – mit Exklusivausstrahlung auf MTV.

Schritt 4:
Erfinde einen Film

The Fashion Killers. Roy Cakes spielt Roy Cakes in diesem in den Siebzigern hängen gebliebenen Mystery-Thriller. Produziert und gedreht von den »Discorama Studios«.

Roy hält sich zum Shoppen in London auf, wobei er über eine tödliche Verschwörung stolpert: Eine mysteriöse Londoner Gang plant, alle Supermodels auf der Londoner Fashion Week zu ermorden. Roy steht vor großen Herausforderungen und sieht sich schließlich mit sich selbst konfrontiert in dieser packenden, stylishen und sexy Rückkehr zur Höchstform – von einem der Meister seines Fachs.

Der Film enthält Szenen mit Kraftausdrücken, softem Sex und etwas Gewalt – oftmals in Kombination.

Schritt 5:
Drehe und schneide den Film

Wir stellten eine kleine Crew zusammen, bestehend aus Kameramann Simon, Tonmann Tim (beide extrem talentierte Profis, mit denen wir oft bei Außenübertragungen zusammenarbeiteten), Justin als Regisseur, meine damalige Freundin Melanie spielte die Femme fatale, und zwei Mitarbeiter aus dem MTV-Lager zogen sich Militärklamotten an und verkörperten die bösen Buben. Wir drehten auf 16mm, außerhalb der Arbeitszeit, aber am Ende hatten wir bloß Geld für insgesamt drei Szenen:

- Der Vorspann: Roy fährt in seinem Fiat 124 Spider – netterweise bereitgestellt von Kameramann Simon. Man hört Musik im Stil der Siebziger, während der Titel *The Fashion Killers* über der Windschutzscheibe des Autos erscheint.
- Die Kampfszene: Roy und die zwei fiesen Handlanger prügeln sich (ein Freund von mir, der den Schwarzen Gürtel in Karate hatte, brachte mir ein paar Schritte bei und choreografierte den Kampf).
- Die Verführungsszene: Roy geht mit der Femme fatale in einem Hotelzimmer auf Tuchfühlung, dazu gibt es eine Kulisse im Siebziger-Stil sowie einen Soundtrack wie bei einem Siebzigerjahre-Porno.

Wundervoll gedreht und absolut schlecht gespielt, dann als Trailer geschnitten, waren dies die einzigen realen Aufnahmen von Roy Cakes – der Rest existierte nur in unseren Köpfen.

Schritt 6:
Verschaffe Roy Cakes Anerkennung

Für diesen Schritt mussten wir unseren gefakten Star zum Leben erwecken. Immer wenn wir in jenem Jahr Promis für *The Big Picture* interviewten, weihten wir sie am Ende unseres Shoots in unseren Plan ein und baten sie, bei unserem Spielchen mitzumachen. Ich zeigte ihnen ein Foto von Roy, erklärte seine (erfundene) Geschichte, und fast alle waren bereit mitzumachen. Wir drehten kleine Interviewschnipsel, in denen die Stars darüber sprachen, wie sehr sie Roys erste Filme mochten, was für eine Inspiration er gewesen und welch ein seltsamer Mensch er sei und wie schlecht sein neuester Film tatsächlich war. Legenden wie Regisseur Mike Leigh, die Schauspieler John Lithgow, Eric Idle, Sam Neill, Jennifer Jason Leigh und Sylvester Stallone (sowie einige andere) schenkten uns großzügig ihre Zeit und verschafften uns so unbezahlbares Filmmaterial, das wir dann zu einer kurzen Dokumentation gespickt mit Szenen aus *The Fashion Killers* zusammenstellten. Unser Star war geboren.

Schritt 7:
Lass ihn an der Eröffnungsveranstaltung teilnehmen

An der Eröffnungsfeier des Festivals kann man nur mit Einladung teilnehmen, und sie wird von all den Festival-VIPs und wichtigeren Prominenten besucht. Bekannte Namen, gewandet in schönste Designerroben und glänzende Abendanzüge, steigen langsam die Treppen des Palais hinauf, alles bewacht von Unmengen von Polizisten, fotografiert von unzähligen Paparazzi und bejubelt von Tausenden von begeisterten Schaulustigen.

Der Pass, den ich (stets) um meinen Hals tragen musste, zeigte ein Foto von mir, nicht von Roy Cakes – und ich hatte vor, die Treppen als er hinaufzugehen, verkleidet mit Perücke und einem großen Oberlippenbart, in Siebziger-Klamotten und einen seidenen Schal um den Hals geworfen. Dies sollte nicht einfach werden. Die Sache wurde dadurch komplizierter, dass ich am selben Ort vorher noch eine Anmoderation als Ray Cokes machen musste, in meinen normalen Klamotten. Schließlich hatten wir eine Sendung zu machen, und meine Ansprache bei der Eröffnungsfeier sollte auch der Anfang unserer Cannes-Spezialausgabe von *The Big Picture* werden – zusammen mit Aufnahmen von Roy Cakes, wie er über den roten Teppich stolziert.

Der Plan, den wir uns für dieses Vorhaben ausgedacht hatten, war einfach, allerdings gab es auch keine Garantie, dass er gelingen würde. Der Crew-Van, den wir unerlaubterweise ganz in der Nähe parkten, war unser Hauptquartier. Wir kamen uns vor wie eine

Spezialeinheit der britischen Armee, als sich jeder Einzelne auf die anstehende Mission vorbereitete. Auf Justins Zeichen drängten wir uns aus dem Van und stellten uns unseren Aufgaben. Für mein *Big Picture*-Intro platzierte ich mich vor die parkenden Polizeiautos, die Beamten, Limousinen und Superstars sowie die Fans und Fanatiker. Dies musste so schnell wie möglich passieren, da wir keine Drehgenehmigung hatten und früher oder später von dort verjagt werden würden. Ein Take, eine Chance. Als dies geschafft war, machte sich die Crew auf den Weg zur nächsten Location – der Blick auf die berühmte Treppe –, und ich sprang zurück in den Van, wo Sara Martin bereits mit Klamotten, Make-up, Perücke und Schnurrbart auf mich wartete (nicht zu vergessen das kleine Fläschchen schottischen Whiskys als Mutmacher, das in einem Zug geleert wurde). So konnte Ray Cokes als Roy Cakes den Van verlassen und sich seinen Weg zum roten Teppich bahnen.

Bei Events wie diesen herrscht eine starke Polizeipräsenz, und private Securitymänner, alle mit dunklen Sonnenbrillen und dem obligatorischen Finger am Ohrknopf, sorgen dafür, dass niemand unerlaubt den Bereich betritt, der den Stars vorbehalten ist. Wie gesagt, Zutritt bekommt man nur mit Einladung, und jeder hält sich eisern an die Regeln, damit kein Irrer (so wie ich) sich durchmogeln und den Stars in die Parade fahren kann. Anders als die anderen Gäste hatte ich natürlich keine Einladung zu dem Event, nur meinen Presseausweis mit Foto, daher würde dieses Unterfangen nur klappen mit einer Menge Selbstvertrauen, einem Bluff und viel Glück. Ich musste es nur auf den Teppich schaffen, die Treppe hinaufgehen und das Gebäude durch den Hinterausgang wieder verlassen. Oh, und Regisseur Justin hatte noch 50 Pfund gewettet, dass ich mich nicht trauen würde, auf dem Weg die Treppe hinauf vor aller Augen zu stolpern und hinzufallen.

Ich hatte keinen blassen Schimmer, wie ich dem Securitymann, der meine Legitimation prüfte, erklären sollte, dass nicht nur der Typ auf dem Foto ich war, sondern auch der Kerl, der nun vor ihm stand, und dass mein Hund angeblich meine Einladung gefressen hatte. Wie sich herausstellte, war das Glück an jenem Abend auf meiner Seite. Während ich kurz erklärte, dass dies eine kleine Showeinlage von MTV werden sollte, blickte der CIA-Typ auf das Foto, sah Roy an, blickte erneut auf das Foto, dann fing er an zu lächeln und sagte: »Ah oui, je vous connais … vous êtes le mec fou de MTV! J'aime beaucoup vos émissions – allez, vas-y et bonne chance!« (»Ah, ja, ich kenne Sie … Sie sind der Verrückte von MTV! Ich liebe Ihre Sendungen – na los, machen Sie schon, und viel Glück!«)

Dank seiner großzügigen Geste (und der Macht der Marke MTV) schaffte es Roy Cakes auf den roten Teppich und in die Sendung *The Big Picture*. Und falls es jemand wissen will – auf der Treppe stolperte er tatsächlich, vor den Kameras der ganzen Welt.

Schritt 8:
Promote Roy Cakes

Wir fuhren eine zweigleisige Strategie, zu der ein großer öffentlicher Auftritt sowie ein Publicity-Stunt, den keiner verpassen durfte, gehörten. Wir alle hatten Einladungen zu der Beachparty des Hard Rock Café bekommen (ab dem folgenden Jahr sollten alle Strandpartys von den örtlichen Behörden wegen Lärmbelästigung verboten werden), und ich tauchte dort verkleidet als Roy auf. Der Ehrengast war die amerikanische (recht durchgeknallte) Schauspielerin Rosanna Arquette, und nachdem ich ihr kurz unser falsches Spiel erklärt hatte, bot sie sich mir großzügigerweise als mein Date für den Abend an. Zusammen posierten wir vor den aufgeregten Paparazzi und den verwirrten Fernsehcrews – niemand hatte einen Plan, was hier vor sich ging, aber alle versuchten verzweifelt, ihre Unwissenheit zu vertuschen und die Kameras auf uns zu halten, um sich bloß keinen eventuell großen Fang durch die Lappen gehen zu lassen. Zwischenzeitlich verkündete Roy lauthals, dass er seine Lieblingslederhose an eine Wohltätigkeitsorganisation vor Ort stiften wolle, und Rosanna machte den Spaß mit, indem sie ihre High Heels auszog, sie unterschrieb und in die Menge aufgedrehter Schaulustiger warf.

Den Medien und den Gästen dieser überkandidelten Party hatten wir Roy Cakes stilecht präsentiert, aber es war klar, dass dies nicht ausreiche – wir brauchten mehr Publicity. Nach oben sind keine Grenzen gesetzt – genau das war unser Motto, und so nutzten wir kurzerhand den Himmel für unsere Zwecke. Wir hatten Kontakt zu einem Piloten aufgenommen, der ein Flugzeug besaß, mit dem man eines dieser langen Werbebanner durch die Luft ziehen konnte. Unser Banner trug ein großes MTV-Logo sowie die Worte: ROY CAKES IS BACK! ONLY ON MTV!

Mit dem restlichen Teil unseres Budgets bezahlten wir den Piloten und wiesen ihn an, etwa eine Stunde lang seine Kreise über der Location zu drehen. Es war unglaublich aufregend, als wir ihn zum ersten Mal vorbeifliegen sahen – wir saßen gerade beim Lunch am Strand und blickten sofort hinauf ins Blaue, als sich das Geräusch eines einmotorigen Flugzeugs langsam näherte und gleich jegliche Aufmerksamkeit auf sich zog.

»Seht, oben am Himmel! Ist es ein Vogel? Ist es ein Flugzeug? Nein, es ist Roy *fucking* Cakes, Scheiße noch mal!«

Das Flugzeug drehte ein paar Runden und wir freuten uns jedes Mal, aber irgendwann flog es einfach immer wieder vorbei, immer und immer wieder. Spätnachmittags, als wir ein kaltes Bier auf einer schattigen Terrasse genossen und die sanfte orangefarbene Abenddämmerung die Küste in warmes Licht tauchte, fanden wir es dann recht peinlich, dass unser Publicity-Banner immer noch am Himmel zu sehen war, und wir befürchteten, dass es den Partygästen das schöne Panorama versaute. Wie sich später herausstellte, war der Pilot ein großer Fan von uns, und obwohl wir ihn nur für eine Stunde bezahlt hatten, hatte er beschlossen, noch stundenlang weiterzufliegen, bis ihm der Treibstoff ausging – was für ein guter Kerl. Roy Cakes jedenfalls hatte seinen Namen in Großbuchstaben im Himmel gesehen, so wie alle anderen auch. Publicity – erledigt.

Schritt 9:
Besorge ein exklusives Interview mit MTV

Dieser Schritt war ein riesengroßer Spaß. Die Crew und ich zogen los, um Roy in seiner (unserer) gemieteten luxuriösen Villa zu filmen, wo er am Swimmingpool relaxte. Mein Bruder Mark war in der Stadt, und da wir beide einander recht ähnlich sehen (abgesehen natürlich von meinem muskelbepackten, straffen Körper), war er bereit, sich als Roy zu verkleiden und vor der Kamera zu posieren, sodass es den Eindruck erweckte, dass ich an ein und demselben Ort zweimal zu sehen war. Als ich mit Simon und Tim, den Kameramännern, die Villa betrat, saß Mark/Roy genießerisch am Pool und tauchte seinen Fuß ins Wasser – mein Bruder genoss diese Rolle in vollen Zügen. Wir drehten exklusives Material, bevor wir von Roys zwei Securitymännern (gespielt von unserer fantastischen Local Crew, Christophe und Luca) erwischt und vom Grundstück geworfen wurden. Nach diesem Vorfall weigerte Roy Cakes sich, von Ray Cokes interviewt zu werden. Stattdessen verlangte er, dass eine hübsche Frau ihn befragte, und so wurde die quirlige Pip Dann für das Exklusivinterview eingeflogen. Ihr mutiges und schwieriges Gespräch mit einem offensichtlich betrunkenen und lüsternen Roy ist mittlerweile ein Klassiker. Ich weiß noch, dass ich damals ziemlich eifersüchtig auf sie war, ja sogar recht sauer. Ich hatte so viel Zeit investiert, um ihn aufzuspüren, und nun heimste Pip die Lorbeeren dafür ein. Aber dann erinnerte ich mich, dass Roy Cakes nur eine fiktive Figur war, und danach war es gar nicht mehr so schlimm.

Schritt 10:
Sende all die oben genannten Segmente in deiner Sendung und kehre nach Hause zurück, um dem Boss zu erklären, warum du und deine Kollegen in Cannes drei Wochen lang fast das gesamte Budget für einen erfundenen Filmstar verballert habt.

Ende.

(Roy Cakes lebt heute glücklich und zufrieden in Hua Hin, Thailand, zusammen mit seiner Geschäftspartnerin und Vertrauten, Yung E. Phussi. Als Schauspieler ist er nur noch selten zu sehen, beispielsweise als pensionierter englischer Detektiv Bick Cotts-Brockin in der erfolgreichen thailändischen Seifenoper *Happy Endings – Bis zum Höhepunkt.*)

KAPITEL 6
MTV'S Most Wanted

Intro: Most Wanted Lives – Der Anfang

Datum: Dienstag, 14. April 1992, 20.30 Uhr MEZ
Ort: AIR TV Studios, Camden Town, London

Der Studioregisseur sitzt in der »Gallery«, dem Kontrollraum im Studio, vor einem großen Mischpult mit Tausenden von Knöpfen und Reglern (ich habe nicht die geringste Ahnung, wofür sie alle da sind). Der Produzent, Bildmischer, Lichtregisseur und das Script Girl sitzen alle um ihn herum, der überaus wichtige Tonmann sitzt hinter ihnen in seiner eigenen kleinen Kabine. Verschiedene MTV-Bosse drängen sich auf engstem Raum hinter der Crew und warten gespannt auf die erste live ausgestrahlte Episode von *MTV's Most Wanted*.

Der Regisseur lehnt sich vor, um ins Pultmikrofon zu sprechen, das direkt mit den Kopfhörern des Kameramanns, des Aufnahmeleiters und des Studioproduzenten sowie dem Ohrhörer des Moderators verbunden ist. Auf der Wand vor ihm befinden sich Monitore, auf denen man die Perspektive der drei Studiokameras sieht sowie auch die passend zurechtgespulte Eröffnungssequenz und die »Transmission Suite«, von wo aus die Musikvideos eingespielt werden. Der Studioregisseur starrt auf den großen elektronischen Countdown, der zwischen den Monitoren platziert ist, und drückt den Knopf, der ihn mit dem Studioteam verbindet, dann verkündet er: »Okay, allesamt, legen wir los … auf dich, Ray, DIE LIVESHOW in fünf, vier, drei, zwei, eins …« Auf der Gallery-Wand sowie über dem Studioeingang leuchtet ein großes, rotes

Licht auf, das jeden in der Umgebung wissen lässt, dass wir in den nächsten 90 Minuten live auf Sendung sind.

Im Studio sitzt der Moderator an seinem Schreibtisch, glotzt direkt in die Kamera und spricht: »Willkommen zur Geschichtsschreibung, liebe Jungs und Mädels, Ladies and Gentlemen, ich bin Ray Cokes, und dies ist der Beginn einer neuen Ära, der Start einer neuen Sendung hier auf MTV. Sie heißt *MTV's Most Wanted*. Wir wollten sie, und ihr habt sie bekommen. NEIN! Ihr wolltet sie, und wir haben sie bekommen!«

Als ich mich bei meinen ersten Worten in der Show, die nun die nächsten drei Jahre und acht Monate vier Abende pro Woche ausgestrahlt werden sollte, verhaspelte, hatten meine Crew und ich noch keinen blassen Schimmer, welche Auswirkungen diese Sendung letztendlich auf unser Leben, unsere Zuschauer und, wie manche sagen würden, generell aufs Fernsehen haben würde.

Die Welt erholte sich gerade von dem Realitätsschock des ersten Golfkriegs und von der größten Rezession seit den Zwanzigerjahren, wobei große Teile Europas unter massiver Arbeitslosigkeit und generell unter sozialen Missständen litten. Gerade in schwierigen Zeiten wie diesen dient realitätsferne Unterhaltung oft dazu, die Massen zu betäuben, und Mainstream-Fernsehen wird – in den unvergesslichen Worten von Michael Franti und seinen Disposable Heroes of Hiphoprisy – zur »Droge der Nation, die Ignoranz züchtet und einen mit Strahlung füttert« (»The drug of the nation – breeding ignorance and feeding radiation«). Da wir gerade von Drogen reden: Angeblich soll es ja so sein, dass es in Krisenzeiten auf der Straße billigere, leichter erhältliche verbotene Substanzen in Hülle und Fülle gibt, um die wütenden jungen Leute ruhig zu halten und zu betäuben. Dazu gehören sicherlich auch jene genannten Künstler, die mit derartigen Meisterwerken wie *Television The Drug Of The Nation* den Zeitgeist widerspiegeln.

Mit MTV gab es nun eine neue Art von Fernsehen, das durch Musik nicht nur unterhalten und inspirieren, sondern auch bilden und zum Umdenken anregen sollte. So schwer vorstellbar es heute auch ist, aber damals lief auf MTV Musik nonstop, es war ein wesentlicher Bestandteil der Gesellschaft – und es war die Party, bei der jeder dabei sein wollte.

Ende der Achtziger machten die Videostars mit toupierten Haaren und riesigen Budgets Platz für Indie-Bands und Shoegazer, die wiederum von schmuddeligen Grunge-Jungs aus Amerika vertrieben wurden, denen die Krone kurze Zeit später von der Britpop-Fraktion entrissen wurde, wobei zeitgleich die Gangsta-Rapper über den großen Teich blickten. Es war ein glücklicher Zufall, dass die Geburt von *Most Wanted* in diese musikalisch aufregende Zeit fiel – dadurch bekamen wir ein reichhaltiges Programm an Musik, über die wir reden konnten, eine Unmenge an innovativen, aufregenden Videoclips, mit denen wir unsere Show füllten, sowie eine breite Palette an Musikern, die als Gäste zu uns ins Studio kamen.

Wie ihr vielleicht noch wisst, war das Originalformat der Sendung (falls man es überhaupt so nennen kann) einfach eine Erweiterung meiner ersten Show, *Ray's Requests* – im Grunde eine Show, die sich um mich als Moderator drehte und um meine Verbindung zum Publikum –, nur dieses Mal mit größerem Budget und längerer Sendezeit. Im Laufe der Jahre entwickelte sie sich jedoch immer mehr zu einem Cocktail aus spontaner, chaotischer Unterhaltung, was damals sicherlich neu und innovativ war, aber vor allem war es der größte Spaß, den ich jemals in einem Fernsehstudio erleben durfte. Jemals.

Most Wanted lief immer dienstags bis freitags, zuerst zwischen 20.30 und 22.00 Uhr MEZ, später zwischen 21.00 und 22.30 Uhr – und einmal im Jahr gab es als Zugabe noch ein Weekend-Special drauf. Alle paar Monate bekamen wir zwei Wochen frei, um uns auszuruhen, zu sammeln und die nächste Staffel zu planen. Auch wenn Mathematik nie zu meinen Stärken gehört hat, müssten es nach meinen amateurhaften Berechnungen also etwa 500 Sendungen gewesen sein, die wir in jenen Jahren gemacht haben und in denen wir Hunderte von berühmten Gästen begrüßen, zahlreiche Live-Performances miterleben und mit Tausenden von Zuschauern chatten durften. Bitte verzeiht mir, wenn das alles heute (über 20 Jahre später) ein wenig verschwommen ist und ich fast das Gefühl habe, dass meine Erzählung dieser magischen Zeit nicht wirklich gerecht werden kann. Selbst wenn ich mich an alles erinnern könnte, würde die Geschichte endlos lang werden und zweifellos dazu führen, dass ich eine weitere allerletzte Deadline platzen lassen und den Zorn meines Verlegers fürchten müsste.

Nichtsdestotrotz hoffe ich, dass ihr – während ihr die folgenden Erinnerungen lest – in der Lage sein werdet, die Aufregung, die Leidenschaft, die Höhen und Tiefen einer der beliebtesten Fernsehshows, die Europa jemals sehen durfte, nochmals zu erleben – einer Show, die größtenteils von einem Haufen ahnungsloser Amateure zusammengestellt wurde und so zustande kam, wie sie passierte. Getreu unserem Motto: Es war Mist, aber wir fanden es genial!

Mit den Worten von Daft Punk ausgedrückt: Hier sind ein paar meiner *Random Access Memories* – zufällig zusammengewürfelte Erinnerungen.

Cast of Main Characters – Die Hauptakteure

14. April 1992 – 15. Dezember 1995

Alle Figuren, die hier genannt werden, sind nicht erfunden. Jede Ähnlichkeit mit lebenden Personen ist nicht gänzlich zufällig und jegliche Auslassung ungewollt. Die hier geäußerte Meinung repräsentiert nur meine eigene, und jegliche Schädigung, Verletzung, Diffamierung, Beleidigung oder Verleumdung jeglicher Körperschaften, Religionen, ethnischer Gruppen, Vereinigungen, Organisationen, Firmen oder Individuen (seien es Menschen oder Tiere) sind absolut ungewollt.

- (Nicht) in der Reihenfolge ihres Auftretens
- (Nicht) in alphabetischer Reihenfolge
- (Nicht) in der Reihenfolge ihrer Beliebtheit

Die Crew

Naughty Nympho Nina
Produktionsassistentin, gespielt von Nina Ferguson
Nina, ein gebildetes junges Mädchen, hatte nach dem Universitätsabschluss vor, in Südamerika BWL zu studieren, aber ihr Vater, dem sie sehr nahestand, fand die Idee nicht so gut, also blieb Nina in Großbritannien und bezahlte ihre Miete, indem sie in Restaurants und Bars jobbte. Als sie diese Arbeit zu langweilen begann und sie hörte, dass MTV Europe einen Praktikanten suchte, bewarb sie sich für diese Stelle. (Falls es jemand nicht wissen sollte: In der Unterhaltungsbranche sind Praktika gang und gäbe, bei denen enthusiastische junge Leute für wenig bis gar kein Geld unglaublich hart arbeiten, um Arbeitserfahrung zu sammeln.) Nina begann ihr Praktikum zunächst in anderen Abteilungen, bevor sie bei *Most Wanted* einstieg, wo sie schnell zu einem wichtigen Teil des Teams wurde, und ich bestand schon bald darauf, sie als Vollzeitkraft einzustellen. Ursprünglich war ihre Hauptaufgabe gewesen, sich um den riesigen Berg von Korrespondenz zu kümmern, den wir von den Zuschauern bekamen, wobei sie nicht nur Briefe und Fotos sortieren musste, sondern auch zahllose Kuscheltiere in die Hände bekam – für die wir eigentlich alle zu alt waren, deshalb brachte Nina sie am Ende des Monats immer zu einer Kinderwohltätigkeitsorganisation. Jeden Tag suchte sie ein paar Briefe für die Show am Abend heraus und rief die Absender persönlich an, um diese im Voraus abzuchecken, bevor sie dem Regisseur und mir verschiedene Optionen für unsere finale Auswahl unterbreitete. Ich würde sogar behaupten, dass die offene und besondere Beziehung, die *Most Wanted* mit den Zuschauern pflegte, eine Menge mit Ninas ehrlicher und einfühlsamer Haltung gegenüber jedem, der uns kontaktierte, zu tun hatte.
Ursprung des Spitznamens: Nina war ein zierliches, typisch englisches Mädchen – sexy, keck, mit großem Herzen, großen Brüsten und einer extrem lustigen Art. Natürlich hob ich diese Vorzüge im Studio immer hervor und überspitzte sie auch, und so wurde sie im Laufe der Zeit zu einer Art neckischer Schuldirektorin für uns ungezogene Jungs. Für mich war sie auch immer dann der Fels in der Brandung, wenn ich gewisse Probleme mit der Geschäftsführung

hatte, und sie wies mich auch stets zurecht, wenn meine Mätzchen im Studio zu sehr in Richtung Sexismus gingen oder ich gewisse Dinge wieder mal zu deutlich aussprach.

Heute lebt Nina mit ihrem Ehemann und zwei Kindern in London, wo sie als Mitinhaberin die Firma Inca Productions leitet, eine sehr erfolgreiche, namhafte Eventagentur für Lifestyle-Marken.

Pathetic Pat
Produktionsassistent, gespielt von Patrick Bird
Pat, ein Engländer, wie er im Buche steht, war gelernter Versicherungskaufmann, hatte aber vor seinem MTV-Job sechs Jahre lang als Wasserski-Lehrer und Barkeeper in Spanien und Griechenland gearbeitet, bevor er im Alter von 26 nach England zurückkehrte. Er hatte immer von einem Job beim Fernsehen geträumt und deshalb eine Bewerbung an MTV geschickt in der Hoffnung auf einen Praktikumsplatz. Sein Schreiben landete schließlich auf dem Schreibtisch meines Produzenten Will Macdonald, der Pat zum Bewerbungsgespräch einlud und sofort von dessen frecher Art begeistert war. Als Pat gefragt wurde, was er über Fernsehproduktionen wisse, antwortete er geradeheraus, dass er sich in dem Bereich absolut nicht auskenne, aber als Arbeitsloser sehr viel fernsehen würde – was Will als perfekte Voraussetzung betrachtete und ihm den Job gab. Dies zeigt mal wieder, dass – wie bei einem Pokerspiel – der Preis nicht immer nur an den geht, der die besten Karten hat, sondern an den, der wagemutig, furchtlos und davon überzeugt ist zu gewinnen. Vielen Dank für diese Lebenslektion, Mr Bird.

Ursprung des Spitznamens: Im wahren Leben ist Pat ein nassforscher, lustiger Mensch, der über das verfügt, was wir Engländer »the gift of the gab« nennen – das bedeutet, dass er nicht auf den Mund gefallen ist, klar und selbstbewusst kommuniziert, sodass man ihm zuhört und ihm glaubt, was er sagt. Ich habe kaum jemanden kennengelernt, der besser bluffen konnte als er, und diese Fähigkeit war besonders nützlich beim Anschnorren diverser Unternehmen, die uns schließlich umsonst verschiedenste Requisiten für die Show zur Verfügung stellten. Bei *Most Wanted* hielt ich es für besonders lustig, Pat als das genaue Gegenteil von dem, wie er wirklich war, darzustellen, und so wurde er zu meinem Prügelknaben-Sidekick namens Pathetic Pat, wobei er seine Rolle perfekt mit ebendieser Erbärmlichkeit spielte.

Nach verschiedenen Projekten, inklusive einer kurzen Phase als Softporno-Baron, arbeitet Pat heute als freiberuflicher Fernsehproduzent mit Wohnsitz im ländlichen Kent, und er hofft, eines Tages seinen Ruhestand in der spanischen Sonne zu genießen. Wünschen wir uns das nicht alle?

Alan The Dictator

Produzent/Regisseur, gespielt von Alan Howard
Ursprung des Spitznamens: Alan, ein friedlicher und zuvorkommender Typ, war der erste Produzent/Regisseur, mit dem ich eng zusammenarbeitete, als meine VJ-Moderationen zu eigenen, größeren Sendungen wurden. Seine Toleranz und Geduld hatten absolut gar nichts mit dem Autokraten zu tun, zu dem ich ihn vor der Kamera machte. Nichtsdestotrotz gefiel es mir manchmal nicht, mich an seine Anweisungen zu halten, also nannte ich ihn Diktator.

Alan lebt heute in London, wo er verschiedene Online-Projekte leitet und Werbefilme für Unternehmen herstellt. Hin und wieder macht er auch elegante Hochzeitsvideos für seine reichen, piekfeinen Kunden.

Robbie The Ballerina

Produktionsassistent/Aufnahmeleiter, gespielt von Robert Lewis
Ursprung des Spitznamens: Robert ist ein extrem kultivierter, aber schrecklich schüchterner Mann aus Wales, der mit einer hohen Falsettstimme spricht und dummerweise den Fehler gemacht hat, mir zu verraten, dass er als kleiner Junge von seiner Mutter zum Ballettunterricht geschickt wurde. Die anderen Crewmitglieder, die schon länger für mich arbeiteten, wussten genau, dass sie mir solche intimen Details besser nicht verrieten, da ich diese immer gegen sie verwenden würde – natürlich nur im Namen der Comedy. Nachdem Rob sein Talent bewiesen hatte, indem er einen perfekten

Balletttanz im Studio aufs Parkett legte, gab es ganz einfach kein Zurück mehr. Seitdem war er unsere Hausballerina, ob es ihm gefiel oder nicht.

Rob wohnt mit seiner Frau in Yorkshire und hat die wundervolle Ballettkunst schon lange an den Nagel gehängt. Stattdessen arbeitet er als freiberuflicher Produzent/Regisseur für verschiedene Fernsehproduktionen.

Toby-Wan Kenobi
Produzent, gespielt von Toby Clifton
Ursprung des Spitznamens: Toby, ein intelligenter Gentleman mit weicher Stimme, genoss es immer sehr, die Verantwortlichen der Sendung nach Strich und Faden zu verarschen. Seinen Vornamen mit der Figur Obi-Wan Kenobi aus *Star Wars* zu kombinieren, lag auf der Hand. Toby lebt heute immer noch in East Sussex, mit seiner Frau und zwei Kindern, und er fährt regelmäßig nach London, wo er als leitender Angestellter für die weltweit agierende Werbeagentur JWT arbeitet.

Timmy The Tea Boy
Laufbursche, gespielt von Tim Van Someren
Ursprung des Spitznamens: Tim arbeitete als Praktikant in irgendeiner anderen Abteilung, war während der Livesendung aber oft im Studio und half, wo er nur konnte – soweit ich mich erinnere, hat er uns aber nie Tee serviert. Er ist verheiratet, hat zwei Kinder und lebt in London, wo er den Ruf als einer der besten Liveshow-Regisseure Großbritanniens genießt.

Tracy The Tyrant
Produktionsassistentin/Aufnahmeleiterin, gespielt von Tracy Williams
Ursprung des Spitznamens: Tracy ist eine toughe, aber liebenswürdige Frau aus Liverpool, die sich damals nichts gefallen ließ, auch nicht von mir. Heute lebt sie mit ihrem Ehemann in Kalifornien, wo sie eine Hunderettungsstation leitet.

88
Künstler-Booking und Pressearbeit, gespielt von Phil Mount
Ursprung des Spitznamens: Ich weiß nicht mehr genau, warum wir Phil, einem langhaarigen Rock-Fan mit breitem irischen Akzent, diesen Spitznamen gegeben haben. Vielleicht lag es daran, dass er einen bestimmten Studiogast mal als »Idioten« bezeichnet hat, was sich für mein englisches Gehör wie »Eighty-eight« angehört hat. Heute ist Phil ein erfolgreicher Fernsehproduzent, der für verschiedene englische Sender arbeitet, und lebt glücklich verheiratet und mit zwei Kindern in London.

Wicked Will
Produzent, gespielt von Will Macdonald

Vor seiner Ankunft bei *Most Wanted* hatte Will »fürs echte Fernsehen« gearbeitet, und zwar als Produzent der sehr erfolgreichen, leicht verdaulichen Unterhaltungssendung *Don't Forget Your Toothbrush* (konzipiert und präsentiert vom britischen Überfliegermoderator Chris Evans). Wills Job dort bestand darin, die ganze Woche lang Scripts für die Sendung zu schreiben, sie zu produzieren und zu proben – völlig im Gegensatz zu unserer täglichen Sendung, wo der Inhalt nachmittags zusammengestellt und wo nie etwas geprobt wurde und bei der bis zum Abspann spontan alles Mögliche passieren konnte.

Erst kürzlich verriet Will mir, dass er gar kein Interesse an einem Job bei MTV gehabt habe, sich aber für den Posten des Produzenten von *Most Wanted* beworben hatte, weil es ganz anders gewesen sei als alles, was es damals im Fernsehen gab. Außerdem habe ihm der »brillante und positive Enthusiasmus« gefallen sowie der Moderator, »der wie ein Irrer aussah und den Eindruck machte, als könne er jeden Moment ausflippen«. Will ist der talentierteste Produzent, mit dem ich je zusammengearbeitet habe, und als er das letzte Jahr von *Most Wanted* übernahm, brachte er die Sendung auf eine neue Ebene. Er führte größere Ideen ein und schuf eine engere und straffere Organisation (und er ermahnte mich ständig mit den Worten: »Mach endlich weiter!«). Er ermutigte die Stars, sich mehr in die Show einzubringen, vor allem durch im Voraus produzierte Jingles oder besondere Coverversionen, und er bereitete sie auf unsere ungewöhnlichen Interviewmethoden vor. Es war auch Wills brillante Idee gewesen, ein paar Zuschauer ins Studio zu holen, um noch mehr aus meiner Performance herauszuholen. Dieses Publikum, das sich irgendwann als »Club Bed« etablierte (und sehr geliebt wurde), bestand normalerweise aus etwa 20 Leuten, meist ausländischen Studenten oder Touristen.

Ursprung des Spitznamens: Im Englischen bedeutet das Adjektiv »wicked« so viel wie »böse« oder »niederträchtig«. Mit seiner elitären Schulbildung und seiner typisch englischen Gentleman-Haltung hatte Will absolut nichts Teuflisches an sich. Wenn man »wicked« allerdings als Slangwort benutzt, bezeichnet es einen total coolen Typen. Die Interpretation des Wortes überließen wir den Zuschauern.

Heute wohnt Will mit seiner Frau und drei Kindern in London, wo er mit einem Geschäftspartner Monkey Kingdom gegründet hat, eine sehr erfolgreiche Produktionsfirma für Unterhaltungsshows, die kürzlich von der amerikanischen Mediengruppe NBCUniversal gekauft wurde.

Mad Murph
Regisseur, gespielt von Justin Murphy
Ursprung des Spitznamens: Justin ist Australier und verfügt über diese typische »Offen für alles«-Einstellung, die man bei so vielen Bewohnern dieses Kontinents findet. Mit seinem grenzenlosen Enthusiasmus trieb er die chaotischen Mätzchen, die unsere Shows ausmachten, stark voran. Gelegentlich wurde er auch als »Moody Murphy« bezeichnet wegen seiner Neigung zum Schmollen – vor allem immer dann, wenn er meine haarsträubenden Forderungen erfüllen musste. Justin lebt heute noch in derselben Londoner Wohnung, die er damals schon bewohnt hat, und er und seine Ehefrau arbeiten weiterhin als freiberufliche Regisseure.

Manic Mike
Regisseur, gespielt von Mike Kaufman
Ursprung des Spitznamens: Mike war ein fröhlicher, selbstbewusster Regisseur, der sich manchmal so voller Begeisterung in seine Arbeit

hineinsteigerte, dass ich ihn bitten musste, doch wieder etwas runterzukommen, damit alle anderen mit ihm mithalten konnten. Mike lebt heute im Westen Londons und führt seine eigene Firma, die Konzerte und Festivals für den namhaften Veranstalter Live Nation produziert und filmt.

Knackered Neil
Regisseur, gespielt von Neil Breakwell
Ursprung des Spitznamens: Neil war ein eher in sich gekehrter, nachdenklicher Regisseur mit weniger Energie als die anderen, daher sein »müder« Spitzname. Er lebt in England, ist verheiratet und reist häufig nach Asien, wo er verschiedene Fernsehprojekte produziert.

Rob The Cameraman
Kameramann, gespielt von Robert Mansfield
Ursprung des Spitznamens: Rob ist einer der nettesten, offensten und ultraschüchternsten Typen, die es überhaupt gibt. Zuerst traute er sich nicht, mit mir während der Livesendungen ein paar Worte zu wechseln, aber genau das brauchten wir, damit unsere Zusammenarbeit funktionierte. Unsere Interaktion kam völlig ungewollt zustande und wurde zum Markenzeichen der Show. Robs typische Begrüßung (»Eeeeveeninng!«) war seine eigene Idee gewesen und basierte auf einem Ausspruch einer seiner Freunde, der auf selbige Weise sprach – er zog die Wörter so lang, als würde er in Zeitlupe sprechen. Während seiner Zeit bei *Most Wanted* lernte Rob seine heutige Ehefrau kennen (sie tat eines Tages einem Kollegen einen Gefallen und überbrachte uns ein paar Faxe, und es war Liebe auf den ersten Blick).

Heute ist Rob ein preisgekrönter lichtsetzender Kameramann, arbeitet für viele bekannte BBC-Sendungen und lebt mit seiner Frau und zwei Kindern in London. Er hat sich überhaupt nicht verändert.

Andycam
Kameramann, gespielt von Andrew Pellett
Ursprung des Spitznamens: Zu jener Zeit war die Handycam von Sony eine beliebte Videokamera für den Privatgebrauch, und so lag es für mich nur nahe, aus Handy Andy zu machen. Obwohl ein freundlicher und großzügiger Kerl, war Andy offensichtlich immer ein wenig eifersüchtig, weil er hinter Rob stets nur die zweite Geige spielte. Trotzdem fand er einen eigenen Weg, sich in die Show einzubringen, was auch sehr gut klappte.

Andycam lebt heute mit seiner dänischen Ehefrau und zwei Kindern in Dänemark, wo er immer noch als Kameramann für Musik-, Sport- und Studiosendungen arbeitet.

Ben Dover
Kameramann, gespielt von Ben Frewin
Ursprung des Spitznamens: Der Vorname Ben in Kombination mit Dover ist so eine alberne, aber überaus effektive sexuelle Anspielung (»bend over«), dass ich sie einfach benutzen musste. Ben, ein junger, aber sehr selbstbewusster Kameramann, kam erst spät zu uns, und sein Spitzname gefiel ihm überhaupt nicht.

Heute wohnt er mit seiner Freundin und seinem Hund im Westen Londons und arbeitet immer noch als freiberuflicher Kameramann, unter anderem bei großen Livespektakeln wie der Eröffnungszeremonie der Olympischen Spiele 2012.

Crazy Craig
Kameramann, gespielt von Greg O'Callaghan
Ursprung des Spitznamens: Zuerst verstand ich seinen Namen falsch, und so setzte sich »Craig« einfach fest. Greg war ein großer Fan von »Cans of bis« (unsere scherzhafte Bezeichnung für Cannabis) und hatte für jeden immer ein Lächeln auf den Lippen. Manchmal gab er Dinge von sich, die überhaupt keinen Sinn machten.

Zur Zeit ist Greg geschieden und lebt mit seinen drei Kindern in London, wo er weiterhin freiberuflich als Kameramann arbeitet.

Lover Boy Lincoln
Kameramann, gespielt von Lincoln Abraham
Ursprung des Spitznamens: Ein gut aussehender, extrem cooler dunkelhäutiger Typ, der wie Ben erst recht spät zum Team kam. Die Ladys flogen auf ihn, und er wusste es. Lincoln, oder Lincs, war ein echt charmanter Kerl, den man wirklich gut um sich haben konnte.

Er hat zwei Kinder, lebt zur Zeit allein in Hertfordshire und arbeitet weiter als freiberuflicher Kameramann, meistens zusammen mit Ben und oft bei großen Fernsehsendungen.

Curtis The Cable Holder
Kameraassistent, gespielt von Curtis Dunne
Ursprung des Spitznamens: Das jüngste und größte Crewmitglied – ein selbstbewusster, aber nicht arroganter Typ mit freundlichem Naturell, der wusste, wie man aus der Menge herausstach. Sein Spitzname war wohl der einfallsloseste von allen, weil der junge Mann ganz einfach das Kamerakabel führte, während der Kameramann sich im Studio bewegte.

Curtis lebt mit Frau und drei Kindern in London und ist einer der gefragtesten Steadicam-Operators der Branche.

Flossie The Sheep
Bauernhof-Kuscheltier, gespielt von einem Bauernhof-Kuscheltier
Ursprung des Spitznamens: In England ist Flossy ein gängiger Name für ein Schaf, ungefähr so wie Kühe oft Daisy heißen. Unser Schaf hatte jedoch kein »y« am Ende, sondern ein »ie«, weil es ein wunderschönes Exemplar eines irischen Galway-Schafes war. Und wer das glaubt, glaubt einfach alles. Apropos: Am Ende einer *Most Wanted*-Folge wurde Flossie von Aliens entführt und ward nie wieder gesehen.

Bubbles
Studiohaustier, gespielt von einem Goldfisch
Ursprung des Spitznamens: Bubbles war eine offensichtliche Namenswahl für einen kleinen Goldfisch, weil der nicht viel mehr

tut, als den ganzen Tag herumzuschwimmen und Blasen zu machen. Gelegentlich gaben wir ihm eine Gastrolle und blendeten immer, wenn er in Nahaufnahme zu sehen war, Sprechblasen mit seinen Gedanken ein.

Warum Michael Jackson einen Schimpansen mit demselben Namen bei sich zu Hause hielt, ist vielleicht nicht ganz so offensichtlich, obwohl manche Leute im Laufe der Jahre ziemlich geschmacklose Erklärungen dafür fanden.

Bubbles, der Goldfisch, hat sich leider aus dem Showgeschäft zurückgezogen, allerdings weiß er mit seinem Drei-Sekunden-Gedächtnis sowieso nicht, was er getan hat oder gerade tut, abgesehen vom Blasenmachen.

Anhang: Die Entdeckung von Davina McCall

Im ersten Jahr von *Most Wanted* war ich mehr oder weniger verantwortlich dafür, eine junge Frau zu entdecken und sie zu fördern, sodass sie schließlich zu einer der bekanntesten und beliebtesten Fernsehmoderatorinnen Großbritanniens wurde. Eines Abends im Jahr 1992, als ich auf der After-Show-Party der BRIT Awards (des renommierten Musikpreises der British Phonographic Industry) umherwanderte, kam eine laute, dreiste und selbstbewusste Frau auf mich zu und verkündete, dass sie Davina McCall sei, *Most Wanted* über alles liebe und selbst von einer Moderatorenkarriere träume. Solche Dinge passierten immer wieder, und meistens regelte ich sie, indem ich meinem völlig aufgeregten Gegenüber freundlich vorschlug, den Sender anzuschreiben und um ein Vorsprechen zu bitten. Diese junge Dame war jedoch anders, ich konnte ihr Potenzial deutlich spüren. Da ich mich noch gut an meine Vorsprechen erinnerte, empfahl ich ihr, einen kleinen Film einzureichen, in dem sie sich selbst vor der Kamera vorstellte, ein Video anmoderierte und einen Freund interviewte. Etwa eine Woche später erhielt ich die Aufnahme, aber beim Anschauen fand ich Davinas Performance zu schwach und wusste, dass sie mehr draufhatte, deshalb rief ich sie an und gab ihr ein paar Tipps, wie sie sich verbessern konnte (nicht dass ich wirklich wusste, was ich vor der Kamera tat, aber immerhin wusste ich besser über die Anforderungen, die man bei MTV erfüllen musste, Bescheid als sie). Bei ihrer zweiten Chance brachte die junge Kandidatin die nötige Power, und so reichte ich das Tape weiter an meine unmittelbare Vorgesetzte, die wundervolle Sara Martin. Sara stimmte mir sofort zu, dass Davina das gewisse Etwas hatte und dass wir ihr eine Chance geben sollten. Daraufhin schlug ich vor, sie als mobile Reporterin für ein anstehendes *Most Wanted Weekend* einzusetzen, bei dem wir unter anderem ein neues, temporäres Mitglied für die Band Crowded House suchten.

Als Feature für das Wochenend-Special hatte ich die Musiker gebeten, einen neuen Song aus Textfetzen, die von Zuschauern per Fax geschickt wurden, zu basteln und ein neues Mitglied zu finden, das mit ihnen den neuen Song spielen sollte. So wurde es Davinas Mission, die Londoner Denmark Street entlangzulaufen – eine Gegend, die für ihre Vielzahl an Musikgeschäften bekannt ist – und diesen Musiker zu finden. Sie brachte uns schließlich einen talentierten Saxofonisten, der sein Können live im Studio unter Beweis stellte und letztendlich von uns als neues Bandmitglied auserwählt wurde.

Gleich bei ihrem ersten Fernsehauftritt zeigte Davina, dass sie ein Naturtalent war, und machte ihre Sache großartig, sogar so sehr, dass sie schon bald mein Ersatz wurde, wenn ich gelegentlich mal eine Woche aussetzte. Bis dahin hatten, wenn ich Urlaub hatte, Promis wie Mark und Robbie von Take That, Meat Loaf und Tears For Fears meinen Platz kurzzeitig übernommen, aber ein fest angestellter VJ würde natürlich immer auf Abruf bereitstehen und auch bei Weitem nicht so teuer sein. Auch andere VJ-Kollegen hatten bereits versucht, die Zügel bei *Most Wanted* in die Hand zu nehmen, konnten aber meist nicht mit der Tatsache umgehen, dass die Show live ausgestrahlt wurde (alle anderen VJ-Moderationen waren aufgezeichnet) und viel Improvisationstalent erforderte. Davina hingegen meisterte die Aufgabe mit der größten Selbstverständlichkeit und wurde schon bald zu meiner standesgemäßen Vertretung. Innerhalb von zwei Jahren bekam sie ihren eigenen VJ-Posten.

Obwohl ich ihr die Tür zu MTV geöffnet hatte, hielt ich, nachdem sie zu uns gekommen war, Abstand zu ihr, und wir wurden eigentlich nie richtige Freunde. Davina war nicht nur sehr talentiert, sondern auch sehr ehrgeizig, und heute weiß ich, dass ich damals unnötigerweise völlig paranoid war, aber sie hatte es damals schon ganz klar auf die Spitzenposition abgesehen, und ich hatte einfach nur Angst, vom Thron gestoßen zu werden.

MOST Catchphrases – Die Sprüche

»It's crap, but we love it!« – *Mist, aber genial*

Dieser Ausspruch wurde von Anfang an in der Sendung benutzt; ich hatte ihn zum ersten Mal gesagt als Antwort auf einen Kommentar von Regisseur Justin »Mad Murph« Murphy, der in der Gallery saß und mal wieder mitansehen musste, wie ich bei einem Live-Stunt/ Witz/Interview völlig versagte. Dabei hatte er sarkastisch in meinen Ohrhörer genuschelt: »Na, das hat ja wirklich gut geklappt…« Ohne groß darüber nachzudenken, versuchte ich nicht, das peinliche Debakel zu überspielen oder zu ignorieren, sondern blickte direkt in die Kamera und gestand vor den Zuschauern: »Das war Mist, aber wir fanden es genial!«

Obwohl dies eine spontane Reaktion war, erkenne ich im Nachhinein, dass ich dabei unterbewusst einen Rat beherzigte, den mir mein Mentor Michel Perin – der Mann, der mich ins Fernsehen gebracht hatte – knapp zehn Jahre zuvor gegeben hatte. Er hatte mir geraten, mich nicht von einer plötzlichen peinlichen Stille durcheinanderbringen zu lassen, falls in einer Livesendung mal etwas schiefgehen sollte. Stattdessen sollte ich auf den Fauxpas eingehen und irgendetwas daraus machen. Manch einer möge behaupten, dass ich eine ganze Karriere darauf aufgebaut habe, mich selbst durch den Kakao zu ziehen, und Selbstironie liegt mir tatsächlich sehr gut, schließlich komme ich aus England – es liegt in meinen Genen. Als ich *Most Wanted* moderierte, spürte ich auch deutlich, dass das Publikum auf meiner Seite war und wollte, dass ich erfolgreich war – also konnte ich gar nicht versagen, egal in was für einen Schlamassel ich mich selbst brachte.

Durch die ständige Wiederholung dieses Spruchs in der Sendung hielt ich die Zuschauer sozusagen auf meiner Seite, indem ich zugab, dass a) die Sendung manchmal eine Menge improvisierter Müll war und die Witze und Inhalte nicht immer zündeten, b) wir uns nicht allzu ernst nahmen (für den Fall, dass es jemand anzweifelte), und schließlich c) nichts davon irgendwie wichtig war – es war bloß Musikfernsehen, wir waren keine Ärzte, die Leben retteten, sondern hatten einfach Spaß, brachen Regeln und kamen damit durch – meistens jedenfalls.

»Who the f*** is Bill Payer and why do we need to ask his permission?« – Bill Payer und seine Erlaubnis

Nach jeder Ankündigung einer Telefon-Competition war ich gesetzlich dazu verpflichtet anzumerken, dass die Anrufer vorher bei demjenigen, dem der Telefonanschluss gehörte, um Erlaubnis fragen müssen. Auf Englisch lautete mein Satz: »Please ask the bill payer's permission before making the call« – bitte fragt den Rechnungsträger um Erlaubnis, bevor ihr anruft. Ich veränderte dies immer zu »Please ask Bill Payer's permission before making the call«, damit es sich so anhörte, als ob der Teilnehmer einen Mann namens Bill Payer um Erlaubnis fragen müsse und nicht den Adressaten der Telefonrechnung (meistens die Eltern). So was wird im Allgemeinen als britischer Humor bezeichnet.

»You gotta be in it to win it!« – Mitmachen und gewinnen

Dieser Satz dürfte es mittlerweile schon in jedes Fernsehlexikon geschafft haben, aber ich benutzte ihn zuerst, um die Zuschauer auf subtile Art zum Mitmachen zu animieren und sie kurzzeitig vergessen zu lassen, dass sie dafür ein teures Ferngespräch nach London zahlen mussten. In den Anfangstagen, es muss in einem November gewesen sein, hatten wir vom Budget her etwas Geld übrig, und die Marketingabteilung schlug als Werbeaktion, um mehr Zuschauer zu gewinnen, vor, dass wir die Kohle einfach bei einem Pop-Quiz an Anrufer weggeben sollten, und zwar während des allerersten *Most Wanted Weekend*. Das Spiel war sehr simpel – man bekam für jede richtig beantwortete Frage einen Geldpreis. Diese Summe wurde immer größer, bis die Teilnehmer eine falsche Antwort gaben – dann entschieden sie sich entweder für die erspielte Summe oder sie setzten den Betrag in einer »Verdoppeln oder Verlieren«-Extrarunde mit einer letzten richtig zu beantwortenden Frage ein. Natürlich ermutigte ich die Teilnehmer immer zum Risiko, und meistens sollte sich dies für sie auch auszahlen. Ich weiß noch, als es einmal nicht geklappt hat – eine junge alleinerziehende Mutter, deren Geld vorn und hinten nicht reichte, gewann 500 Pfund, und obwohl sie mit diesem Gewinn zufrieden gewesen wäre, überredeten ich und die Crew sie zum Weiterspielen – woraufhin sie den gesamten Betrag verlor. Sofort fühlten wir uns alle total schuldig, deshalb tat ich so, als wäre die Telefonverbindung gestört gewesen und ihre Antwort nicht deutlich genug rübergekommen. Dann nannte ich die korrekte Antwort und fragte, ob es das gewesen sei, was sie gesagt hätte, was sie natürlich bejahte – und so war sie um 1.000 Pfund reicher. Möglicherweise war dies nicht ganz legal und wahrscheinlich auch unfair gegenüber den anderen Teilnehmern an jenem Tag, aber es fühlte sich trotzdem gut an. Auch wenn es rührselig und sentimental klingt: Glück zu verbreiten und Optimismus zu fördern, waren wichtige Bestandteile von *Most Wanted*, und das wurde von unseren herzlichen und treuen Zuschauern gänzlich erwidert. Ihre enthusiastische Mitwirkung zeigte sich auch in einem anderen Spruch, der zu meinen persönlichen Favoriten gehört:

»Your input is our output.« – Geben und nehmen

Journalisten fragen mich oft, warum *Most Wanted* so viele Menschen berührt hat und die Leute sich so viele Jahre später immer noch gern daran erinnern. Immerhin bestand die Sendung auf dem Papier bloß aus einer von einem VJ präsentierten Reihe von Musikvideos, zusammen mit verschiedenen berühmten Gästen und einer Live-Performance im Studio als Sahnehäubchen. Die offensichtlichen Antworten darauf, warum die Show so erfolgreich war, würden lauten: weil sie in ganz Europa ausgestrahlt wurde, weil es nichts Vergleichbares im Fernsehen gab und weil viele große Stars zu Besuch kamen und durch die relaxte Atmosphäre und die albernen Spiele oft eine Seite von sich zeigten, die man so noch nicht kannte. Dies alles verhalf zwar sicherlich zu guten Zuschauerzahlen, aber ich glaube, dass auch ein anderer Grund enorm wichtig war. Was *Most Wanted* für mich wirklich so besonders machte, war die einmalige Verbindung zwischen uns und dem Publikum. Die Kommunikation ging nicht nur von uns aus, und es fühlte sich an, als wären wir alle im selben Club. Die Zuschauer betrieben einen unglaublichen Aufwand, um zu den abendlichen Shows etwas beizutragen. Jeden Tag bekamen wir Tausende von Briefen aus ganz Europa, in denen wir seitenweise lustige oder bewegende Geschichten fanden, fantastisch gezeichnete Cartoonbilder von mir und der Crew, extra für uns entworfene Requisiten, die wir im Studio einsetzen konnten, und zu guter Letzt Hunderte von unaufgefordert eingesandten Fotos, die von angezogen bis nackt, von Softporno bis zu Hardcore reichten. Im Studio hatten wir ein Faxgerät stehen, und bereits Stunden vor dem Start der Sendung spuckte die Maschine unzählige Schwarz-Weiß-Botschaften aus von jenen, die sich glücklich schätzen durften, über diese damals innovative Technologie zu verfügen – oder die das Pech hatten, immer noch auf der Arbeit festzusitzen, und das Bürofax nutzten. Auch während der Show arbeitete das Gerät fleißig weiter, sodass wir im Verlauf des Abends mehrmals das Papierfach auffüllen mussten. Um all diese Mühen der Zuschauer für den heutigen Leser nochmals deutlich zu machen: Heute braucht es nicht viel mehr als ein wenig Daumenarbeit, um an einer Fernsehshow über SMS oder Twitter teilzunehmen. In der Zeit vor diesen modernen Spielereien musste man jedoch, wenn man sich Gehör verschaffen wollte, alles zu Papier bringen, eine Briefmarke kaufen und das Ganze im wahrsten Sinne des Wortes »posten« – also in den Briefkasten stecken – oder, wie gesagt, das Schriftstück ins Fax legen und geduldig warten, bis das neumodische Gerät zahlreiche Versuche startete, sich mit der Außenwelt zu verbinden, und meistens die Nachricht erst versendete, als man schon die Nase voll hatte und aufgeben wollte. Wir nahmen die Korrespondenz, die bei uns eintraf, sehr ernst, und es gab immer einen Praktikanten in unserem Team, dessen einzige Aufgabe darin bestand, die Briefe zu öffnen, die Faxe zu sammeln und sie an Naughty Nympho Nina weiterzugeben, die jedes einzelne Schriftstück las, eine Vorauswahl traf und sie dann als möglichen Sendungsinhalt an mich weiterreichte.

Diese beständige wechselseitige Kommunikation erlaubte mir, mit den Zuschauern auf beispiellose Art zu interagieren, und sie ermutigte das Publikum zu spontanen Reaktionen, wodurch oftmals der Verlauf der Sendung völlig umgekrempelt wurde. Es bedeutete auch, dass ich nur mit minimaler Vorbereitung in die Sendung zu gehen brauchte, was zu meinem leicht faulen Naturell perfekt passte.

»This show's so packed, it should go on holiday!« –
Prall gefüllt wie ein Urlaubskoffer

Manchmal versuchten wir, in den vorgegebenen 90 Minuten Sendezeit viel zu viel unterzubringen, und meistens verwendeten wir letzten Endes zu viel Zeit auf einen bestimmten Aspekt der Show und nicht genug auf andere. Der obige Ausspruch sollte diese Tatsache hervorheben, und damals hielt ich ihn für ziemlich witzig. Was er aber nicht wirklich war.

MOST Iconic Prop – Die Showelemente

Nachdem ich im Laufe der Jahre einige Online-Foren gelesen und mit *Most Wanted*-Fans weltweit gechattet habe (sowie mit vielen Stars, die bei uns aufgetreten sind), bin ich zu dem Schluss gekommen, dass die wohl beliebteste Showeinlage die »Bingo Wall of Death« war.

Falls ihr es nie erlebt habt, lasst mich euch dieses Element, das auch zu meinen Favoriten gehört, ein wenig näher erklären. Die Bingo Wall of Death war ein ständig wiederkehrendes Feature, bei dem ich meinen Gästen persönliche, schwierige, unangenehme oder einfach nur völlig blöde Fragen stellte, die ich in einem normalen

Interview niemals untergebracht hätte. Für diesen mutigen Stunt bekam ich von der Requisite eine große und sehr kitschig gestaltete Holztafel auf Rädern mit einem verschnörkelten Rahmen drum herum, wie man ihn eher bei einem Kunstgemälde in einer Ausstellung erwartet. Auf dieser Holztafel befanden sich 20 Fragen auf kleinen Papierstreifen, die mit Nadeln befestigt waren. Zu diesem Kunstwerk hatte man mir noch eine altmodische Bingo-Maschine bereitgestellt, die in einem Glaskasten kleine nummerierte Tischtennisbälle umherblies, bis einer davon angesaugt und durch eine Röhre nach draußen befördert wurde. Ich sah auf die Nummer des Balls und suchte mir dazu die passende Frage an der Wall of Death, die ich dem betreffenden Star dann stellte.

Seltsamerweise hat niemals jemand nach der Bedeutung des verrückten Namens gefragt, aber im Sinne der völligen Transparenz werde ich die Inspiration für diese ungewöhnliche Bezeichnung jetzt preisgeben. Während der Bingo-Bezug ziemlich offensichtlich ist, wird euch der Rest des Titels eher verwirren, aber auch dafür gibt es eine einfache Erklärung: Als kleiner Junge liebte ich diese Stuntshows auf Jahrmärkten, bei denen tollkühne Motorradfahrer im Inneren eines riesengroßen Holzzylinders vertikal an den Wänden entlangfuhren und irre Stunts vorführten, während die Zuschauer von oben zusahen. Diese Attraktion hieß »Wall of Death«, und weil ich über Zentripetalkräfte (nicht zu verwechseln mit Zentrifugalkräften) noch nicht Bescheid wusste, sahen die Stunts für meine jungen Augen sehr beeindruckend aus, und die Fahrer waren für mich todesmutige Helden. Deshalb hatte es für mich auch Sinn, mir diesen Namen zu borgen, weil meine Gäste mit mutigen Fragen konfrontiert wurden, und schlimmer als der Tod war für sie, wenn sie diese nicht aufrichtig beantworten konnten. Jedenfalls war das in meinen Augen so – aber um ehrlich zu sein, hörten sich die Worte Bingo und Wall of Death zusammen einfach nur gut an.

Eingeführt im zweiten Jahr der Show, war es anfangs sehr schwierig, die Künstler zur Teilnahme an diesem albernen Spiel zu bewegen, aber am Ende waren viele sehr enttäuscht, wenn wir die hässliche Requisite nicht ins Studio rollten. Immerhin war es für sie mal eine Abwechslung von der üblichen Reihe von Fragen, und sie konnten eine Seite von sich zeigen, die nur wenige Fans kannten. Dank der

»BWoD« tauchten unbekannte und oft überraschende Fakten über die Stars auf, von denen ich leider viele vergessen habe, bis auf diese: Björk (die Allererste, die sich dieser riskanten Aufgabe stellte) lachte gern über Fürze, Kylie Minogue hatte Sex an einem öffentlichen Ort gehabt, Robert Smith glaubte an Ufos, der eine oder andere der Bee Gees war in betrunkenem Zustand immer ganz mies drauf, alle Mitglieder von Duran Duran hatten schon mal eine Ménage-à-trois, Simon Le Bons erster Job war Aushilfe beim Milchmann, Damon Albarn von Blur träumte von einem alternativen Leben als einfacher Bauer, Robbie Williams würde für Geld nackt posieren (ich bot ihm zehn Pfund, und dafür zeigte er seinen Arsch live auf Sendung), Phil Collins zog hässliche Feinripp-Unterhosen Boxershorts vor und Meat Loaf verriet, dass er nie Unterwäsche auf der Bühne trug und dass der peinlichste Moment seiner Karriere während eines Auftritts war, als seine Hose bei einem Tanzschritt riss und sich sein Wiener Würstchen dem ganzen Publikum präsentierte.

Bei der letzten *Most Wanted*-Sendung versteigerten wir den Großteil des Sets für wohltätige Zwecke, und irgendwer von irgendwo hat eine große Summe für das legendäre Showelement bezahlt. Ich würde gern wissen, wo die Bingo Wall of Death sich zur Zeit befindet, also wenn ihr etwas über ihren Verbleib wisst, sagt mir Bescheid.

Ich stelle auch keine Fragen.

MOST Innuendo – Die Anspielungen

»Sexuelle Anspielungen waren lustig, bis die Komiker angefangen haben, sie mir gewaltsam in den Hals zu stopfen.«
OSCAR WILDE

Sexuelle Anspielungen sind eine der tragenden Säulen von britischer Comedy, und wir Briten schütteln uns vor Lachen, wenn sie gut gemacht sind. Meistens geht es um einen ganz gewöhnlichen Ausdruck, der sexuell interpretiert werden kann, oder alternativ eine Redewendung, die – wenn man sie etwas anders betont – plötzlich vulgär klingt.

In unserem Fall geht es um aktive Zuschauerspiele, für die Zuschauer uns Dinge mit nostalgischem Wert schickten, die erst besprochen und dann vor der Kamera zerstört wurden.

»Clean Our Souls«

Bei den sexuellen Anspielungen fällt »Clean Our Souls« in die Kategorie der anders betonten Redewendungen. Wenn man die zwei letzten Silben als ein Wort betont, klingt das Ganze nach »clean assholes«, und für uns Briten ist das einfach nur saukomisch. Ich weiß nicht, wie ich so lange damit durchkommen konnte, aber vermutlich liegt es daran, dass ich ganz gut mit Sprache umgehen und solche Dinge verschleiern kann. Die Idee für dieses Showelement namens »Clean Assholes«, sorry, »Clean Our Souls«, kam bei einer persönlichen Entdeckung, die ich in meinem Arbeitszimmer machte, als ich eine übervolle Schublade aufräumte. Unter einem Berg von Kabeln und alten Aufladegeräten für Dinge, die ich schon lange nicht mehr benutzte, fand ich ein kleines Erinnerungsstück, das mir eine Exfreundin viele Jahre zuvor gegeben und das ich aus sentimentalen Gründen aufbewahrt hatte. Ich empfand nichts mehr für sie, aber irgendwie brachte ich es nicht über mich, dieses Ding wegzuwerfen, und so blieb es in diesem Versteck, zusammen mit all den anderen vergessenen und nutzlosen Dingen, mit denen wir unser Leben zumüllen. Ein paar Stunden später jedenfalls kamen ungute Erinnerungen an jene Freundin zurück, und ich wusste, dass ich mich nur an sie erinnerte, weil ich zufällig über diese nostalgische Erinnerung in der Schublade gestolpert war. Ich beschloss auf der Stelle, mich endlich von diesem Ding zu befreien und meine Seele ein für alle Mal zu reinigen. Ich warf das Teil einfach in den Mülleimer, und dabei kam mir der Gedanke, dass es vielen Leuten so gehen musste wie mir, die aus irgendwelchen unerklärlichen Gründen an etwas hängen, was man ihnen mal aus Liebe geschenkt hat und was immer noch, obwohl die Liebe längst erloschen ist, schmerzliche oder unerwünschte Erinnerungen hervorruft. Dieser Gedanke sollte die Basis für ein neues Showelement sein: Ich erzähle den Zuschauern von meiner unglücklichen Erfahrung und fordere sie auf –

falls sie einen ähnlichen Gegenstand haben, der sie unnötigerweise an vergangene Zeiten erinnert und von dem sie sich nicht trennen können –, mir dieses schreckliche Ding samt erklärendem Brief zu schicken, damit ich es für sie live vor der Kamera zerstöre. Oder ich übergebe die Aufgabe an Pathetic Pat, der das Teil in einer entsprechend übertriebenen Zeremonie entsorgt.

»Clean Our Souls« hatte offensichtlich einen Nerv getroffen, da es zu einem riesengroßen Erfolg wurde, und unser Büro wurde quasi überschüttet mit zahllosen Päckchen, in denen sich alle Arten von Liebessouvenirs wiederfanden – Armkettchen, Kuscheltiere, Gedichtbücher mit Widmung bis hin zum Lieblingsshirt des oder der Verflossenen. Natürlich waren es wieder viel zu viele Geschichten, um sie alle zu erwähnen, aber eine ist mir besonders im Gedächtnis geblieben: Eine Schwedin hatte einen Teddy geschickt, den sie von ihrem letzten Freund geschenkt bekommen hatte. Die beiden waren drei Jahre lang zusammen gewesen, und während ich mir aufmerksam ihre Geschichte am Telefon anhörte und sie dabei in Tränen ausbrach, machte sich im Studio betroffenes Schweigen breit. Das Mädchen war kaum in der Lage, die Geschichte zu Ende zu erzählen, und als sie schließlich doch verriet, was ihr widerfahren war, konnte niemand von uns eine passende Antwort liefern, sondern dem Mädchen nur sein tiefstes Mitgefühl aussprechen.

Wie wir erfuhren, hatte das Paar in jenem Sommer Urlaub in Griechenland gemacht, und als beide sich am Strand sonnten, sagte ihr Freund irgendwann, dass ihm zu heiß sei und er ins Hotel zurückgehen wolle. Sie blieb, um noch ein bisschen Sonne zu tanken, bevor auch sie sich rechtzeitig zum Abendessen auf den Weg zurück machen wollte. Doch schon kurz darauf verspürte sie große Sehnsucht nach ihrem Freund, sodass sie beschloss, ihr Sonnenbad vorzeitig abzubrechen. Als sie die Tür des Hotelzimmers öffnete, voller Vorfreude auf den Mann, den sie liebte, erblickte sie einen weiteren Mann – und die beiden Herren spielten nicht Schach, wenn ihr wisst, was ich meine (auch wenn sie sich gerade gegenseitig ihre »Läufer« polierten). Das Mädchen stand völlig schockiert da, während ihr Freund mit dem Läufer des anderen in der Hand gestand: »Es tut mir leid, Kleines, ich glaube, ich bin schwul.«

Um die Seele dieses jungen Mädchens von ihrer tragischen Liebesgeschichte zu befreien, mussten Pat und ich uns ein passendes Zerstörungsszenario ausdenken. Am Ende kam das Ende für das ahnungslose Stofftier in einem Spielzeug-Wikingerboot, das wir in Brand steckten und draußen im Londoner Regent's Canal zu Wasser ließen. Es war Mist, aber wir fanden es genial – so auch unser tapferes schwedisches Mädel, das ihre »Clean Our Souls«-Geschichte europaweit verbreitet hatte und durch uns davon befreit wurde. Wir waren in der Tat »cleaning assholes«, und egal wie zweideutig das nun klingen mag: Wir drangen immer tiefer in die Materie ein und bescherten in Sachen Liebe immer wieder einen Höhepunkt nach dem anderen (entschuldigt, dies gehört in den Abschnitt mit den Anspielungen).

»Private Parts« – Privat und intim

Bei dem Namen für diesen Bestandteil der Show handelt es sich weniger um eine sexuelle Anspielung als vielmehr um einen doppeldeutigen Ausdruck – wobei sich eine der Bedeutungen natürlich auf sexuelle Dinge bezieht. Ehrlich gesagt, ist »Private Parts« ziemlich wenig doppeldeutig, da man es für gewöhnlich als Bezeichnung für den weiblichen oder männlichen Intimbereich benutzt. In unserem Fall jedoch ging es um den Privatbesitz der Zuschauer, nicht um ihre Geschlechtsteile. Im Grunde war dieses Element eine Erweiterung von »Clean Our Souls«, da ich eine ähnliche Idee entwickeln wollte, bei der es nicht primär um Herzschmerzgeschichten ging, wir aber dennoch Sachen zerstören konnten – Pat und mir machte es riesigen Spaß, und die Zuschauer fanden es auch sehr unterhaltsam. Wieder mal war mir die Idee dazu zu Hause gekommen, als ich eines Abends zu Bett ging. Meine damalige Freundin Melanie (eine gänzlich erwachsene Frau) hatte eine große Sammlung Plüschtiere, und sie bestand darauf, sie alle tagsüber auf unserem Bett zu drapieren – nur nachts wurden sie entweder von ihr vorsichtig heruntergenommen oder von mir kurzerhand auf den Boden geworfen. Die Bettinvasion dieser knopfäugigen Biester hasste ich jeden Abend aufs Neue, aber ich konnte Melanie anflehen, wie ich wollte, die pelzigen Monster anderswo zu lagern – keine Chance. In diesen hitzigen Debatten erinnerte sie mich immer daran, dass sie meine Sammlung von Superman-Figuren und -Comics, die ich stolz im Wohnzimmer zur Schau stellte, auch nicht ausstehen konnte. Wir fanden in dieser Sache nie einen Kompromiss und landeten in einer Pattsituation, und so ging das Leben mit unseren Lieblingsstücken aus der Kindheit einfach ganz normal weiter.

Aus diesem häuslichen Streit heraus kam ich zu der Annahme, dass es den meisten Paaren ähnlich ergehen musste, und so setzte ich mich hin und schrieb die Idee für ein Showelement auf. Während der Sendung forderte ich die in einer Beziehung lebenden Zuschauer auf, mir heimlich etwas zu schicken, was der Partner über alles liebte, der Einsender aber zutiefst verabscheute. Dann rief ich den Besitzer jenes Teils an, hielt es in die Kamera und bot ihm die Chance, seinen oder ihren Partner zu beschwichtigen, indem er uns erlaubte, das Teil zu zerstören – als Entschädigung winkte eine exklusive MTV-Bettwäschegarnitur. Diese bestand größtenteils nur aus billigen Baumwolllaken sowie Bett- und Kopfkissenbezügen mit einem roten *Most Wanted*-Logo darauf, aber überraschenderweise reichte dies in den meisten Fällen aus, dass die bis dahin ahnungslosen Zuschauer sich von ihren geliebten Objekten trennten, die von Kleidungsstücken bis hin zu Schmuck reichten. Pathetic Pat dachte sich immer verrückte Methoden aus, um den Objekten den Garaus zu machen – so kam er beispielsweise mal mit einem echten Militärpanzer an, der über eine geliebte Spielzeugautosammlung fahren sollte. Diese verschiedenen Gegenstände zu zerstören machte immer riesigen Spaß – genauso wie Pat dabei zuzusehen, wie er der örtlichen Polizeibehörde erklären musste, warum ein großer Panzer auf unserem Parkplatz stand. Oder wie er dem peniblen Amt für Gesundheits- und Arbeitsschutz verklickerte, dass das große Lagerfeuer auf dem Dach oder der Sprengstoff, den er in einem Ölfass hochgehen lassen wollte, völlig sicher waren und keine Gefahr für die Öffentlichkeit darstellten. Jedes Mal vergaß er absichtlich zu erwähnen, dass er so gut wie keine Ahnung hatte, was er dort tat, und wären die Stunts danebengegangen, hätte er leicht das Gebäude in Brand stecken oder sich sogar seine eigenen »Private Parts« wegsprengen können.

MOST Moving – Das Herzzerreißende

Prosoziales Verhalten, also freiwillige Taten mit der Absicht, anderen Menschen zu helfen, war immer ein wichtiger Aspekt des MTV-Programms. Von Anfang an konnte MTV Millionen von jungen Leuten auf der ganzen Welt mobilisieren, sich für die gute Sache einzusetzen, und hat dabei geholfen, Themen wie Aids und Menschenrechtsverletzungen ins Bewusstsein der Zuschauer zu bringen. Diese Themen betreffen uns alle, und so war es nur natürlich, dass der Sender Farbe bekannte, und ich würde behaupten, die Zuschauer erwarteten das auch. Diese aktive Haltung, die von unserem Boss Brent Hansen begeistert vorangetrieben wurde, führte schließlich dazu, dass MTV Europe den jährlich vergebenen »Free Your Mind«-Award schuf, der an eine einzelne Person oder eine Organisation verliehen wurde, die sich für humanitäre Belange einsetzt. Der erste dieser Awards wurde 1994 im Rahmen der MTV Europe Music Awards in Berlin vergeben, und der Preisträger in jenem Jahr war Amnesty International. Da die Organisation damit beschäftigt war, die Menschenrechte irgendwo anders auf der Welt zu verteidigen, wurde der Preis entgegengenommen von dem Aktivisten, Menschenfreund und Leadsänger der berühmten Rockband U2 – der an jenem Abend natürlich pro Bono tätig war.

Trotz all des Einsatzes für den guten Zweck gab es eine denkwürdige Zeit, in der ich zunächst überzeugt davon war, dass diese positive Einstellung von MTV nichts bewirken konnte, obwohl wir von Millionen von Menschen in ganz Europa gesehen wurden, inklusive derer, die so verzweifelt Hilfe brauchten. Nachdem Jugoslawien Anfang der Neunziger auseinanderbrach, erreichten die jahrelangen Streitigkeiten und territorialen Zerwürfnisse ihren Höhepunkt in einem Krieg, der oft als tödlichster Konflikt seit dem Zweiten Weltkrieg bezeichnet wird. Während ich auf CNN, einem weiteren 24-Stunden-Sender, zusah, wie sich das Chaos auf dem Balkan ausbreitete, verspürte ich Verzweiflung und Wut, da die Diplomaten und Politiker einfach nur dastanden und zusahen, wie europäische Nachbarn – Männer, Frauen und Kinder – eingesperrt, vergewaltigt und massenweise umgebracht wurden, was in den Nachrichten gern als »ethnische Säuberung« bezeichnet wurde. Das Einzige, worauf sich die herumeiernden Diplomaten und trägen Politiker offenbar verständigen konnten, war ein UN-Mandat, um dringend benötigte humanitäre Hilfe ins Krisengebiet zu schicken. Während des Bosnienkriegs von 1992 bis 1995 – genau die Zeitspanne, in der ich *Most Wanted* moderierte – durfte ich dann völlig überrascht feststellen, dass MTV dennoch einen kleinen, aber bedeutsamen Einfluss auf das alltägliche Leben der Menschen hatte, und ich sollte nie den Telefonanruf und den Brief vergessen, der zur folgenden Offenbarung führte.

Irgendwann im Laufe des Konflikts hatte die UNO eine Schutztruppe namens UNPROFOR entsandt, deren ursprüngliches Mandat es gewesen war, die Grundlagen für Friedensgespräche zu schaffen sowie für Sicherheit in den demilitarisierten Enklaven zu sorgen. Von einer dieser Friedenstruppen erhielten wir 1993 unerwartet ein großes Päckchen, in dem sich ein paar blaue UN-Basecaps, ein Haufen Briefe von Bewohnern der belagerten Stadt Sarajevo sowie ein bewegendes Schreiben des Befehlshabers befanden. Er schrieb mir, dass die Menschen, die in der zerstörten Stadt lebten, alle MTV liebten und den begrenzten und rationierten Strom von den UN-Generatoren nicht nur zum Heizen und Kochen nutzten, sondern auch dazu, an manchen Abenden *Most Wanted* zu schauen. Viele junge und oftmals elternlose Opfer des Völkermords verkrochen sich dann immer in relativ sicheren Bunkern und versammelten sich vor einem kleinen Fernseher, wo sie gebannt MTV schauten. Nachdem Nina und ich seine Worte sowie die Briefe der anderen Menschen gelesen hatten, machten wir es zu unserer Mission, zwei dieser Briefschreiber zu kontaktieren und mit ihnen live in der Sendung zu sprechen. Natürlich gab es zuvor ellenlange Diskussionen über die moralische Vereinbarkeit von populärer Unterhaltung und menschlichen Tragödien, aber letzten Endes zogen wir es einfach durch, weil wir wussten, dass der Anruf vielen Menschen vor Ort etwas bedeuten würde – und nur das zählte.

Nachdem wir also für eine Verbindung mit dem UNPROFOR-Satellitentelefon gesorgt hatten, konnten wir auch den Autor eines der Briefe ausfindig machen, einen Teenager, der seine ganze Familie im Krieg verloren hatte und nun in einem überbelegten Bunker lebte. Er freute sich riesig, als er meine Stimme hörte, und in dem kurzen, aber denkwürdigen Gespräch sagte er mir, dass er *Most Wanted* so oft wie möglich sehe und die Sendung sein einziger Rettungsanker sei – eine Flucht aus dem unvorstellbaren Grauen, mit dem alle leben mussten. Natürlich stand die ganze Crew, nachdem das Gespräch vorbei war und sein Wunschvideo lief, überwältigt und sprachlos im Studio, und all unsere persönlichen Probleme waren auf einmal ganz klein geworden. Leider konnten wir die andere Person, mit der wir sprechen wollten, nicht erreichen, also las ich einfach ihren Brief vor der Kamera vor und spielte ihr Wunschvideo in der Hoffnung, dass sie uns irgendwie von irgendwo zusehen konnte. Ich weiß noch, wie ich ihre Worte mit versagender Stimme und Tränen in den Augen wiedergab, so ergreifend war der Inhalt des Briefs. Dieses junge Mädchen, etwa 14 oder 15, erzählte von dem schrecklichen Erlebnis, als Soldaten in das Haus der Familie eindrangen und gewaltsam Vater und Bruder verschleppten, während es sich mit seiner Mutter in einem Schrank versteckte. Als keine Kampfgeräusche und Schreie mehr zu hören waren und die beiden ihr Versteck verlassen konnten, nahm das Mädchen den Hund der Familie auf den Arm und folgte der Mutter aus dem Haus, um sich in einem Bunker in Sicherheit zu bringen. Dazu mussten sie allerdings die Hauptverkehrsader der Stadt Sarajevo entlanglaufen, die im Bosnienkrieg als »Sniper Alley«, also Heckenschützengasse, bekannt wurde. Dies war ein gefährlicher Ort für Zivilisten, da es entlang der Straße viele Heckenschützenposten gab, von wo aus Soldaten auf alles und jeden schossen. Das Mädchen schrieb, dass es um sein Leben gerannt war und solche Angst gehabt hatte, dass es nicht mitbekam, was rundherum passierte, bis es sicher den Unterschlupf erreichte. Dort angekommen, fing die Mutter plötzlich an zu schreien, nachdem sie entdeckt hatte, dass der gesamte Unterleib ihrer Tochter voller Blut war. Erst als das Mädchen an sich herunterblickte, merkte es, dass sein Hund leblos in seinen Armen lag, er hatte eine tödliche Kugel, die für das Mädchen gedacht gewesen war, abgefangen. Das Mädchen beendete den Brief mit einem Wunsch nach einem Video, das sie dem vermissten Vater und dem Bruder widmen wollte.

Damals hielt ich wenig von der Quasselbude namens Vereinte Nationen (tue ich auch heute noch), aber an jenem Tag hatten sie mich mit den jungen Menschen, die in diesem Chaos feststeckten, in Kontakt gebracht, wofür ich sehr dankbar war. Mein direkter Vorgesetzter, Brian Diamond, sagte mir, dass Bono ihn kurz nach der Sendung angerufen und ihm gesagt habe, dass auch er das Gefühl habe, dass die westlichen Medien den menschlichen Aspekt des Kriegs ignorierten, und dass U2 dieses Thema in ihre damalige *ZOO TV*-Tour einbauen wollten. Er sprach auch von einer Organisation namens War Child, die kurz zuvor von zwei Filmemachern, die sich vor Ort persönlich ein Bild vom Leid der Kinder gemacht hatten, für wohltätige Zwecke aus der Taufe gehoben worden war. Unter anderem organisierte sie Essenslieferungen, wo andere Initiativen kläglich versagt hatten, und sie hatte es sogar geschafft, den Sänger von Iron Maiden, Bruce Dickinson, für ein Konzert nach Bosnien zu schmuggeln, um den Opfern dort etwas Freude zu bereiten. Diese Bewegung schweißte die Musikindustrie immer mehr zusammen, und so zeigte auch MTV immer wieder kurze Videobotschaften von Stars wie Lou Reed und Peter Gabriel, die die Menschen in Bosnien bei ihren Hilfsappellen unterstützten und die Zuschauer aufforderten, sich für War Child einzusetzen.

Im Oktober jenes Jahres stellte MTV Europe für die Sendung *MTV News* eine Liveschaltung nach Sarajevo auf die Beine, bei der Moderator Steve Blame folgende Frage an zwei junge Männer und eine junge Frau stellte, die vor einer mit Einschusslöchern übersäten Wand standen:

»Ihr sprecht jetzt zu knapp 130 Millionen Zuschauern in ganz Europa – was wollt ihr ihnen sagen?«

Ihre Antwort war unmissverständlich: »Wie lange wollt ihr uns noch beim Sterben zuschauen, wie viel mehr Leid wollt ihr sehen? Ihr hört nicht die Schreie der verwundeten Kinder und seht nicht die Ströme von Blut in den Straßen.«

Ihr Hilferuf war laut und deutlich, aber dennoch sollte es noch ganze zwei Jahre dauern und viele weitere schreckliche Massaker geben, bevor die NATO endlich eingriff und die Waffen kurz vor Weihnachten 1995 endlich schwiegen, nachdem alle Seiten das Friedensabkommen von Dayton unterzeichnet hatten.

Das Einzige, was mir einfällt, um diese Episode mit etwas Positivem abzuschließen, ist Folgendes: Ich war stolz, ein kleines Rädchen in der Musikindustrie zu sein, das dabei geholfen hat, diese Geschichten auf die Titelblätter zu bringen und einige der Opfer durch die Aussicht auf das neue Michael-Jackson-Video kurzzeitig von der Tatsache abzulenken, dass sie als Europäer mitten in einem brutalen Krieg steckten und eine unsichere Zukunft vor sich hatten.

Damals stand das M in MTV für Musik, und diese Geschichte zeigte einfach, wie mächtig die universelle Sprache der Musik sein kann, als Zeichen der Hoffnung und als Antriebskraft für Veränderung.

MOST Rockstar Behaviour – Das Lotterleben

Im Laufe der Jahre habe ich viele Leute kennengelernt, und der größte Irrglaube über mich (oder besser gesagt, dieser eine, auf den ich ständig angesprochen werde) ist, dass ich aufgrund meiner Bekanntheit relativ reich wäre und ein Leben wie ein Rockstar führen würde. Diese Leute gehen davon aus, dass ich, weil ich eine lange Moderatorenkarriere vorweisen kann, Millionen auf der Bank liegen habe, Häuser auf der ganzen Welt besitze und den dazu passenden Jetset-Lebensstil pflege. Die Wahrheit hingegen ist, dass ich keineswegs so reich bin, wie es normalerweise von Menschen im Rampenlicht erwartet wird (ich spreche hier nur von materiellen Dingen, denn ich bin durchaus mit dem Glück gesegnet, von einer liebevollen Familie und einigen engen Freunden umgeben zu sein). Dies hat teilweise damit zu tun, dass ich nicht gern mit den Szene-Leuten abhänge oder mit oberflächlichen Menschen feiern gehe, und teilweise auch einfach damit, dass man mir nie astronomische Geldsummen für meine Bekanntheit gezahlt hat. Deshalb kann ich mir den Lebensstil, den einige von mir erwarten, auch nicht leisten. Wer mich im Flieger in der Businessclass antrifft oder in einem Fünfsternehotel aus der Präsidentensuite kommen sieht, sollte wissen, das dies meistens nur an den Aufträgen für Großunternehmen liegt, die ich hin und wieder annehme, oder mich die Hotelangestellten erkennen und mir netterweise ein Upgrade anbieten. Kurz gesagt, mein sonniges Leben vor der Kamera entspricht bis heute nicht meinem Alltag hinter der Kamera. In den vergangenen Jahren hat es aber doch einige Gelegenheiten gegeben, bei denen mein Beruf es mir ermöglichte, selbst wie ein Rockstar zu leben. Hier sind ein paar, an die ich mich erinnere, und ich hoffe, ihr könnt sie indirekt mitgenießen.

(Si, Si) Je Suis Un Rock Star
(Nachweis I)

Als Rahmen für diese Geschichte stellen wir uns mal vor, dass die sesselpupsenden Bürokraten in Brüssel eine offizielle Richtlinie mit Regeln und Verordnungen erarbeitet haben, die beachtet werden müssen, um innerhalb der europäischen Grenzen offiziell den Rockstar-Status zu erhalten.

Für meine folgende Reise in einen der EU-Mitgliedsstaaten hielt ich mich also an die korrekte Vorgabe der Europäischen Kommission und besorgte mir das (imaginäre) offizielle Antragsformular für die Richtlinie 22/178/EC, damit die örtlichen Behörden es abstempeln und genehmigen sowie deren Umsetzung ermöglichen konnten. Man sagt, im Leben kann man nicht bei allen Kästchen einen Haken machen, aber bei dieser Gelegenheit hätte ich es beinahe geschafft.

RICHTLINIE 22/178/EC DES EUROPÄISCHEN PARLAMENTS
UND DES RATS DER EUROPÄISCHEN UNION

MASSNAHMEN ZUR VEREINFACHUNG
DER ANERKENNUNG DES ROCKSTAR-STATUS

- ☑ Sie erhalten eine Einladung, um als VIP an einem schillernden Event teilzunehmen.
  (Ich wurde eingeladen, die Arbeit von Graffitikünstlern zu bewerten, die im Rahmen einer staatlich subventionierten Initiative zur Kunstförderung ihre Werke auf große Tafeln gesprüht hatten, die in der ganzen Stadt aufgestellt wurden.)

- ☑ Sie nehmen die Einladung nur an, wenn diese nicht zu anstrengend ist und an einem exotischen Ort in Europa stattfindet.
  (Budapest, Ungarn.)

- ☑ Sie erhalten eine fürstliche Bezahlung für besagte Teilnahme.
  (Eine absurde Summe.)

- ☑ Sie fliegen zu besagtem Ort in der Businessclass, auf Kosten anderer.

- ☑ Nach Ankunft werden Sie durch Passkontrolle und Zoll gewinkt und zu einer Willkommenszeremonie im Flughafengebäude gebracht, veranstaltet vom Bürgermeister.

- ☒ Sie werden in einer Luxuslimousine zum Hotel gebracht.
  (Dies fand ich zu pompös und auffällig, also mietete ich mir einen Mini und bestand darauf, selbst zu fahren.)

- ☑ Für die Fahrt zum Hotel erhalten Sie eine Polizeieskorte.
  (Völlig überraschend wurde ich bei dieser Fahrt von zwei Motorrädern begleitet, eines vor und das andere hinter mir, mit Blau-

licht und Sirenengeheul. So viel zum Thema diskrete Ankunft. Auf dem Weg zu meinem Ziel fuhren wir eine Abkürzung, die sonst nur Mitgliedern von Königshäusern auf Besuch vorbehalten ist.)

☑ **Sie kommen ausschließlich in einem Fünfsternehotel unter.**
(Im Hilton Budapest Hotel, mitten im malerischen Burgviertel, mit einer wunderschönen Barockfassade. Ein Gelehrter würde dies wahrscheinlich als passendes Dekor für meinen Rockstar-Status absegnen, da moderne Musik sich stark bei den Barockmusikern aus vergangenen Jahrhunderten bedient hat. Sie wiederum hatten sich von den Griechen und Römern der Antike inspirieren lassen und waren felsenfest davon überzeugt, dass Musik die Kraft hatte, das Leben der Menschen zu beeinflussen. Ich hingegen weiß noch, wie ich damals nur dachte: Wow, was für ein schickes Hotel – Barock 'n' Roll!)

☑ **Bei Ihrer Ankunft werden Sie persönlich vom Hotelmanager begrüßt.**
(Nicht nur der Manager, sondern ein Großteil der leitenden Angestellten standen draußen vor dem Hotel in Reih und Glied und applaudierten, als ich ankam. Insgesamt waren es etwa 20 Leute, denen ich der Reihe nach die Hand schüttelte.)

☑ **Nach dem Check-in bekommen Sie den Schlüssel für die größte Suite des Hotels gereicht.**
(Die »Danube River Suite« – 65 Quadratmeter voller Opulenz mit einem atemberaubenden Blick auf die Donau.)

☑ **Sie besuchen ein extravagantes Dinner, das Ihnen zu Ehren gegeben wird, in Anwesenheit von ungarischen Prominenten, Würdenträgern und Politikern.**

☒ **Sie kehren in Ihre Suite in Begleitung von einem oder zwei Supermodels zurück.** Später gehen Sie aus und feiern mit besagten Supermodels in einem angesagten Club die

ganze Nacht durch, wo Sie die VIP-Behandlung voll und ganz genießen, danach Rückkehr zum Hotel.
(Bei dieser Aufgabe scheiterte ich, da meine Freundin Melanie mich begleitete, und außerdem hatte ich am nächsten Tag ein straffes Programm vor mir – ich kann mit weniger als sechs Stunden Schlaf nicht vernünftig arbeiten.)

☒ Sie verwüsten das Zimmer und werfen einen Fernseher aus dem Fenster.
(Auch hier musste ich passen, da diese Tradition bereits Ende der Achtziger ausgestorben war. Heute sind die Rockstars auch nicht mehr das, was sie mal waren – aus gutem Grund.)

☑ Sie wachen am nächsten Morgen auf und werden informiert, dass Sie einen persönlichen bewaffneten Bodyguard zur Seite gestellt bekommen, der Sie auf Schritt und Tritt bewachen wird.
(Meiner war ein Polizist außer Dienst, der nur wenig Englisch konnte, aber der Sprache des Angsteinflößens durchaus mächtig war, die er gegenüber jedem, der mir zu nahe kam, benutzte.)

☑ Sie verbringen den ganzen Tag damit, ihre Rolle als Juror zu erfüllen, und beurteilen die kreative Arbeit anderer Leute, obwohl Sie es selbst hassen würden, wenn man dies bei Ihnen täte.

☑ Sie werden von der nationalen Presse und dem Fernsehen interviewt, wobei Sie alle davon zu überzeugen versuchen, dass Sie wissen, wovon Sie sprechen.
(Ich habe nicht viel Ahnung von Kunst als solcher, bin aber immer ein Fan von Streetart gewesen, und so fiel es mir leicht, meine Meinung über das Talent der Graffitikünstler zu äußern.)

☑ Sie geraten mit Ihrem Zeitplan in Rückstand, lassen dies aber anderer Leute Sorge sein.

☑ Sie geraten extrem mit Ihrem Zeitplan in Rückstand, lassen dies aber anderer Leute Sorge sein.
(Tatsächlich sorgte ich mich erst etwa eine Stunde vor meinem Abflug darum. Es waren etwa 20 Kilometer zum internationalen Flughafen, und dummerweise war es genau Rushhour-Zeit. Mein unerschütterlicher Bodyguard sagte mir, dass ich mir Zeit lassen könne und dass dies kein Problem sei.)

☑ Sie verlassen 30 Minuten vor dem geplanten Start Ihres British-Airways-Flugs lässig das Hotel.
(Mittlerweile hatte ich richtig Schiss, meinen Flug zu verpassen und eine weitere Nacht bleiben zu müssen, aber der Fahrer signalisierte mir, dass ich mir keine Sorgen zu machen bräuchte.)

☒ Sie verhalten sich wie eine Diva, wenn Sie mit etwas anderem als einer Limousine konfrontiert werden, um Sie stilvoll zum Flughafen zu befördern.
(Das Fahrzeug, mit dem wir transportiert wurden, war der berühmte ostdeutsche Trabant, nicht gerade das bequemste und zuverlässigste unter den Autos und sicherlich auch nicht das schnellste. Ich wünschte, ich hätte nie den Limousinenservice abgelehnt, da die Organisatoren nun offensichtlich dachten, dass ein klappriger Trabant meinem Street-Style entsprechen würde.)

☑ Sie bekommen eine Polizeieskorte für den Weg zum Flughafen, um die Verkehrsstaus schnell umfahren zu können.
(Ich bin mir nicht sicher, ob man dies als richtige Polizeieskorte bezeichnen konnte. Mein bewaffneter Securitymann war, wie ich schon erwähnt habe, ein Polizist, aber er war ganz gewöhnlich gekleidet und fuhr keinen Dienstwagen. Während ich neben Melanie auf dem Rücksitz saß und immer wieder nervös auf meine Uhr blickte in der festen Überzeugung, dass wir es nicht mehr rechtzeitig schaffen würden, wagte unser Chauffeur einen wunderbar gefährlichen Stunt, um sicherzugehen, dass seine

beiden Gäste genau nach Terminplan ans Ziel kamen – na ja, jedenfalls nach seinem Terminplan. Die Hauptstrecke zum Flughafen ist eine speziell gebaute sogenannte Hochgeschwindigkeitsstraße, und er nutzte diese gänzlich aus – allerdings nicht so, wie man es erwartet hätte. Schließlich konnte man mit einem Trabant sicherlich keine Geschwindigkeitsbegrenzungen überschreiten. Mit der Dienstmütze auf dem Armaturenbrett als eine Art Zeichen, dass dies offiziell ein Polizeifahrzeug war, sowie mit angeschaltetem Fernlicht trat er aufs Gaspedal – jedoch auf der falschen Straßenseite mit entgegenkommendem Verkehr. Dieser Teil meines Rockstar-Abenteuers ist definitiv nicht übertrieben, genauso hat es sich zugetragen. Ich weiß noch, wie Melanie wie gelähmt vor Schreck neben mir saß, mich ansah und aufgeregt sagte: »Das ist doch Wahnsinn, wir werden alle sterben!« Den Flug zu verpassen, schien plötzlich unsere kleinste Sorge zu sein. Das Manöver war in der Tat lebensgefährlich, natürlich nicht nur für uns, aber es war auch total aufregend, deshalb gab ich zurück: »Falls wir tatsächlich sterben sollten – was für ein Abgang!«)

☑ Sie kommen exakt zur Abflugzeit am Flughafen an, aber statt einzuchecken (eh zu spät), gehen Sie in eine VIP-Lounge, wo eine eifrige Kellnerin Ihnen Champagner und Hors d'œuvres anbietet.

(An diesem Punkt war es mir bereits egal, die Abflugzeit war verstrichen, aber immerhin hatten wir den Highway zur Hölle überlebt, und mein Polizist/Bodyguard/Verrückter versicherte mir ständig, dass alles okay sein würde und ich einfach die ungarische Gastfreundschaft genießen solle. Wie jeder Reisende weiß, sollte man immer die örtlichen Gepflogenheiten respektieren und nicht die Einheimischen verärgern, also erfüllte ich ihm den Wunsch, auch wenn es nach diesem Theater recht absurd war.)

☑ Sie zwingen einen internationalen Linienflug, etwa eine Stunde lang auf Ihre Rockgott-Anwesenheit zu warten.

☑ Sie verlassen die Lounge erst, nachdem Sie sich ordentlich gestärkt haben, werden von den Sicherheitsbeamten ohne Kontrolle durchgewinkt und von einem Flughafenmanager direkt zum Flugzeug gebracht.

☑ Sie gehen die Treppe hinauf ins Flugzeug, nehmen in der Businessclass in der ersten Reihe Platz und werden dabei laut von allen anderen Passagieren ausgebuht, weil Sie diese haben warten lassen.

☑ Sie bleiben den Flug über zurückhaltend und entschuldigen sich ständig, posieren für Fotos und geben auf Anfrage Autogramme, während Sie es sich mit den kostenlosen alkoholischen Getränken gutgehen lassen.

☑ Sie kehren nach Hause zurück und wissen nun, wie es sich anfühlt, ein paar Tage lang wie ein Rockstar zu leben.

22/178/EC VON DER AUSSTELLUNGSBEHÖRDE AUSZUFÜLLEN! DER RAT DER EUROPÄISCHEN AKADEMIE FÜR ROCKSTAR-SCHWELGEREIEN (EUARSCH) BESTÄTIGT, DASS DER/DIE BEWERBER(IN):

☑ DIE VORAUSSETZUNGEN ERFÜLLT
☐ DIE VORAUSSETZUNGEN NICHT ERFÜLLT

(Si,Si) Je Suis Un Rock Star
(Nachweis II)

Ich bin erst ein Mal mit einem Privatjet geflogen, und das war gänzlich durch eine ironisch gemeinte Forderung meinerseits zustande gekommen, nachdem ich mich geweigert hatte, wegen meiner damaligen stressigen Arbeitssituation einen anstrengenden Linienflug zu nehmen.

Eines Nachmittags, als ich in dem Großraumbüro an einem der drei Schreibtische saß, die für das *Most Wanted*-Team reserviert waren, und die Show am Abend vorbereitete, kam mein Boss Brent mit einem Auftrag zu mir.

»Ray«, sagte er, »ich brauche dich für eine Pressekonferenz in München nächste Woche Freitag gegen Mittag; MTV-Präsident Bill Roedy und Michael Hutchence von INXS werden da sein und die allerersten europäischen MTV Music Awards verkünden, die in Berlin stattfinden werden – und du wirst die Pressekonferenz moderieren. Also meld dich bitte bei der Reiseabteilung und buche deinen Flug.«

Für mich war es ziemlich anstrengend, von Dienstag bis Freitag für *MTV's Most Wanted* vor der Kamera zu stehen, und diesen zusätzlichen Druck konnte ich gar nicht gebrauchen, egal wie sehr Brent auch darauf bestand. Um ihm den Wind aus den Segeln zu nehmen, sagte ich ohne zu zögern: »Sorry, Brent, aber das bedeutet, dass ich morgens unglaublich früh aufstehen muss, um eine Stunde vor Abflug einzuchecken, zwei Stunden zu fliegen, wiederum eine Stunde im Taxi zu verbringen, bevor ich weiß Gott wie lange die Pressekonferenz moderiere und den ganzen Mist auf dem Rückweg nach London nochmals durchmachen muss, um rechtzeitig abends meine Show zu moderieren. Ich werde hundemüde sein, worunter meine Darbietung leiden wird – kannst du nicht bitte jemand anders dafür finden?«

Offensichtlich unbeeindruckt von meiner Ausrede und verständlicherweise entschlossen, mich zu überzeugen, antwortete er ernst: »Nein, du bist unser größter Star in Deutschland, und ich brauch dich dort – dies ist eine große Sache für den Sender.«

Mit meiner typischen recht unausstehlichen Haltung, die sich bei mir leider immer dann breitmacht, wenn ich mit Autorität konfrontiert werde, ließ ich mich nicht unterkriegen und stellte mit wenig oder gar keiner Sorge um die Konsequenzen eine gewagte Forderung: »Hör mal, Boss, die einzige Möglichkeit, mich nach München zu bekommen, ist, dass ich die volle Rockstar-Behandlung bekomme.«

»Was meist du damit?«, fragte er.

»Na ja«, antwortete ich, »für Michael Hutchence würde auf einem kleinen Privatflugplatz ein Privatjet auf dem Rollfeld bereitstehen sowie ein Supermodel als Begleitung und ein Chauffeur an beiden Orten, der ihn mit einem schnellen Auto zum jeweiligen Ziel bringt. Das wäre mal ein angenehmer Tagesausflug. Wenn du das arrangieren könntest, wäre ich auf jeden Fall dabei. Sorry, Brent, aber das kann gern ein anderer VJ übernehmen, der nicht jeden Abend eine Liveshow moderiert.«

Konfrontiert mit meinem divenhaften Verhalten, seufzte Brent tief, bevor er wegging und ein paar unverständliche Worte murmelte. So konnte ich mich also wieder meinen Showvorbereitungen widmen und lachte meine Assistentin Naughty Nina frech an, die das Gespräch mitgehört hatte und recht beeindruckt von meiner Beharrlichkeit gewesen war. Jedenfalls sollte Brent ein paar Tage später derjenige sein, der zuletzt lachte. Er kam auffällig grinsend auf meinen Schreibtisch zumarschiert und sagte: »Ray, wegen der Pressekonferenz, für die ich dich brauche ...«

»Ich hab dir gesagt, ich kann es nicht machen, Brent«, ging ich sofort dazwischen. »Tut mir leid, Mann.«

»Na ja«, sagte er, »du sagtest, unter bestimmten Voraussetzungen würdest du es machen. Wie klingen also eine Mercedes S-Klasse, ein Privatjet und Naomi Campbell für dich? Ist das rockstarmäßig genug für dich?«

»Sehr witzig, Brent«, gab ich zurück.

»Tja«, meinte er, »genau das bekommst du für nächste Woche, und ich meine das ernst.«

»Wirklich?«, fragte ich.

»Ja, wirklich«, bestätigte er.

Unglaublicherweise – und innerhalb kürzester Zeit – hatte mein wesentlich cleverer Gegenspieler es geschafft, mich in die Knie zu zwingen und meine absurden Forderungen zu erfüllen – was bedeutete, dass ich nun keine andere Wahl hatte, als den Auftrag anzunehmen und mit der unvermeidlichen Übermüdung irgendwie klarzukommen.

Ein paar Tage später fuhr eine schnittige Mercedes-Limousine mit getönten Scheiben an meiner Wohnung vor, und ein echter Chauffeur, der mich nur mit »Sir« ansprach und eine dieser typischen Schirmmützen trug, fuhr mich zu einem kleinen Privatflugplatz. Dort angekommen, kontrollierte ein extrem netter Polizist in Zivilkleidung meinen Ausweis und begleitete mich zu der wartenden Maschine. Die nächsten 90 Minuten an Bord verbrachte ich damit, in einem gemütlichen Ledersessel zu sitzen und mich von einer überaus netten Stewardess bedienen zu lassen, wobei ich mit einem der berühmtesten Supermodels der Welt Small Talk hielt und Champagner schlürfte. Die Tatsache, dass Naomi mir ein wenig verwöhnt, albern und launisch vorkam, dämpfte aber nicht meine Begeisterung für diese Reise und hielt mich auch nicht davon ab, mich sprichwörtlich wie auf Wolken zu fühlen. In München wurden wir nicht von einem, sondern von zwei Gentlemen in schwarzen Anzügen empfangen, von denen einer unser Fahrer und der andere ein gut ausgebildeter ehemaliger Mossad-Agent war, der uns als Bodyguard diente (obwohl ich sagen würde, dass Letzterer eher für Naomi da war als für mich).

Bei der Pressekonferenz wurde ich von Michael mit einer innigen Umarmung und von Präsident Bill mit einem Willkommenshandschlag begrüßt. Bill fragte mich, ob mir die exklusive Reise gefallen hätte, warnte mich aber auch gleich flüsternd, mich erst gar nicht daran zu gewöhnen. Die Konferenz lief nach Plan, wobei die anwesenden Medienvertreter es ungewöhnlich aufregend fanden, dass Europa bald seine eigene Awards-Zeremonie haben würde, die dem Glanz und Glitter des amerikanischen Pendants in nichts nachstehen sollte. Hinterher, als die anderen drei Mitglieder der Runde noch weiteren Verpflichtungen nachgingen, flog ich in dem Privatjet allein zurück, und während mir klar ist, dass ich, modern ausgedrückt, einen völlig unnötigen CO_2-Fußabdruck hinterließ, muss ich zu meiner Verteidigung sagen, dass ich danach fröhlich wie die Sonne war und in den Wolken schwebte. Natürlich entschuldige ich mich bei allen Umweltaktivisten, die mein damaliges rücksichtsloses Verhalten unmöglich finden, aber sicherlich hätte nur der größte Hardcore-Öko die Doppelmoral beiseite legen und die Gelegenheit ablehnen können, für einen Tag Bono zu sein.

MOST Self-Indulgent – Der Poser

Als Moderator einer Fernsehsendung muss man immer aufpassen, dass man sich nicht zu sehr gehen lässt, sprich: sich selbst amüsiert und die Zuschauer außen vor lässt. Wenn ein Moderator beispielsweise zusammen mit seinem berühmten Gast vor der Kamera gemeinsam musiziert, könnte man dies schnell als Aufschneiderei und Prahlerei betrachten. Auch wenn ich zugeben muss, mich einige Male mit der Rubrik »Ray lernt Gitarrespielen mit …« verwöhnt zu haben, in der ich meine drei Akkorde zeigte und neue Licks von Legenden wie Richie Sambora, B. B. King, Joe Satriani und Mike Oldfield gezeigt bekam, bestand in meinem Fall nie die Gefahr, wie ein Gitarrenheld auszusehen, weil ich a) beim Spielen neben dem wirklichen Virtuosen etwas verloren aussah und b) ich nur mittelmäßig spielen konnte, vor allem Leadgitarre.

Zu meiner Verteidigung muss ich sagen, dass mich in Wirklichkeit der legendäre Gitarrenbauer Gibson zu dieser Schwelgerei in übermäßigem Prunk verleitet hat, indem man mir eine speziell für mich angefertigte Gibson Les Paul für Linkshänder in der Farbe meiner Wahl anbot. Diese großzügige Geste konnte ich natürlich nicht ablehnen, und als ich mein Geschenk endlich bekommen hatte, musste es auch benutzt werden – daher auch die Idee mit dem Gitarrenunterricht in meiner Sendung. Übrigens, das von mir gewählte Blau war dieselbe Farbe, die beim damals neuen BMW Z3 benutzt wurde. Ursprünglich hatte ich bei Aston Martin nachgefragt, ob ich eine Erlaubnis für ihre DB7-Metallic-Farbe bekommen könnte, was sie jedoch ablehnten.

Bei den meisten Gelegenheiten sorgte Tonmann Chris dafür, dass den Zuschauern die schlimmsten meiner oft schrecklichen Darbietungen erspart blieben – er sah immer zu, dass mein Verstärker wesentlich leiser als der meines Gastes war. Das einzige Mal, dass ich wirklich laut spielte und man mich auch hören konnte, war bei der letzten *Most Wanted*-Sendung, als ich mit The Cure jammte – einer meiner Lieblingsmomente aus all den Jahren *Most Wanted*. Ich hatte geübt, was das Zeug hielt, weil ich meinen Freund Robert nicht enttäuschen wollte, und am Abend der Sendung stand ich neben einem meiner absoluten Gitarrenhelden, Perry Bamonte (der ältere Bruder von Daryl, den ihr in einem späteren Kapitel noch kennenlernen werdet). Ich konnte mit Perry sogar mithalten, denn zum Glück hatte ich mir die Akkorde des Songs auf den Gitarrenhals geschrieben. Hinterher, als ich mich bei Robert dafür entschuldigte, das Tempo nicht gehalten und mit einer verstimmten Gitarre gespielt zu haben, sagte er – der ewige Gentleman –, dass ihm meine Version gefallen und ich dem Song ein wenig Punk verpasst hätte.

Ich würde sogar behaupten, dass fast jeder Musiker, den ich kennengelernt habe, aus demselben Holz geschnitzt ist, was das gemeinsame Musizieren betrifft; dabei ist es ziemlich egal, wie gut man ist – drei Akkorde reichen völlig aus, da es eigentlich nur ums Gefühl, den Soul und den Vibe geht und nicht so sehr um das Können. Ich liebe es, zu Hause auf meinem Yamaha-Keyboard herumzuklimpern, begleitet von meiner Freundin auf ihrem Yamaha-E-Piano (Hallo Yamaha, ich hätte gern ein neues Keyboard!), oder mit meinem Kumpel Simon zu jammen. Auch wenn ich nicht wirklich gut bin, kann ich mich in einer Welt voller Improvisationen total fallen lassen, und in diesen Momenten bin ich wahrscheinlich am entspanntesten – deshalb mache ich es auch, sooft ich kann.

Was die blaue Gibson Les Paul betrifft, so hängt sie heute traurig und ungespielt an der Wand meines Arbeitszimmers. Immerhin hat sie zusammen mit den Besten gespielt, als ich noch jünger war.

MOST Simply Sexy – Das Unmögliche

Es war einmal ein Moderator, der zum Popstar wurde, wenn auch nur für drei Minuten und elf Sekunden.

1994 nahm ich einen eigenen Song namens *Simply Sexy* auf und veröffentlichte ihn als Single. Und auch wenn sich nur gefühlte vier

Stück davon verkauften, schaffte es der Song trotzdem bis auf Platz 14 der dänischen Top 20. Die Inspiration dafür war mir im Jahr zuvor gekommen, als ich in Saint-Tropez gerade in einer Beach Bar relaxte und der dortige DJ immer wieder einen dieser absolut nervigen, aber sehr erfolgreichen Euro-Dance-Hits spielte. Abgesehen davon, dass mir der Song total zum Halse raushing, brachte er mich auf die Idee, dass ich selbst so einen bescheuerten Mitgröl-Song für Sommerurlauber aufnehmen könnte, und nachdem ich nach Hause zurückgekehrt war, ging ich die Sache an. Zusammen mit dem MTV-Studiotonmann Chris Goreham, der zufällig auch ein recht brillanter Multiinstrumentalist war, schrieb ich die Musik und dachte mir die Melodie aus. Nachdem wir die Grundstruktur hatten, kam der Text schnell zusammen – immerhin brauchte er nur albern zu sein und ein Sommergefühl hervorzurufen. Falls ihr mit diesem Klassiker der Popgeschichte nicht vertraut sein solltet, verrate ich euch hier die erste Strophe und den Refrain. Ihr könnt gern im Internet nach dem Song suchen, den Spaß mitmachen und mitgrölen …

> *Sexy, simply sexy …*
> *From St. Tropez to Marbella,*
> *Greece to the Azores*
> *Boys and babes on beaches*
> *Raving on dance floors*
> *In the summertime, when the weather's fine*
> *Everybody has fun,*
> *So wave your hands up in the air,*
> *Oh come on, shake your bum!*
> REFRAIN
> *Hot sun, turns me on, my body and my soul,*
> *Hot sun turns me on – I start to lose control*
> *(This song's so packed – it should go on holiday!)*

Das Ganze noch mal, ad nauseam. Der Song war (ganz klar) als Witz gedacht, und wir nahmen ihn im Reggae-/Calypso-Stil auf, passend zur Umgebung, in der er gehört werden sollte. Das Demo schickte ich an ein paar Plattenfirmen, und zu meiner Überraschung landete ich recht schnell einen Deal in Dänemark bei Mega Records, dem Label der schwedischen Band Ace Of Base, die in den Neunzigern weltweit Millionen von Alben verkauft hatte. Während wir wenig bis gar keine Erwartungen daran hatten, auch nur im Entferntesten mit deren Erfolg mithalten zu können, freuten Chris und ich uns trotzdem riesig, dass uns ein so gut gehendes und nennenswertes Label unter die Fittiche genommen hatte.

Um es kurz zu machen: Zu jener Zeit waren wir beide ziemlich beschäftigt und konnten nicht nach Kopenhagen reisen, um bei der eigentlichen Aufnahmesession dabei zu sein, also wurden von der Plattenfirma Musiker und ein Produzent vor Ort engagiert, um den Backing Track aufzunehmen. Als ich ungefähr einen Monat später ins Studio ging, um meinen Gesang auf Band zu bringen, musste ich leider feststellen, dass unser Demo bis zur absoluten Unkenntlichkeit zu einem elektronischen Euro-House-Song verändert worden war, und der gefiel mir überhaupt nicht. Zwar war er nicht grottenschlecht, aber auch nicht gut – und vor allem nicht so, wie ich ihn mir vorgestellt hatte. Da der Videodreh bereits angeleiert worden war, war es zu spät, um noch irgendetwas daran zu ändern, und so befand ich mich bereits auf einer Achterbahnfahrt ohne Ausstiegsmöglichkeit.

Immerhin hatte irgendjemand beim Label die coole Idee gehabt, Al Agami bei dem Song mitwirken zu lassen, einen Rapper aus Kopenhagen, der im Mittelteil des Songs einen Rap bringen sollte. Al war ein herzlicher, freundlicher Kerl mit einer interessanten Geschichte: Er war ein im Exil lebender Kronprinz aus der ehemaligen afrikanischen Lado-Enklave und lebte nun als Flüchtling unter UN-Schutz in Dänemark. Al musste lachen, als ich ihm erzählte, wie der Song ursprünglich klingen sollte, und er versprach mir, sein Bestes zu geben, damit das Lied ein wenig Sommergefühl bekam. Das schaffte er auch, aber nicht mal sein Talent konnte den Song retten, der *simply* nicht *sexy* war. Ich erspare euch die Details über den Zoff, den ich mit dem Label und dem überheblichen Produzenten hatte, sowie über den schwierigen Videodreh auf Mykonos. Stattdessen springen wir zwei Jahre weiter an einen Punkt, als ich mich wieder mal im Land der Dänen befand und die Gelegenheit nutzte, diese schlechten Erinnerungen endgültig zu begraben.

Mitte der Neunziger wurde ich eingeladen, ein großes Rockfestival in Kopenhagen zu moderieren – das Ganze wurde gut bezahlt, und alles, was ich tun musste, war, die Menschenmenge zu begrüßen und die Bands anzukündigen, zu denen Duran Duran und The Prodigy gehörten. Mit dem Promoter hatte ich zuvor bereits zusammengearbeitet und kannte ihn dadurch recht gut, also beschloss ich, es darauf ankommenzulassen und ihn zu fragen, ob ich einen Song auf der Bühne performen dürfte – natürlich *Simply Sexy*, den einzigen Song, den ich hatte. Man sagt ja gern, dass die meisten Musikmoderatoren oder -journalisten Möchtegern-Rockstars seien, aber bei mir war das ganz bestimmt nicht der Fall – ich wollte nur eine unfertige Sache zu Ende bringen.

Als der Promoter mir die einmalige Gelegenheit gab, wie ein Rockstar auf der Bühne vor 60.000 Leuten zu spielen, stellte ich in London schnell eine Band zusammen. Ray Cokes and The Sex Gods bestanden aus mir als Sänger und Rhythmusgitarrist, Chris, dem Tonmann, an der Leadgitarre, einem seiner Freunde am Schlagzeug, Justin »Mad Murph«, dem Regisseur, an der Rhythmusgitarre, und schließlich meinem wundervollen Schwager Mark »Planet Bastard« am Bass. Eigentlich brauchten wir keine drei Gitarristen, aber der Lärm, den wir machten, war hilfreich, um die Tatsache zu verschleiern, dass keiner von uns (außer Chris und der Drummer) ein wirklich guter Musiker war. Anstatt die originale Reggae-/Calypso-Version einzuüben oder den Song so zu bringen, wie man ihn veröffentlicht hatte und kannte, wollte ich aus irgendeinem Grund unbedingt eine alternative Darbietung von *Simply Sexy* bringen, und wir probten wie bescheuert, um diesen Song gut hinzubekommen. Damals war ich noch Moderator von *X-Ray Vision*, dem Nachfolger von *Most Wanted*, und der Regisseur der Sendung, Hamish Hamilton, hielt es für eine gute Idee, unseren komischen Auftritt für die Sendung aufzuzeichnen, also begleiteten er und Rob The Cameraman uns, um die Performance für die Nachwelt festzuhalten. Wir traten kurz vor The Prodigy auf, und während es in Strömen regnete, begannen wir mit der punkigen Interpretation unseres Songs. Diese ungewöhnliche Version des Liedes war für mich wie eine Befreiung und gleichzeitig eine persönliche Verballhornung des Songs, der als Single veröffentlicht worden war und es bis auf Platz 14 in den Charts geschafft hatte. Sorry, hatte ich das bereits erwähnt?

Ich weiß noch, wie ich zunächst Angst hatte, dann aber voller Begeisterung spielte, während die Menge völlig abrockte – zu einem Song, der ursprünglich für die Sommersonne in Südeuropa gedacht war, nicht für ein Regenschirmmeer auf einer schlammigen Wiese im Norden. Auch wenn ich einige Textteile und die meisten Akkorde vergaß und unsere Darbietung gelinde gesagt völlig chaotisch war, hat sie sehr viel Spaß gemacht. Ich hatte *Simply Sexy* endlich und ein für alle Mal getötet, indem ich ihm eine Punk-Beerdigung angedeihen ließ. So empfand ich es jedenfalls – vielleicht ist die Message damals irgendwo in der Übersetzung verloren gegangen. Aber hiermit dürfte das endgültig geklärt sein.

Danke, Kopenhagen, und GUTE NACHT!

MOST Wasted – Die Partys

Auch wenn die folgende Geschichte während der *Most Wanted*-Jahre passiert ist, hat sie mit der Show selbst nicht so viel zu tun, sondern eher mit den »Sex, Drugs & Rock 'n' Roll«-Geschichten, die man (aus gutem Grund) in der Autobiografie eines Ex-MTV-VJs erwarten würde.

Während meiner Zeit bei MTV nahm ich an vielen umwerfenden After-Show-Partys teil, bei denen Champagner und Cocktails wie Trinkwasser flossen, Kaviar und Foie gras zum sogenannten Fingerfood gehörten und die After-Dinner-Mintpastillen durch Glasschalen voller Kokain zum Selbstbedienen ersetzt wurden. Ehrlicherweise muss ich sagen, dass ich mich bei den meisten dieser Events – in Gesellschaft anderer (viel berühmterer) Gesichter, (viel coolerer) Hipster und (viel attraktiverer) speziell gebuchter Supermodels, die auf Kosten anderer feierten – völlig fehl am Platze fühlte, da alles so oberflächlich war. Es gab aber auch Partys, auf denen ich mich gänzlich zu Hause fühlte, und zwar auf den ebenso ausschweifenden Partys für die MTV-Angestellten. In den ersten Jahren ihres Bestehens galt auf diesen legendären Partys nur eine

Regel, an die sich eisern gehalten wurde – die Einladung galt nur für eine Person, Partner waren nicht erwünscht (viel später, nach dringlichen Appellen von unglücklichen Partnern, wurde diese Regel geändert). So waren also ein paar Hundert Angestellte an einem Ort versammelt – von Marketingbossen bis zur Technikcrew, von der Werbeabteilung bis zur Künstlerbetreuung, von der Personalabteilung bis zu den VJs –, die ganz nach dem Motto »Weg von der Arbeit, weg von der Routine, weg mit dem Verstand« die Sau rausließen und Spaß hatten, in welcher Form auch immer.

Diese Staff-Versammlungen fanden zweimal im Jahr statt, im Sommer und in der Weihnachtszeit, und hin und wieder hatten die Partys auch einen speziellen Anlass: Manchmal feierte man ein paar Millionen Zuschauer mehr oder einen großen Sponsorenzuschuss für die Senderkasse. Aber in Wirklichkeit waren die Partys für die MTV-Angestellten in erster Linie einfach nur eine gute Möglichkeit, sich gemeinsam gnadenlos abzuschießen. Dann hielten die großen Bosse mitreißende Reden, die MTV-Hausband (bestehend aus den eher exhibitionistisch veranlagten Angestellten) machte großes Getöse, bis der brillante *Party Zone*-Produzent James Hyman die angesagtesten Dance-Tracks auflegte. Dies ging meistens bis zum Morgengrauen, wobei die gesamte verrückte MTV-Crew die Nacht durchtanzte, große Mengen an Alkohol vernichtete (ich erinnere mich noch, dass Tequila der schnellste Weg in die Besinnungslosigkeit war), Gras rauchte (wie gesagt, damals konnte man noch drinnen rauchen), unglamourös Kokain auf der Toilette schnupfte und sich die neueste angesagte Partydroge, Ecstasy, einwarf. Natürlich führte die Einnahme dieser Substanzen in einer solch unbeschwerten Umgebung zu abteilungsübergreifendem Geschlechtsverkehr in den Toilettenräumen und Hinterzimmern. Immerhin waren dies die Neunziger, MTV hatte seine beste Phase, und Exzess wurde erwartet, ja sogar gefördert – Teambildung à la MTV.

Während diese halbjährlich stattfindenden, firmengesponserten ungeheuerlichen Orgien durchaus eine sehr großzügige Geste von den Mächtigen war, die uns Angestellten dafür danken wollten, dass wir MTV zu einem auf dem gesamten Kontinent bekannten Namen gemacht hatten, kamen einige von uns auch zu der eher zynischen Erkenntnis, dass die Partys auch einem anderen Zweck dienten – nämlich um uns von der Tatsache abzulenken, dass MTV und sein Mutterkonzern Viacom eine Menge Geld scheffelten und der Ertrag nicht bis zu den fleißigen Honigbienchen an der Basis weitergereicht wurde. Obwohl die Topmanager überaus großzügig entlohnt wurden, arbeiteten die meisten von uns für ein lächerliches Gehalt, vor allem im Vergleich zur restlichen britischen Fernsehbranche. Es mag zwar der beste Job der Welt gewesen sein, aber die Arbeitstage waren lang und MTV forderte totalen Einsatz zu jeder Zeit, sei es an Abenden oder an Wochenenden. Die Leute nehmen oft an, dass wir VJs Geld wie Heu gehabt hätten, aber selbst auf dem Höhepunkt meiner MTV-Karriere, mit einem mächtigen Agenten an meiner Seite, verdiente ich mehr oder weniger nur die Hälfte von dem, was meine englischen Kollegen/Zeitgenossen verdienten. In den ersten Jahren verhandelte ich meinen Arbeitsvertrag immer noch selbst und hatte nie Erfolg bei dem Versuch, eine ordentliche Gehaltserhöhung rauszuschlagen, um mich auf das Level der englischen Kollegen zu bringen. Die Gegenargumente meines Bosses waren einfach, aber auch vernichtend effektiv. Jedes Mal, wenn ich von einer Reise aus dem MTV-Einzugsgebiet zurückkehrte und erkannte, dass ich in der Tat ziemlich berühmt war und bei der Chefetage nach mehr Geld fragen sollte, ließ man mich klipp und klar wissen, dass draußen Hunderte von Leuten für meinen Job Schlange standen, dass ich froh sein sollte, bei MTV zu sein, und ich gehen könne, wenn es mir nicht passte. Bei jenen Gelegenheiten wurde ich von meinem Vorgesetzten – mit dem ich gelegentlich nach der Arbeit abhing, Gras rauchte und Musik auf seinem fetten Hi-Fi-Soundsystem hörte – immer wieder überrascht, indem er mir klarmachte, dass er zuerst mein Boss und dann erst mein Freund sei. Er hatte ganz klar gelernt, wie man geschickt durch das trübe Gewässer von Arbeit und Privatleben manövrierte, ich hingegen nicht. Game over.

Wenigstens gab es diese All-inclusive-Partys, auf die man sich freuen konnte.

KAPITEL 7

MTV's Most Wanted II – Access All Areas

(Nicht) bekannt aus Funk und Fernsehen

Das vorherige Kapitel handelte größtenteils von meinen eigenen Abenteuern, die ich während oder rund um die Sendung erlebt habe; im Folgenden möchte ich ein paar Anekdoten über die Gäste, die uns am Set besuchten, teilen. Ohne sie wäre *Most Wanted* bloß 90 Minuten voller Videoclips und meinen blöden Grimassen sowie lustigen Wortgefechten zwischen mir und meiner Crew gewesen. Auch wenn es für uns durchaus ein großer Spaß gewesen wäre, hätte man dies wohl kaum als Qualitätsfernsehen bezeichnen können und schon gar nicht als Stoff, aus dem Legenden gemacht werden. Die Anwesenheit von internationalen Superstars kombiniert mit unseren amateurhaften Mätzchen verlieh der Show Glaubwürdigkeit und ermöglichte den Zuschauern außerdem, ihre Lieblingsband in einer intimen Umgebung zu erleben.

Damals in den Neunzigern hatten Plattenfirmen noch Macht, und als die Tatsache, dass MTV ein europaweites Publikum erreichte, bei ihnen angekommen war und sie nicht länger horrende Summen für umfangreiche Promotourneen quer über den Kontinent ausgeben mussten, gossen sie uns eifrig Öl ins Feuer. Auch wenn die Labels für ihre Geschäftspraktiken oft von Musikern wie Fans verteufelt wurden, haben sie immerhin die Künstler unterstützt und ihnen die Möglichkeit zur Entwicklung gegeben – was man von der heutigen Musikszene sicherlich nicht behaupten kann, die von iTunes und Spotify dominiert wird, Unternehmen, die offenbar weniger Tantiemen an die Bands abgeben, als es die Labels damals getan haben, und die vor allem das Geld, das sie durch Musikverkäufe machen, nicht wieder in die Industrie investieren.

Doch zurück zu den Stars, die in unseren Sendungen glänzten. Während meiner Zeit bei *Most Wanted* kam jeder, der in jenem Jahrzehnt berühmt war, durch die Studiotüren, um live zu performen oder einfach nur ein wenig zu plaudern. Wie ich bereits gesagt habe, wäre es bei über 500 Shows für mich unmöglich, mich an jede einzelne zu erinnern, aber zum Glück gibt es heute YouTube, um meine Erinnerungen an die vergangene Zeit aufzufrischen. Auch wenn MTV diese Clips immer wieder entfernen lässt, werden sie ruck, zuck wieder von den vielen Die-hard-Fans hochgeladen, die immer noch eine Menge verstaubte Oldschool-Videobänder mit Aufnahmen unserer Show besitzen.

Man sagt ja, dass man seine Helden niemals kennenlernen sollte, weil man von ihnen enttäuscht oder, noch schlimmer, so fasziniert ist, dass man sich – während man verzweifelt die richtigen Worte zu finden versucht, um ihnen zu erklären, wie viel sie einem bedeuten – einfach nur schrecklich lächerlich macht. Und obwohl ich mich tatsächlich das ein oder andere Mal mit einer dummen Frage oder einem blöden Kommentar zum Horst gemacht habe, erfüllten all diejenigen, von denen ich sehr viel hielt – sei es Jeff Buckley oder David Bowie, Björk oder Robert Smith, Thom Yorke oder Damon Albarn, Iggy Pop oder Joey Ramone, Noel Gallagher oder Jarvis Cocker, John Lydon oder Snoop Dogg (um nur ein paar zu nennen) –, immer meine Erwartungen. Außerdem verstanden alle Stars abgesehen von einigen wenigen Ausnahmen (darauf werde ich noch zurückkommen) vollkommen den Vibe der Show, ließen ihre Masken fallen und machten jeden Spaß mit.

Was die Zuschauer jedoch nicht zu Gesicht bekamen, waren die kuriosen Geschehnisse jenseits der Kameras. Deshalb erlaubt mir nun, das Scheinwerferlicht auf die folgenden *Random Access* (All Areas) *Memories* zu richten.

MOST Alcohol – Die Saufnasen

Es dürfte keine Überraschung sein, dass viele Pop- und Rockstars oft Alkohol oder verbotene Substanzen zu sich nehmen, um ihre Performance zu verbessern oder einfach nur ihre Sucht zu stillen. Während meiner Zeit bei *Most Wanted* hatte ich mit einigen Exemplaren dieser Spezies zu tun, und ich muss sagen, dass man mit den Betrunkenen noch schlechter umgehen konnte als mit denen, die illegale Drogen zu sich genommen hatten.

Was die Musiker unter Alkoholeinfluss anging, war Shane MacGowan, Leadsänger der Pogues und bekennender Alkoholiker, der wohl extremste. Kurz vor seinem Auftritt bei uns war er wegen »unprofessionellen Verhaltens« bei seiner Band rausgeflogen und kam zu uns ins Studio in Begleitung des Australiers Nick Cave, des dunklen Prinzen des Alternative Rock. Zusammen hatten sie eine ganz annehmbare Version des Louis-Armstrong-Songs *What A Wonderful World* (eines der Lieblingslieder meiner Mum) aufgenommen und ihn als Single veröffentlicht. In betrunkenem Zustand war Shane zwar umgänglich, aber durch seinen breiten irischen Akzent und sein Lallen konnte man ihn irgendwann gar nicht mehr verstehen, und ich hatte große Probleme, das Interview zu Ende zu bringen. Die angespannte Stimmung verschlechterte sich noch mehr, als ich ganz nebenbei fragte, ob es ihm gesundheitlich gut ginge – wir alle machten uns ein wenig Sorgen, nachdem ein Arzt in einem Artikel in einer Klatschzeitung prognostiziert hatte, dass Shane nur noch wenige Wochen zu leben habe, wenn er die Sauferei nicht lassen würde. Während der Sänger mit seiner dunklen Sonnenbrille bewegungslos dasaß, antwortete Nick Cave an seiner Stelle: »Sei nicht so ein arroganter Arsch, stell einfach mal ein paar vernünftige Fragen.« Wenn man mit der dunklen Seite konfrontiert wird, muss man immer mit dem Unerwarteten rechnen, deshalb beendete ich schnell das Gespräch, um den Australier nicht noch mehr zu erzürnen, oder schlimmer, den Hooligan in mir zu wecken und ihm eine passende Antwort reinzudrücken. Aber »Ray Rage« hat im Fernsehen nichts zu suchen, und abgesehen davon wirkte eher mein Gast arrogant und unangenehm – oder wie ein cooler, tougher Prinz der Dunkelheit, je nachdem von welcher Seite man es betrachtet.

Ein anderes Mal, als Alkoholprobleme zum Problem in unserer Sendung hätten werden können, war Billy Idol als Studiogast zu uns gekommen. Kurz vor unserem Zusammentreffen war er in Los Angeles verurteilt worden, weil er einer Frau ins Gesicht geschlagen hatte, und daraufhin hatte er sein großes Alkoholproblem öffentlich gemacht. Ich war ein wenig nervös wegen der schwierigen Fragen, die ich zu seinem neuesten Album vorbereitet hatte (eine Platte namens *Cyberpunk*, die fast ausnahmslos verrissen worden war), und befürchtete, dass er auch mir ins Gesicht schlagen würde. Die Zeichen standen schon auf Sturm, als kurz vor Billys Ankunft im Studio sein Management angerufen und uns angewiesen hatte, jegliche alkoholischen Getränke aus dem gesamten Gebäude zu verbannen – denn ohne dieses verführerische Zeug würde ihr Klient einen guten Auftritt hinlegen und sich nicht in noch mehr Schwierigkeiten bringen. Aber was wäre, wenn irgendein skrupelloser Rebell von der Plattenfirma ihn heimlich mit dem Stoff versorgte?

Zum Glück kann ich berichten, dass das Interview und seine Performance ohne Zwischenfälle abliefen, auch wenn er auf die meisten meiner Fragen dümmliche, inhaltlose Antworten gab. Ich weiß noch, wie er sagte, dass ihm die Kritikerstimmen absolut egal seien, und wie er seltsamerweise ständig Andeutungen zu der Größe seines »todger« (Penis) machte, als eine Art von Gegenwehr. Es war schon lustig, aber auch ziemlich traurig, diesen ehemaligen Weltstar zu sehen, der durch den Alkohol völlig neben sich stand und offenbar keine Ahnung hatte, welche Bedeutung er zur damaligen Zeit im Musikbusiness noch hatte. Wir beide verstanden uns gut, aber ich weiß noch, wie einige Crewmitglieder leise das Wort »Wichser« murmelten, als er das Studio verließ.

Der lustigste Vorfall in Sachen Alkohol, an den ich mich erinnere, war, als die damals enorm erfolgreiche Gruppe The Beautiful South in unserer Show zu Gast war, um ihr neues Album mit zwei Livesongs zu promoten. Wieder mal waren wir alle ein wenig besorgt, wie der Abend ausgehen würde, da Sänger und Hauptsongwriter Paul Heaton als standfester Trinker bekannt war und viele Songs der Band von Alkoholismus oder Gewalt im Suff handelten. Jedenfalls waren die Bandmitglieder alle extrem freundlich, und alles lief nach Plan, zumindest am Anfang. Nachdem der erste Song perfekt ausgeführt worden war und die Band sich in den sogenannten Green Room (der Aufenthaltsraum für unsere Studiogäste) zurückgezogen hatte, um auf den zweiten Auftritt etwa eine Stunde später zu warten, machten wir mit unserer Show weiter. Zehn Minuten bevor The Beautiful South wieder auf der Bühne stehen sollten, kam jemand ins Studio gerannt und verkündete, dass die Band irgendwie ihren Leadsänger verloren hatte. Hektisch wurde das gesamte Gebäude durchkämmt, doch es fehlte jegliche Spur von Paul. Eines der Bandmitglieder hatte schließlich die glänzende Idee, in den umliegenden drei Pubs nach dem Sänger zu suchen. Während wir gespannt am Set warteten, erreichte uns irgendwann die Nachricht, dass der unberechenbare Sänger endlich gefunden worden war. Er hatte die Zeit vergessen und offenbar auch seine Zusage zu einer Liveshow im Fernsehen, und so fand man ihn selig an einem Bier nippend im Oxford Arms Pub um die Ecke, wo er Fußball guckte. Obwohl es nur noch wenige Minuten bis zum geplanten Auftritt waren, schlenderte Paul zurück ins Studio und lieferte eine perfekte Darbietung des letzten Songs ab. Nachdem der Abspann gelaufen war, entschuldigte er sich übermäßig und lachte sich über den Vorfall kaputt, natürlich auf unsere Kosten.

MOST Drugs – Die Drogenopfer

Während meiner Zeit als Moderator von *Most Wanted* dürfte die im Studio am häufigsten konsumierte illegale Droge wohl Marihuana gewesen sein. In jener Zeit durfte man noch am Arbeitsplatz rauchen, und oft, wenn ich den Green Room besuchte, wurde ich von zufrieden grinsenden Gesichtern und jenem dicken, süßlich duftenden Rauch von den herumgereichten Joints begrüßt. In dieser Hinsicht war der Name Green Room wirklich angebracht.

Der wohl eifrigste Gras-Großkaufmann diesseits des Atlantiks war Jay Kay von Jamiroquai, der immer so viel rauchte, dass es fast unmöglich war, eine zusammenhängende Unterhaltung mit ihm zu führen, und obwohl er im zugedröhnten Zustand unglaublich altklug wurde, war er aber auch immer ein richtiger Spaßvogel.

Wie man erwarten dürfte, hält Snoop Dogg den Rekord mit den fettesten Joints und der größten Anzahl an illegalen Kräuterzigaretten, die je auf unserem Gelände geraucht wurden – im Green Room gab es kaum oder gar keinen Sauerstoff mehr, nachdem er und seine große Truppe abgereist waren. Soweit ich mich erinnere, war er es auch, der sich am meisten über die Qualität des Stoffes vor Ort beschwerte; er war ein bekennender Genussmensch und sagte damals leise zu mir: »Dieser Shit ist nichts im Vergleich zum ›Chronic‹ bei uns zu Hause.« Ich war ein großer Fan seiner Musik und seines coolen Wesens, aber leider war er während unseres Interviews etwas unnahbar, was womöglich daran lag, dass seine Lieblingsdroge nicht ganz dem Standard entsprochen hatte und somit seine Performance beeinträchtigte – oder jedenfalls seine Stimmung.

Bevor ich diese Geschichten über den Gras-Wahnsinn beende – und egal ob ihr eine Vorliebe für Marihuana habt oder nicht –, möchte ich noch ein paar warnende Worte loswerden, solltet ihr euch mal in Gesellschaft eines jamaikanischen Dope-Rauchers wiederfinden. Meiner Erfahrung nach sind die Rastafari-Anhänger weitaus standfester als der gewöhnliche Dope-Konsument, und sie neigen dazu, riesige konische Spliffs zu rauchen, wobei sie keinen Tabak zu ihrem bereits extrem starken Marihuana hinzufügen. Ein Zug von ihren Tüten kommt einem vor wie das High, das man nach mehreren gewöhnlichen Joints erlebt.

Diese Tatsache durfte ich am eigenen Leib erfahren, als ich in einem Aufnahmestudio im Westen Londons zu Gast war, um eine neue Version des Hits *7 Seconds* vom senegalesischen Sänger Youssou N'Dour und der schwedischen Rapperin/Sängerin Neneh Cherry einzusingen. Meine Version ihres kraftvollen Songs sollte als Promo für die anstehenden MTV Europe Music Awards benutzt werden, und Neneh hatte freundlicherweise zugestimmt, den Gesang dafür nochmals neu aufzunehmen, wobei ich den Part von Youssou übernahm. Der Mann am Mischpult war ein warmherziger und freundlicher Jamaikaner, und als mein Produzent Toby und ich gegen neun Uhr morgens ankamen, war das Studio bereits von Marihuana-Schwaden durchzogen. Als Begrüßung reichte uns unser Gast großzügig seinen Joint, und da wir nicht uncool oder unfreundlich rüberkommen wollten, nahmen wir sein Angebot an und gönnten uns jeder ein paar Züge von dieser speziellen Zigarette. Obwohl wir beide vorsichtig waren und nur leicht inhalierten, da wir einen ganzen Tag harter Arbeit vor uns hatten, reichten diese paar Züge schon aus, dass sich für uns der ganze Raum zu drehen begann und wir Probleme hatten, uns auch nur annähernd normal zu verhalten. Etwas später tauchte Neneh pflichtgemäß auf, warf einen Blick auf uns und sagte: »Wie ich sehe, habt ihr meinen Kumpel schon kennengelernt.« Dann fügte sie noch hinzu: »Hat euch keiner gewarnt? Nehmt nie einen Spliff von einem Jamaikaner an – das haut euch weiße Jungs nur aus den Socken!«, bevor sie laut loslachte und sich selbst ein paar Züge gönnte. Daraufhin nahmen wir zusammen unseren Gesang auf, und dieses Ereignis gehört für mich persönlich zu den schönsten Souvenirs aus jener Zeit, trotz der Vernebelung, die der jamaikanische Joint innerhalb meiner Parameter hinterlassen hat. Lektion gelernt und weitergegeben. Danke, Ms Cherry.

Auch harte Drogen wurden bei uns genommen, aber das fand gewöhnlich heimlich in den Toilettenräumen statt. Diejenigen, die völlig high waren, erkannte selbst ein Blinder mit Krückstock, und so wusste man auch gleich, wie man mit ihnen umzugehen hatte. Manchmal jedoch konnten Musiker, die mehr oder weniger Junkies waren, ihren Drogenmissbrauch auch ganz gut vertuschen.

Dies war beispielsweise der Fall bei Peter Cunnah, Leadsänger und Hauptsongwriter von D:Ream, der nordirischen Popband, die in den Neunzigern recht bekannt war und 1993 einen Superhit mit *Things Can Only Get Better* hatten. Peter war einige Male Gast in unserer Show und war immer voller positiver Energie, aber Jahre später erfuhr ich, dass sein strahlendes Gesicht in Wirklichkeit nur seine schwere Kokain- und Ecstasyabhängigkeit kaschiert hatte. Erst kürzlich gab er mir gegenüber zu, dass sein Drogenkonsum damals so hoch gewesen sei, dass er von seinen glorreichen Jahren so gut wie nichts mitbekommen habe, und bloß hoffte, dass der Umgang mit ihm für mich nicht allzu schwierig gewesen sei.

An dieser Stelle muss ich anmerken, dass ich mich mit meinen Berichten über dieses ausschweifende Verhalten, das ich in all den Jahren miterlebt habe, in einer Art Zwickmühle befinde. Eigentlich bin ich kein Tratschtyp, aber gleichzeitig bin ich mir auch im Klaren darüber, dass dieses Kapitel nicht vollständig wäre ohne Verweise auf Drogen und Rock 'n' Roll. Also muss ich die richtige Balance finden zwischen exklusiven Insiderberichten und dem Vermeiden von Klatsch und Tratsch, der sicherlich dem Verkauf meiner Autobiografie zugutekommen würde. Darüber hinaus gibt es auch noch die rechtliche Seite – ob ich wegen Verleumdung verklagt werden könnte oder nicht.

In Anbetracht all dessen glaube ich wirklich, dass es okay ist, ein paar Geschichten mit euch zu teilen, vor allem wenn die Drogen offen und vor aller Augen konsumiert wurden, und zwar zum Entspannen, nicht um eine schwere Abhängigkeit zu bedienen. Ich habe schon einige Rock- und Popstars kennengelernt, die schlicht und einfach Junkies waren – dies ist kein angenehmer Anblick, und ihre tiefgehenden privaten und persönlichen Probleme sollten nicht der allgemeinen Unterhaltung dienen.

Also wie soll ich nun fortfahren?

Natürlich könnte ich einfach Namen weglassen, aber das würde zu einer weniger schönen Erzählung führen. Wenn ich euch zum Beispiel von dem Erlebnis erzählen würde, wie der Leadsänger eines bekannten Poptrios, das für seine eingängigen Songs bekannt ist, auf der Studiotoilette beim Oralsex mit einem männlichen Fan überrascht wurde, dann wäre es für euch bloß frustrierend, nicht seine Identität zu kennen. Alternativ könnte ich einen winzigen Hinweis liefern, sodass jeder selbst die Möglichkeit hat, auf den Namen des Stars zu kommen. Zum Beispiel kam mal ein großer internationaler Star zu uns, der seine Hitballade performen sollte. Aber bevor er dies tun konnte, musste erst jemand zur nächsten Apotheke geschickt werden. Während der Proben hatte der betreffende Künstler so viel Kokain geschnupft, dass seine Nase zu war, wodurch seine Stimmbänder so brauchbar waren wie eine Teetasse aus Schokolade. Nach einigen Inhalationszügen mit einem abschwellenden Mittel ging alles ganz normal über die Bühne, ohne dass irgendwem etwas aufgefallen war. Könnt ihr euch denken, wer es war? Sorry – *but my lips are sealed.*

Es gibt jedoch eine Geschichte, bei der ich weder eine Verleumdungsklage fürchten muss, noch in die Privatsphäre irgendeines Menschen eindringe oder eine Freundschaft aufs Spiel setze, da dieser Künstler leider nicht mehr unter uns weilt. Dies ist tatsächlich ein Paradebeispiel für mein Drogenkapitel – es war zweifellos der exzessivste und wahrscheinlich unnötigste Drogenkonsum, den ich jemals mitbekommen habe, von jemandem, den ich oft interviewt, hin und wieder zum Essen getroffen und dem ich mich recht verbunden gefühlt habe, auch wenn die Summe unserer gemeinsamen Zeit bloß wenige Tage im Jahr ausmachte.

Ich hatte ihn ziemlich am Anfang seiner Karriere kennengelernt, als er ein frischer junger Star war, und er war immer ein unglaublich freundlicher und umgänglicher Interviewpartner. Im Laufe meiner Fernsehkarriere war er mit seiner Band mehrmals in meinen Sendungen aufgetreten, und er war immer ein kleiner Spitzbube und so voller Leben. Mit der Zeit wurde er auf der Bühne zum personifizierten Rockgott, mit der wohl stärksten sexuellen Energie, die mir jemals untergekommen war, und er datete Supermodels und Popstars, bis er schließlich ein Kind mit einer Frau bekam, die man durchaus als seine persönliche Nancy, seine Courtney oder seine Yoko bezeichnen konnte. Jenseits des Rampenlichts war er recht schüchtern, ein Freund von gutem Essen, feinem Wein, Frauen und Musik. Als er 1994 zum letzten Mal bei *Most Wanted* zu Gast war, war seine Band nicht mehr ganz so erfolgreich wie in den Jahren zuvor, und in seinem Privatleben hatte der Frontman mit immer größeren Problemen zu kämpfen. Während unserer Privatgespräche erfuhr ich, dass seine starke Unsicherheit und innere Zerrissenheit von einem Vorfall herrührten, der zwei seiner Sinne beeinträchtigt und sein Leben zum Schlechteren verändert hatte.

Soweit ich mich an seine Geschichte erinnere, geschah jener Vorfall eines Abends im Jahr 1992 in Kopenhagen. Als er und seine Supermodel-Freundin mit dem Fahrrad auf dem Weg nach Hause waren, hatten sie einen kleinen Zusammenstoß mit einem Taxi sowie eine Auseinandersetzung mit dem Fahrer, bei dem der Star niedergerungen wurde und mit dem Kopf auf dem Boden aufschlug. Dabei zog er sich eine Schädelfraktur zu, die zu einem fast gänzlichen Verlust seines Geruchs- und Geschmackssinns führte. Dies war ein herber Schicksalsschlag und veränderte ihn stark; ich hörte von einem ihm nahestehenden Freund, dass er nach dem Vorfall häufiger unter Stimmungsschwankungen und plötzlichen

Gewaltausbrüchen litt. Kritiken von der Presse und anderen Bands nahm er sich sehr zu Herzen, und obwohl er Millionen von Platten an schmachtende Fans verkaufte und regelmäßig Stadien rund um die Welt füllte, fühlte er sich falsch dargestellt und missverstanden. Ich bin mir sicher, dass sein damaliger Geisteszustand zu dem übermäßigen Drogenkonsum geführt hat, wie ich ihn an jenem Abend der letzten Performance bei *Most Wanted* erlebt habe.

Es dürfte nicht überraschend sein, dass wir bei MTV einen Drogendealer auf Abruf bereitstehen hatten für den Fall, dass das Management oder die Plattenfirma nicht die Wünsche des Künstlers erfüllen konnte oder wollte. Wir brauchten nur einen Anruf zu tätigen, und etwa 30 Minuten später kam ein Bote wie beim Pizzaservice auf dem Moped vorgefahren und stillte den Appetit des Stars.

Im oben genannten Fall sollte der Künstler mit seiner Band drei Songs spielen. Die Menge, die der Drogenbote geliefert hatte, stellte sich jedoch als nicht ausreichend heraus, und so forderte der Sänger den Mopedboy erneut an für nochmals dieselbe Menge Drogen. Ich weiß noch, wie ich ihm bei den Proben sagte, dass ein oder zwei Lines doch völlig ausreichen, aber mein Rat stieß auf taube Ohren, und so kehrte der mobile Medizinmann kurze Zeit später zurück und brachte uns noch mehr Kokapflanzenextrakte. Dann wurde der gesamte Inhalt der kleinen Briefchen auf den Tisch des Green Room gekippt und von verschiedenen Mitgliedern der Band unverfroren geschnupft, wobei der größte Teil des weißen Pulvers in der Nase des Sängers verschwand. Diese eher ungewöhnlich große Menge Koks führte bei den Jungs zu heftigen Schweißausbrüchen unter den heißen Studiolampen, und so musste unsere Make-up-Dame Liz Pugh ständig einschreiten, um die Bandmitglieder nicht wie sprichwörtliche *shiny happy people* aussehen zu lassen. Was die Sache noch surrealer machte, waren die Models, die vom Management angeheuert worden waren, um am Set abzuhängen und während des Interviews und der Performance vor der Kamera zu posieren und zu tanzen. Die Mädels waren so dicht, dass sie kaum stehen, geschweige denn tanzen konnten, aber immerhin sahen sie hinreißend aus.

Nach diesem Abend traf ich den Sänger noch einige Male wieder, einmal 1995 bei den MTV Europe Music Awards in Paris, wo er sich eine Auseinandersetzung mit dem liebenswürdigen Neandertaler/

Spitzbuben Liam Gallagher lieferte (Beleidigungen wurden ausgetauscht und Feuerlöscher geworfen), sowie im Frühjahr 1997, wo wir uns auf ein langes und ziemlich feuchtfröhliches Mittagessen in London trafen. Damals war seine Promi-Flamme schwanger, und er selbst hatte einen neuen Freund in dem Antidepressivum Prozac gefunden und kam mir wesentlich fröhlicher vor. Ich weiß noch, wie er Witze darüber machte, wie gut dieses Medikament sei (vor allem in Kombination mit anderen Substanzen, wie er sagte), aber trotz dieser äußerlichen Fröhlichkeit kam es mir im Verlauf unseres Treffens so vor, als wäre sein inneres Licht irgendwie schwächer geworden. Seine Karriere lief nicht mehr so gut, und ich hatte den Eindruck, dass die einzige Sache, die ihn über Wasser hielt (abgesehen von dem Antidepressivum), seine große Vorfreude aufs Vaterwerden war.

An jenem Tag verabschiedeten wir uns beschwipst mit einer herzlichen Umarmung, wobei er mich einlud, ihn im Sommer – während der Pause seiner Welttournee zum neuesten Album – in seinem Haus in Südfrankreich besuchen zu kommen. Wie es oft so ist, kam und ging der Sommer, und ich hörte nichts von ihm, aber dank der englischen Klatschpresse wusste ich, dass er mit den Gedanken ganz woanders sein musste. Als ich von seinen Beziehungsproblemen und den immer heftiger werdenden Kämpfen mit Bob Geldof (dem unangenehmen Ex-Ehemann der Mutter seiner Tochter) las, wünschte ich, dass ich ein engerer Freund gewesen wäre und ihm meine Unterstützung hätte anbieten können.

Ich weiß noch, als ich im November die Neuigkeiten erfuhr, dass er tot in einem Hotelzimmer in Sydney aufgefunden worden war – damals war ich völlig geschockt und sah mir zur Trauerverarbeitung die VHS-Aufnahme seiner mitreißenden Darbietung bei *Most Wanted* drei Jahre zuvor an. Der Titel des letzten Songs der Sendung war von seiner früheren Freundin Kylie Minogue inspiriert, aber nun bekam *Suicide Blonde* eine ganz andere Bedeutung. Ich weiß immer noch nicht, ob Michael Hutchence sich an jenem Morgen das Leben nehmen wollte oder nicht, aber wie immer auch die Tatsachen lauten – ich werde immer noch traurig, wenn ich an den freundlichen, aber von Problemen geplagten INXS-Sänger denke, den ich kaum kannte, dem ich mich aber verbunden fühlte.

MOST Ego-Friendly – Die Umgänglichen

Ein unvergessliches Zusammentreffen ohne Egozentrik oder sonstiges arrogantes Verhalten erlebte ich mit einem Mann, von dem ich es überhaupt nicht erwartet hatte: dem amerikanischen Superstar Garth Brooks, der damals der erfolgreichste Countrymusiker der Welt war und Millionen von Platten verkauft hatte. Als er bei uns auftreten sollte, wurden wir mit unzähligen Anfragen für einen Platz im Club Bed, also im Publikum, bombardiert.

Im Vorfeld waren Vertreter seiner Plattenfirma angereist und hatten mich darüber aufgeklärt, was ich den Star im Interview fragen durfte und was nicht, und als der Sänger höchstpersönlich bei uns ankam, mit großem schwarzen Cowboyhut und umgeben von einer Menge Mitarbeiter, befürchtete ich schon das Schlimmste. Als man mich jedoch dem großen stämmigen Burschen vorstellte, ließen mich sein strahlendes Lächeln und die funkelnden blauen Augen sofort wissen, dass ich mir keine Sorgen zu machen brauchte – hier war ein Mann, der ganz klar für jeden Spaß zu haben war. Ich ignorierte die eiskalten Blicke der Labelmitarbeiter und seines Tourmanagers einfach und erklärte Garth unsere ziemlich gewagte Idee für seinen Auftritt, und wie erhofft antwortete er (sehr zum Entsetzen seiner Leute) mit einem enthusiastischen »Yeah! Tolle Idee, Mann! Lass es uns so machen!«.

Unser heimtückischer Plan war ganz einfach: In der Sendung sollte Garth hinter seinem Mikrofon Platz nehmen, aber ich würde ihm nicht erlauben, seinen Song zu spielen – im Spaß würde ich sagen, dass Countrymusik in Europa nicht gerade erfolgreich sei und dass ich noch nie von ihm gehört hätte. Dann würde ich ihm mitteilen, dass *Most Wanted* eine sehr glaubwürdige Plattform für Musik sei und er, um sich seinen Platz in der Show zu verdienen, beweisen müsse, dass er tatsächlich ein kompetenter und berühmter Musiker sei – und zwar indem er sich draußen auf die Camden High Street stellte und 15 Minuten lang als Straßenmusiker spielte. Wenn er mehr als 15 Pfund verdiente, dürfte er seinen Song im Studio präsentieren.

In der Sendung lief alles nach Plan, dann folgte ihm ein Kameramann auf die Straße, sodass wir alle staunend zusehen durften, wie

Garth vor seinem Hut stand, demütig auf seiner Gitarre spielte und sich die Seele aus dem Leib sang, während die Leute an ihm vorbeigingen und anfangs kaum von ihm Notiz nahmen. Ironischerweise waren wir letzten Endes die Angeschmierten, da es nicht lange dauerte, bis Garth den Verkehr komplett zum Erliegen gebracht und eine große Fanmenge angezogen hatte, die ihn nicht gehen lassen wollte. Sein Hut quoll nur so über vor lauter Geld, und er amüsierte sich köstlich. Der größte zeitgenössische Countrystar, den die Welt je gesehen hat, brachte schließlich den kleinsten Gig, den er je gespielt hatte, zu Ende und kehrte ins Studio zurück, um triumphierend seinen Song *Standing Outside The Fire* zu präsentieren.

Obwohl mich seine Countrymusik nicht wirklich ansprach, fand ich die überlebensgroße Leidenschaft des Mannes für seinen Job umso beeindruckender, und überhaupt – Cowboys muss man einfach lieben. Was die Zuschauer und die Crew gerade erlebt hatten, gab es nicht in anderen Sendungen, es war ein weiterer Beweis für die Magie von *Most Wanted*, die oftmals dank der großen Anstrengungen entstand, die jene Künstler auf sich nahmen, um in den Spirit der Sendung einzutauchen.

In diese Kategorie fällt auch der legendäre Schlagzeuger und Sänger Phil Collins – er brachte wirklich viel mehr, als von ihm erwartet wurde. Zusammen mit meinem Regisseur Mike Kaufman hatte ich ein Szenario für eine Art Roadmovie entwickelt, das umfangreiche Dreharbeiten sowie sehr viel Input von Phil persönlich verlangte. Die Idee bestand darin, eine fiktive abenteuerliche Reise zum Studio nachzustellen im Stil der Filmkomödie *Ein Ticket für zwei*, allerdings ohne Flugzeug, da unser Budget dafür nicht ausreichte. Phil brachte seine beeindruckenden Schauspielfähigkeiten ein, und freiwillige Statisten und Crewmitglieder machten den Trip für alle ungeheuer unterhaltsam – nur für Phil wurde er zur Hölle. Ausschnitte dieses Films wurden im Vorfeld seines Auftritts bei *Most Wanted* bereits den ganzen Tag lang auf MTV gezeigt. Mike und ich hatten schon mal mit Phil zusammengearbeitet und wussten, dass er ein feiner Kerl und Fan der Show war, aber trotzdem glaubten wir zunächst nicht, dass er diesem Aufwand zustimmen würde, nur um seine neueste Single zu promoten. Er tat es dennoch und gab uns mehr, als wir uns jemals hätten vorstellen können.

Der Film beginnt damit, dass ich ihn in seinem Probenraum auf dem Land anrufe und sage, dass ich mich auf seinen heutigen Besuch im Studio freue. Er tut überrascht und sagt, dass ich mich irren würde – sein Auftritt sei erst für kommende Woche geplant. Ich widerspreche ihm und überzeuge ihn schließlich, dass er tatsächlich für den heutigen Abend gebucht ist und dass er die Zuschauer nicht enttäuschen dürfe. Sofort macht Phil sich auf den Weg, und nachdem er mit dem Auto liegen geblieben ist, läuft er durch seinen Wohnort, verpasst den Zug, leiht sich ein Fahrrad und – in Anwesenheit von ungläubig dreinblickenden Passanten – singt und tanzt in der Öffentlichkeit, um sich Geld für ein Taxi zu verdienen, bevor er schließlich per Anhalter fährt und von einem Lkw-Fahrer mitgenommen wird. Der Mann am Steuer ist so begeistert von seinem prominenten Beifahrer, dass er Phil während der langen und beschwerlichen Fahrt unglaublich langweilt mit Geschichten über seine eigene (gescheiterte) Rockstarkarriere und schließlich auch noch anfängt, Phils Hits (völlig schief und schräg) zum Besten zu geben. Nachdem Collins dem irren Fahrer entkommen ist und zu Fuß weitergeht, kommt unser Held irgendwann am MTV-Gebäude an, wo ihm der Zutritt vom Securitymann verwehrt wird, weil dieser Phil nicht erkennt. Der Sänger lässt sich nicht aufhalten und verschafft sich gewaltsam Zutritt, wird vom Wachmann verfolgt und letztendlich gerettet von meiner Make-up-Dame Lovely Liz, die ihm Unterschlupf in ihrem Arbeitsraum gewährt.

An dieser Stelle endet der Film, und die Pointe im Studio war, dass Phil sich völlig fertig auf mein Sofa fallen ließ, um zu erfahren, dass wir uns in der Tat bei seinem Auftritt vertan hatten – er war eine Woche zu früh da – und dass wir in der Sendung keinen Platz mehr für einen längeren Auftritt oder ein Interview hatten. Alles, was wir ihm anbieten konnten, war eine gekürzte Vorstellung seiner neuen Single. Daraufhin ging mein Gast auf mich los und packte mich an der Gurgel, wobei ich röchelnd versuchte, meine Fassung als Moderator zu bewahren. Phil tat so, als wäre er wirklich stinksauer, aber schließlich ist er nicht nur ein exzellenter Musiker, sondern auch ein guter Schauspieler.

Übrigens, von den Hipstern wurde Phil damals als absolut uncool betrachtet, aber ich kann euch versichern, dass ihm diese öffentliche Wahrnehmung völlig am Allerwertesten vorbeiging – er hatte seine Fans, und alle anderen waren ihm egal. Was ihm wirklich viel bedeutete, war der Respekt von anderen Musikern, und davon bekam er eine ganze Menge. Nach diesem Spaß arbeitete ich noch einige Male mit Mr Collins zusammen, und es war mir immer ein Vergnügen; er ist einer der nettesten, rücksichtsvollsten Typen, die man sich vorstellen kann.

MOST Unwanted – Die Unerträglichen

Die Zusammenarbeit mit der großen Mehrheit der Künstler, die zu uns kamen, war immer ein großes Vergnügen, aber natürlich gab es auch ein paar Ausnahmen. Damit meine ich nicht diejenigen, die mies drauf, unnahbar oder schwierig zu interviewen waren – bei kreativen Köpfen ist das ganz normal und auch zu erwarten. In jenen Fällen war es immer an mir, entweder zu versuchen, dass sie lockerer wurden, oder einfach das Interview so schnell wie möglich zu Ende zu bringen, falls meine Charmeoffensive gescheitert war.

Abgesehen von ein oder zwei Gelegenheiten bekamen die Zuschauer kaum irgendwelche fiesen Charakterzüge zu Gesicht, da die Gäste, sobald wir auf Sendung waren, sich natürlich immer von ihrer besten Seite zeigten. Das rüpelhafte Verhalten zeigte sich eigentlich immer hinter den Kulissen, wobei es meist diejenigen abbekamen, die die Bands in Empfang nahmen oder im Studio ihr Ansprechpartner waren.

Ungefähr eine Stunde vor der Livesendung baten wir die Bands immer, ihr Set für die Kameraprobe und den Soundcheck durchzuspielen, und das war meistens auch die Zeit, in der sie ihr wahres Gesicht zeigten. Die Schlimmsten waren zweifellos die amerikanischen Acts, was wahrscheinlich an der Tatsache lag, dass sie bei ihren Terminen mit MTV USA mit viel zu viel Ehrfurcht behandelt wurden. Unsere selbstverständlich respektvolle, aber bodenständige Haltung war ihnen völlig fremd.

In dieser Hinsicht auf dem ersten Rang war die bekannte Rockband Counting Crows, die zu jener Zeit mit *Mr. Jones* einen weltweiten Hit hatte. Die Jungs verhielten sich so, als würde ihnen der Sender gehören, behandelten alle ziemlich mies und erwarteten, dass jeder ihrer Wünsche sofort erfüllt wurde. Als der Probedurchlauf anstand, wollten sie ihn von ihren Roadies machen lassen, und als dies abgelehnt wurde, trotteten sie ins Studio und machten es der Crew wirklich schwer, die Kameras und den Sound einzustellen, indem sie bewegungslos dastanden und kaum ihre Instrumente spielten.

Die amerikanische Glam-Metal-Band Poison ging noch einen Schritt weiter und lehnte es kurzweg ab, überhaupt einen Probedurchlauf zu machen, wobei der Leadsänger Brett Michaels dem armen Aufnahmeleiter laut verkündete: »Das ist dein Scheißproblem, nicht meins!« Erst nach dem entschiedenen Einschreiten von Big Boss Brent konnten sie letztendlich überzeugt werden – er hatte der Band klipp und klar gesagt, dass, wenn sie keinen Probedurchlauf machten, sie raus aus der Show und runter von der Playlist seien. Der notwendige Testdurchlauf fand daraufhin tatsächlich statt, aber die Nahaufnahmen von Brett, wie er wütend mit zusammengebissenen Zähnen sang, waren recht angsteinflößend und wären in einem Horrorfilm sicherlich nicht fehl am Platze gewesen. Aber egal wie ermüdend diese Probedurchläufe für die Bands waren, sie waren natürlich im Interesse aller und ein wichtiger Bestandteil des Showablaufs.

Eine Gruppe, bei der dieses Ritual besonders sinnlos und auch recht hart mitanzusehen war, waren die Stone Temple Pilots aus Kalifornien. Laut einer der Band sehr nahestehenden Quelle waren die Jungs damals total auf Heroin, absolut nicht funktionsfähig und in ganz anderen Sphären, und so bedurfte es einer Menge Geduld, sie dazu zu bringen, in der Livesendung nochmals zu spielen, da sie der Meinung waren, dies bereits getan zu haben.

Dass es live auf Sendung unangenehme oder aggressive Vorkommnisse gab, erlebte ich zum Glück nur sehr selten. Okay, die Beastie Boys beispielsweise waren laute Hooligans und gaben sich gewollt angriffslustig, oder als Nick Cave und Kylie Minogue bei mir zu Gast waren und ihren gemeinsam Song *Where The Wild Roses Grow* promoteten, zeigte Nick sich wieder mal als das düstere und mies gelaunte Biest neben der schönen, lebensbejahenden Kylie. Darüber hinaus gab es auch viele andere, die kamen, ihren

Job machten und gingen, ohne irgendwie aufgefallen zu sein, weder positiv noch negativ.

In all den Jahren von *Most Wanted* gab es eigentlich nur ein einziges Mal, dass ich tatsächlich sprachlos war wegen eines unerwarteten und wirklich beleidigenden Kommentars. Ich spreche von einem Typen, der jeden anderen Künstler übertraf (oder am tiefsten von allen gesunken war), um der unerträglichste, unfreundlichste Gast zu sein, den wir jemals hatten. Dieser Mann war eingeladen worden, um seine neue Single in der Sendung vorzustellen, entpuppte sich aber als armseliger Typ mit unangebracht losem Mundwerk, der mit seinem unerhörten, obszönen Verhalten die Atmosphäre vergiftete und mir mit einem Kommentar, den ich nie vergessen werde, die Zornesröte ins Gesicht trieb. Vergeben, aber nicht vergessen. Ich war gerade dabei, seine Performance anzukündigen, wobei ich in meiner typisch flippigen Art in die Kamera sagte: »Ich mag diesen neuen Song, und wir freuen uns wirklich, ihn hier zu haben.« Daraufhin lautete sein Kommentar nur: »Na, wenn du dich so freust, dass ich hier bin, warum spielst du meine verfickte Single nicht auf MTV?« Das F-Wort in einer Livesendung zu äußern, war bereits zu viel (dafür musste ich mich später noch öffentlich entschuldigen), aber es sollte noch besser kommen.

In der Musikindustrie war bekannt, dass dieser Mann einen Komplex hatte, da jeder ihm hoch anrechnete, was er gegen Hunger und Armut in Afrika auf die Beine gestellt hatte, aber kaum jemand seine Musik würdigte – dabei wollte er unbedingt als Musiker ernst genommen werden. In den Siebzigern hatte er mit seiner Band einen weltweiten Hit landen können, aber sein Solozeug war leider größtenteils Mist, und ich wusste, dass wir seinen neuesten Song aus genau diesem Grund nicht auf der Playlist hatten.

Um meinen mürrischen Gast zu beschwichtigen, gab ich zurück: »Sorry, das ist nicht meine Schuld – und betrachte mich nicht als MTV, sondern als Freund.« (Im Scherz nannte ich mich oft »Mann des Volkes, Freund der Stars«.)

Darauf antwortete er: »Nö, für mich bist du nicht MTV, Ray.« Und dann: »Für mich bist du eine dumme *****.«

Um das englische Wort »cunt«, das er benutzte und welches das weibliche Geschlechtsorgan bezeichnet, wird im englischsprachigen

Raum seit Jahrzehnten eine Debatte geführt – woher es stammt, was es in Wirklichkeit bedeutet, ob es für Frauen herabwürdigend ist oder nicht und so weiter. Aber was immer man auch von dessen Gebrauch in der Gesellschaft hält – wenn ein Mann es zu einem anderen sagt, dann ist es ohne Zweifel eine Beleidigung höchsten Ranges. Generell gilt es in Großbritannien als das schlimmste Tabuwort mit vier Buchstaben, und vor allem im Fernsehen darf man es um Himmels willen nie sagen. Für diese Eskapade sollte MTV von der Independent Television Commission (bis 2003 eine von der Regierung berufene Organisation für die Lizenzvergabe und Regulierung des kommerziellen Fernsehprogramms in Großbritannien) mit einer Geldstrafe belegt werden.

Nach seiner Beleidigung fand ich zunächst keine passende Antwort, keinen geistesgegenwärtigen Konter, sondern mir fielen nur diese Wort ein: »Vielen Dank, das ist wirklich zu nett von dir. Ladies and Gentlemen, bitte begrüßt Bob Geldof mit seiner neuen Single, genießt sie, solange ihr es überhaupt noch könnt.«

Mittlerweile habe ich erfahren, dass Bob eine Menge Leute so anspricht und es für ihn offenbar ein (ziemlich merkwürdiges) Kosewort zu sein scheint. Was für eine dumme *****.

MOST Gloomy Grunge – Die Tragödie

Ich denke, die meisten Leute meiner Generation – und jünger – wissen noch, wo sie am Freitag, den 8. April 1994, waren und was sie an jenem Tag getan haben. Auch ich weiß es noch ganz genau: Abends moderierte ich eine *Most Wanted*-Sendung, und während der Show vernahm ich durch meinen Ohrhörer eine wichtige Nachricht, die ich vor der Kamera jedoch noch nicht verraten sollte – aber wie immer hielt ich mich nicht an die Anweisung.

Die Gallery hatte gerade einen Anruf von Big Boss Brent bekommen mit der Information, dass in Seattle, im Haus des wohl einflussreichsten Musikers jener Zeit, eine Leiche gefunden worden war und dass es in zehn Minuten eine *MTV News*-Sondersendung geben sollte, um die tragischen Neuigkeiten zu verkünden.

Eigentlich sollte ich nur sagen, dass es in Kürze eine wichtige Meldung geben würde, und keine weiteren Infos rausgeben. Aber ich fand, dass die Neuigkeiten einfach zu bestürzend waren, um sie nicht sofort weiterzugeben. Als ich nach einem Video wieder auf Sendung war, verkündete ich, dass man uns gerade über den Selbstmord Kurt Cobains informiert habe und dass es zur vollen Stunde ein *MTV News*-Special mit weiteren Details geben würde. Während ich sprach, kommunizierte der Regisseur hektisch mit der Transmission Suite und wies sie an, im Anschluss an meine Erklärung ein Nirvana-Video zu zeigen. Wahllos wurde ein Song herausgepickt von einem der besten Alben aller Zeiten, der Platte, die Nirvana weltberühmt gemacht hatte und eine ganze Generation von Musikern beeinflusste – das Meisterwerk *Nevermind*. Während wir alle ratlos im Studio standen und versuchten, die Nachrichten zu verarbeiten, bemerkte ich auf dem Studiobildschirm, wie auf MTV gerade das Video von *Come As You Are* gezeigt wurde. Mit der Eröffnungsszene, wie eine Pistole auf den Grund eines Swimmingpools sinkt, sowie der Textzeile »And I swear that I don't have a gun« war es sicherlich nicht die richtige Wahl für diesen Moment, aber immerhin war das Ende recht passend, wie Kurt auf dem Boden liegt und der Kamera zum Abschied einen Kuss zuwirft.

MOST Bowie – Das Chamäleon

1994, etwa ein Jahrzehnt nach seinem Start in den USA, kam der Sender VH1 schließlich nach Europa, und zwar mit einer riesigen Launch-Party in Hamburg. Der MTV-Bruder war für ein älteres Publikum gedacht, als eine Art Seniorenheim für Musik und Musiker, die man als zu alt oder zu mainstreammäßig für das junge Hipster-Publikum von MTV betrachtete. Von Rechts wegen hätte ich eigentlich Moderator bei diesem Sender sein müssen, da ich bereits viel älter als die anderen VJs und vor allem auch als die Zuschauer war. Aber offenbar hatte dies noch niemand bemerkt oder als nicht so schlimm befunden, und außerdem ist, wie man so schön sagt, das Alter bloß eine Zahl. Es kommt auf die Einstellung an und ich hatte immer noch die richtige.

So wurden also eine Handvoll VJs von MTV Europe nach Hamburg geflogen, um das jüngste Mitglied der Viacom-Familie zu unterstützen. Die Musik auf VH1 mag vielleicht etwas softer gewesen sein, aber bei der Launch-Party drehte jeder voll auf. Die Veranstaltungshalle war proppenvoll mit Journalisten, Businesstypen, schönen Menschen, den üblichen bekannten Gesichtern sowie Rockstars wie David Bowie und Duran Duran für zusätzlichen Glamour. Mitte der Neunziger gab es in der Musikindustrie noch viel Geld zum Verballern; die Champagnerflaschen in den Eiskübeln sprudelten freudig über, und auch Kokain war im Überfluss erhältlich für diejenigen, die den Schein wahren wollten.

Ich weiß nicht mehr, wer die Zeremonie ausgeführt und den Startschuss für den Sender gegeben hat, aber ich kann mich noch genau an den Moment erinnern, als ich einen meiner Helden kennenlernte, einen tollen Mann und eine wahre Rockikone, Mr David Bowie. Wir waren uns zuvor noch nicht begegnet, und an jenem Abend hing ich die meiste Zeit mit Simon Le Bon ab, den ich recht gut kannte, da er nicht weit von mir entfernt in Putney im Südwesten Londons wohnte (natürlich in einem wesentlich größeren Haus als ich). Ich hatte bereits ein paar Nachmittage und Abende mit Simon und seiner liebenswürdigen Frau Yasmin verbracht, die beide immer sehr freundlich und herzlich mir gegenüber waren. Wie ich war auch Simon ein Fan von schnellen Motorrädern und sexy Frauen, also waren wir Brüder im Geiste. Wir waren uns auch häufig eher zufällig bei Partys an exotischen Orten in ganz Europa über den Weg gelaufen, und er war immer eine perfekte Partybegleitung mit seiner frechen und aufregenden Gentleman-Rockstar-Art und seinem fröhlichen Hedonismus.

Aber ich schweife ab. Als VH1 offiziell gestartet war und ohne großes Tamtam seine Botschaft »Music First« über den Kontinent zu verbreiten begann, trommelte eine der MTV-Pressefrauen (immer eine hübsche, total gestresste Frau mit einem Clipboard in der Hand) die anwesenden VJs zusammen, um das obligatorische »Meet and Greet« mit Mr Bowie persönlich anzugehen. Eigentlich waren diese Star-Treffen immer den Gewinnern verschiedener MTV-Competitions vorbehalten, die, wenn sie ein Treffen mit ihrem Lieblingsstar gewonnen hatten, erst einmal in dem Glauben gelassen wurden, ein wenig Zeit mit dem Künstler oder der Band verbringen zu können. In Wahrheit bedeutete dies meistens, dass alle Competition-Gewinner weltweit zusammengetrommelt, zu einem Konzert des Stars gebracht und im Backstage-Bereich dem mehr oder weniger erschöpften/gerührten/völlig zugedröhnten/besoffenen Popstar vorgestellt wurden. Die Prominenten hatten meist keine Ahnung, wer all diese Leute waren, da diese von Mitarbeitern der Plattenfirma oder MTV unbemerkt an jenen heiligen Ort gebracht worden waren, bis jemand erwähnte, dass sie Competition-Gewinner seien – an diesem Punkt war der Star meist plötzlich entweder sichtlich relax oder völlig angespannt.

Um die Unannehmlichkeiten für alle Beteiligten zu minimieren, wurden diese Treffen immer mit militärischer Präzision durchgeführt: Innerhalb von zwei Minuten waren die Gewinner meist wieder aus dem Backstage-Bereich heraus, bevor sie überhaupt die Chance hatten, sich von dem Schock des Zusammentreffens mit ihrem größten Star zu erholen oder ein gemeinsames Foto zu machen. In der Zeit vor den Handykameras waren die Leute zufrieden, wenn sie mit einem Autogramm, einem Grinsen im Gesicht und einem verschwommenen Gruppenfoto, das einige Zeit später per Post geschickt wurde, nach Hause gingen.

In Hamburg wartete nun ich auf mein persönliches »Meet and Greet« mit einem Rockstar. Zusammen mit den anderen VJs bekam ich kurz gesagt, wie ich mich im Beisein des Superstars zu verhalten hätte – nämlich ihm die Hand geben, ihn herzlich begrüßen, meinen Namen nennen und verschwinden, bevor die Situation peinlich werden würde.

Was ich gar nicht leiden kann, ist, wenn man mir vorschreibt, was ich tun soll oder wie ich mich zu verhalten habe, und wie ich bereits erwähnt habe, rebelliere ich normalerweise gegen jegliche Form von Autorität. Bei dieser Gelegenheit jedoch wollte ich mein bestes Benehmen an den Tag legen, da es nur wenige Leute in der Musikszene gibt, die ich so sehr respektiere wie den »Thin White Duke«. Ich musste also bloß meinen Mund halten und weitergehen, dann wäre alles gut und schön und die MTV-Bosse würden sich freuen. Wie sich herausstellte, war nicht ich es, um den sie sich Sorgen machen mussten, sondern Mr Bowie selbst.

Während ich Seiner Göttlichen Anwesenheit immer näher kam, übte ich im Stillen meine Worte: »Hallo David« (Meet), »mein Name ist Ray Cokes« (Greet), »es ist mir eine Ehre, Sie kennenzulernen« (Abgang). Ich wartete geduldig in der Schlange neben meiner MTV-Kollegin Kristiane Backer und sah schweigend zu, wie der großartige Mann ihre Hand nahm und ihr sein typisches zahnreiches Lächeln zuwarf, worauf unser VJ-Fräulein leicht errötete. Dann war ich endlich an der Reihe, umgeben von Pressesprechern, Presseagenten und natürlich zahlreichen angeheiterten MTV- und VH1-Bossen.

»David, das hier ist ebenfalls einer unserer VJs«, sagte einer der MTV-VIPs.

»Hallo David, ich bin Ray ...«, sagte ich, während ich ihm meine Hand hinhielt.

»Ja – ich weiß, wer du bist«, gab er zurück, »du bist der verdammte Ray Cokes.«

Ich lächelte etwas nervös und wusste nicht, was ich sagen sollte, da ich nur meine Meet-and-Greet-Worte geprobt hatte, und nun hatten wir uns ganz offensichtlich vom Drehbuch entfernt. Was noch schlimmer war: Der Mann sah wütend aus.

»Ja«, sagte er noch einmal, dann blickte er in die Runde und sprach zu den anderen Anwesenden. »Ich kenne dieses freche Kerlchen, diesen VJ-Arsch!« Meine Hand steckte immer noch in seinem schraubstockartigen Griff fest. Da er dadurch meine volle Aufmerksamkeit hatte, ließ er mich auch nicht los.

Offensichtlich sollte das Ganze nun komplett schiefgehen, aber ausnahmsweise war ich dieses Mal nicht der Unruhestifter. Ich fragte mich, was genau ich getan hatte, dass der Mann so wütend auf mich war, und hoffte nur, dass meine Bestrafung nicht allzu heftig ausfallen würde. Bei den MTV-Bossen befand ich mich sowieso schon auf dünnem Eis, aber dies hätte der letzte noch fehlende Sargnagel für meine Karriere sein können. Den Grund für Davids Laune sollte ich sehr bald erfahren.

»Weißt du, Cokesy«, sagte er mit seinem breiten Cockney-Akzent, »vor ein paar Wochen habe ich deine Sendung *Most Wanted* gesehen, und da hast du ein Video von Tin Machine gespielt, weißt du noch?«

Daran erinnerte ich mich nur zu genau. Tin Machine war Davids unseliges Bandprojekt und in meinen Augen größtenteils ein Haufen einfallsloser Müll, eine Meinung, die ich gegenüber meinem Publikum oft kundgetan hatte.

Als ich so dastand und mich mittlerweile etwas unbehaglich fühlte, sprach er weiter, und als ob er meine Gedanken lesen könnte, sagte er: »Ja, du hast unser neuestes Video gezeigt und danach drüber hergezogen, stimmt's, Kumpel?«

Jetzt zu lügen, war sinnlos. Er hatte den Vorfall selbst gesehen, sehr zur Bestürzung der versammelten VIP-Riege, der das Ganze mindestens genauso unangenehm war wie mir. Ich hoffte nur, dass sich jetzt der Boden auftun und mich verschlucken würde, aber das sollte noch nicht alles gewesen sein.

Zwischenzeitlich brachte ich nur eine stotternde Antwort heraus: »Äh, na ja, ich, äh, erinnere mich nicht, David …«

»Ja, aber ich erinnere mich sehr gut, Mann«, sagte er, während ich verlegen und voller Schuldgefühle dastand. Dann gab er auch noch fast Wort für Wort den Kommentar wieder, den ich in jener Sendung abgelassen hatte: »Du kamst mit deinem typischen Grinsen ganz nah an die Kamera heran und fingst an zu schimpfen: ›Ey, Bowie! Tin Machine ist Mist! Kompletter Müll! Weißt du warum? Du hast den Kontakt zu den Leuten verloren! Wahrscheinlich relaxt du gerade in deinem Chalet in der Schweiz mit deiner hübschen Supermodel-Ehefrau an deiner Seite, nippst an deinem Chablis und rauchst eine Marlboro, obwohl du besser wieder in einem feuchten Londoner Kellerloch wohnen, den Schmerz spüren und gute Songs wie früher schreiben solltest! In den Schweizer Alpen kann man keine Hits schreiben! Bowie – hör auf mit Tin Machine!‹«

Richtig, das waren mehr oder weniger meine Worte gewesen. Ich weiß noch, dass meine Studiocrew mir zwar gänzlich zustimmte, sich aber kaputtlachte über meine Schimpftirade auf den legendären David Bowie. Entweder fanden sie meine Aufmüpfigkeit sehr mutig oder sie lachten über meine gnadenlose Offenheit und fragten sich gleichzeitig, warum ich meine Karriere jeden Abend aufs Neue aufs

Spiel setzte. So oder so, jeder Musikfan kannte die Wahrheit – Tin Machine gehörte nicht unbedingt zu Bowies Glanzmomenten.

»Äh, nun ja«, stotterte ich weiter, »ich denke, das habe ich wohl gesagt, tut mir leid, David.«

Plötzlich und völlig unerwartet änderte sich sein Gesichtsausdruck von Wut zu absoluter Vergnügtheit. Ich hatte vergessen, welch guter Schauspieler er war. Nach einer gefühlten Ewigkeit, während ich wie angewurzelt vor ihm stand und mich die geröteten und verärgerten Gesichter der MTV-Bose anstarrten, fuhr er fort: »Weißt du was, Mann? Vielleicht war es etwas respektlos von dir, aber du hattest total recht. Ich habe mir deine Sendung tatsächlich in meinem Chalet angesehen, saß auf dem Sofa neben Imam, trank Wein und rauchte eine Zigarette. Nach deiner kleinen Ansprache fiel meine Frau vor lauter Lachen beinahe vom Sofa. Woher zum Henker wusstest du, was wir gerade machen, hä? Scheiße, Mann, du bist echt dreist, aber das war so lustig, dass ich dich noch mal damit davonkommen lasse. Schön, dich kennenzulernen, Mann. Denk immer dran ... ich behalte dich im Auge – oder behältst du mich im Auge?«

Nach einem kollektiven Seufzer der Erleichterung brachen alle um mich herum auf einmal in Gelächter aus, und das Spektakel war vorüber. Ich war düpiert und zu Recht in meine Schranken gewiesen worden, und ich war noch mal davongekommen. Meinen Job hatte ich zum Glück nicht verloren, und etwas später hängte David Tin Machine für immer an den Nagel. Ich rede mir gern ein, dass ich einen kleinen Teil dazu beigetragen habe, aber andererseits ...

MOST U2 – Die Giganten

1980 veröffentlichten U2 *11 O'Clock Tick Tock*, ihre erste Single außerhalb Irlands, und eine belgische Konzertagentur namens Sound & Vision (zu jener Zeit von zweien meiner Freunde, Christian Verwilghen und Phillipe Kopp, gegründet) lud die Band ein, einen ihrer ersten Gigs außerhalb Großbritanniens zu spielen, und zwar in einem kleinen Nachtclub namens The Klacik in Ukkel. Da ich arbeiten musste, konnte ich an jenem Abend leider nicht zu dem

Gig gehen, aber ich war nicht der Einzige, der anderes zu tun hatte – nur knapp 50 Zuschauer tauchten auf, um sich das gerade mal 30 Minuten dauernde Konzert anzuschauen, das auf Drängen der Clubbesitzer bereits früh am Abend stattfand, damit man danach die (viel profitablere) Clubnacht durchziehen konnte.

Im Jahr darauf, als U2 durch ihr Debütalbum *Boy* in Belgien bereits Kultstatus erlangt hatten, kehrten sie nach Brüssel zurück. Dieses Mal spielten sie im Beursschouwburg, einem kleinen Theater, und dieses Mal sah ich zu, dass ich auf der Gästeliste landete. Beim Konzert mischte ich mich unter die Fans in den ersten Reihen und tanzte und zeigte meine Begeisterung für diese neue junge Band. Der Gig war typisch für ein U2-Konzert der damaligen Zeit, ein Vorbote der Dinge, die kommen sollten – grenzenlose Energie, aufrichtige Texte und die inspirierende Haltung des charismatischen Frontmans. Da sich die Livepower der Band mittlerweile rumgesprochen hatte, fanden sich dieses Mal um die 200 Besucher bei dem Konzert ein und erlebten die ersten Schritte einer Gruppe, die zu einer der größten Bands der Welt werden sollte.

Ich war bereits ein großer Fan und wollte die Jungs unbedingt kennenlernen, also lieh ich mir einen Kassettenrecorder sowie ein billiges Mikrofon und ging, gut getarnt als Journalist, nach der Show zu den Musikern in den Backstage-Bereich. Voller jugendlichem Selbstvertrauen und Wagemut fragte ich Bono nach einem Interview und behauptete, der Moderator einer sehr berühmten belgischen Radioshow zu sein und der Band zu mehr Bekanntheit in Belgien verhelfen zu können. Allerdings glaube ich nicht, dass Bono sich eine Sekunde lang hat in die Irre führen lassen, als er mein billiges Lo-Fi-Equipment sah, er gab mir aber freundlicherweise dennoch ein Interview. Natürlich erinnere ich mich heute nicht mehr an alles Gesagte, aber ich weiß noch, wie ich ihm eine ganz bestimmte Frage stellte, weil ich mich an seine Antwort noch genauestens erinnern kann.

»Bono«, begann ich nervös das Interview, »du machst das, was du tust, offensichtlich mit viel Leidenschaft – glaubst du, dass Musik tatsächlich die Welt verändern kann?«

Auch wenn die Frage recht naiv war, gab er eine durchaus nachdenkliche Antwort.

»Ich bin mir da nicht so sicher, Ray«, sagte er, »aber ich weiß, dass, wenn unsere Musik die Welt eines einzigen Menschen verändern kann, dann wird dieser Mensch vielleicht losziehen und die Welt eines anderen verändern, und so wird das Ganze wachsen.«

Dieses Statement bestärkte mich in meinem Glauben, dass von allen Künsten die Musik die wohl direkteste emotionale Verbindung zu uns Menschen aufbauen kann.

Nach dem Interview kam Bandmanager Paul McGuinness zu mir und sagte, das die Jungs ein wenig feiern wollten (Paul, ein tatkräftiger, eindrucksvoller, aber auch sehr freundlicher Mann, wurde stets als fünftes Mitglied von U2 betrachtet und sollte nicht unwesentlich zur späteren Weltherrschaft der Band beitragen – er ging 2013 in den Ruhestand).

»Hey«, sagte er, »du siehst so aus, als würdest du wissen, wo es hier in der Stadt Sex, Drugs & Rock 'n' Roll gibt – also wo müssen wir hin?«

»Na ja«, antwortete ich fröhlich, »zwei dieser Dinge kann ich bei mir zu Hause, was nicht weit weg ist, zur Verfügung stellen.«

Er lachte und nahm – für mich völlig überraschend – meine Einladung an, und kurze Zeit später landeten wir in meinem gemieteten Reihenhaus im runtergekommenen Stadtteil Marolles, außer Schlagzeuger Larry, der es vorzog, zurück zum Hotel zu gehen.

Da ziemlich viel Bier getrunken und hier und da auch ein Joint geraucht wurde, weiß ich nicht mehr genau, was an jenem Abend geschah, aber ich erinnere mich noch deutlich an die Jungs, wie sie damals waren. Bono war einer der positivsten, geselligsten jungen Männer, die ich jemals kennengelernt habe, der zu jedem Thema immer sehr viele und kluge Dinge zu sagen wusste und auch stets aufmerksam zuhörte, wenn andere etwas sagten. Gitarrist Dave (The Edge) war der ruhige Typ der Runde, sehr bescheiden und nachdenklich, Bassist Adam der wohl Bodenständigste und Lustigste der ganzen Truppe, und Manager Paul schien ein großherziger Typ mit großem Lebenshunger zu sein.

Als der äußerst amüsante Abend zu Ende ging, machten sie sich schließlich auf den Weg zurück ins Hotel, und wir versprachen uns gegenseitig, in Kontakt zu bleiben – was natürlich nicht passierte. Keiner von uns hätte an jenem Abend voraussahnen können, wie groß die Band und wie steil ihr Aufstieg werden würde. Heute noch besitze ich eine Postkarte, die Adam mir geschickt hat, als die Band ihre zweite Nordamerikatour machte; damals füllten sie schon große Hallen, und wie er mir schrieb, konnte er gar nicht fassen, was für einen Erfolg sie in den USA hatten.

Die Tatsache, dass ich mit der Band schon ganz am Anfang ihrer Karriere befreundet war, half mir beruflich allerdings überhaupt nicht, obwohl ich vor Fernsehbossen immer erwähnen konnte, U2 persönlich zu kennen. Trotzdem bedeutete es nicht, dass ich Interviews oder VIP-Backstage-Pässe für ihre Shows bekam – sie begrüßten mich zwar immer, wenn wir uns begegneten, mit offenen Armen, aber die Band war schon so groß geworden, dass ich bloß ein weiterer Ziegelstein im medialen Mauerwerk war, das die Jungs umgab und auf Schritt und Tritt verfolgte.

Dennoch gab es einen Moment, in dem diese lockere Bekanntschaft und der große Erfolg meiner MTV-Shows zusammenkamen und mir ein magisches U2-Erlebnis bescherten. 1992 war die Band gerade auf ihrer *Zoo TV*-Tour quer durch Europa – eine Multimediashow, die direkt von dem inspiriert war, was wir auf MTV boten –, und so initiierten wir auf unserem Sender eine große Competition, bei der ein glücklicher Gewinner die einmalige Gelegenheit bekommen sollte, ein Konzert der Band exklusiv als Satellitenübertragung im eigenen Wohnzimmer erleben zu dürfen. Nur um das nochmals deutlich zu machen: Dies war kein gewöhnliches auf MTV ausgestrahltes Konzert, das jeder in Europa sehen konnte, sondern eine Liveübertragung direkt und ausschließlich nur auf den Fernseher des Gewinners. Die Kosten dafür waren gigantisch, da nicht nur eine Live-Satellitenschaltung vom Konzert zum betreffenden Haus auf die Beine gestellt werden musste, sondern auch eine *Most Wanted*-Livesendung vom Wohnort des Gewinners, bei dem ich unangekündigt vor der Tür stehen sollte. MTV hatte damals eine unglaublich große Zuschauergemeinde, und so standen Unmengen von Sponsoren für ungewöhnliche Projekte wie dieses bereit, die uns sogar bei den verrücktesten Ideen unterstützten.

Jedenfalls hatte die MTV-Buchhaltung dieses Mal Glück, denn der Gewinner John Harris wohnte in Großbritannien, genauer gesagt in Sutton-in-Ashfield, Nottinghamshire. So konnten die Kosten für die Crew so gering wie möglich gehalten werden, da keiner ins Ausland reisen musste. Im Hause MTV war bereits bekannt, dass unsere Trips ins Ausland unglaublich viel Geld verschlangen, nicht nur wegen der Flug- und Hotelkosten, sondern auch wegen unserer eingereichten Rechnungen für die teuersten Restaurants, Alkohol und sogenannte »sonstige Extras« auf Kosten der Firma (heute ist es in der Branche fast unmöglich, auf Kosten anderer so viel Geld zu verballern, da die Angestellten als Tagessatz einen festen Betrag bekommen).

Bei diesem Trip jedenfalls hatte sich die Crew frühmorgens auf den Weg gemacht und ganze Sattelschlepper voll High-Tech-Equipment zum Haus des Gewinners gefahren, und wenige Stunden vor Beginn der Sendung war auch ich vor Ort angekommen. Die zahlreichen Lkws parkten ein Stück von Johns Haus entfernt an der Straße und zogen die neugierigen Blicke der Anwohner auf sich, aber zum Glück waren die Nachbarn diskret und ruinierten uns nicht das Überraschungsmoment (undenkbar in der heutigen Zeit, in der jeder mit jedem über Smartphones und Social Media verbunden ist). Und so stand ich also, nur wenige Wochen nachdem ich den glücklichen Gewinner per Telefon kontaktiert hatte, vor dessen Haustür und begann meine *Most Wanted*-Livesendung aus Sutton-in-Ashfield, als Überbringer des wertvollen Preises: ein ganz privates U2-Konzert im Wohnzimmer. Es war ein denkwürdiger Abend, da John einfach nur sprachlos und seine Freundin Dawn den Tränen nahe war, als ich und das Team ihr kleines Haus mit einer riesigen Leinwand, einem halben Dutzend Fernsehmonitoren, einer teuren Soundanlage und riesigen Boxen betraten und auch noch Millionen von Menschen in ganz Europa ihr Glück live miterleben konnten.

Das U2-Konzert fand an einem warmen Sommerabend im Juni in der Globen-Arena in Stockholm statt, und als unsere brillante Technikcrew die Satellitenverbindung hergestellt hatte, fingen wir mit der Übertragung des kompletten Gigs auf die Bildschirme an, die wir im Wohnzimmer aufgebaut hatten. Zu dem Zeitpunkt waren bereits zahlreiche Freunde des Paares und die halbe Straße zur Party gekommen, und die Atmosphäre war unglaublich heiter, emotional und sehr außergewöhnlich.

Aber das Beste sollte noch kommen. Auf der *Zoo TV*-Tour hatte Bono während der Show zahlreiche Prominente aus aller Welt angerufen oder sie per Liveschaltung ins Konzert geholt, und dieser Gig sollte keine Ausnahme sein. Während die Leute im gerammelt vollen Wohnzimmer standen und gerade das Ende des zweiten Songs *The Fly* hörten, stand ich neben John und tat mein Bestes, um meine Vorfreude zu verbergen. Denn im Gegensatz zu John wusste ich, was am Ende des Songs passieren sollte. In diesem Teil der Show griff Bono immer zu einer Fernbedienung und zappte sich durch verschiedene Fernsehsender auf der riesigen Leinwand hinter ihm auf der Bühne. Dieses Mal landete er direkt bei uns, in Johns Wohnzimmer, und er sah uns dabei zu, wie wir ihm zusahen. Das Publikum in Stockholm begrüßte uns mit lautem Jubel, während Bono sich mit dem völlig schockierten John unterhielt, und ich muss zugeben, dass auch ich beeindruckt war. Als das surreale Gespräch vorüber war, setzte die Band ihr Konzert fort, und alle Anwesenden verfolgten gebannt das Geschehen auf den Bildschirmen. Zwischendurch schalteten wir noch einige Male zwischen Schweden und Nottinghamshire hin und her, um noch ein wenig mit Bono zu plaudern und uns weiteren stürmischen Applaus der schwedischen Fans abzuholen. Am Schluss waren wir alle müde, aufgewühlt und den Tränen nahe – am Ende einer Fernsehsendung, die wohl zu den aufwendigsten und inspirierendsten Liveshows gehört, die ich das Vergnügen hatte zu moderieren. Und davon, meine Freunde, hat es einige gegeben.

Ein paar Jahre später lief ich Bono wieder über den Weg, und zwar im November 1995 auf der After-Show-Party der MTV Europe Music Awards in Paris. An jenem Abend hatte er bekanntermaßen seine Meinung zu den jüngsten Atombombentests Frankreichs im Pazifik kundgetan, indem er live auf der Bühne und vor Millionen von Zuschauern sagte: »Was für eine Stadt, was für eine Nacht, was für ein Publikum, was für eine Bombe, was für ein Fehler, was für ein Wichser, den ihr als Präsidenten habt.«

Das Statement war goldrichtig, und das Publikum jubelte Bono lautstark zu, während die anwesenden MTV-Bosse vor Schreck aus ihren Sitzen sprangen – es war eine Liveübertragung und somit war es nur bei den Wiederholungen möglich, diesen kontroversen

Ausbruch herauszuschneiden. Auf der After-Show-Party war Bono der absolute Held, und überall wo er hinging, wurde er mit einem ironischen »Wichser!« begrüßt. Ich weiß noch, wie ich mich kurz, aber lebhaft mit dem Mann unterhalten habe, den ich bereits in jungen Jahren flüchtig hatte kennenlernen dürfen und der nun ein weltweiter Superstar war.

Was ich an Bono so besonders finde, ist, dass er, obwohl auf der Bühne überlebensgroß und mittlerweile zu einer Art Karikatur verkommen, in Wirklichkeit viel ruhiger ist – ein in sich gekehrter Charakter, der immer aufrichtig interessiert zuhört. Ich nahm ihn immer als charmante, inspirierende und irgendwie verletzliche Seele wahr, und ich verstehe die Leute nicht wirklich, die es lieber sehen würden, wenn er seinen Weltrettungstrieb unterdrücken und seine religiösen Ansichten für sich behalten würde. Durch seinen Promistatus hat der Mann zweifellos viel Gutes getan, und er meint es tatsächlich gut – soweit ich es beurteilen kann, gibt es bei ihm keinerlei Hintergedanken. Bono hat auch eine freche, spitzbübische Seite an sich, und obwohl man es irgendwie von ihm erwartet, ist nicht er der wilde Mann in der Band – diese Auszeichnung geht an den, der eigentlich als besonnenstes U2-Mitglied rüberkommt: The Edge, der, wie ich gehört habe, offenbar so ziemlich jeden Mann unter den Tisch trinken kann.

MOST Take That – Die Verspielten

Auf dem Höhepunkt ihrer ersten Erfolgsphase waren die Jungs von Take That regelmäßig bei *Most Wanted* zu Gast. Obwohl sie eine gecastete Boyband waren, geschaffen und überwacht von einem angsteinflößenden großen Tier aus der Musikbranche, waren sie alle charismatische Individuen mit einer beeindruckenden kollektiven Chemie, und im Laufe der Zeit hatte ich die Jungs wirklich lieb gewonnen, sie waren mir irgendwie ans Herz gewachsen. Mark (der knuddelige Junge), Jason (der coole Tänzer und Charmeur), Howard (der chillige Typ), Robbie (der freche kleine Bruder) und Gary (der talentierte Songwriter) waren internationale Superstars, aber immer freundlich, bodenständig und für jeden Spaß oder unsere albernen Ideen zu haben. Beispielsweise liehen sie den gerade auf den Markt gebrachten Take-That-Puppen, die ich während der Sendung interviewte, ihre Stimmen, und bei einer anderen Gelegenheit reichte ich den Jungs leere Marmeladengläser, ließ sie hineinatmen und versiegelte die Behälter, um sie bei einer surrealen Competition namens »Take That Take My Breath Away« zu verlosen. Für diesen Preis bekamen wir Tausende und Abertausende von Anfragen, und irgendwo in Europa muss es immer noch einen Fan geben, der fünf versiegelte Gläser mit Stickstoff, Sauerstoff, Kohlendioxid und vielleicht ein wenig Wasserdampf von den Take-That-Mitgliedern besitzt – bei ebay sicherlich ein kleines Vermögen wert, oder?

Ihre Fans wussten natürlich immer genau, wann die Jungs in der Show auftraten, und versammelten sich bereits gegen Mittag vor dem Studio, knapp acht Stunden bevor wir auf Sendung gingen. Sie lungerten vor dem MTV-Gebäude in Camden Town herum, um einen Blick auf ihre Helden erhaschen zu können, die in Limousinen mit getönten Scheiben zu uns gefahren und – nachdem sie den Fans kurz zugewinkt hatten – schnell zu uns in den Green Room gebracht wurden.

1995, als Take That es mit *Back For Good* auf Platz eins in mehr als 30 Ländern der Welt geschafft hatte, hatten sich laut Polizeiangaben etwa 2.500 Fans vor dem Studio versammelt, als wir live mit der Band auf Sendung gingen. Die örtlichen Behörden hatten die Straße aus Sicherheitsgründen abgesperrt, und an jenem Tag hatten die meisten MTV-Angestellten früher Feierabend gemacht, um das ganze Chaos rund ums Gebäude zu umgehen. Gegen Ende der Sendung nahm ich die Band mit nach draußen, um die Fans zu begrüßen, die natürlich völlig ausflippten, bis der Polizeipräsident persönlich, weil er Ausschreitungen und Verletzte befürchtete, mich und die Jungs zurück ins Gebäude beorderte. Dann hielt er mir eine ordentliche Standpauke darüber, wie dumm meine Handlung gewesen sei. Natürlich hatte er recht, aber offenbar mag ich es nun mal, mich in brenzlige Situationen zu bringen.

Die Hysterie rund um die größte Boyband aller Zeiten und die erfolgreichste britische Band seit den Beatles mitzuerleben, war wirklich ein großer Spaß. Natürlich waren im Studio auch einige

Zyniker anwesend, die nicht daran glaubten, dass die Band ihre Songs auch live performen könne, aber ich kann euch versichern, dass nach der Darbietung von *Back For Good* – ohne Playback oder sonstige Unterstützung – kein Auge im Saal trocken geblieben war.

Der letzte Take-That-Auftritt in unserer Show war für alle Beteiligten ein wenig traurig, da sich die Dynamik innerhalb der Band merklich verändert hatte und der von Problemen gezeichnete Robbie kaum noch mit den anderen Bandmitgliedern kommunizierte. Am Set tauchte er mit einem T-Shirt mit der Aufschrift »My Booze Hell« (»Meine Suff-Hölle«) auf, womit er auf die neuesten Schlagzeilen in der britischen Klatschpresse anspielte über seine angeblichen wilden Sauf-Mätzchen in der Öffentlichkeit ohne den Rest der Band. Einige dachten, der Spruch sei ironisch gemeint, aber ich wusste, dass er es nicht war – kurz zuvor hatte Robbie mir in einem persönlichen Gespräch anvertraut, dass seine extreme Unsicherheit bei ihm langsam, aber sicher zur absoluten Selbstzerstörung führte. Über diese dunkle Phase weiß die Öffentlichkeit mittlerweile Bescheid, aber damals wurde das Ganze noch geheim gehalten.

In der Sendung, als an der Bingo Wall of Death die alberne Frage »Würdest du dich für Geld ausziehen?« an der Reihe war, entblößte Rob für zehn britische Pfund seinen Arsch vor Millionen von Zuschauern. Es war ein lustiger Moment, aber irgendein ausgebuffter Journalist hatte von diesem Vorfall einen Screenshot gemacht, und so tauchte das Foto am nächsten Morgen auf den Titelseiten der britischen Klatschblätter auf. Ich bin mir sicher, dass dies dem Management gar nicht gefallen hat und Robbie noch mehr Probleme bereitete. Nicht lange nach der Sendung verließ er die Band – oder besser gesagt: Er wollte aussteigen und wurde stattdessen gefeuert.

Danach brachten die restlichen vier Mitglieder die anstehende Welttournee zu Ende, und unsere Wege kreuzten sich nochmals in einem letzten und recht surrealen Treffen bei einer Live-Chatshow irgendwo in Skandinavien – die Jungs wurden vor einem großen Studiopublikum voller kreischender Fans interviewt. Von meiner Anwesenheit wussten die vier nichts, und ich wurde mitten im Interview in einer riesigen Kiste versteckt auf die Bühne geschoben und ihnen sozusagen als Überraschungsgeschenk übergeben. Als ich aus der Kiste herausgeklettert kam, wusste ich nicht, wer enttäuschter war – die Band oder das Studiopublikum, weil beide offenbar auf Robbies Rückkehr gehofft hatten.

Nach der Sendung fuhren wir gemeinsam zum Hotel, vor dem Hunderte von jungen Mädels standen und auf ihre Idole warteten. Zu meiner Freude durfte ich in diesem Moment die echte Take-That-Experience hautnah miterleben: versteckt und auf der Flucht. Unsere Fahrzeuge – insgesamt drei, allen voraus ein Köder für die Fans, danach der Wagen mit dem »echten« Inhalt sowie einer mit Securitymännern – wurden schnell umgeleitet zur Parkgarage unter dem Hotel, wo uns die hauseigenen Sicherheitsmänner in Empfang nahmen und uns durch Hinterzimmer, Küchenräume und Flure zum Bandhauptquartier brachten, das man in der Bar aufgeschlagen hatte. Trotz all dieser Sicherheitsmaßnahmen hatten einige Fans es geschafft, durchzudringen, indem sie sich Zimmer in dem Hotel gebucht hatten, um sich ganz legitim an der Bar und im Restaurant in der Nähe der Jungs aufhalten zu können. Aber es half alles nichts – auch wenn sie im selben Raum wie ihre Idole waren, wurden sie von den Securitymännern immer auf Distanz gehalten. Ich hingegen saß mit den Bandmitgliedern in einem abgeschirmten Bereich der Bar bei ein paar Softdrinks zusammen. Die Tourregeln waren streng, und ihr gnadenloser Manager Nigel Martin Smith achtete penibel auf deren Einhaltung – keine Mädels, kein Alkohol, keine Ausnahmen. Nigel war immer sehr nett zu mir, aber ich hatte mitbekommen, wie er anderen gegenüber richtig wütend geworden war, und er gehörte durchaus zu den Typen, mit denen man sich besser nicht anlegt.

1996 trennten sich Take That schließlich und sorgten für unvorstellbare Trauer unter ihren Fans. In Großbritannien drohten unzählige Teenagermädchen mit Selbstmord, und aufgrund all dieser Verzweiflung wurden von der Regierung Telefonhotlines eingerichtet, um den Trauernden Trost zu bieten. Für die Band und mich war es das Ende einer Ära, danach gingen wir getrennte Wege.

Etwa zehn Jahre später waren sie wieder da (*back for good*, sozusagen), und ich finde es schade, dass ich bisher noch nicht die Möglichkeit gehabt habe, sie mal wieder zu treffen. Ich würde ihnen gern sagen, wie beeindruckt ich davon bin, dass sie ihre Probleme aus der Welt geschafft haben und noch größer und sogar besser wieder zurückgekommen sind. Ich möchte ihnen auch gern für die Neunziger danken, als sie mir ihr Vertrauen schenkten, sich immer großzügig mir gegenüber zeigten und mir mit Witz und Herz so viel Spaß bereiteten. Mark, Jason, Howard, Robbie und Gary, ihr seid immer noch in meinem Herzen. Lasst uns mal reden.

MOST Robbie Williams – Der Bruder

Meine kurze Freundschaft mit Robbie Williams (wenn man sie überhaupt als solche bezeichnen kann) fing während seiner letzten Monate bei Take That an und endete knapp ein Jahr später, als er seine erste Solosingle veröffentlichte. In dieser Zeit seiner persönlichen und beruflichen Turbulenzen betrachtete der junge Popstar mich, so würde ich gern glauben, als eine Art (viel) älteren Bruder, und ich gab mein Bestes, um diese Rolle auszufüllen. Ich gab ihm Rat und Orientierung, wann immer ich konnte – was nicht wirklich oft war, da er lieber redete, statt zuzuhören, und meistens unter Alkohol- und Drogeneinfluss stand.

Der Moment, in dem wir eine freundschaftliche Beziehung aufzubauen begannen, war im März 1995, als ich eine Pressekonferenz in München moderierte, um das dritte Studioalbum von Take That, *Nobody Else*, anzukündigen. Während der After-Show-Party bat Robbie mich still und leise, etwas Wodka in seine Cola zu schütten, und obwohl ich den gewaltigen Zorn von Bandmanager Nigel Martin Smith riskierte (der den Jungs jeglichen Alkoholkonsum in der Öffentlichkeit verboten hatte), tat ich Robbie den Gefallen. Insgesamt ging ich einige Male für ihn zur Bar, und wir verbrachten den ganzen Abend in einer dunklen Ecke und führten ziemlich besoffen ein intensives Gespräch, wobei Rob (wie er privat genannt werden wollte) mir gestand, dass er seinen Manager immer mehr hasste, mit Gary Barlow gar nicht klarkam und das dringende Bedürfnis verspürte, die Band schnellstmöglich zu verlassen. Ich weiß noch, dass mich diese Enthüllungen schockierten, aber ich wollte ihm auch helfen, da klar war, dass mein Trinkkumpan große Probleme hatte.

Nach diesem langen Abend in München blieben wir in regelmäßigem Kontakt, unter anderem mit langen Telefongesprächen mitten in der Nacht, bei denen Rob sich mir so richtig öffnete. Ich erfuhr von seiner großen Unsicherheit, seinem Selbsthass, dem Lampenfieber bei jedem neuen Gig sowie dem übermächtigen Gefühl, vom eigenen Erfolg gefangen gehalten zu werden. Kurz gesagt, Robbies öffentliches Image war ungefähr eine Million Kilometer von dem privaten Rob entfernt – als ich ihn näher kennenlernte, war er ein komplettes Wrack und hatte Probleme, mit seinem Leben klarzukommen, und sein Drogen- und Alkoholkonsum, um die Schmerzen zu lindern und aus seinem Gefängnis zu fliehen, machten das Ganze noch schlimmer. Wie bereits gesagt, ist Robbies wilde Zeit mittlerweile von den Medien penibel dokumentiert worden, aber damals wusste niemand davon, und auch für mich war es eine riesengroße Überraschung.

Als er die Band im Juli jenes Jahres verließ, war er bereits völlig außer Kontrolle geraten, und seine schamlosen Ausschweifungen fanden sich auf den Titelblättern der britischen Klatschpresse wieder, die ihn gern als zugedröhnten Loser mit Gewichtsproblemen darstellte. Die britische Presse tritt nur zu gern den Niedergang eines Helden breit, und Robbie war keine Ausnahme, da sein selbstzerstörerisches Verhalten für fette Schlagzeilen sorgte. Ich versuchte vergebens, ihn zu erreichen, und meine Anrufe blieben unbeantwortet, und so konnte ich nur aus der Ferne zusehen, wie er in aller Öffentlichkeit stürzte.

Unsere nächste Begegnung war im November 1995 bei den MTV Europe Music Awards in Paris. Nur wenige Monate nach der emotionalen Trennung von Take That war Robbie sichtlich fertig, stand etwas neben sich und ließ den früheren Lausbubencharme stark vermissen. Als ich versuchte, ihn zu interviewen und das Gespräch in Richtung seiner Zukunftspläne zu lenken, wurde leider nichts Wichtiges gesagt, aufgrund von Robbies Gefühlslage und dem Durcheinander, das meine Komoderatoren, die Puppen Zig und Zag, anrichteten. Das Einzige, was ich letztendlich tun konnte, war, ihn so schnell wie möglich aus dieser schrecklichen Situation zu befreien und das Interview zu beenden. Auf der After-Show-Party bemerkte ich, dass er mittlerweile komplett vom Weg abgekommen und zu seinem eigenen schlimmsten Feind geworden war – er nahm gar nicht wahr, wie die Öffentlichkeit ihn sah, und den ganzen Abend lang hampelte er wie verrückt auf der Party herum, völlig auf Koks und Ecstasy. Wenn ich ihn mal erwischte und ein paar Worte mit ihm wechseln konnte, war er gleich wieder verschwunden, bediente sich selbst an der Bar bei den kostenfreien alkoholischen Getränken und baggerte jede Frau an, die ihm in die Quere kam. Ich weiß noch, wie ich ihn ein wenig zu beruhigen versuchte und ihm sagte, dass er sich zum Affen machte, aber meine Meinung war nicht erwünscht und mein Rat stieß auf taube Ohren.

Erst im Frühjahr 1996 sah ich ihn wieder, kurz nachdem Take That das Handtuch geworfen hatten. Damals war er Gast bei der ersten Ausgabe meiner neuen Show *X-Ray Vision*. Nach der Sendung verabredeten wir uns zum Dinner eine Woche später in meiner Wohnung in Putney, und das sollte auch das letzte Mal sein, dass ich ihn privat traf. Dieser Abend, bei dem er ausnahmsweise mal nüchtern war, gehört zu meinen schönsten Erinnerungen an ihn. Obwohl der Drogenmissbrauch und die Kämpfe vor Gericht mit den Rechtsanwälten von Take That und der Plattenfirma ihn sichtlich belasteten, war er trotzdem einigermaßen gut drauf, und wir hatten eine Menge Spaß. Die einzige verbotene Substanz, die wir an jenem Abend zu uns nahmen, war feines selbstgezogenes Marihuana aus biologischem Anbau, das uns locker machte und für viel Gelächter sorgte. Nach dem Essen gingen Rob und ich zum Kiosk um die Ecke, um uns mit ein paar Süßigkeiten einzudecken – kleine Knabbereien als Nachtisch zum Abendessen. Ich weiß noch, wie wir in dem Laden umherspazierten, Kekse, Schokolade und Eis kauften und dabei hemmungslos kicherten, während die Ladenbesitzer uns entgeistert ansahen, so schockiert waren sie, dass ein berühmter Popstar bei ihnen einkaufte.

An jenem Abend erzählte Rob mir, dass er unbedingt eine Platte veröffentlichen wollte, aber dass seine erste Veröffentlichung aus rechtlichen Gründen eine Coverversion sein musste. Ich weiß noch, wie wir uns bis in die frühen Morgenstunden eine Menge alter Songs anhörten, um einen passenden für ihn zu finden, wobei mein Favorit *Waterloo Sunset* von The Kinks war. Etwas später sagte er mir, dass seine Plattenfirma EMI George Michaels Hit *Freedom '90* ausgewählt hatte, und obwohl ihm die Idee nicht besonders gefiel, fand er, dass der Text immerhin in etwa beschrieb, was er gerade durchmachte.

Die Platte kam im Sommer 1996 heraus und wurde gleich zu einem internationalen Hit, und danach hörte ich nichts mehr von Rob. Ich hatte einige Male versucht, ihn anzurufen, aber er hatte eine neue Telefonnummer, und als sein neues Management sich weigerte, mir seine Kontaktdaten zu geben, vermutete ich, dass irgendetwas im Busch war. Ich verstehe immer noch nicht so recht, warum unsere kurze Freundschaft so abrupt zu Ende war, aber ich habe so meine Vermutungen. Vielleicht hatte sein Management beschlossen, Rob von seiner Vergangenheit fernzuhalten, um seine Zukunft zu sichern. Vielleicht aber hatte Rob auch selbst beschlossen, sich von seiner Vergangenheit zu distanzieren, um seine Zukunft zu sichern. Oder vielleicht war ich bloß einer der vielen Protegés, mit denen Robbie sich umgab, und so war unsere Freundschaft bloß oberflächlich und unwichtig. Alle drei Vermutungen ergeben Sinn, aber ich denke, die letzte ist wohl die wahrscheinlichste.

Als letzten Versuch, ihn zu kontaktieren – nachdem ich im Sommer 1997 in der Zeitung gelesen hatte, dass er in einer Londoner Entzugsklinik war –, schickte ich ihm ein Fax. In meinem Schreiben wünschte ich ihm alles Gute und beendete es mit den Worten: »Ich weiß, du bist stärker, als sie behaupten«, zusammen mit meiner neuen Handynummer. Leider antwortete er nicht, aber als ich irgendwann die Single *Strong* von seinem zweiten Album *I've Been Expecting You* mit der Textzeile »You think that I'm strong, you're wrong« hörte, war ich ein wenig davon überzeugt, dass der Text mit mir und meinem Fax im Hinterkopf geschrieben worden war. Vielleicht verkläre ich die Situation aber auch – wozu ich generell neige.

MOST Madonna – Die Suche

Abgesehen von *Most Wanted* und den beiden Filmsendungen, die ich moderierte, bestand meine Arbeit bei MTV zu großen Teilen darin, aus nichts irgendetwas zu machen. 1993 hob ich dieses Talent auf eine ganz neue Ebene, indem ich 30 Minuten Sendezeit mit recht inhaltlosen Szenen füllte und ein Filmchen produzierte, das – für eine beträchtliche Zeit – die Sendung mit den höchsten Einschaltquoten auf MTV werden sollte. Die Geschichte, wie das Ganze zustande gekommen ist, wurde bisher nie erzählt, aber es wird euch sicherlich nicht schockieren, wenn ich euch sage, dass ich hierbei wieder mal aus dem Bauch heraus handelte und die Aufgabe beinahe nicht zu Ende bringen konnte. Hier ist sie also, die Geschichte von *In Search of Madonna* – die ungeschnittene Moderatorenfassung.

Eines Nachmittags wurde ich diskret von meinem Studioregisseur Mike Kaufman über das Gerücht in Kenntnis gesetzt, dass die *MTV News*-Abteilung auf ein exklusives Interview mit der Queen of Pop, Madonna, hoffte. Angeblich sollte sie bei einer Fashionshow in Mailand auftreten, um die Mode der italienischen Designer Dolce & Gabbana zu präsentieren, die über 1.500 Kostüme für Madonnas damalige *Girlie Show*-Tour entworfen hatten. Bisher war allerdings noch gar nichts in trockenen Tüchern, und das News-Team arbeitete noch daran, einen Interviewtermin zu bekommen. Mike schlug vor, dass es doch toll wäre, wenn er und ich auch nach Mailand fliegen und eine Sendung darüber machen würden, wie wir Madonna suchen, sie schließlich finden und die Poplegende selbst interviewen. Ich fand die Idee gut, und so ersuchten wir unseren Boss Brian Diamond um Unterstützung, da nur er uns grünes Licht und das Budget dafür geben konnte.

Es war ungewiss, ob Brian uns die Erlaubnis geben würde – zwar gefiel ihm die Idee, aber nachdem wir ihm gestanden hatten, dass wir keinerlei Kontakt zum Management und keine richtige Idee hatten, wie wir das ganze Ding auf die Beine stellen könnten, nahm Brian zu Recht an, dass dies zu einer sinnlosen Suche werden könnte. Unser übersprudelnder Enthusiasmus sollte sich letztendlich aber auszahlen, da Brian uns zwei Drehtage in Mailand gab, allerdings unter der Bedingung, Madonna irgendwo in der Sendung unterzubringen – denn wenn sie nicht darin auftauchte, würde das Ganze auch nicht gesendet werden.

In der Modehauptstadt Italiens angekommen, drehten wir gleich ein paar der Szenen, die wir in London vorbereitet hatten. Unsere

Idee war, durch Mailand zu laufen und meine gute Freundin Madonna zu suchen, die mir ein exklusives Interview versprochen hatte. Wir filmten ihre Ankunft am Hotel sowie die kreischenden Fans, die draußen ihren Star erwarteten; dann filmten wir ihre Ankunft bei der Fashionshow, ebenfalls mit den aufgeregten Fans draußen vorm Gebäude. Unsere Sendung sollte mit diesen Aufnahmen, Ausschnitten aus Madonna-Videos und einem Exklusivinterview mit der Queen persönlich gespickt werden – jedenfalls war das der Plan.

In jeder Drehpause hing Mike ständig am Telefon und versuchte, die News-Redaktion und Madonnas Management zu erreichen, das – kaum überraschend – unsere Kontaktversuche ignorierte. Am Ende des ersten Tages und mit der Info, dass das *MTV News*-Interview geplatzt war, mussten wir uns mit der Tatsache anfreunden, dass wir die Hauptperson unseres Films nicht würden treffen können. Unsere Mission war also gescheitert, und wir würden mit leeren Händen nach London zurückkehren und uns dem Zorn des mächtigen Brian stellen müssen. Wir steckten also, wie man so schön sagt, bis zum Hals in der Scheiße.

Beim Abendessen in einem Restaurant vor Ort (natürlich auf Spesen) versuchten wir beide verzweifelt, eine Lösung für unser Problem zu finden. Wir hatten zwar einen herben Rückschlag erlitten, waren aber immer noch im Spiel, und letzten Endes beschlossen wir einfach, eine Sendung über die (erfolglose) Suche nach Madonna zu machen. Die Idee bestand darin, meine vergeblichen und zunehmend lächerlichen Versuche, mit Madonna Kontakt aufzunehmen, zu filmen. Damit erreichten wir zwar nicht das von Brian geforderte Ergebnis, aber immerhin konnten wir versuchen, eine 30-minütige Sendung lustig und unterhaltsam zu machen.

Am nächsten Tag begannen wir, unseren Plan einer sogenannten »Mockumentary« in die Tat umzusetzen, wobei ich wie ein Verrückter mit meinem omnipräsenten MTV-Mikrofon in der Hand durch die Stadt lief, einer Frau gewaltsam das Auto klaute (keine Angst, sie war eine Komparsin), Workout mit Madonnas persönlichem Trainer machte, um ihn über Madonnas Aufenthaltsort auszufragen (er verriet mir nur, dass mein Jagdobjekt am Tag vier Stunden Sport machte). Außerdem warf ich mich vor eine am Hotel vorfahrende Limousine und rief der im Auto sitzenden Madonna ein paar Worte zu (in Wirklichkeit saßen darin ein paar verwunderte japanische Geschäftsmänner), seilte mich an der Hotelwand ab und brach in ihre Suite ein (es war mein Zimmer, umgebaut zur vermeintlichen Securityzentrale mit unserem Tonmann als Polizist), stolzierte zu den zwei imposanten Sicherheitsmännern, die vor Madonnas Domizil postiert waren, und forderte sie auf, mich durchzulassen, wenn sie keine Schläge riskieren wollten (sie rührten sich keinen Zentimeter, woraufhin ich mich schnellstens aus dem Staub machte). Das einzig relativ vernünftige Material, das wir an dem Tag drehten, war ein kurzes Gespräch mit Naomi Campbell, die zugestimmt hatte, bei unserem Spielchen mitzumachen – sie behauptete, dass ihre gute Freundin Madonna nicht mehr auf der Fashionshow, sondern zurück ins Hotel gefahren sei. Der Preis für diese kurze, aber für unsere Erzählung unglaublich wichtige Begegnung war, dass ich mich bereit erklärte, für Naomis bald erscheinendes Debütalbum vor der Kamera Werbung zu machen (ungewöhnliche Situationen erfordern ungewöhnliche Maßnahmen).

Zurück im Hotel, wurden wir von dem Hotelmanager in der Lobby abgefangen, denn unsere Mätzchen waren natürlich nicht unbemerkt geblieben. Verständlicherweise beschwerte er sich, dass wir zu viel Unruhe unter den draußen wartenden Fans stifteten und so die Gäste des Hotels zu sehr störten. Nach der Standpauke, als wir uns unseren nächsten Schritt überlegten, kam eine üppige blonde Lady mit blauen Augen auf uns zu, die unser Gespräch zufällig mitgehört hatte. Sie stellte sich als Liz Rosenberg vor, Madonnas Pressesprecherin, und fragte uns, was wir vorhätten. Als wir ihr kurz unsere Idee präsentiert hatten, wollte sie das Material, das wir bisher gedreht hatten, sehen, und so gaben wir ihr ein Paar Kopfhörer und zeigten ihr auf dem kleinen Monitor an unserer Kamera unsere Szenen. Während sie schweigend unsere Aufnahme verfolgte, warfen Mike und ich uns nervöse Blicke zu, da wir befürchteten, sie würde uns anweisen, das Material zu löschen und mit dem ganzen Quatsch aufzuhören. Nach einer gefühlten Ewigkeit nahm Liz die Kopfhörer ab und überraschte uns völlig, indem sie lächelnd sagte: »Okay, ich hab die Idee verstanden. Wie kann ich euch helfen?«

Was wir zur Vollendung unserer Saga brauchten, war ganz klar ein Interview mit ihrer Chefin, also fragten wir direkt und ohne

Umschweife danach. Liz konnte uns diesen Wunsch nicht erfüllen, aber da ihr gefiel, was sie gesehen hatte, gab sie uns zwei Minuten mit dem Superstar, damit wir das von Brian geforderte Material bekamen, das wir so dringend brauchten. Sie ließ uns wissen, dass dieses Treffen in den nächsten 30 Minuten stattfinden würde, da Madonna drauf und dran war, das Hotel zu verlassen, und so dachten Mike und ich uns schnell eine Idee für das Ende der Sendung aus. Mit Hilfe des kooperativen Direktionsassistenten, der zufälligerweise ein Fan von mir war, bekamen wir Zutritt zu einer der exklusiven Suiten, rückten hastig Tische und Stühle aus angrenzenden Räumen in den großen Wohnbereich und stellten sie auf. Während wir die Tische mit Weingläsern, Kerzen und Blumen dekorierten, um den Raum wie ein Restaurant wirken zu lassen, vollbrachte die Videocrew ein kleines Wunder, indem sie in rekordverdächtiger Zeit Lampen und Kameras aufstellte. Gerade als alles fertig vorbereitet war, klopfte es an der offenen Tür, und herein kam Liz Rosenberg, wie versprochen in Begleitung von Madonna.

»Okay, Leute«, sagte sie, »ihr habt eine Minute, eure Idee zu erklären, und eine Minute, um sie zu drehen.« Vor uns geschockten Männern stand er nun, der größte Popstar der Welt, mit zurückgegelten Haaren und einer dicken Schicht Make-up in dem berühmten Gesicht – mir kam Madonna kleiner und nicht ganz so attraktiv vor, wie ich sie in Erinnerung hatte, allerdings war unser erstes Treffen in einem dunklen Nachtclub in Cannes gewesen, wo sie auf einem Stuhl gesessen hatte. Während mir diese Gedanken durch den Kopf gingen, hatte ich auch das Gefühl, dass sie die wohl stärkste, greifbarste Staraura hatte, die ich jemals erlebt hatte. Sie gab uns die Hand, lächelte und hörte aufmerksam zu, als Mike und ich uns einen abstotterten, um so effizient wie möglich ihre Rolle in unserem verhängnisvollen, chaotischen und größtenteils improvisierten Film zu erklären. Die Idee selbst war ziemlich einfach – ich sitze allein am Tisch und sage als letzte Worte in die Kamera, dass ich völlig erschöpft vom Dreh sei, aber nun ein paar nette Stunden mit Madonna auf mich warteten, da sie mir ein Abendessen und jenes exklusive Interview zugesagt hätte. Nach meinen Worten tue ich so, als würde ich am Tisch einschlafen, und der Zuschauer sieht, wie La Bella Madonna den Raum betritt, zur Kamera leise »Pssst!«

sagt, mich auf die Wange küsst und wieder geht – ich hingegen liege weiterhin selig schlafend auf dem Tisch, während der Abspann läuft. Zum Glück fand auch Madonna die Idee lustig, und mit Liz' Hinweis, dass wir nur sehr wenig Zeit hätten, drehten wir die wichtige letzte Szene in einem einzigen Take.

Das Ganze war surreal wie ein Traum, und als wir wieder zu Sinnen kamen, waren unsere Gäste gerade dabei zu gehen, wobei wir mit Madonna noch ein paar freundliche Worte wechselten und sie uns alles Gute mit dem fertigen Produkt wünschte. Als sie und Liz noch nicht einmal außer Hörweite waren, ließen wir alle laute Seufzer der Erleichterung heraus und brachen in lauten Jubel aus. Mein erster Satz in dem Film, den wir am Tag zuvor gedreht hatten, lautete: »Hallo, ich bin Ray Cokes. Madonna ist ihr Name, und sie zu finden, ist meine Aufgabe.« Jetzt konnte ich also hinzufügen: »Mission erfüllt.«

Entgegen allen Erwartungen war unsere Suche nach Madonna erfolgreich gewesen, und wir hatten nicht nur den Beweis auf Band, sondern ich hatte auch einen knallroten Lippenstiftabdruck auf meiner Wange, den ich – in altehrwürdiger Tradition – den ganzen Tag lang nicht abwusch. Und den darauffolgenden auch nicht.

OUTRO:
»Most Wanted« dies – Das Finale

Fernsehen ist ein kurzlebiges Geschäft, und so müsste *Most Wanted* eigentlich bestenfalls eine flüchtige Erinnerung in den Rundfunk-Annalen sein. Dennoch treffe ich oft Leute, die unsere Show nie vergessen haben, und ich bin wirklich stolz, dass man sich immer noch so an sie erinnert. Journalisten fragen mich immer noch, warum *Most Wanted* meiner Meinung nach so beliebt war und immer noch fest im öffentlichen Bewusstsein verankert ist. Ich bin mir sicher, dass ihr darauf eure eigenen Antworten habt, und ich hoffe, dass meine damit übereinstimmt, aber wie immer auch unsere gemeinsamen Schlüsse lauten – meiner Meinung nach gibt es einen allem übergeordneten Faktor, der zu dieser Leistung beigetragen hat. Um in den Worten von US-Präsident Abraham Lincoln aus seiner berühmten Gettysburg-Rede zu sprechen: Es war Fernsehen »des Volkes, durch das Volk und für das Volk«.

MTV Europe hatte ein beispiellos riesiges Publikum, von dem der Großteil die damals relativ neue europäische Idee teilte. Aber statt sich einen damals in Maastricht unterzeichneten Vertrag als Vorbild zu nehmen, über den die Bürokraten in Brüssel in der Folge beständig grübeln sollten, zogen unsere Zuschauer es vor, ihre gemeinsamen Werte und ihre Zusammengehörigkeit durch das Medium Musik auszudrücken.

Most Wanted war zur richtigen Zeit am richtigen Ort, und ich hatte das Glück, die Sendung moderieren und auf dieser Welle reiten zu dürfen – Big Boss Brent nannte mich damals sogar immer »Adrenalinsurfer«. In diesem Sinne tat ich am 15. Dezember 1995, was jeder anständige Surfer tun würde: Ich ritt die Welle ab, da sie kurz vorm Brechen war und an Kraft verlor, und ließ mich auf meinem Board zurück ins offene Meer tragen, um auf die nächste perfekte Welle zu warten. Wenn ihr sowieso auf Metaphern steht, könnte ich auch sagen: Ich beschloss, die Band aufzulösen, bevor die Musik starb und die Zuschauer weiterzogen. Obwohl ich es für die richtige Zeit zum Gehen hielt und generell gern aufhöre, wenn es am schönsten ist, bereue ich es heute immer noch ein wenig, *Most Wanted* zu jener Zeit beendet zu haben, da die Welle immer noch nicht gebrochen war und ich die Fahrt noch etwas hätte genießen können.

Um ganz ehrlich zu sein, hatte mein Ego bei dieser Entscheidung auch eine große Rolle gespielt, da ich zu jener Zeit dummerweise ziemlich eifersüchtig auf meinen alten Widersacher, den britischen Moderator Chris Evans, war. Seine Produktionsfirma hatte kurz zuvor einen millionenschweren Deal mit dem britischen Sender Channel 4 abgeschlossen, um *TFI Friday* zu produzieren, eine wöchentliche Livesendung, die viel mehr als nur eine leichte Ähnlichkeit zu *Most Wanted* hatte, von Chris selbst moderiert wurde und – um noch Salz in die Wunde zu streuen – von Wicked Will Macdonald produziert wurde. Bei mir (oder meinem Ego) führte dies (fälschlicherweise) zu der Annahme, dass es nun höchste Zeit sei, dass man auch mir eine große Show und viel Geld gab. Aber ich will nicht vorgreifen – um über die Zukunft zu sprechen, muss man erst die Vergangenheit verarbeiten und mit ihr abschließen. Also lasst mich zuerst das Kapitel *Most Wanted* beenden, bevor wir jene Geschichte aufgreifen.

Ich brauche nicht zu erwähnen, dass die letzte Ausgabe eine sehr emotionale Angelegenheit war. Ausnahmsweise hatten wir zwei Stunden Sendezeit bekommen, in denen ich viel zu viel redete (allein meine Begrüßungsansprache dauerte zwölf Minuten, mein persönlicher Rekord), und auch unter den Club-Bed-Zuschauern waren viele sentimentale Stammgäste, die sich ihren Platz Wochen zuvor gesichert hatten, den begrenzten Raum aber mit ebenso leidenschaftlichen Zuschauern aus dem Ausland teilen mussten. Damals war das MTV-Gebäude eine Touristenattraktion, und eine Menge Europäer kamen in Bussen vorgefahren in der Hoffnung, eine Führung durch die berühmten Studios mitmachen zu dürfen. Die Sicherheitsvorschriften (die von unserem überschwänglichen, liebenswürdigen, aber strengen Studiomanager Jason ein wenig zu penibel eingehalten wurden) besagten jedoch, dass wir Club Bed nur im Rotationsprinzip durchführen konnten. Dies bedeutete, dass etwa 15 Fans gleichzeitig im Studio sein und ihre 15 Minuten Ruhm genießen durften, bevor wir sie aus dem Bett schmissen und die nächsten reinholten.

Einige Künstler, die Fans der Show waren, wollten uns persönlich Auf Wiedersehen sagen und kamen ebenfalls ins Studio, und so war der Laden brechend voll und die Stimmung ausgelassen – es fühlte sich eher wie eine Party als wie eine Beerdigung an. Meine langjährigen Kumpel von The Cure kamen vorbei und spielten meine Lieblingssongs der Band, *Just Like Heaven* und *Friday I'm In Love* (die Abschlussnummer, bei der sie mich als Gitarristen mitspielen ließen); Bryan Adams rief während der Show an und fragte, warum ich ging (woraufhin ich ihm mit seinem eigenen Songtext antwortete: »Please forgive me, I know not what I do«); ich rief Papst Bono an, um mir seinen Segen für meine Zukunft abzuholen; und die größte Überraschung war, dass Björk unangekündigt auftauchte.

Produzent Will hatte mich nicht informiert, dass sie in der Sendung kurz vorbeischauen wollte, und als die wundervolle isländische Elfe plötzlich vor mir stand, wurde ich fast ohnmächtig – so überrascht war ich. Während ich völlig schockiert dastand, sagte sie, dass sie sich um meine Zukunft Sorgen mache (zu Recht, wie sich herausstellen sollte), und schenkte mir eine Flasche Champagner zusammen mit einem Mixtape voller großartiger Songs, die wahre Glückseligkeit in mir entfachen sollten, wann immer ich es brauchte (ein tolles Geschenk, das leider bei meinen zahlreichen Umzügen verloren ging). Außerhalb der Arbeit waren Björk und ich nicht eng befreundet, aber unsere beruflichen Zusammenkünfte waren immer offen und sehr angenehm. Obwohl sie mir von der Notwendigkeit erzählte, eine Schutzmauer um sich herum zu errichten, weil »diese Bastarde dich sonst ficken, weißt du« (oder so ähnlich, sie hatte eine sonderbare Sprechweise), war sie immer so offen und vertrauensvoll mir gegenüber. Als Mensch kommt Björk verwundbar, aber gleichzeitig auch tough rüber, geheimnisvoll, aber bodenständig, sowie poetisch, aber auch für einen guten Witz zu haben. Im Laufe der Zeit verehrte ich ihre Persönlichkeit immer mehr, so wie ich ihre Musik bewunderte.

Natürlich waren nochmals alle unsere gängigsten und beliebtesten Showelemente zum allerletzten Mal zu sehen – so steuerte Will die »Private Parts« bei (seine Lieblingsunterhose mit einer Karte der Londoner U-Bahn darauf), und Pathetic Pat zerstörte mein liebstes Computerspiel. Als ich eine Sprechpause brauchte, um mal Luft zu holen, spielten wir ein wenig altes *Most Wanted*-Material ein sowie eine meiner ersten (und sehr peinlichen) VJ-Anmoderationen und ein Best-of der Auftritte der großartigen Bands, die wir im Laufe der Jahre glücklicherweise hatten begrüßen dürfen. Dazu gehörten die MTV-Europe-Debüts von inspirierenden Künstlern wie Radiohead und Blur. Wer gern etwas Klatsch und Tratsch über diese Bands erfahren möchte, sollte anderswo nachschauen, aber da ich sie einige Male getroffen habe, gebe ich gern meine persönlichen Eindrücke von ihnen, wie sie damals waren, wieder: Die öffentlichkeitsscheuen Jungs von Radiohead sind Thom Yorke – selbstreflektiert und authentisch –, Jonny Greenwood – auf eine ruhige Weise exzentrisch –, Colin Greenwood – auf eine ruhige Weise intellektuell –, Ed O'Brien – sprachgewandt und ein wahrer britischer Gentleman –, sowie Phil Selway – solide und verlässlich, was man sich von einem Schlagzeuger einfach wünscht. Die frechen Jungs von

Blur sind Damon Albarn – bedacht und selbstzweiflerisch –, Alex James – keck und smart –, Graham Coxon – schüchtern und leicht unbeholfen – und letztlich Dave Rowntree, solide und verlässlich, was man sich von einem Schlagzeuger einfach wünscht.

Alle oben Genannten sind liebenswürdige Kerle, und ich bin froh, dass sich unsere Wege gekreuzt haben – und in manchen Fällen passiert das auch heute noch. Immer wenn ich auf den »britischen Volkspoeten« Damon Albarn treffe, verstehen wir uns auf Anhieb super, und die wertvolle Zeit, die ich mit ihm verbringen darf, ist immer äußerst anregend, herzerwärmend und heiter, ganz abgesehen davon, dass man mit ihm immer einen Cocktail zu viel trinkt und viel zu viele Zigaretten raucht.

Einer meiner Lieblingsmomente der letzten *Most Wanted*-Sendung war der Zusammenschnitt einiger Musikjingles, die ein paar Künstler speziell für die Show angefertigt hatten – wobei sie den Text eines ihrer Lieder veränderten und meinen Namen irgendwie einbauten (es gab viele brillante Beispiele, aber das denkwürdigste kam von Take That, die ihren Hit *Pray* umgedichtet hatten: *All we watch each night is Ray / Hoping that he'll be a part of us again someday.*)

Für mich waren diese Jingles ein weiterer Beweis, dass jeder, der an der Show mitwirkte – auch die Bands selbst – bereit war, noch einen Schritt weiterzugehen und etwas Besonderes beizutragen. In den kreativen Meetings mit der Produktionscrew bestand ich immer darauf, dass wir über unsere Ideen noch ein wenig »Zauberstaub à la Disney« streuten, bevor sie in die Sendung kamen, damit das Erlebnis für die Zuschauer so ungewöhnlich wie möglich sein würde. Ich bin mir im Klaren darüber, dass dies ein wenig überspitzt klingt, aber wer damals dabei war, weiß sicherlich, wovon ich rede.

In den letzten Minuten jener Sendung wurde noch das gesamte Set für einen guten Zweck versteigert, wobei die jeweiligen Requisiten nach und nach von einem Räumungstrupp fortgetragen wurden. Am Ende war nur noch der Hotelrezeptionstresen übrig sowie ein Erinnerungsstück, das ich für mich selbst behielt: ein von einer Zuschauerin geschicktes gerahmtes Gemälde, auf dem ich als Mona Lisa abgebildet bin – das berühmte geheimnisvolle Lächeln war durch mein albernes Grinsen ersetzt worden. Das Porträt hängt heute in meinem Arbeitszimmer, wo es mich dauerhaft an diese wundervollen Jahre erinnert.

Ich werde oft gefragt, warum ich *Most Wanted* nicht für das 21. Jahrhundert wiederbelebe, und obwohl ich dies liebend gern tun würde, denke ich gleichzeitig auch, dass es eine Show ihrer Zeit war – außerdem ist es immer riskant, nostalgische Dinge neu aufzuwärmen. Nichtsdestotrotz spiele ich, während ich diese Zeilen schreibe, mit dem Gedanken, irgendwann in baldiger Zukunft eine einmalige Reunion-Show auf die Beine zu stellen. Die komplette damalige Crew hat mir sogar schon signalisiert, dass sie mitmachen will, also wenn ich nach der Veröffentlichung dieses Buches immer noch das Gefühl habe, dass für unseren Output Nachfrage besteht, werde ich sicherlich Zeit investieren, um dies wahr werden zu lassen. Immerhin hat das Comeback bei meinen alten Freunden von Take That auch brillant geklappt, warum also nicht auch bei *Most Wanted II*? Bis dahin kann ich nur sagen, *stay tuned* und – wie es doch so schön heißt – seid vorsichtig, was ihr euch wünscht, es könnte in Erfüllung gehen.

KAPITEL 8

X-Ray Vision

1. Schiffsbau

> »Ch-ch-ch-ch-changes
> (Turn and face the strange)«
> DAVID BOWIE, CHANGES (1971)

So wie alle Geschichten hat auch diese einen Anfang, einen Mittelteil und ein Ende. Der einzige Unterschied ist, dass ich bereits am Anfang des Buches, genauer gesagt im Prolog, auf den Anfang vom Ende dieser Geschichte hingewiesen habe – also, wenn wir am Ende dieser Geschichte angekommen sind, werdet ihr vielleicht noch mal zum Anfang zurückblättern müssen, um das Ende gänzlich verstehen zu können. Verwirrt? Keine Angst, so geht's mir auch.

Nach einer dringend benötigten Pause über Weihnachten 1995 verbrachte ich die nächsten Monate damit, ein Konzept zu erarbeiten und Vorbereitungen zu treffen für das, was meine letzte Sendung für MTV Europe werden sollte – ein wöchentliches Live-Spektakel namens *X-Ray Vision*. Abgesehen davon, dass ich mit einigen wahrlich brillanten Leuten gearbeitet habe, waren diese letzten Momente meiner fast zehnjährigen Anstellung bei MTV nicht angenehm, und ehrlich gesagt kann ich mich an die ersten zwei Monate der Show nicht mehr erinnern. Größtenteils liegt das wohl daran, dass mein Gehirn den Zugriff auf all die Erinnerungen verweigert, vor allem wegen der achten Sendung, die zwei Monate und eine Woche nach Sendestart von *X-Ray Vision* ausgestrahlt wurde – der Vorfall, der heute als »Hamburg Howler«, also als kapitaler Schnitzer in Hamburg, bekannt ist. Dabei handelte es sich um eine fürchterliche Horrorshow, die mir meine (*X-Ray-*)Vision mehr oder weniger raubte.

Es ist also nur angemessen, dass der Name der Sendung sich auf meinen Namen, aber auch auf den Vorgang des Röntgens bezieht, bei dem man die innere Struktur des Körpers abbildet. So wie eine Röntgenaufnahme wird auch dieses Kapitel eher als Skelett dargestellt, sodass nur die bloßen Knochen gezeigt werden, obwohl ich versuche, dem Ganzen ein wenig Fleisch zu verpassen, wenn es möglich ist.

»Skeleton Crew« – Die Rumpfmannschaft

Bei meinem neuesten Abenteuer wurde ich natürlich wieder von Naughty Nina und Pathetic Pat begleitet. In unbekannten Gewässern ist es überlebenswichtig, fähige und vertrauenswürdige Seemänner (und -frauen) dabeizuhaben, und abgesehen davon waren diese beiden Matrosen mittlerweile zu guten Freunden und zu einem wichtigen Teil des Teams geworden. Anstatt Angestellte von MTV für die Show zu nehmen, holte ich mir darüber hinaus von Big Boss Brent die Erlaubnis, professionelle Leute vom »echten Fernsehen« zu engagieren. Mein Ego wollte, dass *X-Ray Vision* im wahrsten Sinne des Wortes groß wurde, und ich hatte das Gefühl, dass ich frische Talente von außerhalb brauchte, um dieses hochgesteckte Ziel zu erreichen. Die drei folgenden Protagonisten arbeiteten unabhängig voneinander für die BBC und kamen zum ersten Mal als Team zusammen, als sie den Vertrag bei MTV Europe unterschrieben.

Ian Stewart, Produzent. Ian war langjähriger Fan von *Most Wanted* und hatte sich auch als Produzent für die Sendung beworben, allerdings hatte ich damals gerade Will Macdonald an Bord geholt. Da ich Ian bereits kannte und auch mit seinem Lebenslauf vertraut war, stand er, als es um die Besetzung des Produzentenpostens für *X-Ray Vision* ging, ganz oben auf meiner Liste. Er nahm mein Angebot an unter der Bedingung, dass er den Regisseur auswählen durfte – einen Kollegen, den er wärmstens empfahl. Ohne zu zögern stimmte ich dem zu, da ich das Gefühl hatte, dass es eine große Herausforderung werden würde, die neue Show auf die Beine zu stellen, und jemanden wie Ian brauchte ich dringend an meiner Seite. Ich sah sofort, dass er zu den Leuten gehörte, für die Nein nicht als Antwort zählt und die niemals sagen würden: »Das geht nicht.«

Hamish Hamilton, Regisseur. Als ich Hamish, einen sehr großen, netten, smart gekleideten Typen mit roten Haaren kennenlernte, wusste ich instinktiv, dass er der richtige Mann für den Job war. Obwohl er bis dahin nur wenig Erfahrung in Sachen Regie bei großen Sendungen mit vielen Kameras hatte (so wie wir es vorhatten), machte er dies mit seinem Charme, seinem Enthusiasmus sowie seiner ansteckenden kinetischen Energie mehr als wett.

Simon Pizey, ausführender Produzent. Ohne Wirbelsäule wäre ein Skelett nicht vollständig, und Simon war für mich dieser starke, mutige Typ, den das Team als Rückhalt einfach brauchte. Er verfügte auch über die nötigen organisatorischen Fähigkeiten, um meine bombastischen Pläne in die Tat umzusetzen.

(Als Fußnote lasst mich festhalten, dass dieses Trio Jahre später seine eigene Fernsehproduktions- und Eventfirma, Done + Dusted, gründete. In den letzten zehn Jahren haben sie mit fast jedem zeitgenössischen Künstler gearbeitet und beinahe jedes große Event gefilmt, und sie genießen in der Branche ein hohes Ansehen. Ich mag zwar einige Fehler bei der Show selbst gemacht haben, aber wenigstens habe ich in Sachen Crew einige gute Entscheidungen getroffen.)

Um ehrlich zu sein, war es trotz dieses überaus fähigen Teams niemandem wirklich klar, was die neue Sendung sein sollte. Ich stellte mir einfach eine große Show vor mit großen Stars in einem großen Studio, zusammen mit einem großen Budget – im Grunde eine buntere und frechere Version von *Most Wanted*.

Auch wenn ich heute immer noch recht stolz auf einige der innovativen Ideen in der Sendung bin, war *X-Ray Vision* insgesamt zu protzig, zu chaotisch und so vollgepackt wie ein Urlaubskoffer (*it should have gone on holiday!*). Für die Sendung belagerten wir das gesamte Erdgeschoss des MTV-Gebäudes und machten es zu unserem Set, außerdem benutzten wir zu viele Kameras, darunter eine teure Steadicam, um mich dabei zu filmen, wie ich in einem Golfbuggy (das wir als Crapmobile bezeichneten) durch die großen Räumlichkeiten raste. Wir setzten eine große Menge Zuschauer auf die Treppen im Studio, die auf Kommando applaudierten und jubelten, und tauschten die gemütlichen Unplugged-Auftritte aus *Most Wanted* gegen laute (und sehr beeindruckende) Live-Performances von Künstlern wie Lenny Kravitz, den Manic Street Preachers und Boyzone, die alle im Foyer des Gebäudes stattfanden. Kurz gesagt, es sah aus wie eine große Sendung und fühlte sich auch so an, aber letztendlich war es für MTV nicht das richtige Format – und ganz sicher auch nicht für mich. *Most Wanted* mag zwar große Stars und viele Zuschauer gehabt haben, aber die Sendung hatte einzig aufgrund ihrer intimen Atmosphäre funktioniert.

Da ich nicht in der Lage war, mein Ego im Zaum zu halten, hatte ich angefangen, an meinen eigenen Hype zu glauben – was immer zu schlechten Entscheidungen führt. In diesem Fall hatte ich mit der Sendung ein Monster geschaffen, und das Team um mich herum gab sein Bestes, um es zu füttern. Was die Sache noch verschlimmerte, war die Tatsache, dass zu jener Zeit, als meine Truppe ehrgeiziger junger Verrückter die Leitung des Irrenhauses übernehmen wollte, eine neue Beklopptenarmee (ironischerweise ebenfalls von der BBC) dem MTV-Tollhaus beitraten, um das Programm neu zu strukturieren. Schon bald wurde klar, dass der Anführer dieser neu angestellten Manager überhaupt kein Fan unserer Sendung war, und so kam es zu unvermeidlichen und erbitterten »Wir gegen sie«-Situationen. Ich glaube nicht, dass die Animosität uns gegenüber persönlicher Natur war, sondern sie war eher ein Fall von Machtpolitik und -kämpfen, aber da ich mich mittlerweile nicht mehr unter Kontrolle hatte, hatte ich überhaupt kein Interesse daran, ihre Spielchen mitzuspielen. So konnte es nicht weitergehen – und schließlich tat es das auch nicht, mit einem spektakulären Ende.

Das mächtige Schiff *X-Ray Vision* legte am Donnerstag, den 21. März 1996 ab, mit einer ursprünglich geplanten Reisedauer von 15 Wochen, aber auf halbem Wege dieser abenteuerlichen Reise lief das Schiff in rauer See auf Grund und kenterte. Um im maritimen Bild zu bleiben: An jenem schicksalhaften Abend ging der Kapitän angriffslustig mit seinem Schiff unter, während die Crew versuchte, sich aus Seenot zu retten.

Lichten wir also den Anker, damit ich euch nochmals genau darlegen kann, was an und unter Deck in dieser kalten und stürmischen Nacht im Mai passiert ist, in der Nähe des Hamburger Hafens.

2. Leinen los

Der Grund, warum wir Hamburg als Zielhafen wählten, war ein rein taktisches Manöver in Sachen Senderpositionierung des weltweiten Unternehmens, das ich repräsentierte. Seit dem Start hatte MTV den europäischen Äther beherrscht mit seiner »Eine Welt, eine Sprache«-Programmphilosophie, aber Ende 1993 gründete ein Konsortium aus Medienmogulen und Plattenfirmenbossen in Deutschland einen neuen Sender namens VIVA, als direkte Konkurrenz zu MTV. In deutscher Sprache und überwiegend mit deutschen Acts, war der neue Musiksender auf Anhieb erfolgreich und 1995 bereits ein ernst zu nehmender Konkurrent geworden.

Im August jenes Jahres hatte man mich nach Köln geschickt, um eine Party namens Popkomm zu sprengen, eine internationale Messe für die Musikbranche, auf der VIVA zu den Hauptattraktionen gehörte. Im Laufe des Tages hatte ich der örtlichen Presse viele Interviews gegeben, um der Konkurrenz zu zeigen, dass ich in der Stadt war, und am Abend – als lautstarke Erinnerung an die Konkurrenz, dass MTV immer noch Marktführer war – moderierte ich eine Open-Air-Ausgabe von *Most Wanted* vom Kölner Tanzbrunnen vor 3.000 begeisterten Fans. Zwischendurch machten wir eine Live-Schaltung zum berühmten Kölner Dom, wo unser Special Guest Meat Loaf stand und Fans für unser »Underwear Everywhere«-Special filmte. Außerdem gab es Liveauftritte von den damals erfolgreichen Alternative-Rockern Therapy? sowie von der enorm erfolgreichen deutschen Hip-Hop-Gruppe Die Fantastischen Vier, und in der Goodie-Bag-Competition verlosten wir einen Sportwagen.

Das ausverkaufte Event war ein großer Spaß, und es gehört zu meinen Favoriten unter allen *Most Wanted*-Sendungen. Irgendwann später (während meiner Jahre in der medialen Einöde) half mir mein Freund Paul McKenna, der weltberühmte Hypnotiseur und Autor, mein Selbstvertrauen wiederzufinden und meine Konzentrationsfähigkeit zu stärken, wobei er mich bei einer Gelegenheit bat, meine Augen zu schließen und an eine Zeit zurückzudenken, in der ich mich stark, sicher und erfolgreich gefühlt habe. Ohne nachdenken zu müssen, kam mir gleich dieser tolle Moment in Köln in den Sinn, als ich mit einem roten Ducati-Motorrad auf die Bühne kam und mich die positive Energie des Publikums förmlich umhaute. Auch die Crew war völlig sprachlos angesichts dieses Empfangs – es war das erste Mal, dass wir als Team ins Ausland gereist waren und aus nächster Nähe erleben durften, wie sehr das Publikum unsere Sendung liebte.

Etwa sieben Monate später, kurz nach dem Start meiner neuen Show *X-Ray Vision*, verkündeten die MTV-Hierarchen urplötzlich, dass wir diesen mutigen Schritt noch einmal wagen und wieder nach Deutschland zurückkehren würden, um unsere Position im Kampf der Musiksender zu festigen. Ohne dies mit uns abzusprechen, hatten die Bosse eine Location gebucht – den Spielbudenplatz auf der berüchtigten Reeperbahn in Hamburg –, und die deutsche Presseabteilung hatte bereits im örtlichen Radio verkünden lassen, dass es eine Umsonst-und-draußen-Show mit Ray Cokes geben würde, eine Art »On the Road«-Version von *X-Ray Vision*.

Für die Männer und Frauen in teuren Businessanzügen mochte dies aus geschäftlicher Sicht vielleicht Sinn haben, aber ich war absolut gegen diese Idee, da wir nicht genug Zeit hatten, die Show zu konzipieren und vorzubereiten – aber meine Proteste stießen auf taube Ohren. Dies war keine Bitte, sondern eine Anweisung vom Führungsstab. Zunächst wurde uns von der Geschäftsführung mitgeteilt, dass Tina Turner und R.E.M. für Liveauftritte gebucht worden waren, womit wir die Zusicherung bekamen, dass wenigstens ein paar große Namen unsere Mission unterstützten. Im Laufe der Zeit jedoch, als unser Team sich auf dieses große Event vorbereitete, sagte man uns, dass Tina Turner aus unbekannten Gründen abgesagt habe, und ein paar Tage später erreichte uns die Nachricht, dass auch R.E.M. nicht kommen würden. In einem verzweifelten Versuch, die Show zu retten, wurde mein Produzent Ian zu einem AC/DC-Konzert geschickt, um die großartige australische Rockband zu verpflichten. Obwohl man Ian versicherte, dass das Bandmanagement von seinem Besuch unterrichtet worden war, wurde ihm vor Ort ein VIP-Pass verwehrt, und so hatte er keine Chance, sich auch nur irgendeinem der Band nahestehenden Mitarbeiter zu nähern.

Langsam geriet die Situation zu einer Farce, und uns wurde deutlich, dass irgendwer in der Befehlskette gebluffft hatte. Hamish, Ian und ich äußerten unentwegt, dass dieses Event aufgrund des Fehlens von wirklichen Stars abgesagt werden müsse, aber man sagte uns klar und deutlich, die Show müsse weitergehen. Letztendlich wurden zwei kleinere Liveacts gebucht, Dog Eat Dog – eine amerikanische Hardcore-Punk- und Rap-Band, die zuvor schon bei *Most Wanted* aufgetreten war – sowie das Rödelheim Hartreim Projekt, eine Rapgruppe aus Frankfurt. Wir hatten auch eine zuvor aufgezeichnete Live-Performance von den Toten Hosen bekommen, jener erfolgreichen deutschen Punkband, die für ihre antifaschistischen, antirassistischen Messages berühmt ist und viele militante Punks zu ihren Anhängern zählt. Zwischen diesen recht aggressiven musikalischen Acts hatten wir die Schauspielerin Donna D'Errico als völlig unpassenden Special Guest bekommen, eine kalifornische Blondine, die durch die Fernsehserie *Baywatch* berühmt geworden war und nun in dem eher erfolglosen Spin-off *Baywatch Nights* mitspielte.

Schön und gut, dass man die Truppen losschickte, um MTV auf fremdem Territorium zu verteidigen, aber dies war ganz klar nicht die Art von brillantem Line-up, das wir brauchten, um die Menschenmenge auf der Reeperbahn zu beeindrucken und zu unterhalten, geschweige denn die Zuschauer an den Bildschirmen zu halten. Widerwillig befolgte das Produktionsteam die Anweisungen und machte sich auf den Weg nach Hamburg, um die Sendung vorzubereiten, aber ich blieb bis zur letzten Minute trotzig, da ich tief im Inneren spüren konnte, dass die Show ein absolutes Desaster werden würde. Nur eine leidenschaftliche und persönliche Bitte meines Freundes Big Boss Brent brachte mich schließlich dazu, ins Flugzeug zu steigen und mich der Tatsache zu stellen, dass ich damit meinen hart erarbeiteten Ruf riskierte, indem ich eine unterdurchschnittliche Liveshow moderieren sollte, hinter der ich absolut nicht stand.

Am Tag der Show kam ich gegen Mittag in Hamburg an und fand eine frustrierte und auch wütende Crew vor, die mit minderwertigem Equipment, einem erschreckend geringen Budget und einer kleineren Bühne als versprochen klarkommen musste. Noch schlimmer waren die Neuigkeiten, dass am Tag zuvor jemand aus der deutschen MTV-Promotionabteilung fälschlicherweise eine Pressemeldung veröffentlicht hatte, in der es hieß, dass die Toten Hosen live auf der Reeperbahn auftreten würden.

Wir mussten uns auf Turbulenzen gefasst machen.

3. Die Ruhe vor dem Sturm

Hamburg ist eine wunderschöne Stadt mit lebhaften, multikulturellen Vierteln und beeindruckenden Parks mit ruhigen Seen, wo man sehr gut abschalten kann. Für die meisten ausländischen Touristen ist es natürlich der Ort, an dem die Beatles groß geworden sind und wo sich der größte Rotlichtbezirk Europas befindet – die Reeperbahn.

Heute ist dieser berühmte Bezirk im Stadtteil St. Pauli eine relativ sichere und touristenfreundliche Gegend, in der sich trendige Bars, Clubs und Restaurants an diverse Sexshops und Peepshows reihen, aber Mitte der Neunziger war es noch finsterer und gefährlicher. Unter grellen Neonreklamen tummelten sich hier zwielichtige Touristen und angsteinflößende Gangster sowie Zuhälter, die ihre Mädels stets im Blick behielten und ihr Territorium verteidigten. Aufdringliche Ladenbesitzer zogen potenzielle Kunden sprichwörtlich von der Straße direkt in ihr spärlich beleuchtetes Strip-Etablissement mit dem Versprechen auf Vergnügen, um sie dann mit gestreckten Getränken und äußerst gelangweilten Tänzerinnen über den Tisch zu ziehen. Sobald den Kunden der letzte Pfennig

Roy Cakes is back!!!

Legendary Star Roy Cakes is back exclusively on MTV Europe. Catch him during MTV Cannes Weekend 22–23 May.

Vorherige Seite: Gestatten, Roy Cakes – Flyer für das MTV Cannes Weekend, 1994 **1.** Live on air: Jawohl, man kann uns in ganz Europa sehen **2.** Ein Bild vom letzten *Most Wanted*-Intro **3.** Ausschnitt aus dem ursprünglichen Intro

1. Das ursprüngliche Line-up: VJs, Staff und Crew im allerersten Studio-Set-up **2.** Werbung in der Presse: Alles, was man über *MTV's Most Wanted* wissen musste

1

MTV
MUSIC TELEVISION
1993 ACADEMY AWARD "FOR BEST SHOW!"
MOST WANTED -92
BY HÅKAN ENGLUND -92
18-21/12-92
...TIME 2029...
MTV AT THE MOVIES
ROB! STOP PLAYING WITH THE CAMERA!
MOST WANTED
REWARD?
ROB
I NEED WATER
MTV DESK
SCRIPT IT SUCKS!
2030 WELCOME TO MOST WANTED! I'M THE MAN OF THE PEOPLE!
TO DAY WE HAVE 2 BIG STARS IN THE STUDIO!
AND THAT IS MADONNA AND RAMBO!
MTV
DONT TRY THIS AT HOME KIDS! HE IS A PROFESSIONAL!
BUT FIRST THE ADDRESS TO THIS PACKT...(HICK!)..SHOW!
ROB! READ THE ADDRESS!
MTV...MOOOOST WANTED.. ...PO BOOX...1384 LONDON NWWWWWW1... OHW...
...AND THATS IN ENGLAND!

3

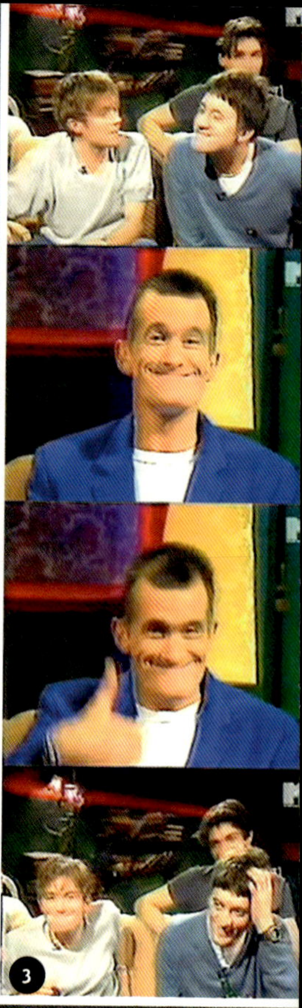

2

"THE REAL LIFE ON MOST WANTED"
OH NO! I'M TO OLD FOR THIS SHOW! I MISS THE BEACH IN CALIFORNIA AND ALL THE BABES!
GET READY FOR THE SHOW!
CRAIG
DO YOU WANT SOME TEA?
THE TEA BOY
HOME VIDEO
ROB
MTV AT THE MOVIES
BIG NOVEMBER
LETTERS FROM EUROPE
...RAY.. ..OHHH..HICK! ..BUURP..HICK!.. ..OHH... RAY...
ON THE AIR
ALLAN
VIP AT BARS
THE NEW GODY BAG
200 KG
MTV MOST WANTED TAKE 01 Scene 1
ENGLUND-93

Linke Seite: 1. und **2.** Comicfiguren – viele Zuschauer schickten uns Kunstwerke und zeigten uns, wie sie *Most Wanted* sahen **3.** Blur geben ihr Bestes, um das Cokes-Grinsen nachzuahmen **Rechte Seite: 1.** Blur gehörten zu den Gästen, die wir häufiger in der Sendung hatten **2.** Die Arbeit mit Phil Collins hat immer sehr viel Spaß gemacht – ich bin mir nicht sicher, ob er dasselbe auch von mir denkt **3.** Ein surreales Treffen mit Sebastian Bach in Moskau **4.** Die softe Seite eines Hardrockers – in der Küche mit Bruce Dickinson von Iron Maiden

1. Ich mit Pathetic Pat, Naughty Nina und meinem absoluten Lieblingsproduzenten, Wicked Will, bei der letzten Staffel von *Most Wanted* **2.** Ich und Regisseur Justin »Mad Murph« Murphy **3.** Im Studio mit dem Team hinter den ersten *Most Wanted*-Shows

1. Ich schlafe(nd) mit einer Legende – Szene aus *In Search of Madonna* **2.** Ich mit meinem Bruder Mark, der gelegentlich als Roy-Cakes-Double einsprang **3.** Dreharbeiten für das Roy-Cakes-Special mit MTV VJane Pip Dann **4.** Berichterstattung von den Olympischen Spielen in Barcelona 1992 – ein wahrer Albtraum **5.** Eines der vielen Interviews mit meinem Freund Robert Smith von The Cure

Einige der vielen Legenden, denen ich meine drei Akkorde vorführen durfte: **1.** B.B. King **2.** Jon Bon Jovi und Richie Sambora **3.** Joe Satriani **4.** Aerosmith

4

AEROSMiTH

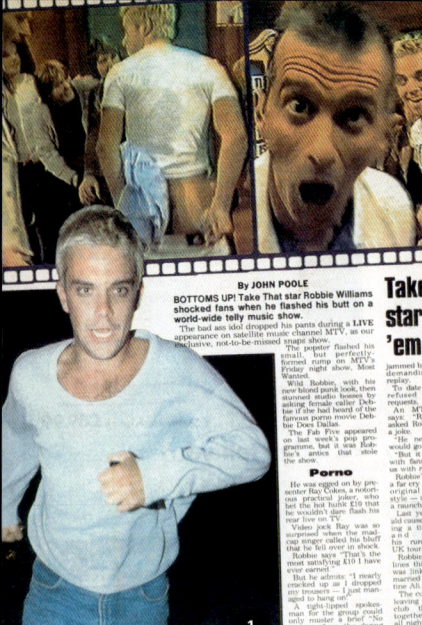

Take That star drops 'em on TV

By JOHN POOLE

BOTTOMS UP! Take That star Robbie Williams shocked fans when he flashed his butt on a world-wide telly music show.

The bad ass idol dropped his pants during a LIVE appearance on satellite music channel MTV, on our exclusive, not-to-be-missed snap show.

The popster flashed his small, but perfectly formed rump on MTV's Friday night show, Most Wanted.

Wild Robbie, with his new blond punk look, then stunned studio bosses by asking female caller Debbie if she had heard of the famous porno movie Debbie Does Dallas.

The Fab Five appeared on last week's pop programme, but it was Robbie's antics that stole the show.

Porno

He was egged on by presenter Ray Cokes, a notorious practical joker, who bet the hot hunk £10 that he wouldn't dare flash his rear live on TV.

Video jock Ray was so surprised when the mad-cap singer called his bluff that he fell over in shock.

Robbie says "That's the most satisfying £10 I have ever earned."

But he admits: "I nearly cracked up as I dropped my trousers — I just managed to hang on"

A tight-lipped spokesman for the group could only muster a brief "No comment" on the daring star's cheeky antics.

Still, Robbie's backside-to-basics show seems to have won him a host of new female fans. The MTV switchboard was jammed by girls ringing in demanding an action replay.

To date the station has refused the naughty requests.

An MTV spokesman says: "Ray really only asked Robbie to flash for a joke.

"He never thought he would go through with it.

"But it was a huge hit with fans, who swamped us with replay requests."

Robbie's sexy antics are a far cry from Take That's original squeaky-clean style — now overtaken by a raunchy bad-boy image.

Last year Howard Donald caused uproar by wearing a tiny rubber thong and flashing his rump during their UK tour.

Robbie also hit the headlines this week when he was linked to 32-year-old married mum-of-two Martine Ali.

The couple were spotted leaving top London nightclub the Atlantic together after partying all night.

Robbie has also been linked to top stars, including London's Burnin, actress Samantha Beckin sale and model Jennifer Langham.

WILD BOY: Now Robbie's the punk popper of Take That

---

1. Robbie Williams zeigt seinen Arsch **2.** Die Ersatzmannschaft – während ich in Urlaub war, übernahmen Mark und Robbie von Take That meinen Platz **3.** Ich und ein irgendwie neben sich stehender Robbie bei *X-Ray Vision*, 1996 **4.** Gruppenfoto (v.l.n.r.): Gary, Mark, Howard, Ray, Robbie, Jason

Die Anfangstage von *Most Wanted* – auf dem Sofa mit: **1.** Sting **2.** Der Hair-Metal-Band Poison **3.** Dem amerikanischen Sänger/Schauspieler Chris Isaak **4.** Simon Le Bon und John Taylor von Duran Duran

1. Cover des fadenscheinigen Fanbuchs, das 1994 in Deutschland veröffentlicht wurde **2.** Ein Klassiker der Popgeschichte – das Cover meiner ersten und letzten CD-Single-Veröffentlichung **3.** Kylie in meinen Armen bei den MTV Video Music Awards, Paris, 1995 **4.** Auch Herbert Grönemeyer machte jeden Spaß mit **5.** Björk – meine Lieblingsisländerin und immer noch eine meiner Lieblingskünstlerinnen

1. *Most Wanted* live in Köln – stilvoller Auftritt auf einer Ducati **2.** Crewpass für Köln – diese Show gehört zu meinen persönlichen *Most Wanted*-Favoriten **3.** Eine Eintrittskarte für die legendäre Show **4.** Lenny Kravitz als Gast bei der unseligen Show *X-Ray Vision* **5.** Eine Erfrischung fürs Publikum – *Most Wanted* live in Köln **6.** und **7.** Crew- und VIP-Pässe für die Show, mit der alles zu Ende ging, Hamburg, 1996

1. *MTV News*-Moderator Steve Blame interviewt MTV-VJ Ray Cokes **2.** Gespräch mit Robert Smith live in seinem Tourbus **3.** Die Legende Iggy Pop und ein VJ halten irgendetwas Wichtiges in die Kamera **4.** INXS – hier bestellt mein Freund, der bereits verstorbene Michael Hutchence, Nachschub **5.** Die berüchtigte Bingo Wall of Death stellt die frechen Ladys von Salt 'n' Pepa auf die Probe **6.** Bob Geldof, mein allerbester Kumpel

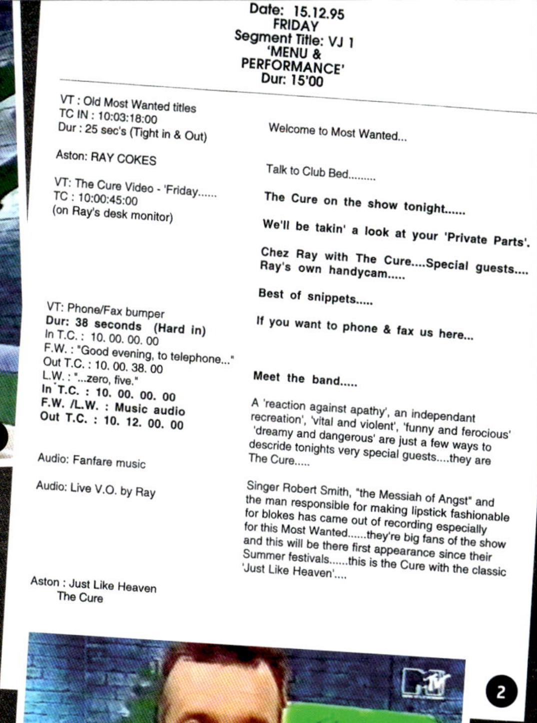

Date: 15.12.95
FRIDAY
Segment Title: VJ 1
'MENU &
PERFORMANCE'
Dur: 15'00

VT : Old Most Wanted titles
TC IN : 10:03:18:00
Dur : 25 sec's (Tight in & Out)

Welcome to Most Wanted...

Aston: RAY COKES

Talk to Club Bed.........

VT: The Cure Video - 'Friday......
TC : 10:00:45:00
(on Ray's desk monitor)

The Cure on the show tonight......

We'll be takin' a look at your 'Private Parts'.

Chez Ray with The Cure....Special guests...
Ray's own handycam.....

Best of snippets.....

VT: Phone/Fax bumper
Dur: 38 seconds   (Hard in)
In T.C. : 10. 00. 00. 00
F.W. : "Good evening, to telephone..."
Out T.C. : 10. 00. 38. 00
L.W. : "...zero, five."
In T.C. : 10. 00. 00. 00
F.W. /L.W. : Music audio
Out T.C. : 10. 12. 00. 00

If you want to phone & fax us here...

Meet the band.....

A 'reaction against apathy', an independant recreation', 'vital and violent', 'funny and ferocious' 'dreamy and dangerous' are just a few ways to descride tonights very special guests....they are The Cure.....

Audio: Fanfare music

Audio: Live V.O. by Ray

Singer Robert Smith, "the Messiah of Angst" and the man responsible for making lipstick fashionable for blokes has came out of recording especially for this Most Wanted......they're big fans of the show and this will be there first appearance since their Summer festivals......this is the Cure with the classic 'Just Like Heaven'....

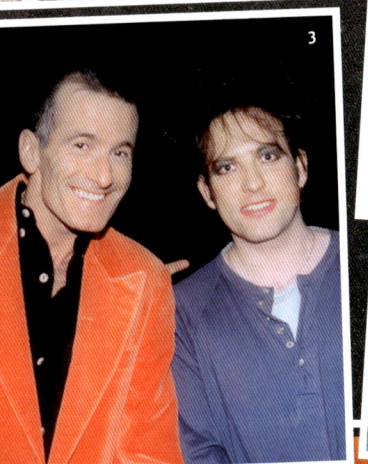

Aston : Just Like Heaven
 The Cure

1. Darf ich vorstellen? Flossie the Sheep **2.** Erste Seite der Running Order/Produktionsnotizen für die allerletzte *Most Wanted*-Sendung **3.** Robert Smith sagt uns auf Wiedersehen **4.** Eines der vielen Schilder von Rob the Cameraman, das mich in meinen Bemühungen ermutigen sollte **5.** Die wundervollen Menschen hinter den Kulissen von *Most Wanted*

Ein Fan (Astrid Oud) schickte mir dieses Gemälde von mir als
Mona Lisa (heute hängt es bei mir zu Hause an der Wand).

abgeknöpft worden war, wurden sie von zwei muskelbepackten Türstehern wieder nach draußen eskortiert, die kein Interesse daran hatten, irgendwelche Beschwerden entgegenzunehmen oder weiterzuleiten. Blutige Schlägereien unter Besoffenen waren an der Tagesordnung, und das öffentliche Anpreisen von käuflicher Liebe zu jedem Preis war noch anrüchiger, noch schmutziger, wie es eben in den Neunzigern war.

Aber nicht nur die Gegend war finster – von Anfang an waren die Zeichen recht deutlich. Die Wolken waren grauer und hingen tiefer, als man von einem Tag im Frühling erwarten würde, die Temperaturen lagen gefühlt um den Gefrierpunkt und der beständige eiskalte Regen schien zeitweise horizontal zu fallen. Wäre mein Freund Phil Collins da gewesen, hätte er mir zweifellos *In The Air Tonight* als Ständchen gebracht, so intensiv war das Gefühl von Anspannung und Unbehagen an diesem Abend. Schließlich wurde der Himmel fast schwarz, und ein heftiger Regenguss ging über das Publikum und die Crew nieder, während der kalte Wind immer stärker wurde und anscheinend wild entschlossen war, Zerstörung und Chaos zu verbreiten (so kam es mir jedenfalls vor).

Gegen meinen Willen hatte man mich zu einer Achterbahnfahrt ermutigt, bei der ich abstürzen sollte, und zwar vor Millionen von Zuschauern in ganz Europa sowie einem Livepublikum von ein paar Tausend MTV-Fans, ein paar neugierigen Sextouristen und einigen Hundert unerbittlichen Toten-Hosen-Fans – alle ohne Eintrittskarte, völlig dicht und absolut außer Kontrolle.

4. Der Sturm

Donnerstag, 9. Mai 1996, kurz vor 21 Uhr: Alles war vorbereitet für eine *X-Ray Vision*-Liveshow mitten auf der berüchtigtsten Sexmeile Europas.

Da wir wussten, dass die Toten-Hosen-Fans durch eine nicht korrekte Pressemeldung getäuscht worden waren, hatten das Team und ich leider erfolglos versucht, die deutsche Pressestelle von MTV zu einer weiteren Meldung zu bewegen, um klarzustellen, dass die

Toten Hosen nicht auftreten würden. Ich weiß noch, wie ich kurz vor der Show im Backstage-Bereich saß und meine Make-up-Dame, Lovely Liz, mich zu beruhigen versuchte, während ich auf die stümperhaften örtlichen Pressefuzzis und die Bosse in London schimpfte, weil sie diese Show überhaupt hatten stattfinden lassen.

Das Adrenalin rauschte durch meine Venen, als ich die Bühne betrat und in die hydraulische Arbeitsbühne stieg, auch Cherry-Picker genannt, in der ich über die Menge schweben sollte – was ich für eine coole Showeröffnung hielt. Meine erste Anmoderation hoch in der eiskalten Luft auf dieser wackeligen Plattform wurde vom lauten, spöttischen Grölen einer großen Menge betrunkener Punks begrüßt, aber auch von enthusiastischem Jubel der restlichen Zuschauer unter mir. Eine feindselige Atmosphäre war dennoch bereits spürbar, und es sollte nicht lange dauern, bis sich diese auf jede erdenkliche unangenehme Weise zeigte.

An diese desaströse Sendung kann ich mich leider nicht mehr hundertprozentig erinnern, und so bin ich mir, was den chronologischen Ablauf der Vorfälle betrifft, nicht mehr ganz sicher, aber ich weiß ganz genau, dass meine folgenden Ausflüge mit dem Cherry-Picker äußerst unangenehm waren, was durch meine Höhenangst auch noch verstärkt wurde. Als ich zum ersten Mal bemerkte, dass uns Ärger drohte, standen Nina und ich gemeinsam auf der Plattform und schwebten über der Menge, um irgendeinen beliebigen Zuschauer für eine Competition auszuwählen. Aber während unzählige Bierduschen und Rotzattacken auf uns niedergingen, gab ich mein Bestes, um weiterhin freundlich zu lächeln und in die Kamera zu sprechen. Wie ich bereits am Anfang des Buches erwähnt habe, trug ich zum Glück jenen Latexanzug aus dem Amsterdamer Sexshop, während uns die verschiedenen Flüssigkeiten trafen. Als wir tapfer weitermachten, bemerkte Nina plötzlich, dass ihre dicke Lederjacke einen großen Schlitz hatte – offensichtlich war jemand mit einem Messer auf sie losgegangen. Dies war der Moment, in dem ich dem Kranführer hektisch signalisierte, uns schnell zurück auf die relativ sichere Bühne zu bringen, während Regisseur Hamish vernünftigerweise eine Werbepause einspielte.

Dummerweise stieg ich später noch einmal in den Cherry-Picker, dieses Mal in Begleitung unseres dunkelhäutigen Kameramanns Loverboy Lincoln. Während ich in seine Kamera moderierte, wurden die Schmähgesänge immer lauter und deutlicher wahrnehmbar. Ich konnte es kaum glauben, als ein kleiner Teil der Menge irgendwann rauf zu Lincoln rief: »Nigger, Nigger« und »Schwarzer Hund« – angeblich kann man in dem Filmmaterial (das ich mir danach nie wieder angesehen habe) leise diese Beschimpfungen hören und einen Wackler sehen, als Lincoln von zahlreichen Bierdosen getroffen wird. Als wir diese Moderation beendet hatten und ein Video einspielten, warf mein Kollege seine Kopfhörer fort und sprang wütend in die Menge. Nur dank des schnellen Eingreifens der anderen Kameramänner und Crewmitglieder konnte eine handfeste Prügelei verhindert werden, da sie ihn zurückhielten, als er aufgebracht versuchte, die Schuldigen zu erwischen. Ich habe keine Ahnung, wer diese Fanatiker waren, und kann nur annehmen, dass sie nicht wegen unserer Show da waren. Die besoffenen und lauten Punks können es auch nicht gewesen sein, da sie Anhänger einer ganz klar linksorientierten und streng antirassistischen Band waren.

Als wir zurück auf der Bühne und wieder auf Sendung waren, wusste ich jedenfalls, dass ich Professionalität zeigen musste, also setzte ich wieder mein Lächeln auf und machte mit der Show weiter. Ich war auch fest entschlossen, diesen Kampf gegen eine winzige Minderheit, die allen anderen das Event versauen wollten, nicht zu verlieren. Aber es sollte noch schlimmer kommen und letztendlich verlor ich die Kontrolle über die Situation und – was wahrscheinlich noch bedeutender war – auch über mich.

Als ich die Toten Hosen angekündigt hatte, hätte selbst ein blinder, tauber, stummer Affe voraussagen können, was passieren würde. Als auf den großen Monitoren neben der Bühne die Band bei einem Liveauftritt zu sehen war, allerdings aus der Schweiz (ein paar Tage zuvor aufgezeichnet) und nicht aus Hamburg, erkannten die Fans, dass sie betrogen worden waren, und wurden wütend. Ihre angsteinflößenden, wütenden Proteste wurden immer lauter, begleitet von einem Hagel aus Bierdosen und nun auch Flaschen, die in meine Richtung flogen. Hamish, ein einfach brillanter Regisseur, blendete dieses Chaos größtenteils aus, sodass es für die Fernsehzuschauer nicht zu sehen war. Er konzentrierte sich auf Nahaufnahmen von mir und ließ mich durch meinen Ohrhörer wissen, dass ich so schnell wie möglich ein Musikvideo ansagen solle.

In dieser Pause, als die Crew und ich Schutz suchten bei dem einzig verbliebenen Securitymann (der Rest der Truppe war unglaublicherweise verschwunden), brach im Publikum die Hölle los, wobei es zu einzelnen Schlägereien kam und einige Anwesende ihre Frustration an dem Übertragungswagen ausließen. Das Fahrzeug wurde hin und her geschaukelt, um es zum Umkippen zu bringen, und Hamish, der um seine und die Sicherheit der Crew fürchtete, versuchte verzweifelt, die Transmission Suite in London zu kontaktieren und ihnen mitzuteilen, dass wir die Show 30 Minuten früher als geplant beenden und zum Sendezentrum zurückgeben würden. Aber aus irgendeinem seltsamen Grund bestanden die Bosse in London darauf, zuerst das Interview mit dem *Baywatch*-Babe durchzuziehen und den letzten Liveact auf die Bühne zu schicken, bevor wir aufhörten. Mittlerweile war ich fuchsteufelswild und zornig, mein englisches Hooliganblut hatte das Zepter übernommen, und ich lief in dem kleinen Bereich hinter der Bühne auf und ab und fluchte wie wild, als ich mich darauf vorbereitete, wieder auf die Bühne zu gehen. In einer hitzigen Diskussion mit Hamish ließ ich ihn wissen, dass ich die Show tatsächlich zu Ende bringen würde, und zwar indem ich dem Publikum sagte, dass es ein Haufen dummer Wichser sei – als jämmerlichen Versuch, noch irgendeine Art von Sieg angesichts der drohenden Niederlage davonzutragen, wollte ich die Leute wissen lassen, dass wir zwar heute Abend kapitulieren mussten, als Engländer aber die deutsche Fußballnationalmannschaft im Finale der Weltmeisterschaft 1966 geschlagen hatten und der britische Formel-1-Fahrer Damon Hill Michael Schumacher gerade die Weltmeister-Krone entrissen hatte. Völlig absurd, ich weiß, aber ich konnte ganz einfach keinen klaren Gedanken mehr fassen und war fest entschlossen, trotz meines Untergangs zu kämpfen, egal was passierte. Ich weiß noch, wie Hamish mich anflehte, diese albernen Sachen nicht zu sagen und die Stimmung nicht noch weiter anzuheizen, da er das Gefühl hatte, dass wir kurz vor heftigen Ausschreitungen standen. Aber ich hörte auf nichts und niemanden, außer auf den kochenden Hooligan in mir. Zur selben Zeit spuckte unser Fax Hunderte von unterstützenden Nachrichten der Zuschauer aus sowie von Bands wie East 17 und Skunk Anansie, die auf Tour waren und das Desaster auf dem Hotelfernseher verfolgten. Vernünftigerweise beschworen Nina und Pat mich, an die besorgten und loyalen Zuschauer zu denken, anstatt mich vom Publikum vor Ort reizen zu lassen. Das Wissen, dass unsere Fans hinter uns standen, half mir und brachte mich ein wenig zur Besinnung, und so kehrte ich – mit einem hörbaren Seufzer der Erleichterung von der Crew – zurück auf die Bühne, immer noch wütend, aber genauso gewillt, das Debakel professionell zu Ende zu bringen.

Nachdem wir schnell das »Wheel of Misfortune«-Spiel mit unserem *Baywatch*-Star (der sichtlich zitterte, während die ignorante Menge ihn ausbuhte und verspottete) gemacht hatten, betrat ich mit Nina noch einmal den Cherry-Picker, um die letzte Band des Abends anzukündigen. Und dann kam der Tropfen, der das Fass zum Überlaufen brachte, und ich rastete völlig aus und vergaß, dass ich ein professioneller Moderator war. Bis dahin hatte ich es geschafft, den zahlreichen Geschossen, die auf mich abgefeuert wurden, auszuweichen, aber nun erreichte eine Bierflasche ihr Ziel und traf Nina. Als sich der Inhalt der Flasche über sie ergoss und es fürchterlich zu stinken begann, wussten wir beide sofort, dass es sich nicht um Bier, sondern um übel riechenden Urin handelte. Sie stand nur völlig schockiert und angewidert da und ich trat vor das Publikum, wobei Hamish immer wieder ruhig in meinen Ohrhörer sagte, dass ich jetzt nicht durchdrehen und nichts Provozierendes sagen solle, während ich weiteren Bier-, Rotz- und Urinbomben ausgesetzt war. An meine nun folgende unkontrollierte, wütende Schimpftirade kann ich mich im Einzelnen nicht mehr erinnern, aber sie beinhaltete jenes armselige Damon-Hill-Argument, gefolgt von einer Abmoderation, die ungefähr so lautete: »Ich wollte nie hier sein, und ich nehme es euch nicht übel, wenn ihr enttäuscht und wütend seid – ich gebe den Scheißkerlen von MTV in London die Schuld, die mich hierzu gezwungen haben. Danke an alle vor den Bildschirmen fürs Zuschauen und für eure beständige Unterstützung. Hier ist das Rödelheim Hartreim Projekt.« Als der Cherry-Picker mich wieder auf der Bühne abgesetzt hatte und die Kameras noch auf mich gerichtet waren und mein Mikrofon noch aktiv war, drehte ich mich zu Nina und rief: »Lass uns zusehen, dass wir aus diesem Scheiß so schnell wie möglich wegkommen!«

Während Nina, Pat, Liz und ich uns hinter der Bühne versammelten, waren Hamish und Ian immer noch dabei, die Band zu filmen, die das Ganze noch zu einem gewalttätigen und blutigen Höhepunkt bringen sollte, allerdings jenseits der Kameras. Hamish, der immer noch in dem wackelnden Übertragungswagen ausharrte und Regie führte, wollte unbedingt Aufnahmen vom Bassisten der Band haben, aber dieser war verschwunden – irgendwer im Publikum hatte ihn offenbar mit einem Kommentar so aufgebracht, dass er eine Bierflasche auf einem Bühnenmonitor zerschlagen hatte, mit dem abgebrochenen Flaschenhals in der Hand ins Publikum gesprungen war und mit dieser gefährlichen Waffe auf den Übeltäter losgegangen war. Hamish machte wieder einmal einen glänzenden Job, indem er den Zuschauern zu Hause diese Gewaltausbrüche vorenthielt und den Abspann über die restlichen Bandmitglieder rollen ließ, bevor ihr Song zu Ende war.

Während wir Zeuge dieser schrecklichen Szene wurden, griffen die Zuschauer rund um diese Auseinandersetzung in das Geschehen ein und setzten sich zur Wehr, bevor die Menge plötzlich in Richtung Bühne drängte und wir zusahen, dass wir schnellstens zum Backstage-Ausgang kamen. Auf dem Weg nach draußen trafen wir auf einen amerikanischen MTV-Manager, der die Show in einer Bar in der Nähe gesehen hatte, und er streckte mir unglaublicherweise seine Hand zum Abklatschen entgegen und rief: »Was für eine Show, Ray! *Fucking Rock 'n' Roll!*« Ich weiß noch, dass ich ihm am liebsten eine Kopfnuss gegeben hätte, statt seine Hand abzuklatschen. Als wir zu unserem sicheren Hotel ganz in der Nähe zurückrannten, kamen uns Dutzende Beamte von der Bereitschaftspolizei entgegen, die schließlich von einer nahe gelegenen Wache losgeschickt worden waren, um die Krawalle einzudämmen. Bei diesem Einsatz drang der Anführer der Truppe in den Übertragungswagen ein, verlangte das Videoband der Sendung zur Überprüfung und wollte Hamish und Ian als Hauptverursacher der Ausschreitungen festnehmen. Dank einiger gut gewählter und deutlicher Worte meines furchtlosen Produzenten wurden die beiden laufen gelassen und stießen schließlich zum Rest der erschütterten und verängstigten

Crew zur Nachbesprechung an der Hotelbar dazu. Ich informierte die Barangestellten, dass alle Getränke auf mich gingen, was zu einer Rechnung von 1.500 Pfund führte, die MTV letztendlich übernahm. Während wir unsere Sorgen im Alkohol ertränkten und über die Vorfälle sprachen, die wir alle erlebt hatten, versammelte sich draußen vor dem Hotel eine große Fangruppe und machte sich lautstark bemerkbar, indem sie alle »Sorry Ray! Sorry Ray!« riefen. Ich ging zu ihnen und bedankte mich für ihre Unterstützung – jeder Einzelne von ihnen verurteilte die gewaltbereite Menge, und ich war wirklich gerührt von ihrer Sorge.

Am nächsten Morgen, nachdem wir die Bar leer getrunken und nur sehr wenig Schlaf abbekommen hatten, machten wir uns alle auf den Weg zum Flughafen. Beim Anstehen am Check-in-Schalter wurde ich von einigen sensationslüsternen Reportern umringt, die mich zu den Vorfällen am Abend zuvor befragten – worauf ich aber nur »Kein Kommentar« sagte. Einer der Journalisten informierte mich dann über eine recht überraschende Tatsache, nämlich dass der Hamburger Bürgermeister sich im lokalen Radio bei »Ray Cokes und seinem Team« für die öffentliche Demütigung entschuldigt hätte und uns eine herzlichere Begrüßung versprach, sollten wir irgendwann einmal zurückkehren.

Der Albtraum war endlich vorbei, und noch ahnte ich nicht, was mich nach meiner sicheren Ankunft in London erwarten würde. Bald sollte ich mich wieder im Auge eines Sturms befinden, eines wahren Unwetters, das noch zerstörerischer werden sollte als das letzte.

5. Rückkehr in den Hafen

*»Ich kann mir nichts Besseres vorstellen als einen Abgang
mit einem kontroversen Shitfight – und genau so
hat Ray es auch gemacht, brillant!«*
SIMON LE BON (DURAN DURAN)

*»Es tat uns sehr leid, da wir nichts damit zu tun hatten,
aber ich weiß, dass es damals großes Theater deswegen gab,
und es war auch das tragische Ende eines unserer Helden.«*
CAMPINO (DIE TOTEN HOSEN)

Als wir wieder am Flughafen Heathrow gelandet waren, hatte Ian kurz mit Brent telefoniert und mich danach gewarnt, dass eine unangenehme Krisensitzung auf uns warten würde, die vom Boss einberufen und von seinem neuen Befehlshaber geleitet werden sollte. Nicht nur ich, sondern auch Ian und Hamish waren äußerst aufgebracht, und wir wollten unserem Ärger unbedingt Luft machen bei den Verantwortlichen, die uns diese unglückselige Show aufgedrückt hatten. Aber bei einem Telefongespräch mit meinem damaligen Agenten wurde mir geraten, nicht an dem Meeting teilzunehmen und genauere Informationen von meinem Regisseur und meinem Produzenten abzuwarten. Etwa eine Stunde nach dem Meeting rief Ian an, und mit dem, was er mir berichtete, hatte ich nun überhaupt nicht gerechnet.

Natürlich war ich auf einen Showdown vorbereitet, hatte aber nicht erwartet, dass die Schuld an dem Hamburg-Chaos größtenteils auf mir abgeladen werden würde. Das Ergebnis des Meetings war, dass ich gefeuert werden sollte, weil ich den Namen MTV in Verruf gebracht hätte, indem ich Ausschreitungen angezettelt und Schimpfwörter live auf Sendung von mir gegeben hätte sowie generell eine tickende Zeitbombe sei. Während die beiden letzten Anschuldigungen sicherlich stimmten, verschlug es mir bei der ersten allerdings die Sprache. Offenbar hatte niemand im MTV-Hauptquartier die Haltung und Taten des Publikums mitberücksichtigt, und wahrscheinlich weil Hamish einen so guten Job gemacht und die hässlichen und gewalttätigen Szenen ausgeblendet hatte, war niemandem der Ernst der Lage vor Ort bewusst gewesen. So oder so, sie brauchten einen Sündenbock, und nach meiner zweifellos unprofessionellen Darbietung hatten sie einen gefunden. Offenbar war Brent der Einzige gewesen, der mich mit aller Kraft verteidigt hatte, aber in meiner Wut ignorierte ich diese Tatsache völlig – denn in meinen Augen war er einer der Verantwortlichen gewesen, die uns überhaupt erst nach Hamburg geschickt hatten.

Ich ließ mich nicht beirren; Ians Bericht darüber, dass die einstimmige Meinung sei, dass ich an allem schuld sei, verärgerte mich noch mehr, und ich wollte die Sache unbedingt wieder ins Reine bringen. Im Nachhinein betrachtet war meine Vorgehensweise allerdings ein großer Fehler, aber leider sieht man erst hinterher wirklich klar – man muss bedenken, dass ich damals durch eine getrübte Brille schaute. Mein beträchtliches Ego und der Punk in mir hatten die Oberhand über mich gewonnen, und so zog ich los und zerstörte alles, was mir im Weg stand – auch meine Karriere.

Abends, als ich mich mit allen *X-Ray Vision*-Kollegen und ein paar anderen MTV-Angestellten in unserem Stammpub in Camden aufhielt, kam es schließlich zu der unausweichlichen Konfrontation mit Big Boss Brent. Er wollte mich dort treffen, und als er den Raum betrat und mir freundschaftlich und in Frieden die Hand reichte, musste mich meine Crew mehr oder weniger zurückhalten, so stark war mein Verlangen, ihm eine reinzuhauen. Mittlerweile weiß ich, dass Brent sein eigenes Päckchen zu tragen hatte – die Show in Hamburg hatte MTV beinahe die Lizenz für Deutschland gekostet, und er hatte die meiste Zeit des Tages damit verbracht, sich bei den deutschen Behörden zu entschuldigen. Aber damals war ich für derartige Informationen nicht empfänglich, sondern war blind vor Wut wegen der Schuldzuweisungen und lechzte nach Blut.

Es folgte eine laute Auseinandersetzung vor allen Leuten, und ich bin wirklich nicht stolz auf mein Verhalten an jenem Abend, aber es war, wie es war.

Trotz der Umstände fing Brent nett, aber bestimmt und mit ruhiger Stimme an zu erklären, dass er *X-Ray Vision* am Ende der Staffel absetzen würde und ich danach einen Monat lang einen von MTV bezahlten Urlaub irgendwo in der Welt machen könne. Nach meiner Rückkehr würde er *Most Wanted* wieder an den Start bringen, dieses Mal jedoch mit größerem Budget, und so würden alle Seiten glücklich und zufrieden sein. Seine Ansprache beendete er mit der freundlichen Frage: »Können wir uns wenigstens darauf einigen?«

Natürlich war dies ein mehr als gutes Angebot, es war geradezu großzügig, und ich hätte gut daran getan, es anzunehmen. Aber leider konnte ich damit gar nichts anfangen, da ich immer noch vor lauter Wut kochte, und anstatt mir die Sache in Ruhe durch den Kopf gehen zu lassen und mir eine kluge Antwort zu überlegen, rief ich nur: »Niemals, ich werde keinen Pakt mit dem Teufel schließen! Ich mach noch eine *X-Ray*-Sendung, um mich zu verabschieden, und das war's, ich bin fertig mit MTV.«

»Gut, darüber können wir ja sprechen, wenn du dich wieder beruhigt hast«, sagte Brent. »Denk einfach darüber nach, was ich gesagt habe, und komm zu mir, wenn du dich entschieden hast.«

Mit diesen Worten drehte er sich um und ging.

Ich blieb meinen Prinzipien treu und nahm sein Friedensangebot nicht an, und eine Woche später moderierte ich die letzte *X-Ray*-Sendung. Sie begann mit Nina, Pat und mir mit Schutzhelmen hinter Sandsäcken, ein offensichtlicher Bezug auf die Schlacht in Hamburg, und endete damit, wie wir drei durch ein großes Bild mit einem lieblos gemalten Sonnenuntergang sprangen, das am Gebäudeausgang an einem Rahmen aufgehängt worden war. Während der Show kamen zahlreiche Faxe und Anrufe bei uns an, in denen immer dieselbe Frage gestellt wurde: »Ist das wirklich wahr? Ist es das letzte Mal, dass wir Ray und seine Crew auf MTV sehen?«

Während wir Hand in Hand in Richtung Sonnenuntergang gingen, ließen meine Abschiedsworte in Richtung Kamera keinen Zweifel: »Danke für eure Zeit in den vergangenen neuneinhalb Jahren, ich hoffe, dass ihr uns alle wiedersehen werdet, ich weiß nicht wo, ich weiß nicht wann, aber ich bin mir ziemlich sicher, dass es nicht hier (auf MTV) sein wird. Bye-bye.«

Trotz unserer fröhlichen Gesichter während unseres Abgangs muss ich sagen, dass uns allen, als wir draußen waren und der Abspann lief, die Tränen über die Wangen strömten.

X-Ray Vision in Hamburg war eine Sendung, die nie hätte stattfinden dürfen. Rückblickend denke ich jedoch, dass sie unausweichlich war – für den VJ Ray Cokes wie für den Sender MTV. Ich war mein schlimmster Feind geworden, war auf dramatische Weise zusammengebrochen, und trotz meines Größenwahns war ich letztendlich bloß eine kleine Figur in einem großen firmenpolitischen Schachspiel, das einige Etagen über mir gespielt wurde.

Big Boss Brent, der mich unter seine Fittiche genommen und zu dem Star, der ich geworden war, gemacht hatte, trat in den folgenden Wochen von seinem Posten zurück, um sich mehr um die unternehmerische Seite des Senders zu kümmern – wobei er mich dem neu zusammengestellten Management überließ, das mich als hitzköpfigen, wartungsintensiven Moderator betrachtete, der in seine Schranken gewiesen werden musste. Meine Sendung verschlang einen großen Teil des Programmbudgets, und diese neuen Bosse wollten verständlicherweise lieber einen Teil des Geldes für andere Sendungen verwenden, anstatt das Ego des größten Stars auf MTV zu füttern. Um es mit dem Hit der Sparks (den charmanten Brüdern Ron und Russell Mael) von 1974 auszudrücken: »This Town Ain't Big Enough For Both Of Us« – diese Stadt ist nicht groß genug für uns beide.

Trotz allem will ich das Ganze positiv abschließen: Timing ist, wie man so schön sagt, einfach alles, und für mich war es sicherlich die richtige Zeit zum Gehen, da bereits die Entscheidung gefallen war, MTV Europe in regionale Untersender aufzusplitten und im jeweiligen Land in der jeweiligen Sprache zu senden.

Egal wie stürmisch die Fahrt durch diese gefährlichen Gewässer auch gewesen sein mag, letzten Endes bin ich froh, genau zu jenem Zeitpunkt gegangen zu sein. Neuneinhalb Jahre hatte ich unter der MTV-Flagge gedient, als sie tatsächlich noch für etwas stand, und glücklicherweise musste ich nicht miterleben, wie der Sender zu einem Schatten seiner selbst wurde, der er heute zweifellos ist. Es war das Ende meiner MTV-Karriere, aber es war auch das Ende einer Ära für MTV Europe.

KAPITEL 9

Das Leben nach MTV

Positive und negative »Ionen«

Trotz dieser Kapitelüberschrift habe ich ganz gewiss nicht vor, euch etwas über neutrale Atome zu erzählen, die, wenn sie ein oder mehrere Elektronen mehr oder weniger als im Neutralzustand haben, zum Ion werden, ganz einfach weil ich davon absolut keine Ahnung habe. Jedoch weiß ich, dass negative Ionen kleinste Teilchen sind, die wir in gewissen Umgebungen massenweise inhalieren, vor allem hoch in den Bergen oder ganz nah am Meer. Ich bin mir auch bewusst, dass sie, sobald sie unseren Blutkreislauf erreicht haben, für biochemische Reaktionen sorgen, die eine vermehrte Ausschüttung des Glückshormons Serotonin bewirken, das Depressionen mindert, Stress reduziert und uns mehr Energie für den Tag gibt. Aber auch diese Information ist hier ziemlich überflüssig, da die »Ionen«, auf die ich mich beziehe, Wörter mit der Endung -ion sind, die ebenfalls positiv und/oder negativ sein können. Nehmen wir zum Beispiel ...

1. Ambition und Frustration

Sofort nach meinem Abschied bei MTV zog ich mich in mein geliebtes Südfrankreich zurück, um meine Batterien aufzuladen und auch mit den Geschehnissen der jüngsten Zeit abzuschließen. Ich hatte mich dorthin begeben, um mich von der Außenwelt abzuschotten (was in der Zeit vor Social Media viel einfacher war), und genoss die beeindruckende Landschaft der Côte d'Azur. Nachdem ich ein paar Wochen lang in der herrlichen Sonne relaxt, im glitzernden, blauen Meer herumgeplanscht und mir jeden Abend den köstlichen Saft von gegorenen Trauben sowie das schmackhafte Essen der Provence gegönnt hatte, kehrte ich frisch und voller positiver Energie nach London zurück. Ich beschloss, einen Großteil meiner Zeit der Familie und Freunden zu schenken, die ich wegen meines straffen Terminplans sträflich vernachlässigt hatte. Eine Balance zwischen Berufs- und Privatleben zu schaffen ist eine Herausforderung, der sich jeder arbeitende Mensch wohl irgendwann mal stellen muss, und erst jetzt, wo ich älter und etwas weiser bin, werde ich auch ein wenig besser darin – auch wenn noch sehr viel Luft nach oben ist.

Während dieser Zeit versuchte mein alter Boss Brent ehrenhafterweise, mit mir in Kontakt zu bleiben, und als er es nicht schaffte, mich ans Telefon zu bekommen, schrieb er mir schließlich einen Brief mit einem galanten Friedensangebot und schlug vor, unsere gute Arbeitsbeziehung weiterhin aufrechtzuerhalten. Er bot mir zwei Spezialsendungen an – ein einstündiges Exklusivinterview mit Tom Cruise und ein *Unplugged*-Konzert mit Oasis –, damit ich auf Teilzeitbasis zu MTV zurückkehren könnte, bevor ich eine neue Show auf die Beine stellen könnte. Aber ich war immer noch geblendet von meiner Auffassung, dass er und MTV mich im Stich gelassen hätten, und so schlug ich sein Angebot aus, weil ich stark bleiben und mich weiterentwickeln wollte, ohne zurückzublicken.

Nach dem langen heißen Sommer, als mein Glaube an mich selbst immer noch recht intakt war, erhielt ich ein großzügiges Angebot von absolut unerwarteter Seite – Kiss FM in Berlin. Dieser Radiosender ist eher dafür bekannt, nonstop Dance-Musik zu spielen, und obwohl ich Clubsounds in passender Umgebung liebe, kenne ich mich bei dem Thema nicht wirklich gut aus und verstand zunächst nicht, warum man mich einstellen wollte. Nach einer längeren und sehr offenen Unterhaltung mit dem Boss, einem Mann namens Andreas (den ich später auf Sendung immer als Mr Schwarzenegger bezeichnete, weil er neben seiner starken Präsenz auch noch starke Muskeln hatte), wurde mir klar, dass ich als Geheimwaffe eingesetzt werden sollte, und zwar gegen seine Rivalen im Kampf um die besten Hörerzahlen.

In einer für die Deutschen recht typischen, sehr direkten Herangehensweise an Businessdeals erklärte Andreas, dass er bereit wäre, mir einen Batzen Geld für einen festen dreimonatigen Vertrag zu geben, wofür ich im Gegenzug zwei Sendungen pro Woche moderieren sollte. Für ihn ergab dieses Vorhaben durchaus Sinn, da ich seit meinem Abschied bei MTV in den Medien nicht mehr präsent war, und plötzlich als DJ auf Kiss FM wieder aufzutauchen, würde großes Medieninteresse hervorrufen und für mehr Hörer sorgen. Ich hoffe, ihr wisst mittlerweile, dass mich der finanzielle Aspekt bei einem Job nie wirklich interessiert hat, und obwohl die mir angebotene Summe recht astronomisch war, zweifelte ich daran, dass dies wirklich der richtige Schritt für mich war. Aber der gerissene Senderboss hatte noch nicht alle Trümpfe ausgespielt – als er mir schließlich noch künstlerische Freiheit in Sachen Musik (solange sie zeitgenössisch blieb) und Sendungsgestaltung anbot, nahm ich das Angebot sofort an. Ich nahm Naughty Nina als meinen Sidekick mit nach Berlin, und zusammen mit einem überaus talentierten, jungen deutschen Produzenten namens Markus Krane moderierte ich die nächsten zwölf Wochen eine lustige Radiosendung namens *Voll auf Cokes* und hatte viel Spaß dabei. Langsam, aber sicher kam meine Karriere wieder in Fahrt, in einer aufregenden Stadt, die selbst gerade eine Wiedergeburt durchlebte.

Ein paar Monate nach meinem Berliner Abenteuer und noch während meiner persönlichen Erneuerungsphase bekam ich im Frühjahr 1997 meine erste Sendung im britischen Fernsehen. Meine Freunde und Kollegen Ian Stewart und Hamish Hamilton waren für *Wanted* zuständig, eine radikale und mutige wöchentliche Gameshow auf Channel 4, die bereits eine Staffel lang gelaufen und von Richard Littlejohn moderiert worden war, einem Journalisten, der seine Sache in meinen Augen sehr gut gemacht hatte. Der Sender allerdings fand dessen Darbietung ein wenig zu schwer und wollte für die zweite Staffel eine etwas leichtere Präsentation. Dank Ian, der lautstark mein Talent als Liveshow-Moderator vor seiner furchterregenden ausführenden Produzentin angepriesen hatte, wurde ich zu einem Vorsprechen für die neue Staffel eingeladen.

Nach meiner Ankunft im Sender wurde ich zu einem Umkleideraum gebracht, den ich mir mit dem anderen ebenfalls auf den Job hoffenden Moderator teilte. Mein Konkurrent war ein bekanntes Gesicht aus dem britischen Fernsehen, und dank meiner typischen Unsicherheit nahm ich an, dass ich als in Großbritannien relativ unbekannter Moderator kaum eine Chance gegen diesen Mann hatte. Während ich nervös auf meinen großen Moment wartete, schaltete ich einen der Fernseher an der Wand ein, um mich abzulenken, aber zu meinem Entsetzen stellte ich fest, dass es keine gewöhnlichen Fernsehprogramme gab, sondern nur das Livebild aus dem Studio. Eine Weile lang sah ich meinem Rivalen wie gelähmt bei seinem Vorsprechen zu, in dem Glauben, dass es nützlich sein könnte, mich mit dem umfangreichen Format der Sendung vertraut zu machen und die Konkurrenz genauestens zu beobachten. Aber irgendwann beschloss ich, das Gerät auszuschalten, da es mich nur noch mehr verunsicherte. Als ein Assistent in den Raum kam, um mich zu holen, war ich bereits ein nervöses Wrack, aber als ich das Studio betrat und von meinem alten Kumpel Ian mit ein paar aufmunternden Worten begrüßt wurde, war mein Selbstvertrauen wiederhergestellt. Er sagte: »Lass es ruhig angehen, Kumpel, ganz ruhig. Zeig ihnen, was du kannst – auf keinen Fall wird dieser andere Wichser die Show moderieren, geh raus und rock den Scheißladen!«

Auf diese »Jawoll, du kannst es«-Ansprachen reagiere ich immer sehr positiv und so ging ich angriffslustig ins Vorsprechen. Eine Woche später wurde mir mitgeteilt, dass ich den Job haben könne.

Wanted war eine Art Versteckspiel, das insgesamt sechs Tage andauerte und bei dem drei Zweierteams quer durch Großbritannien geschickt wurden, die sich vor einem Team von Suchenden versteckten. Während der Woche blieb einer der Suchenden im Studio, studierte Karten und suchte nach Hinweisen zu den Teams auf der Flucht, die er an seine Kollegen vor Ort weitergab. Die Flüchtenden verloren immer dann, wenn sie entdeckt und von ihrem Verfolger gefilmt wurden, einen Teil des Preisgeldes. Aber sie konnten sich auch das Recht, eine weitere Woche in der Sendung zu bleiben, erspielen, wenn sie es im Laufe der einstündigen Show schafften, unentdeckt zu bleiben und sich aus einer Telefonzelle ihrer Wahl im Studio meldeten. Die Zuschauer konnten den Verfolgten entweder dabei helfen, unentdeckt zu bleiben, oder gegen eine Belohnung von 1.000 Britischen Pfund Hinweise zum Verbleib der Flüchtigen liefern.

Meine Aufgabe war es, diese verschiedenen und immer wieder wechselnden Szenarien zu koordinieren und das Geschehen zu kommentieren. Ich hielt das Ganze für eine ziemlich große Herausforderung und weiß noch, wie ich mich bereits ganz am Anfang an die ausführende Produzentin und Sendungsschöpferin Jane Hewland wendete und anmerkte, dass, wenn ich es schon schwierig fand, dem Ganzen zu folgen, es dem Publikum wohl genauso gehen würde. Also versuchte ich, sie zu überzeugen, dass wir die Sendung vereinfachen sollten. Aber abgesehen von dem Zugeständnis, etwas detailliertere Profile der Flüchtigen einzubauen, damit die Zuschauer sich auch mit ihnen identifizieren konnten, war Jane weiteren Vorschlägen gegenüber nicht aufgeschlossen. Etwas später fand ich heraus, dass nicht ihre Dickköpfigkeit das Problem war, sondern sie alles überraschenderweise mit ihrem Teenager-Sohn besprach, der immer das letzte Wort hatte. Offenbar war er ein begeisterter und sehr guter Videospieler, und solange er die Ideen verstand, würde es auch das Zielpublikum verstehen. Eigentlich kaum zu glauben, dass er eine solche Veto-Macht über ein Team von professionellen Mitarbeitern hatte, aber dies sind die nackten Tatsachen – ich erzähle euch keinen Mist.

Die Staffel lief über acht Wochen und hatte auch gute Einschaltquoten, aber sie war auch extrem teuer in der Herstellung – Dinge wie Bildtelefonschaltungen sowie Camcorder- und Mobilfunktechnik waren zu jener Zeit noch sehr kostspielig, genauso wie die Hubschrauber, die wir für den Außendreh benötigten. Uns wurde schnell klar, dass es eine dritte Staffel nicht geben würde. Heutzutage ist der Aufwand für solch eine Show nicht mehr ganz so kostenintensiv – vielleicht wäre die Zeit reif für ein Remake (liebe Verantwortliche von Channel 4, bitte ruft mich an, wenn ihr euch dazu entschließt).

Nach dem Ende von *Wanted* im Sommer 1997 war ich zwar arbeitslos, machte mir aber gar keine Sorgen um meine Zukunft – die Show und mein Beitrag dazu hatten einige positive Kritiken in der Presse bekommen, und ich hoffte, schon bald in der großen und einflussreichen britischen Fernsehbranche aufsteigen zu können. Ich musste tatsächlich nicht lange warten, bis sich die nächste Gelegenheit ergab – ein paar Monate später wurde ich zu einem Meeting mit den Bossen von Channel 4 eingeladen, um über meine Zukunft zu sprechen, und ich traf mich auch mit Kevin Lygo, dem Programmleiter für Unterhaltungsshows der BBC, zu einem Geschäftsessen. Bei dem Treffen mit den Channel-4-Bossen erfuhr ich, dass man mit meiner Präsentation von *Wanted* zufrieden war und erkannt hatte, dass ich für die Gestaltung ihrer erfolgreichen täglichen Morgenshow *The Big Breakfast* ein Einflussfaktor gewesen war, sodass man mir vorschlug, mit einem speziell für mich zusammengestellten Team an der Entwicklung einer neuen Show zu arbeiten, was mir sehr schmeichelte. Auch das Treffen bei der BBC verlief nicht weniger überraschend, da Mr Lygo verkündete, dass er ein großer Fan von *Most Wanted* gewesen sei und mich als eines der neuen Gesichter für das Programm im Jahr 1998 haben wolle. Seit Langem war ich schon ein großer Fan der BBC-Familienshows am Samstagabend gewesen, hatte immer gern *Noel's House Party* geschaut (eine lustige und innovative Livesendung moderiert von dem berühmten Noel Edmonds), und nun war ich wirklich stolz auf die Tatsache, dass der für diese Sendung verantwortliche Mann sich für meine Moderationskünste interessierte. Obwohl mich diese beiden Angebote überglücklich machten, wünschte ich mir insgeheim die BBC als neues Zuhause, auch wenn mein außergewöhnlicher Moderationsstil wohl eher zum flippigen Channel 4 passte.

Etwa einen Monat lang wartete ich geduldig auf weitere Entwicklungen und unterdrückte den Drang, bei den Sendern anzurufen, da ich nicht zu eifrig rüberkommen wollte. In jeder Branche ist der persönliche Eindruck wichtig, und im Laufe der Jahre habe ich gelernt, dass es für Moderatoren durchaus ratsam ist, beschäftigt und ein wenig abgehoben zu wirken, anstatt verzweifelt und zu allem bereit – auch wenn Letzteres eher der Wahrheit entspricht.

Die Anrufe blieben jedoch aus, und mein Agent hatte auch keine Neuigkeiten für mich; er sagte mir, dass er versucht habe, alle interessierten Parteien zu erreichen, ihn aber niemand zurückgerufen hätte. Man sagt ja gern, keine Neuigkeiten sind gute Neuigkeiten, aber im Fernsehgewerbe ist nur allzu oft das Gegenteil wahr, und generell werden meine Versuche der Kontaktaufnahme oft ignoriert, anstatt dass man zugibt, dass dieses oder jenes geplante Projekt geplatzt ist. In diesem Fall bedeutet »keine Neuigkeiten« eher »keine Eier in der Hose«, würde ich sagen.

Dennoch war ich immer noch sehr optimistisch, und im neuen Jahr bat ich meinen Agenten, alle Register zu ziehen und mich zu so vielen Castings wie nur möglich zu schicken. Auch wenn ich diese Tests nie gern machte (weil ich meistens als Newcomer betrachtet wurde und das, was ich bisher gemacht hatte, nur wenig oder keine Wertschätzung erhielt), wusste ich, dass es der einzige Weg war, um wieder dorthin zurückzukehren, wo ich hingehörte.

Das erste Vorsprechen war für eine neue Kochshow auf BBC Two – Essen und Fernsehen kombiniert, wie geschaffen für mich. Beim Casting war ich als Letzter an der Reihe, und danach bot mir die ausführende Produzentin provisorisch den Job an. Sie brauchte nur noch die Zustimmung der damaligen Leiterin von BBC Two, Jane Root, und innerhalb kürzester Zeit würde ich wieder in der Küche stehen. Ich ließ Jane wissen, dass ich in der folgenden Woche im Urlaub sein würde, woraufhin sie mir versicherte, es sei kein Problem und sie würde mir meinen Vertrag per Fax ins Hotel schicken. Das Fax kam aber nie an, und nachdem ich zwei Wochen lang gewartet hatte, beschloss ich, die Produzentin persönlich anzurufen und herauszufinden, was los war, wobei ich bereits befürchtete, dass es sich wieder um eine dieser »Wir haben nicht den Mut, es dir zu sagen«-Situationen handelte.

Als ich sie endlich am Apparat hatte, entschuldigte sie sich und verriet mir etwas beschämt, dass, obwohl sie und das Produktionsteam überzeugt davon waren, dass ich perfekt für den Job sei, ihr Boss leider anderer Meinung war. Als ich weiter nachhakte, erwähnte sie, dass ich in einigen Abteilungen der BBC als »dieser MTV-VJ, eine tickende Zeitbombe, der während einer Livesendung in Deutschland ausgeflippt war und dem man vor der Kamera einfach nicht trauen konnte« bezeichnet wurde. Ich dankte der Frau für ihre Offenheit, hoffte aber auch, dass diese Meinung über mich möglichst bald vergessen sein würde. Der Hamburg-Patzer war ein einmaliger Vorfall gewesen, der nicht für meine gesamte Karriere stand, und ich hoffte immer noch, dass die Leute in der Branche über diesen Moment hinwegsahen und im Zweifelsfall zu meinen Gunsten entschieden.

Kurz nach dieser Enttäuschung machte ich bei einem Casting für eine tägliche Live-Chatshow auf Channel 5 mit, bei dem ich mich meiner Meinung nach sehr gut geschlagen hatte, und auch das Produktionsteam sah es so und verkündete hinterher, dass es »den richtigen Mann« gefunden habe. Aber mein Optimismus war nur von kurzer Dauer, da etwas später der verhasste Satz »Sorry, wir haben uns für jemand anders entschieden« kam. Aber bevor ich Zeit hatte, meinen Glauben an mich gänzlich zu verlieren, ergab sich eine weitere Gelegenheit, dieses Mal durch Will Macdonald, meinen Lieblingsproduzenten bei *Most Wanted*. Obwohl er mich zu MTV-Zeiten für Chris Evans verlassen hatte, waren wir beide gute Freunde geblieben, und ich vertraute ihm blind. Mittlerweile leitete Will seine eigene sehr erfolgreiche Produktionsfirma namens Monkey Kingdom und hatte ein brillantes neues Showkonzept, für das er mich als Moderator gewinnen wollte. Natürlich hatten wir über meinen demolierten Ruf gesprochen, aber er hatte das Ganze bloß als Geschwätz der Leute abgetan und versicherte mir, meine Ehre vor jedem Fernsehboss zu verteidigen, der ihn mit diesem Bullshit konfrontierte. Nachdem Will die Idee an Stuart Murphy, den Chef des Senders UKTV, weitergegeben hatte, wurde die Show sofort zur Produktion freigegeben – allerdings nur unter der Bedingung, dass man mich aus dem Projekt warf und durch einen anderen Moderator ersetzte, durch irgendeinen x-beliebigen Moderator, um genau zu sein, da der Boss unmissverständlich klarmachte, dass er »Ray Cokes nicht mal für die Show anstellen würde, wenn er der letzte Moderator auf Erden wäre«.

Will versicherte mir, dass er sein Bestes gegeben habe, um diesen Temperamentsausbruch zu kontern, aber ohne Erfolg – denn zwischen Mr Murphy und mir war in der Vergangenheit etwas vorgefallen, und so war es ganz einfach ein Fall von Missgunst und persönlicher Rache. 1996 hatte ich Stuart als einen der Produzenten für unsere Filmsegmente bei *X-Ray Vision* eingestellt. Er war ein umgänglicher Kerl mit exzellentem Lebenslauf, aber einige Wochen nach seiner Anstellung wurde er wieder entlassen, da seine kreativen Ideen nicht zu mir passten. Heute ist Stuart Murphy einer der mächtigsten Bosse im britischen Fernsehen, also habe ich immerhin einflussreiche Feinde. Trotzdem hoffe ich, dass, wenn wir uns wieder begegnen sollten, wir die Vergangenheit hinter uns lassen können.

2. Karmische Intervention

Während dieser längeren Phase der fruchtlosen Versuche erlebte ich zum ersten Mal, wie es ist, beruflich auf dem Abstellgleis zu stehen, bis ich Anfang 1998 endlich wieder etwas zu feiern hatte. Es kam mir wie kosmische oder karmische Intervention vor, als mein alter Rivale Chris Evans mir überraschend einen Job anbot. Dies hatte er schon einmal getan, und zwar 1996, als er mich gefragt hatte, ob ich ihn in der dritten Staffel seiner erfolgreichen Spielshow *Don't Forget Your Toothbrush* ersetzen wolle. Als ich damals sein Angebot freudig angenommen hatte, war ich mit diesen Neuigkeiten zwar auf den Titelblättern der Klatschpresse gelandet, allerdings war aus dem Job letztendlich nichts geworden. Nach einigen intensiven Verhandlungen und kurz vor der Vertragsunterzeichnung hatte Chris seine Meinung geändert – er hielt es für angemessener, dass die Show auf einem Höhepunkt endete, und wollte keine weitere Staffel riskieren. In unserer Branche passieren solche Dinge, und obwohl ich bitter enttäuscht war, nahm ich es ihm nicht übel, vor allem weil Chris mich zu jener Zeit mit ins Büro seines Agenten Michael Foster geschleppt hatte, dem wohl einflussreichsten Macher der Branche (aufgrund seiner kauzigen Art von einigen auch liebevoll »Poisoned Dwarf« genannt), und darauf bestand, dass Foster mich sofort unter Vertrag nahm – was dieser auch tat.

Im Dezember 1997 hatte Chris schließlich den Londoner Radiosender Virgin Radio des Tycoons Richard Branson (ein Mann, den ich sehr bewundere) gekauft und übernommen, und nun wollte er, dass ich täglich zwischen sieben und zehn Uhr eine Morgensendung moderierte. Fernsehen war für mich immer ansprechender als Radio gewesen, aber ich wusste, dass die Medienberichte über das neueste waghalsige Abenteuer eines der zur Zeit größten britischen

Stars mir nützlich sein könnten, also unterschrieb ich den Vertrag. Allerdings war ich nicht in der Lage, die Geräte im Studio allein zu bedienen, daher stellte Chris mir eine Produzentin namens Sara Jane an die Seite, und zusammen mit meinem alten Wegbegleiter Pathetic Pat als Assistent schufen wir einige unterhaltsame und quotenstarke Radiosendungen.

3. Information und Reputation

Irgendwann während meiner Zeit bei Virgin war ich Gast bei der Hochzeit eines Freundes und Kollegen, auf der ich gewisse Informationen erhielt, die letztendlich eine Kettenreaktion auslösen sollten. Bei einem Toilettenbesuch unterhielt ich mich mit einem anderen Gast, während wir unsere Notdurft verrichteten. Normalerweise sind Männer in solchen Situationen sehr gut darin, auf die Wand vor sich zu starren, wobei verstohlene Blicke zur Seite völlig verpönt sind und jegliche Konversation als völlig unnötig angesehen wird. Verständlicherweise war ich ein wenig überrascht, als mich der Mann neben mir plötzlich ansprach.

Während wir also beide dort standen, unser männliches Zubehör in der Hand, stellte er sich als Internetunternehmer vor, der sich veranlasst sah, mir ein paar niederschmetternde Insiderinformationen zu verraten.

Laut seinen Quellen war mein Ruf als Moderator völlig ruiniert und wahrscheinlich auch irreparabel – der Vorfall in Hamburg war von vielen Leuten in der Branche verfolgt worden (angeblich machte sogar ein Videoband die Runde), und hinzu kam, dass irgendwer irgendwo sehr effektiv Schlechtes über mich verbreitete, wodurch meine Lage ziemlich aussichtslos war. Der Mann riet mir, London zu verlassen und irgendwo anders einen Neubeginn zu wagen, wenn ich jemals wieder im Fernsehen arbeiten wollen würde. Bevor ich die Möglichkeit hatte, ihm Fragen zu stellen, kam unser Gespräch zu einem abrupten Ende, da ein weiterer Mann den Toilettenraum betrat. Ich stand nur sprachlos da und musste die nackten Tatsachen, mit denen ich gerade konfrontiert worden war, erst einmal verdauen. Nach meinem Toilettenbesuch kehrte ich verstört und verwirrt zur Hochzeitsparty zurück. Meinem Informanten lief ich an jenem Abend noch einige Male über den Weg, aber wir sprachen nicht weiter über die Angelegenheit, vornehmlich aus dem Grund, dass ich Angst davor hatte, genauer zu erfahren, was die Leute über mich dachten.

Ohne genau zu wissen, was los war, und unsicher, wie gravierend der Imageschaden bereits war, machte ich also weiterhin meine Radioshow und zog mich für den Rest der Zeit in mein Zuhause zurück, um meinen nächsten Schritt zu planen.

4. Resignation

Die Information, die mir der Hochzeitsgast zugesteckt hatte, half mir bei der Verarbeitung dessen, was mir in den letzten Monaten beruflich widerfahren war, als ich erfolglos versucht hatte, einen Weg zurück ins Fernsehbusiness zu finden. Während ich zweifellos großen Anteil an meinem eigenen Niedergang gehabt hatte, da ich es in Hamburg nicht geschafft hatte, unter Stress die Form zu wahren, war nun klar, dass hinter den Kulissen andere Mächte am Werk waren. Ein großer, unbekannter Feind wollte dafür sorgen, dass ich nie wieder fürs Fernsehen arbeitete – oder jedenfalls nicht in seinem oder ihrem Revier.

Zum Glück hatte ich immer noch eine zunehmend erfolgreiche tägliche Radiosendung, die mich bei Laune hielt, sowie eine Menge Freizeit, um Motorrad zu fahren und mich um meinen Garten zu kümmern – der bis dahin bloß eine verwahrloste Wiese zum Grillen oder Sonnenbaden gewesen war. Mir machte es viel Spaß, unseren Lottergarten aufzupäppeln und daraus einen lebendigen, farbenfrohen Ort mit Blumen- und Gemüsebeeten zu machen. Es ist bekannt, dass Gartenarbeit therapeutisch wirken kann, und in diesem Moment sorgte dies bei mir tatsächlich für eine gewisse Zufriedenheit.

Etwa sechs Monate lang machte der tägliche Trip zum Radiosender äußerst viel Spaß, aber nach und nach fühlte sich ein sehr beliebter und sehr unangenehmer DJ, der eine Show zur besten Sendezeit hatte, durch meinen zunehmenden Erfolg bedroht und wurde mir und meinem Team gegenüber unhöflich, aggressiv und auch gewalttätig – vor, während und nach seiner Sendung. Als ich eines Tages die Nase voll hatte und mich wehrte, beschwerte er sich bei der Senderleitung, und in dem folgenden Wortgefecht beschloss der Programmchef, den länger angestellten DJ mit den besseren Quoten zu behalten – und er wies mich und Pat an, das Gebäude auf der Stelle zu verlassen. Unsere Produzentin war übrigens nirgendwo aufzufinden – das Letzte, was ich von ihr gehört habe, war, dass sie fleißig an ihrer Karriere arbeitete. Selbst die kosmischen oder karmischen Kräfte von Ginger-Chris und dem »Poisoned Dwarf« zusammen konnten mich vor Heimtücke, extremer Eifersucht und egoistischen sowie verrückten, koksenden Idioten nicht bewahren, die mir bei Virgin Radio über den Weg gelaufen waren.

Kurz nach diesen schrecklichen Vorfällen beschloss dann auch mein Agent, meinen Vertrag nicht zu verlängern – was bedeutete, dass ich in Großbritannien nicht länger vertreten wurde. Seit meinem Weggang bei MTV waren gerade mal zwei Jahre vergangen, und mir kam es so vor, als würden sich alle Türen um mich herum schließen. Die Chancen, von meinen ehemaligen Mitstreitern wieder in ihr exklusives Fernsehboot geholt zu werden, waren sehr gering, und so fing ich langsam an, den Glauben an mich zu verlieren.

5. Hibernation

Während ich mich in einer Abwärtsspirale befand und mein Selbstwertgefühl einen historischen Tiefstand erreicht hatte, wurde mein Fall kurzzeitig gebremst. Eine deutsche Werbeagentur kontaktierte mich und teilte mir mit, dass sie einen großen Deal mit einer berühmten Marke geschlossen hätte, und bot mir für ihre Film- und Fernsehkampagne einen großen Geldbetrag an. Während meiner Zeit bei MTV hatte ich dem verlockenden Ruf von lukrativen Werbedeals größtenteils widerstehen können, da ich es als Ausverkauf betrachtete. Auf dem Höhepunkt meines Erfolgs hatte es viele solcher Angebote gegeben, aber ehrlich gesagt fand ich, dass es meinen Status bei den Zuschauern schwächen würde, wenn ich plötzlich auf ihren Bildschirmen auftauchen und in meinem Namen irgendwelche Produkte verkaufen würde. Aber da ich nun arbeitslos war und meine mageren Ersparnisse rapide weniger wurden, musste ich einen kleinen Teil meiner Seele verkaufen, um ein wenig Geld zu verdienen. Wie mein Landsmann William Shakespeare in seinem Stück *Ende gut, alles gut* schrieb: »*Wen der Teufel treibt, der muss wohl gehn.*« Oder besser gesagt: Was sein muss, muss sein.

Ich vereinbarte mit der Produktionsfirma in Köln einen Termin und saß einige Zeit später mit sechs Leuten um einen großen Tisch herum, die mir ewig lang unglaublich viele Fragen stellten. Nach einer Weile war ich ein wenig verwirrt wegen ihrer Art der Befragung, die wenig mit dem eigentlichen Job zu tun hatte, sondern eher mit mir als Mensch. Als ich lachend anmerkte, dass es mir wie eine Therapiesitzung vorkam, traf mich die Antwort des Produzenten, der das Meeting leitete, völlig unvorbereitet und verblüffte mich total. Er verkündete, dass einige der Anwesenden nicht zum Produktionsteam gehörten, sondern Verhaltensexperten seien. Wegen der berüchtigten Hamburg-Affäre und anderer Gerüchte waren sie von ihrem Auftraggeber gebeten worden, herauszufinden, ob ich zuverlässig sei oder nicht, und anschließend eine Einschätzung abzugeben, bevor eine endgültige Entscheidung getroffen würde. Als ich darauf bestand, dass er das Ganze doch bitte etwas genauer erklären sollte, sagte er, dass die Frau zu meiner Linken eine Psychologin sei und abschätzen sollte, ob ich mental fit war (Verdächtiger ist labil), der Mann zu meiner Rechten ein Drogenbeauftragter sei, dessen Aufgabe darin bestand, Hinweise auf eine eventuelle Kokainabhängigkeit zu finden (Verdächtiger ist schwer koksabhängig), und der Regisseur des Clips beurteilen sollte, ob ich Anweisungen ausführen konnte und teamfähig war (Verdächtiger ist größenwahnsinnig).

Obwohl sie mich wirklich für ihre Kampagne haben wollten und wussten, dass ich eine große Fangemeinde hatte, wollten sie den Auftrag nicht durch solch einen Hitzkopf (für den man mich hielt) in Gefahr bringen. Ich weiß noch, wie ich, für mich völlig ungewöhnlich, völlig sprachlos auf die Tatsache reagierte, dass mir mein unverdient schlechter Ruf vorausgeeilt war – sogar bis hierher. Um ehrlich zu sein, konnte ich mir vorstellen, dass die Anschuldigungen noch von dem Hamburg-Patzer herrührten. Aber die Kokainvorwürfe verblüfften mich etwas, bis ich mich an eine Tour durch Deutschland erinnerte, auf der ich ein ziemlich schwaches (und albernes) Fanbuch promotet hatte. Damals sollte ich als DJ in einem Club auftreten, und als ich eine Stunde, bevor ich dran war, dort eintraf, war der Club noch sehr leer. Ich bekam Panik, deshalb bat ich um eine kleine Portion des kristallenen Pulvers, um mir selbst Mut zu machen, bevor ich mich der kleinen Zuschauermenge stellte, und mir nicht wie ein Loser vorzukommen, der keine Clubs füllen konnte. Der Promoter erfüllte meinen Wunsch und gab mir etwas von seinem eigenen Vorrat, dann blieb er aber unverschämterweise im Raum und sah mir zu, wie ich die Line zog. Wenn ich jetzt so darüber nachdenke, fällt mir ein, dass auch andere Leute anwesend waren, und einer von ihnen hatte daraufhin möglicherweise die Information verbreitet, dass Ray Cokes erst Drogen nehmen muss, um eine gute Show abzuliefern. Ich hatte nur eine Line gezogen, aber der Schaden war offensichtlich schon angerichtet (wie sich kurze Zeit später herausstellte, war der Club rappelvoll, und alle freuten sich, mich zu sehen, daher waren alle meine Sorgen unbegründet gewesen).

Es war nun klar, dass sich schädliche Gerüchte über mich wie ein Virus verbreiteten, und ich erkannte, gegen was ich anzukämpfen hatte. Kein Wunder also, dass es für mich in den vergangenen Monaten nicht gut gelaufen war.

Nach dieser Enthüllung versicherte mir der Produzent, dass ich mir wegen der Einschätzung keine Sorgen machen müsse und dass sie mit einem positiven Bericht an den Auftraggeber herantreten würden. Für mich jedoch war es bereits zu spät, ich hatte einen verheerenden Schlag verpasst bekommen und wollte nicht für diese Leute arbeiten, die es für nötig gehalten hatten, mich zu verhören, deshalb lehnte ich ihr Angebot schließlich dankend ab.

Als ich nach London zurückkehrte, verspürte ich ein brennendes Verlangen, die ganze Sache irgendwie geradezubiegen, und ich war der Meinung, dass die einfachste Lösung für dieses Problem ein offenes und ehrliches Gespräch mit der Presse sei. Seit meinem

Abschied von MTV war ich mit Interviewanfragen bombardiert worden, weil man die Gründe für mein plötzliches Ausscheiden wissen wollte, aber ich hatte es für besser gehalten, in der Presse keine negativen oder verbitterten Kommentare abzulassen, und hatte stattdessen geschwiegen. Dieses Mal jedoch war ich bereit, meine Meinung zu sagen, und ich glaubte, dass vieles von dem, was ich zu sagen hatte, für eine interessante und skandalöse Geschichte reichen würde. Mit diesem Gedanken im Hinterkopf bot ich einem deutschen Journalisten, der damals für den SPIEGEL arbeitete und mit dem ich mich angefreundet hatte, ein Exklusivinterview an. Aber zu meiner völligen Überraschung lehnte der Reporter in einer wirklich selbstlosen Geste das Angebot ab, da er fand, dass der Artikel mir eher schaden als guttun würde. Seiner Meinung nach könnte Vorwürfen gegen mich, sollten sie öffentlich gemacht werden, von potenziellen Arbeitgebern sowie meinen Fans letztendlich Glauben geschenkt werden, da in Fällen wie diesem generell die Meinung vorherrscht: »Wo Rauch ist, da ist auch Feuer.«

Da ich keine Ahnung hatte, was ich als Nächstes tun sollte, blieb ich also ruhig und fing an, mich von der Außenwelt zurückzuziehen. Erschwerend kam hinzu, dass meine Abneigung gegen Chris Evans wieder zurückkehrte (ich konnte ganz klar nicht rational denken, schließlich hatte er versucht, mir zu helfen), und die war gepaart mit dem lähmenden Neid auf die aufblühende Karriere von Davina McCall. Während ich zu Hause rumhing, wurde die Moderatorin, die ich entdeckt hatte, zu einem Star im britischen Fernsehen, und ihr Gesicht tauchte plötzlich auf jedem Hochglanzmagazin auf. Und Chris Evans, der sich meiner Meinung nach bei meinem Moderationsstil großzügig bedient hatte, führte nun das Leben eines Millionärs und tauchte ebenfalls regelmäßig in den Zeitungen auf. Mein Selbstwertgefühl war völlig am Boden, ich gönnte ihnen ihren Erfolg nicht und war der Meinung, dass sie mir etwas schuldeten – was mich völlig verbitterte und verärgerte. Diese nicht gerade hilfreichen negativen Gedanken wurden immer stärker, und in meinem Inneren ließ mich eine Stimme ständig wissen, dass ich nun ein nutzloser, abgehalfterter Star war. Ich rutschte in eine emotionale Winterstarre ab, in der alles erst einmal schlimmer wurde, bevor es sich wieder besserte.

Das war aber noch längst nicht alles, wie die kanadische Gruppe Bachman Turner Overdrive in ihrem weltweiten Hit *You Ain't Seen Nothin' Yet* aus dem Jahr 1974 sang:
*You ain't seen nothin' yet
B-B-B-Baby, you just ain't seen n-n-n-nothin' yet
Here's something that you're never gonna forget
B-B-B-Baby, you just ain't seen n-n-n-nothin' yet*

6. Depression

Das *Oxford English Dictionary* beschreibt eine Depression als »psychische Störung, die durch ein starkes Gefühl von Hoffnungs- und Gefühlslosigkeit geprägt ist; Betroffene sind oft niedergeschlagen und verspüren eine gewisse Sinnlosigkeit in ihrem Leben«.

Als ich während meines selbst gewählten Exils immer apathischer wurde, zeigten sich bei mir ganz deutlich die Symptome dieser ernst zu nehmenden Erkrankung. Anfangs wollte ich das nicht wahrhaben und fühlte – wie so viele andere depressive Menschen auch – eine gewisse Scham, dass ich so verzweifelt und hilflos war, deshalb beschloss ich, das Ganze in Gegenwart der Menschen meiner engsten Umgebung durch ein fröhliches Gesicht zu kaschieren. Meine Freundin Melanie war den ganzen Tag lang arbeiten, und als sie zurückkehrte in ein blitzeblankes Haus, ein warmes Essen auf dem Tisch vorfand und ihren in beruflichen Schwierigkeiten steckenden, aber äußerlich fröhlichen Mann begrüßte, war ihr der Umfang meiner Verzweiflung nicht klar, genauso wenig wie meine Gefühlslage den ganzen Tag über. Indem ich die Augen vor der Wahrheit verschloss und meine inneren Probleme verschleierte, anstatt mir professionelle Hilfe zu suchen, machte ich alles nur noch schlimmer.

Depressionen treten in unterschiedlichen Formen und unterschiedlicher Stärke auf, und während ich meine rückblickend nicht als schwer bezeichnen würde, war es sicherlich nicht leicht, tagein, tagaus damit umzugehen. Hier ist eine Liste der bekanntesten Symptome, und ich kann stolz behaupten, dass sich innerhalb eines Jahres jedes bis auf eines bei mir bemerkbar gemacht hat, und zwar tagtäglich.

- ständige Niedergeschlagenheit oder Gereiztheit
- kein Spaß an den üblichen Aktivitäten
- Einschlafprobleme oder zu viel Schlaf
- veränderte Essgewohnheiten, Gewichtsverlust oder -zunahme
- Abgeschlagenheit und fehlende Energie
- Gefühl von Unzulänglichkeit, Selbsthass und Schuld
- Konzentrationsschwierigkeiten
- plötzliche Wutausbrüche
- Trägheit und Unentschlossenheit
- Gefühl von Hilf- und Hoffnungslosigkeit
- wiederkehrende Todes- oder Selbstmordgedanken

Zum Glück übermannte mich das letzte Symptom auf der Liste nicht, da ich einen eingebauten Schutzmechanismus habe, der mich davor bewahrt, überhaupt an so einen Schritt zu denken. Auch wenn ich verstehen kann, dass Selbstmord wie der einzig sinnvolle Weg für einen gepeinigten, verzweifelten Menschen erscheint, halte ich es für eine absolut egoistische Tat, eine Tragödie für alle Hinterbliebenen – und ich würde den mir nahestehenden Menschen so etwas nie antun wollen.

Wie ein mächtiger Drogentrip beeinflussen Depressionen das Fühlen, Denken und Verhalten. Anders als bei einer Droge lässt die Wirkung jedoch nicht nach, und man kann auch nicht einfach damit aufhören. Diejenigen, die dazu ausgebildet sind, einem aus dieser Situation herauszuhelfen, empfehlen ein offenes und ehrliches Gespräch über das, was im eigenen Kopf vorgeht, mit einem guten Freund, einem Liebsten oder einem Arzt. Diese Leute raten einem meist auch zu einem oder allen der folgenden Schritte, um aus dem Tief herauszukommen:
- genügend Schlaf
- gesunde, nährstoffreiche Ernährung
- regelmäßig Sport
- Verzicht auf Alkohol, Marihuana und sonstige Partydrogen
- Aktivitäten, die Spaß bringen und glücklich machen
- Zeit mit Familie und Freunden verbringen
- Meditation, Tai-Chi oder andere Entspannungsübungen
- Einnahme von Antidepressiva oder anderen angsthemmenden Stimmungsaufhellern

Man muss nun nicht Sherlock Holmes sein, um zu erkennen, dass diese Vorgehensweise durchaus Sinn ergibt, aber wenn man unter Depressionen leidet, ist ein Gespräch oftmals das Letzte, was man will. Was die medizinische Lösung angeht, so möchte ich – obwohl ich bekanntermaßen hin und wieder auf gewisse Partysubstanzen zurückgreife – mir keine verschreibungspflichtigen Pillen einwerfen, die meine Persönlichkeit dauerhaft verändern.

So wie es bei männlichen Wesen üblich ist, lehnte auch ich die RTFM-Methode ab (kurz für: Read the fucking manual – lies erst mal die verdammte Anleitung) und suchte mir keine professionelle Hilfe, sondern tat, was die meisten Männer tun – Selbstheilung mit Alkohol, Marihuana, Videospielen und schließlich Sex (mehr oder weniger). Dies ergibt eine wunderbare Überleitung zum nächsten Punkt, und wie man so schön im Fernsehen sagt: Die folgende Darstellung könnte auf manche Menschen verstörend wirken.

7. Obsession

Dieses Substantiv hat mit zwei weiteren Wörtern zu tun, die ebenfalls auf *-ion* enden: PlayStation und Masturbation. Beides wurde zu einem bedeutenden Teil meines Tagesablaufs, wobei sich Letzteres von all den »Ionen« als das Negativste herausstellte. In diesem Buch war ich bisher so offen und ehrlich, wie ich nur konnte, aber um ein wenig Privatsphäre und euch vor zu vielen unnötigen und schmutzigen Details zu bewahren, werde ich einige Einzelheiten dieser Phase weglassen. Die Sexualität eines jeden ist schließlich immer noch eine höchst private Angelegenheit, aber meine Autobiografie wäre ohne die folgenden Enthüllungen unvollständig, also lasst uns ohne weitere Umschweife zur Sache kommen.

Melanie erinnerte mich fast jeden Morgen, bevor sie zur Arbeit ging, daran, positiv zu denken, meinen Agenten anzurufen und meinen Lebenslauf an alle und jeden zu schicken, und ich setzte immer mein freundliches Gesicht auf und versprach, all diese Dinge zu tun. Aber sobald sie die Tür hinter sich geschlossen hatte, tat ich gar nichts davon, sondern ließ die dunkle Seite mein Leben übernehmen. Den Tag über blieb ich meistens im Bademantel, rauchte zu viel Tabak und Marihuana und zog mich in einen gemütlichen Kokon zurück, der für sofortige Zufriedenheit sorgte sowie ein willkommener Rückzugsort von der bösen Außenwelt war. Zuerst wurde ich süchtig danach, meiner Pflicht als Soldat in einem Videospiel nachzukommen, und verbrachte den ganzen Tag damit, virtuelle Feinde zu töten oder von ihnen getötet zu werden. Irgendwann waren mir die Siege bei meinen Feldzügen aber nicht mehr genug, und so legte ich die PlayStation beiseite und fing an, die ganze Zeit online zu spielen und mich dem allgemeinen Feind der Männer hinzugeben: der Verführung, der Seduktion – ein weiteres negatives Ion.

Zur damaligen Zeit war das Internet noch ein relativ neues Phänomen, das über die Telefonbuchse durch ein Modem erreicht werden konnte, was zu einer für heutige Verhältnisse sehr langsamen Geschwindigkeit beim Surfen führte. Und da man für den Zugang minutenweise bezahlte, kam es am Monatsende immer zu einer extrem hohen Rechnung. Bis zur Ankunft des Internets war es recht schwierig, in Großbritannien an Erwachsenenunterhaltung zu kommen – und obwohl dieses schöne neue weltweite Netz kostspielig war und viel Geduld verlangte, waren diese beiden Nachteile doch zu vernachlässigen, da ich schließlich auf diese Weise ein privates Pornoportal in meinem Arbeitszimmer haben konnte. Ich stürzte mich in dieses digitale, globale Warendepot für Erwachsene und stolperte schließlich über eine Form des Internets, der ich nur schwer widerstehen konnte. Lange Zeit vor kostenpflichtigen Webcam-Girls und Swinger-Dating-Seiten bot der Cyberspace eine Unmenge an Frauen und Pärchen, die weder auf Geld noch auf Treffen aus waren und deren Motto lautete: »Not here for a long time, here for a good time.« Seiten wie Bianca's Shack ebneten den Weg für Gleichgesinnte, die ihre exhibitionistischen oder voyeuristischen Neigungen über Webcams auslebten. Ich war leichte Beute – und sofort Feuer und Flamme.

Da ich mit meiner Identität und meinem Selbstwertgefühl rang, war das Abtauchen in diese Cyber-Sinnesfreuden die beste Waffe in meinem Arsenal, um meine offensichtlichen Probleme zu verdrängen – und als Bonus setzte dies schmerzhemmende und stimmungsverändernde Endorphine frei, sodass ich mich wenigstens für den Moment besser fühlte. Im Laufe der Zeit wurden diese gelegentlichen Momente der freiwilligen Flucht zu einer Art zwanghaftem Verhalten, dem ich mich nicht mehr entziehen konnte. Anders ausgedrückt, ich war zu einem Internet-Sexsüchtigen geworden, und obwohl ich mir selbst vormachte, alles unter Kontrolle zu haben, wusste ich tief im Inneren, dass ich Probleme hatte, aber mir war es zu peinlich, etwas dagegen zu tun. Melanie gegenüber hatte ich zugegeben, dass ich gelegentlich online ging und mit anderen Frauen per Webcam chattete, und zuerst schien sie das gar nicht so sehr zu stören, solange ich daraus keine Gewohnheit werden ließ. Aber nach einer Weile, als sie merkte, dass es in meinem täglichen Leben eine zu große Bedeutung bekam, bat sie mich, das Ganze sein zu lassen. Als hochgradig Süchtiger log ich sie natürlich an und versicherte ihr, dass diese Angelegenheit bereits der Vergangenheit angehörte. Jede Form von Sexsucht hat irgendwann negative Auswirkungen auf die Beziehung eines Paares, und trotz meiner Erklärungen, dass meine Libido sich wegen meiner zunehmenden Depression aus dem Staub gemacht habe, konnte ich nichts gegen die starke Intuition einer Frau machen – Melanie vermutete, dass ich nicht die Wahrheit sagte. Eines Nachmittags kam sie früher von der Arbeit zurück und ertappte mich auf frischer Tat. In dem folgenden Wortgefecht machte sie mir deutlich, dass ich ihr gehörte und dass sie allen Respekt vor mir verloren hätte. Sie forderte mich auf, nicht mehr online zu gehen und mir sofort professionelle Hilfe zu suchen, sonst würde sie mich verlassen. Nachdem ich mich von dem Schock des Erwischtwerdens erholt hatte, war ich in der Tat dankbar für diese heftige Zurechtweisung, die aus Liebe geschah. Für Melanie war dieses Erlebnis sicherlich erschütternd, aber für mich war es ein Weckruf und bot mir einen Weg raus aus der Lasterhöhle, in die ich mich selbst gebracht hatte.

Natürlich brauchte es viel Zeit, viele Überlegungen und viel Selbstdisziplin, bevor ich meine Sucht (größtenteils) unter Kontrolle bringen konnte und beschloss, nach Frankreich zu ziehen – um meine Beziehung zu retten, meine Karriere wiederzubeleben und mein »Mojo« zurückzubekommen.

KAPITEL 10

Saturday I'm In Love

Das folgende Ereignis fand gegen Ende meiner Depressionsphase statt, die ich auf den vorherigen Seiten detailliert beschrieben habe – auf denen mit all den positiven und negativen Wörtern mit der Endung *-ion*. Diese Geschichte steht für sich, weil sie etwas länger ist und nicht nur den Fluss des vorherigen Kapitels gestört hätte, sondern auch einen eigenen Platz im Buch verdient hat als eine einzige große Feier – eine gewaltige »Celebrat*ion*«.

Ich hatte meine Freundin Melanie kennengelernt, als sie bei MTV in der Presseabteilung arbeitete, und am 12. September 1998, nach elf gemeinsamen Jahren, gaben wir uns in Ramatuelle in Südfrankreich das Jawort. Die Zeremonie selbst übertraf all meine Erwartungen, und die damals Anwesenden sagen heute noch, dass es eine der besten Hochzeiten war, die sie je erlebt haben. Zwei Jahre später sollte mich meine Ehefrau verlassen, wonach ich versuchte, allein in Paris zu überleben – die Geschichte hat also nicht das Happy End, das man vielleicht erwartet, aber, hey, dies ist das wahre Leben, kein Hollywoodfilm. Und überhaupt – wenn es Garantien gibt, dann nur auf Waschmaschinen.

Eigentlich hatte ich gar nicht vorgehabt zu heiraten, aber nach zehn gemeinsamen Jahren hatte Melanie mir sehr deutlich gemacht, dass, wenn ich ihr nicht bald einen Ring an den Finger steckte, sie sicherlich nicht weitere zehn Jahre an meiner Seite bleiben würde. Es war nicht so, dass ich sie nicht liebte, sondern ich hatte eher mit dem Konzept der Ehe so meine Probleme. Obwohl ich mich für einen eingefleischten Romantiker hielt und akzeptierte, dass die Ehe einfach ein Liebesbekenntnis zwischen zwei Menschen ist, glaubte ich nicht, dass sie darüber hinaus für Sicherheit oder Beständigkeit in unserer bereits glücklichen Partnerschaft sorgen könnte. Für mich war die Ehe eine altmodische Tradition, und die Vorsätze, die man ursprünglich damit in Verbindung brachte (oder jedenfalls meine Interpretation davon) – Monogamie und totale Hingabe, bis dass der Tod uns scheidet –, werden in der heutigen Zeit kaum eingehalten. Heutzutage hält nichts für die Ewigkeit, die Leute geben sich gegenseitig viel zu schnell auf.

Jedenfalls wollte ich Melanie nicht verlieren, und so akzeptierte ich nach zahlreichen inneren Kämpfen – und der Erkenntnis, dass alle glücklichen Beziehungen Verhandlungen und Kompromisse erfordern –, dass die Hochzeit für sie ungeheuer wichtig war, deshalb nahm ich also die Vorbereitungen für meinen Heiratsantrag in Angriff.

Viele Gedanken sausten mir durch den Kopf, wie etwa ein Fallschirmsprung mit den Worten »Willst du mich heiraten, Melanie?« auf dem Schirm, während sie mir vom Landepunkt aus zusah. Oder ein Tauchtrip an irgendeinem exotischen Ort, wo Delfine um uns herumschwimmen und ich meinen Antrag auf eine Unterwassertafel schreibe, während die Blasen unserer Tauchgeräte um uns herum funkeln und wir uns langsam in inniger Umarmung zurück an die Oberfläche treiben lassen. Leider kam die erste Idee nicht infrage, da ich unglaubliche Höhenangst habe, und Letzteres musste ich auch verwerfen, weil Melanie sich weigerte, jemals wieder tauchen zu gehen, nachdem sie einmal fast dabei umgekommen war. Damals hatten wir einen Tauchtrip am wunderschönen Great Barrier Reef im Nordosten Australiens gemacht, bei dem uns ein Tauchlehrer in eine Unterwasserhöhle führte, in die sich Haie zum Schlafen zurückzogen. Bei diesem einmaligen Anblick bekam Melanie Angst und verließ sofort die Höhle, um so schnell wie möglich zum Boot zurückzukehren und sich in Sicherheit zu bringen, bevor die Haie aufwachten und sich ein englisches Frühstück (uns Taucher) gönnten. Beim gefährlichen Tauchsport gibt es unzählige Regeln zu beachten, aber die wichtigste von allen, die zu jeder Zeit beachtet werden muss, ist, niemals das Wasser zu verlassen, bevor man nicht einige Minuten lang unter der Wasseroberfläche den Druck langsam ausgleicht. Wer dies nicht befolgt, wird eine schmerzhafte Erfahrung mit der sogenannten Taucherkrankheit machen, und wenn man dann nicht schnellstens eine Dekompressionskammer zur Verfügung hat, wird man höchstwahrscheinlich an den Folgeschäden sterben. Nur das schnelle Eingreifen unseres heldenhaften Tauchlehrers hatte Melanie vor diesem schrecklichen Ende bewahrt – er war schnell hinter ihr hergeschwommen und hatte sie wieder nach unten gezogen, bevor sie die Wasseroberfläche erreicht hatte. Hinterher machte er deutlich, dass Haie entgegen dem allgemeinen Glauben nicht generell Menschen verspeisen, und selbst wenn diese schlafenden Bestien aufgewacht wären und sich nach Menschenfleisch gesehnt hätten, wäre der Tod durch das hungrige, scharfzahnige Raubtier sicherlich schneller und schmerzloser gewesen als durch die schreckliche Taucherkrankheit.

Da meine Top-Favoriten in Sachen Heiratsantrag nicht umzusetzen waren, beschloss ich irgendwann, das vierbeinige Pferd gegen ein zweirädriges Stahlross und die glänzende Ritterrüstung gegen glänzende Schutzklamotten aus Leder auszutauschen. Mit anderen Worten: Ich arrangierte eine Testfahrt mit einem neuen Ducati-Motorrad und fragte den Händler, ob meine Freundin mich als Sozius begleiten dürfe. Vor der Fahrt versteckte ich den Ring im Werkzeugfach unter dem Sitz, dann fuhren wir zum wilden, üppigen Richmond Park im Südwesten Londons. Mitten in diesem Stadtwald parkte ich das Motorrad und schlug Melanie vor, den Blick auf das frei umherlaufende Wild zu genießen, während ich vorgab, ein paar Einstellungen an der Maschine vorzunehmen. Als ich den Diamantring aus meinem Versteck geholt hatte, nahm ich schnell meinen Helm ab, ging auf die Knie und machte ihr einen Antrag. Zuerst sah sie mich völlig ungläubig an – schließlich hatte ich ihr immer gesagt, dass ich nie heiraten wollte –, dann stieß sie aufgeregt die Worte »Ja, ja, ja!« aus und brach in Tränen aus.

Wir hatten uns darauf geeinigt, die kirchliche Trauung in Ramatuelle an der Côte d'Azur in Südfrankreich stattfinden zu lassen, in einem kleinen mittelalterlichen Dorf auf einem Hügel, in direkter Nachbarschaft zu Saint-Tropez. In dem kleinen Örtchen gab es eine wunderschöne katholische Kirche, und im Urlaub hatten wir oft gesehen, wie frisch verheiratete Paare im Konfettiregen von Familienangehörigen, Freunden und Ortsansässigen aus dem Gebäude gekommen waren, angestrahlt von der heißen Mittelmeersonne.

Aus rechtlichen Gründen mussten wir die standesamtliche Zeremonie in London durchführen, wollten aber dennoch die traditionelle weiße Hochzeit in Ramatuelle stattfinden lassen, wobei die anschließende Feier in einem Restaurant am nahe liegenden Strand von Pampelonne stattfinden sollte. Da keiner von uns katholisch war und die französische Bürokratie generell legendär ist, war es nicht einfach, die Hochzeit auf die Beine zu stellen, aber nachdem wir uns mit dem örtlichen Priester angefreundet (und eine beträchtliche Summe für seinen Renovierungsfonds gespendet) hatten, stand dem Ganzen nichts mehr im Weg. Allerdings lehnte der Priester die Durchführung der Zeremonie ab, da wir nicht katholisch waren, aber wir fanden schließlich einen englischen Mann des Glaubens, der in der Nähe wohnte und den Gottesdienst für uns auf Englisch hielt (für einen kleinen Beitrag für seinen Rentenfonds).

Wir hatten beschlossen, nur engste Familienmitglieder und Freunde einzuladen, und entsprechend unserer Verbindung zur Musikindustrie hatten wir die Hochzeitseinladungen in Form eines VIP-Passes zusammen mit einem umfangreichen Tourneeplan verschickt. Die 980 Gäste zur Côte d'Azur anreisen zu lassen, ihnen Hotels zu buchen und sicherzugehen, dass alles reibungslos ablief, war von Melanie mit ihrem unglaublichen Organisationstalent gestemmt worden. Meine Aufgaben lagen anderswo – ich war für die überaus wichtige Unterhaltung der Gäste zuständig. Jede anständige Hochzeit braucht einen fähigen DJ, der alle Altersgruppen und Musikgeschmäcker zufriedenstellen kann – eine bekanntermaßen schwierige Aufgabe – sowie eine gute Band, zu der alle mitsingen können. Die Wahl des DJs war einfach – ich fragte meinen Kumpel James Hyman, der einige Jahre lang die legendäre MTV-Sendung *Party Zone* produziert und ein umfangreiches Wissen in Sachen Dance-Musik hatte.

Die Wahl der Liveband gestaltete sich etwas schwieriger. Ich wollte ganz sicher keine Top-40-Coverband oder ein Streichquartett haben, war mir aber auch im Klaren darüber, dass meine Wunschcombo – eine weltweit verehrte Gruppe, deren Songs ausnahmslos jeder kennt und liebt – schwer zu bekommen und kaum zu bezahlen sein würde. Heutzutage nehmen Bands aus allen Genres gern einen Haufen Geld, um persönlich bei Hochzeiten, Bar-Mizwas oder Geburtstagen aufzutreten, aber damals betrachteten Musiker es noch als uncool oder bedenklich. Ganz abgesehen davon habe ich keine Millionen auf der Bank, mit denen ich ein Angebot hätte machen können (ich bin nicht wohlhabend und werde es wohl auch nie sein – ich ziehe es vor, den Moment zu leben und mein verdientes Geld für Reisen, guten Wein und gutes Essen auszugeben sowie natürlich für schnelle Motorräder und Hightech-Spielereien, die jeden Monat ein Upgrade haben wollen). Mein guter Freund Paul McKenna erinnert mich stets gern daran, dass Reichtum nicht unbedingt eine Menge Geld auf dem Konto bedeutet (obwohl dies bei ihm definitiv zutrifft), sondern es eher um die besonderen Dinge im alltäglichen Leben geht. Iggy Pop sagte mehr oder weniger dasselbe zu mir, als wir uns irgendwann mal abends auf ein Bier zusammengesetzt hatten. Ich klagte ihm mein Leid über meine Suche nach Integrität auf Kosten meiner Karriere, wobei er mir versicherte, dass es besser sei, sich selbst gegenüber ehrlich und vielleicht nicht so reich zu sein, als sich zu verkaufen und den Anblick im Spiegel nicht mehr ertragen zu können (das war lange bevor Iggy selbst seine Seele mit Werbespots für Versicherungen verkauft hat). Im Laufe der Jahre hat mir dieses Mantra sehr gute Dienste geleistet, aber jetzt, mit Mitte 50, frage ich mich tatsächlich, ob ich mich nicht doch ein wenig mehr verkaufen sollte, um fürs Alter etwas Geld auf die hohe Kante zu legen, da ich weder ein Haus besitze, noch für eine Privatrente einzahle.

Aber zurück zur Hochzeit.

Ich habe nun etwa 30 Jahre lang in der und für die Musikbranche gearbeitet sowie mit vielen Künstlern Bekanntschaft geschlossen und mit ihnen Zeit verbracht. Diejenigen, die mir wirklich viel bedeuten, kann ich – wie es auch bei guten Freunden so ist – an einer Hand abzählen. Die meisten berühmten Leute, die ich kennengelernt habe, sind in mein Leben getreten und wieder daraus verschwunden, so schnell wie ihre Platten in die Charts einsteigen und wieder rausfliegen. Aber es gibt einen Mann, dessen Songwriter-Talent ich sehr bewundere, und unsere bis heute andauernde Freundschaft ist mir lieb und teuer. All die grandiosen Musiker – oder jedenfalls diejenigen, die eine lange Karriere vorzuweisen haben und viele zeitlose Klassiker geschrieben haben – scheinen im wahren Leben nicht von dieser Welt zu sein und in einer ganz eigenen zu leben (eine Ausnahme hingegen ist Damon Albarn, mit dem ich mich oft getroffen habe und den ich für einen der besten Songwriter seiner Generation halte – er kommt sehr bodenständig rüber). Jedenfalls passt die Person, von der ich spreche, in diese Kategorie der seltsamen, unkonventionellen Menschen, aber genauso ist er auch sehr großzügig, herzlich und mit einem Talent gesegnet, das über jede Norm hinausgeht. Ihn und seine Band traf ich Anfang der Achtziger zum ersten Mal, als sie Belgien im Rahmen der Promotour zum ersten Album besuchten. Er war auch Gast in einer meiner ersten Fernsehsendungen, und wir verstanden uns auf Anhieb bestens. Seitdem habe ich ihn unzählige Male interviewt, hatte ihn öfter als Gast bei mir zu Hause, durfte in verschiedenen Studios rohe Demoaufnahmen seiner Band hören, weil er viel Wert auf meine Meinung legte, und hatte sogar mal das Vergnügen, als Gitarrist (mehr schlecht als recht) in seiner Band mitzuspielen.

Ich weiß nicht mehr, wie und warum es zustande kam, aber bei einer unserer Begegnungen, backstage bei einem Konzert im Londoner Earls Court, hatte ich ihn rein hypothetisch gefragt, ob er, wenn ich jemals heiraten sollte, mir die Ehre erweisen und auf meiner Hochzeit spielen würde. Ohne zu zögern sagte er Ja, dann drehte er sich zu der Frau neben ihm – Mary, seine Jugendliebe und mittlerweile Ehefrau –, erzählte ihr von meinem Wunsch und sagte ihr, wie sehr er sich darüber freue. Ich war völlig verblüfft, sprachlos und zutiefst gerührt, da der Mann vor mir, obwohl er damals schon ein guter Freund war, auch einer meiner musikalischen Helden war, und ich hätte mir niemals träumen lassen, dass, falls ich mal mit der Frau meiner Träume zum Altar gehen würde, wir musikalisch von Robert Smith von The Cure begleitet werden würden.

Etwa fünf Jahre später, also einige Monate vor meiner tatsächlichen Hochzeit, brachte ich schließlich den Mut auf und rief Robert an, um ihn an meinen Wunsch zu erinnern – wobei ich nicht eine Sekunde lang glaubte, dass er sich daran erinnern, geschweige denn zustimmen würde, auf dem Fest zu spielen. Aber ich hatte Melanie versprochen, es wenigstens mal zu versuchen.

Nachdem wir uns begrüßt und ein paar Worte gewechselt hatten, ließ ich ihn direkt den Grund meines Anrufes wissen, und in seiner Antwort war nicht die geringste Spur von Verlegenheit oder Zögern, er sagte nur lachend: »Versprochen ist versprochen, lass mich nur meine Termine checken, dann werd ich dich zurückrufen.«

»Wow, wirklich?«, fragte ich ein wenig schockiert, »das ist fantastisch, ich bin überglücklich! Oh, übrigens, die Hochzeit findet in Südfrankreich statt!«

»Oh«, gab er zurück, »ich liebe dieses Fleckchen Erde, aber wie du weißt, hasse ich das Fliegen. Aber mach dir keine Sorgen, wir werden das schon hinkriegen.«

Damit verabschiedeten wir uns voneinander, und ich rief sofort Melanie an, um ihr die großartigen Neuigkeiten zu überbringen. Es war kein Ja, aber auch kein Nein, sondern eher ein eventuelles Vielleicht.

Allerdings rief mich einige Tage später Daryl Bamonte an, der damalige Tourmanager der Band, ein netter Kerl, der mich immer sehr freundlich behandelte. Leider überbrachte er mir schlechte Nachrichten: Obwohl Robert meine Einladung unbedingt annehmen wollte, sollte ich meine Erwartungen nicht zu hoch stecken – laut Daryl war es eher unwahrscheinlich, da die Band gerade an einem neuen Album arbeitete und bereits in Verzug war. Natürlich hatte ich Verständnis dafür und tat mein Bestes, um meine Enttäuschung zu verbergen. Ich dankte ihm für seinen Anruf, dann überlegte ich mir einen Plan B. Der große Alice Cooper, tagsüber Golfspieler, nachts Rockstar, hatte mir mal den Tipp gegeben, sich niemals einen Plan B zurechtzulegen, da man auf diese Weise nicht wirklich ans Gelingen von Plan A glaubt und nicht alles Mögliche dafür tut – aber was meine Hochzeit anging, blieb mir nichts anderes übrig. Vielleicht würde eine Coverband, die Songs von The Cure spielt, ja reichen.

In der Zwischenzeit traf meine Verlobte die letzten Vorbereitungen für den schnell nahenden großen Tag. Etwa zwei Wochen vor dem Fest wollte ich gerade eine Motorradtour machen, als Melanie aus dem Haus gerannt kam und mir zurief, dass Daryl am Telefon sei und mich dringend sprechen müsse.

Ich ging ans Telefon und fragte mich, was er so dringend wollte. Auf die Erklärung musste ich nicht lange warten.

»Hi, Cokesy«, rief er freudig, »hier ist Daryl, ich hab gute Neuigkeiten!«

»Oh, wow, wirklich?«, stieß ich hervor.

»Ja, Mann«, sagte er, bevor er seine Stimme hob. »Ich freue mich, dir mitteilen zu können, dass Robert auf deiner Hochzeit spielen will!«

»Was?! Gibt's doch gar nicht! Oh, ja! Oh, verdammt!! Das sind fantastische Neuigkeiten, Daryl! Vielen, vielen Dank!« Jawohl, meine Antwort hatte tatsächlich so viele Ausrufezeichen.

»Gern geschehen, Mann«, gab er zurück, »nur noch eine Sache …«

»Klar, kein Problem – was gibt's?«, fragte ich, wobei ich mir bereits dachte, dass ich vielleicht einen Chauffeur organisieren müsste, der Robert nach Südfrankreich bringt, oder einen Geldbetrag anbieten müsste, den ich mir kaum leisten können würde. Aber bei diesen tollen Neuigkeiten war es mir egal, ich würde alles tun, um die Forderung zu erfüllen.

»Nun, es gibt da ein kleines Problem …«, druckste Daryl herum, »ich weiß, es kommt sehr kurzfristig, aber … der Rest der Band will auch mitkommen, sie lieben dich alle und wollen dir was Gutes tun.«

Diese Nachrichten hauten mich fast um – ich hatte gerade mal zu hoffen gewagt, dass Robert dabei sein und ein paar unserer Lieblingssongs auf der Akustikgitarre spielen würde, aber jetzt stellte sich heraus, dass wir tatsächlich die ganze Band bekommen sollten. Ich war völlig aus dem Häuschen und sprachlos, während er weiter sagte:

»Du müsstest dich also um die Backline kümmern, also um alle Instrumente und das dazugehörige Equipment, die Flüge für die fünf und natürlich mich buchen – oh, und bis morgen müsstest du dir eine Setlist mit deinen Lieblingssongs ausdenken, damit ich sie den Jungs rechtzeitig geben kann.«

Mit einem Zittern in der Stimme antwortete ich: »Ich kann's kaum glauben, Daryl, du verarschst mich jetzt nicht, oder?«

»Nö«, sagte er, »das ist mein voller Ernst – tut mir leid, dass es auf den letzten Drücker ist. Die Aufnahmen sind besser gelaufen als geplant, und die Jungs wollen das nächste Wochenende freimachen, um mit dir am Strand von Saint-Tropez abzuhängen!«

Mittlerweile machte ich Luftsprünge vor lauter Freude und rief in den Hörer: »Das ist der Hammer, Daryl, damit hast du mir eine Riesenfreude gemacht! Wow, was für eine tolle Überraschung!«

Dann kam er mit einem weiteren großzügigen Angebot, indem er sagte: »Hey, kein Thema, Cokesy, ich hoffe nur, dass du alles noch rechtzeitig vorbereiten und es dir leisten kannst, Kumpel – du weißt ja, dass wir kein Geld dafür haben wollen, aber all das andere Zeug wird nicht billig werden.«

Zu diesem Zeitpunkt war mir der Geldbetrag, den ich dafür ausgeben musste, völlig egal – schließlich ging ich davon aus, nur einmal im Leben zu heiraten, und nun sollte ich eine meiner Lieblingsbands für den großen Tag bekommen. Es war also egal, was es kostete, für solch ein unvergessliches Erlebnis sollte dies ein geringer Preis sein. Wenn nötig, hätte ich dafür auch einen Kredit aufgenommen.

»Überhaupt kein Problem, Daryl«, platzte es aus mir heraus, »wir werden uns sofort darum kümmern. Und was die Kosten angeht – Melanie hat die Neuigkeiten gerade mitbekommen, und anhand ihres Gesichtsausdrucks kann ich sagen, dass wir lieber The Cure auf unserer Hochzeit haben, als eine extravagante Hochzeitsreise zu machen!«

Melanie nickte mir fast komplett zustimmend zu – ich sage »fast«, da ich ihre Gedanken schon ganz gut lesen konnte. Einerseits wusste ich, dass sie sich über alles freute, The Cure auf ihrer Hochzeit zu haben, aber andererseits merkte ich auch, dass sie sich schon darauf gefreut hatte, sich an einem schneeweißen Strand auf den Seychellen zu sonnen. Trotz dieses Dilemmas sah ich in ihren Augen, dass sie fest entschlossen war, irgendwie beides möglich zu machen.

»Okay, sehr gut«, sagte Daryl, »ich werd's den Jungs sagen, damit sie sich darauf vorbereiten können – wir sprechen uns!«

Und damit legte ich den Hörer auf, fiel Melanie um den Hals und rief freudig: »The Cure auf unserer Hochzeit, Elly« – so nannte ich sie liebevoll – »*un-fucking-believable!*«

Vor Freude liefen uns beiden die Tränen über die Wangen, und nachdem wir uns lange fest umarmt und jubelnd die Arme in die

Luft gereckt hatten, verließ ich unser Zuhause wieder, um endlich auf mein Motorrad zu steigen und loszudüsen. Aber als ich gerade losfahren wollte, kam Melanie erneut nach draußen gelaufen.

»Ray, warte!«, rief sie aufgeregt. »Robert ist am Telefon, er muss dich dringend sprechen.«

Dies war noch vor dem Siegeszug des Mobiltelefons, also musste ich wieder absteigen und ins Haus zurückgehen, um das Gespräch am Festnetz anzunehmen. Ich war ein wenig besorgt – weil vielleicht irgendetwas schiefgelaufen war oder Robert seine Meinung geändert hatte. Wie sich herausstellte, brauchte ich mir keine Sorgen zu machen.

»Ray? Hier ist Robert«, drang die bekannte sanfte Stimme von Mr Smith an mein Ohr.

»Hi Robert, wie geht's?«

»Mir geht's gut, ich mach mir nur Sorgen wegen deiner Hochzeitsplanung.«

»Okay, was genau meinst du damit?«, fragte ich.

»Daryl sagte, dass du jetzt keine Hochzeitsreise machst, stimmt das?«

»Ach ja, aber das ist keine große Sache. Wir können uns nicht beides leisten, und natürlich hätten wir lieber euch Jungs bei uns als viel zu viel Geld für einen Strandurlaub auf den Seychellen auszugeben.«

»Sei kein Spinner«, gab er zurück, »deine Frau wird es dir niemals verzeihen, wenn ihr keine Hochzeitsreise macht. Ich werde die Kosten für unsere Reise nach Saint-Tropez übernehmen, also geh los und buch deine Flitterwochen.«

»Niemals, Robert, es ist schon fantastisch genug, dass ihr überhaupt kommen wollt – ich kann euch jetzt nicht auch noch die Rechnung dafür schicken!«

»Doch, das kannst du, und das wirst du auch«, sagte er mit Nachdruck, »Ende der Debatte. Schick Daryl alle Rechnungen und betrachte es als mein Hochzeitsgeschenk für euch. Ich muss jetzt schnell zurück ins Studio – wir sehen uns in ein paar Wochen! Oh, und vergiss nicht die Playlist, wir müssen wahrscheinlich ein paar ältere Songs einüben! Tschüss!«

Er legte auf, und so stand ich völlig baff da und versuchte, eine vernünftige Antwort auf Melanies ungeduldige Fragerei zu finden: »Was hat er gesagt, was hat er gesagt? Nun sag schon!«

Ich teilte ihr die wundervollen Neuigkeiten mit, dann machte ich meine Motorradtour und verbrachte den Rest des Tages damit, auf kleinen, flauschigen Wölkchen zu schweben.

Zwei Wochen später sollte die große Show stattfinden. Jeder Gast hatte einen detaillierten Ablaufplan für den Tag bekommen, nur ein wichtiger Punkt war weggelassen worden – wir wollten den Gästen nicht im Voraus verraten, dass eine der größten Bands der Welt einen Privatgig auf unserer After-Show-Party spielen würde. Außer der Braut und dem Bräutigam wussten nur meine beiden – jawohl, zwei – Trauzeugen davon, mein alter Kumpel Simon sowie mein ehemaliger MTV-Kollege Justin Murphy, die ihr beide bereits kennengelernt habt.

Die erste Anlaufstation des Tages war die wundervolle Kirche auf dem Hügel mitten im Ort. Alle hatten sich in einem nahe gelegenen Café versammelt, um auf die Ankunft der Braut zu warten, und stießen mit dem einen oder anderen Aperitif an. Ich weiß noch, wie ich mich umsah – all die sonnengebräunten Gesichter mit den Designersonnenbrillen, die stilvollen Männer in ihren besten Anzügen, die wundervoll aussehenden Frauen in ihren schönsten Kleidern – und nur dachte, dass dies auch eine Szene aus einem Hollywoodfilm hätte sein können.

Melanie schritt an der Seite ihres Vaters den Mittelgang entlang, und ihre graziöse Ankunft wurde von den lieblichen Klängen des Songs *She* von Charles Aznavour begleitet. In Anwesenheit des strengen französischen Priesters vollzog der englische Pastor die Trauung auf erfrischende Weise. Ich weiß noch, wie meine Hand zitterte, als ich am Ende die Hochzeitsurkunde unterschrieb, weil mir plötzlich klar wurde, dass wir jetzt offiziell verheiratet waren, und mir ein wenig angst und bange wurde, da ich einer Frau für den Rest meines Lebens absolute Treue geschworen hatte. Nichtsdestotrotz schwebte ich wie auf Wolken, als ich die Kirche an der Seite meiner Ehefrau verließ, begleitet von dem begeisterten Applaus unserer Gäste. Um das Bild perfekt zu machen, ertönte auf unserem Weg den Mittelgang entlang der erhebende Klang von *Oh, Happy Day*, gesungen von einem fantastischen Gospelchor, den ich gebucht und aus Paris hatte einfliegen lassen. Während die Gäste mit einstimmten und in den Gängen zwischen den Bänken zu dem Song tanzten, der die ganze Kirche erfüllte, bemerkte ich ein einziges grimmiges Gesicht in der Menge – der katholische Priester war sichtlich aufgebracht, und später rügte er mich für meine Wahl »unangemessener Negergesänge«, die seiner Meinung nach diesen heiligen Boden entweiht hätten. Diesen Teil der Zeremonie hatte ich ihm verschwiegen, da ich schon geahnt hatte, dass er davon nicht begeistert sein und uns seine Erlaubnis dann vielleicht nicht geben würde.

Nach der Trauung fuhren alle Gäste in einer Mercedes-Kolonne die Hügel hinab zum Strand von Pampelonne, wo wir in einem Restaurant die Feierlichkeiten begannen. Als unsere Gäste sich unser ausgewähltes Menü, Gambas à la Provençale, schmecken ließen und dazu einen köstlichen Rotwein, Domaines Ott Bandol, genossen, fingen manche an, sich zu fragen, was all die Verstärker, das Schlagzeug, die Gitarren und Mikrofone dort zu suchen hatten, die fein säuberlich auf einem großen exotischen Teppich am Strand direkt vor den Tischen der Gäste aufgebaut waren. Die Gäste an der Nase herumzuführen, war nicht wirklich schwer, da alle wussten, dass Simon ein begnadeter Musiker ist, also beantwortete ich die neugierigen Fragen damit, dass wir später zum Spaß ein paar Songs spielen würden. Soweit ich erkennen konnte, nahm man mir diese Notlüge auch ab.

Natürlich gab es auch den ein oder anderen sarkastischen Kommentar, vor allem das unvermeidliche »Hey Ray! Spielst du später noch *Simply Sexy*? Oh, bitte!«

Während wir alle speisten und tranken, taten The Cure im Grunde genau dasselbe, allerdings in einer weniger glamourösen Umgebung, nämlich in einem Tourbus auf dem Parkplatz vor dem Restaurant, außer Sichtweite und in Erwartung des großen Moments. Wie es bei solchen Anlässen typisch ist, hinkten wir mit dem Zeitplan ein wenig hinterher – na ja, eigentlich sehr. Als wir mit dem Essen fertig waren und alle ihre vorbereiteten Reden gehalten hatten, waren wir schon ganze zwei Stunden hinter dem Zeitplan. In der Zwischenzeit hatte ich die Jungs immer wieder mal diskret im Tourbus besucht, mich für die Verzögerungen entschuldigt und sie mit weiteren Leckereien versorgt, und die Band war mittlerweile auch schon ganz gut angeheitert, ließ mich aber wissen, dass ich mir keine Sorgen machen müsse und mir Zeit lassen solle.

Schließlich, zur Erleichterung aller Anwesenden (und aller Anwesenden außer Sichtweite), begaben Simon und ich uns in den Musikbereich, und dann legte ich die wohl beste Anmoderation hin, die mir jemals eingefallen ist, und präsentierte die große Überraschung für unsere Gäste. Während ich mich hinters Mikrofon setzte, mir meine Custom Gibson Les Paul umhängte und Simon am Keyboard Platz nahm, machte sich ein erwartungsvolles Schweigen im Publikum breit.

»Guten Abend allerseits, willkommen zum musikalischen Teil des Abends«, verkündete ich in gewohnter Moderatorenmanier. »Simon und ich haben beschlossen, euch mit ein paar Songs zu unterhalten. Egal wer ihr seid oder was auch immer eure musikalischen Geschmäcker sind – ich bin mir sicher, dass jeder hier wenigstens einen Song von The Cure mag.«

Alle Anwesenden nickten zustimmend, dann sagte ich weiter: »Sie gehören zu unseren Lieblingsbands, und vor allem der folgende Song ist besonders bei der hier versammelten Familie Cokes von großer Bedeutung. Ladies and Gentlemen, dieser Song ist für meine Ehefrau – sie ist *Just Like Heaven*.«

Während die Menge uns zujubelte, spielte Simon perfekt die ersten Akkorde des Songs, dann setzte ich mit meiner Gitarre ein und sang die ersten Zeilen des Songs:

Show me, show me, show me how you do that trick, the one that makes me scream she said …

Ich sang absichtlich schief und schräg und mit hoffnungslos schlechtem Timing stoppte ich mitten im Song und sagte als Entschuldigung: »Ups, sorry, die falschen Töne – lass uns noch mal anfangen.«

Show me, show me, show me how you do that trick
The one that makes me scream she said
And threw her arms …

Wieder hörten wir abrupt auf, und erneut bat ich um Verzeihung für meine stümperhafte Darbietung.

»Entschuldigt bitte, wir hatten nicht viel Zeit zum Proben. Okay, dieses Mal klappt's aber, versprochen. Simon, noch mal von vorn.«

Unser Publikum sah ein wenig verwirrt aus, und einige fingen an, Kommentare wie »Na los!« oder »Gebt's auf, Jungs!« zu rufen.

Uns störte es aber nicht, denn all unsere absichtlichen Fehler führten hin zu diesem Moment. Der Sketch war beinahe fertig, und mir war bewusst, dass ich jetzt, beim dritten Versuch – eine wichtige Regel der Comedy –, die überraschende Pointe setzen musste. The Cure waren mittlerweile bereit, sie standen hinter der Außenmauer versteckt, hörten uns zu und warteten auf ihr Stichwort.

»Okay, sorry«, fing ich nochmals an, »das ist fürchterlich, wir ruinieren alles, ich weiß.« Ich tat mein Bestes, um große Verlegenheit vorzutäuschen, und startete den Song noch einmal: »Simon – und eins, zwei, drei, vier ... *Show me, show me, show me how you do that trick, the one* ... oh, fuck!«

Dieses Mal spielte ich den falschen Akkord extra laut, nahm dann meine Gitarre ab und warf sie in einem gespielten Wutanfall auf den Boden, wobei einige Gäste vor Schreck hörbar die Luft anhielten und die Restaurantangestellten mir abfällige Blicke zuwarfen. Dann ging ich ein letztes Mal zum Mikrofon, um diese unsterblichen Worte zu äußern: »Ach, vergesst es, ich kann es nicht – wo sind The Cure, wenn man sie braucht?!«

In diesem Augenblick tauchten Jason, der Schlagzeuger, Roger, der Keyboarder, Simon, der Bassist, Perry, der Gitarrist, und Robert, die Legende, wie aus dem Nichts auf und gingen auf ihre jeweiligen Instrumente zu, wobei Robert sich zu mir ans Mikro gesellte.

»Ah, da sind sie ja, Gott sei Dank!«, rief ich triumphierend, während unsere Familien und Freunde völlig schockiert mit offenen Mündern dasaßen. Hinterher sagten mir viele Gäste, dass sie die Band anfangs für sehr gute Imitatoren gehalten hätten.

Mein Freund Simon und ich verschwanden von der Bühne und ließen die Band ihr 90-minütiges Set beginnen, das letztendlich ein wenig kürzer ausfiel als geplant – nicht wegen irgendeines drakonischen Zapfenstreichs, sondern weil Bassist Simon Gallup von den Pre-Show-Cocktails so angeheitert war, dass er die etwas komplizierteren Bassläufe nicht mehr richtig spielen konnte. Nicht, dass dies irgendetwas ausmachte, denn nachdem der erste Schock und die Fassungslosigkeit verflogen waren, feierten wir ein rauschendes Fest, wobei sich alle Anwesenden nun erhoben hatten, wild tanzten und bei einigen der besten Popsongs der Musikgeschichte mitsangen. Selbst die Kellner und das Küchen- und Barpersonal hatten ihre Positionen verlassen, um auch etwas Spaß zu haben, und sie schossen eifrig Fotos von diesem einmaligen Event.

Am Ende machte Robert mir noch ein Abschiedsgeschenk, indem er den letzten Song *Friday I'm In Love* ankündigte und mich zum Duett einlud, wobei er den Text der Situation anpasste und *Saturday I'm In Love* daraus machte.

Der Applaus am Ende des Sets wollte nicht abreißen, und ich bin mir sicher, dass man den Jubel bis nach Nizza gehört hat. Gestandenen Männern liefen die Tränen herab, und im wunderschönen Mondlicht lagen sich alle in den Armen – es war mehr als zauberhaft, und ich finde gar nicht die passenden Worte, um den Moment angemessen zu beschreiben. Die komplette Band blieb bis zum Schluss auf der Feier und unterhielt sich mit den Gästen – auch mit meiner Mum, die Robert ein wenig verwirrend, aber auch sehr entzückend fand.

Als ich sie fragte, wie ihr die Show gefallen hatte, antwortete sie: »Wundervoll, einfach wundervoll. Was für ein netter Mann Robert ist, Raymond, was für schöne Lieder er hat. Aber warum trägt er diesen schrecklichen Lippenstift und warum hat er so eine schreckliche Frisur? Er könnte sehr attraktiv sein, wenn er sich etwas mehr herausputzen würde.«

Am folgenden Abend machten sich die meisten Hochzeitsgäste (mit einem riesengroßen Kater) auf den Weg zurück nach Großbritannien, und Melanie und ich blieben noch ein paar Tage in dem bildhübschen Hotel Château de la Messardière. Was The Cure betraf, so erreichte uns die Neuigkeit, dass sie auf dem Weg zum Flughafen kurz hinter Saint-Tropez von den örtlichen Gendarmen angehalten worden waren. Was die Beamten beunruhigte, war nicht unbedingt die körperliche Verfassung der verkaterten Jungs, sondern eher das Fahrzeug, in dem sie fuhren. In altehrwürdiger Rock-'n'-Roll-Manier hatte die Band auf das nächstbeste Transportmittel zurückgegriffen – einen Golfbuggy, den sie sich vom Hotel geliehen hatten (Rockstars sind auch nicht mehr das, was sie mal waren!).

Danke, Mr Smith & Co., ich werde niemals vergessen, was ihr für mich getan habt.

KAPITEL 11

Paris

Acte Un: Unten, aber nicht am Boden

Als ich den Rat meiner Ehefrau befolgte, »den Tatsachen ins Auge zu sehen«, oder besser gesagt ihrer Aufforderung nachkam, die Finger von meinem/n Joystick/s zu lassen, fing ich langsam an, aus meinem tiefen Schlummer zu erwachen. Nach einer intensiven Phase der Selbstprüfung, begleitet von regelmäßigen Besuchen im Fitnesscenter, hob sich bei mir der Schleier der Mutlosigkeit und Verzweiflung wieder, und ich konnte wieder klarer sehen. Meine neu verkabelten Hirndrähte filterten die schädlichen Ablenkungen heraus und sorgten für eine frische Ladung des Neurotransmitters Dopamin, und so war ich wieder in der Lage, auf den Alpha-Wellen in meinem Kopf zu reiten. Anders ausgedrückt, ich war körperlich und geistig wieder voll da und spürte die berauschende Wirkung meiner körpereigenen Chemie.

Eines Morgens, als ich unter der Dusche stand, hatte ich eine kreative Eingebung (es gibt wissenschaftliche Erklärungen dafür, warum man diese Aha-Erlebnisse oft unter der Dusche hat; es hat mit der Tatsache zu tun, dass sich die Hirnrinde dabei auflockert und unser Bewusstseinsnetzwerk, Default Mode Network oder DMN genannt, eingeschaltet ist – aber dafür haben wir jetzt keine Zeit, denn ich muss euch von meiner brillanten Erleuchtung erzählen). Als ich die wenigen Haare, die sich noch auf meinem Kopf befinden, mit Shampoo einschäumte, kam mir plötzlich der Gedanke, dass ich England für eine Weile vergessen und anderswo nach gewinnbringender Arbeit suchen sollte. Das einzige Land in

Europa, in dem ich nicht besonders bekannt war und in dem mein Name und Ruf noch nicht ruiniert waren, war La Belle France. Ich liebte Frankreich und konnte die Sprache einigermaßen fließend sprechen, deshalb lag es für mich auf der Hand, den Ärmelkanal zu überqueren und bei einigen Fernsehsendern mal Bonjour zu sagen.

Während meiner Urlaube dort hatte ich gelegentlich französisches Fernsehen geschaut, und mir war klar, dass es sich um ein ganz anderes Kaliber handelte als das, was ich gewohnt war. Tagsüber liefen viele billige Gameshows, und abends gab es grell ausgeleuchtete Talkrunden mit einem zu gut angezogenen Moderator – entweder ein alter Charmeur oder irgendein blondes Flittchen –, umgeben von speichelleckenden Reportern, die nichts anderes taten, als endlos vor einem gelangweilten, weil nicht beachteten Studiopublikum zu reden. Auch wenn ich der Meinung war, dass meine Art zu moderieren und meine Vorstellung von gutem Fernsehen nicht unbedingt in das französische Schema passten, war ich fest entschlossen, einen Versuch zu wagen – getreu dem Motto: *You gotta be in it to win it!*

Anfang 2000 nahm ich mit einer Französin namens Julie Kontakt auf, die viele Leute in der Branche kannte und mich einige Jahre zuvor in London besucht hatte, weil sie mit mir eine französische Version von *Most Wanted* machen wollte. Sie freute sich zu hören, dass ich den Schritt ins französische Fernsehen plante, und arrangierte kurze Zeit später ein Treffen mit dem Boss des Senders M6 in Paris. Thomas Valentin, ein charmanter Mann, empfing mich in seinem Büro und sorgte bei mir gleich für eine gewisse Entspannung, da er verkündete, ein großer Fan meiner Arbeit bei MTV zu sein, und er war begeistert von der Idee, etwas Ähnliches wie *Most Wanted* in seinem Programm zu haben. Mein Französisch war zwar ein wenig eingerostet, aber das schien ihn nicht zu stören – das gehöre zum Charme des Ganzen, sagte er –, und sehr zu meiner Überraschung bot er mir gleich einen Vertrag an. Sein Angebot bestand aus zwölf wöchentlichen Liveshows, interaktiv und musikorientiert, wobei die erste Sendung live ausgestrahlt werden sollte. Er schlug sogar gleich einen Titel für die Sendung vor – *Le Ray Show*, offenbar ein Wortspiel, dessen Bedeutung ich aber nicht verstand.

Der Produzent der Show sollte Julies Freund sein, ein fescher Pariser namens Fred, der eine eigene Produktionsfirma hatte, und gemeinsam entwickelten wir ein Showformat mit leichten Ähnlichkeiten zu *Most Wanted* – eine bewährte Formel. Fred stellte mir ein Team aus jungen kreativen Leuten vor, drei Freunde, die der Crew beitreten wollten und die ich sofort »Les Trois Mousquetaires« nannte. Dabei handelte es sich um Michael Youn – ein lauter, eingebildeter, aber unbedeutender Radio-DJ –, Benjamin Morgaine – ein intelligenter, etwas spießiger, aber freundlicher Kerl – sowie Vincent Desagnat – ein vielversprechender junger Schauspieler, der zwar schüchtern war, aber immer lächelte. Die drei standen noch am Anfang ihrer Karriere, und ich fand, dass sie ein wenig zu abgehoben waren, aber dann erinnerte ich mich daran, dass die meisten Franzosen arrogant wirken, bis man sie besser kennenlernt. Abgesehen davon waren sie voller Enthusiasmus, hatten sehr coole Ideen und schienen vollkommen zu verstehen, was ich vorhatte. Ich erkannte ihr großes Potenzial und verständigte mich mit Fred darauf, sie auf unser Abenteuer mitzunehmen.

Nach ein paar kreativen Brainstorming-Sessions hatten wir einige frische und freche Ideen, die wir auf den Straßen von Paris umsetzen wollten, Ideen, die die Leute hoffentlich ansprachen und die ein wenig für Aufruhr im Vorfeld der Show sorgen sollten. Als wir diese Segmente erfolgreich abgedreht und sie sendungsgerecht vorbereitet hatten, waren wir bereit, auf Sendung zu gehen – allerdings ließ uns Michael, der Anführer der Trois Mousquetaires, wissen, dass er sich nicht damit zufrieden gab, nur ein kreativer Teil des Teams zu sein, und forderte einen eigenen Moderatorenposten in der Sendung, sonst würde er sich aus dem Projekt zurückziehen. Diese unvorhergesehene Deklaration überraschte mich ein wenig, und da ich mich von diesem jungen Hitzkopf, der sich als unkontrollierbar und offensichtlich launenhaft herausstellte, nicht erpressen lassen wollte, lehnte ich seine Forderung ab. Dies führte zu seinem sofortigen Ausscheiden, und da er sein Team mitnahm, standen wir wenige Tage vor Sendebeginn seinetwegen nur mit einer Notmannschaft da.

Am Abend der Livesendung war meine Ehefrau Melanie an meiner Seite, für die damals ein Umzug nicht infrage kam, die mich aber moralisch unterstützen wollte. Ich war mir sicher, dass sie ihre Meinung ändern würde, wenn ich ihr diese wundervolle Stadt erst einmal gezeigt hatte und sie meinen Triumph im französischen Fernsehen miterlebt hatte. Sie würde ihre Meinung ändern und mit mir nach Paris gehen – wo wir glücklich bis an unser Lebensende wohnen würden.

Die ersten 15 Minuten der Sendung liefen wirklich gut, aber dann ging es rapide bergab – es gab zahlreiche, immer wiederkehrende technische Probleme mit dem Set-up für die Liveband, ein Großteil der noch in den Kinderschuhen steckenden interaktiven Computertechnik funktionierte nicht richtig, und an einem Punkt der Show gab es einen kompletten Sendeausfall, weil jemand ganz einfach den falschen Knopf gedrückt hatte (Fernsehprofis bezeichnen dies als »dead air«, eine unverzeihliche Todsünde). Während der Show wurde mir auch schmerzhaft bewusst, dass einige, wenn nicht sogar alle meine Witze nicht beim Publikum ankamen, weil ich nicht gemerkt hatte, dass die Franzosen zwar gern über andere, aber nicht über sich selbst lachen – meine Selbstironie muss ihnen sehr fremd gewesen sein.

Der Vertreter von M6 hielt sich in der Gallery auf und sah zu, wie diese absolute Katastrophe ihren Lauf nahm, und bei der Besprechung nach der Sendung machte er seine Haltung unmissverständlich klar – die geplanten weiteren Shows würden nicht umgesetzt werden. Dann dankte er mir trotz des ganzen Chaos für meine Mühen und ging gleich darauf auf den Produzenten und den Regisseur der Sendung los, um sie für dieses Durcheinander zu schelten. Ich hielt es gar nicht für notwendig, die Schuld auf irgendwen abzuwälzen; wir hatten alle unser Bestes gegeben, und es hätte durchaus noch schlimmer kommen können, wie man so schön sagt.

Trotz meiner offensichtlichen Enttäuschung, dass ich den Test nicht bestanden hatte, blieb ich gefasst und optimistisch. Dies war bloß ein erster Versuch gewesen, den französischen Markt zu knacken, und ich war mir sicher, dass es nicht mein letzter sein sollte. Als ich zu Melanie hinüberblickte und ihr die Frustration deutlich ansah, ging ich zu ihr und gestand, dass wir zwar unten, aber nicht am Boden waren. Ich wusste, dass ich auf dem richtigen Weg war, um unser Leben besser zu machen, und ich wollte nicht, dass sie mich jetzt davon abbrachte.

Als wir den Eurostar zurück nach Hause nahmen und die französische Provinz in Hochgeschwindigkeit an uns vorbeirauschen sahen, sprachen wir kaum ein Wort. Melanie schmökerte in einer Klatschzeitschrift, während ich Kopfhörer aufhatte und Musik hörte. Ich muss den anderen Passagieren ziemlich merkwürdig vorgekommen sein, wie ich aus dem Fenster starrte, in die Luft boxte und dabei den Text eines meiner liebsten Motivationslieder mitflüsterte, das ich immer und immer wieder hörte. Für jede Gelegenheit gibt es einen passenden Soundtrack, und jetzt war der Text von *Tubthumping* von Chumbawamba alles, was ich hören musste. Und nun alle zusammen:

I get knocked down
But I get up again
You're never gonna keep me down

Acte Deux: »Wenn du nicht gleich Erfolg hast, versuche es immer, immer wieder«

(THOMAS H. PALMER, THE TEACHER'S MANUAL, 1840)

Sofort nach meinem gescheiterten Versuch, eine Chance bei M6 zu bekommen, bot mir Fred, der Produzent von *Le Ray Show*, seine Dienste als Manager an – ein Angebot, das ich annahm. Als Produzent hatte er keinen guten Job gemacht, aber er schien viele Leute in der Branche zu kennen, und darüber hinaus war er auch absolut überzeugt davon, dass ich meinen Weg in Frankreich irgendwann finden würde. Er sollte recht behalten, aber keinen großen Anteil daran haben.

Im September 2000 kehrte ich nach Paris zurück, da Fred einige Möglichkeiten für mich ausgekundschaftet hatte, und er bot mir an, bei sich und seiner Freundin Julie im malerischen Meudon zu wohnen, einer kleinen Stadt südwestlich von Paris. Nach meiner Ankunft verkündeten die beiden mir beim Abendessen eine unerwartete Neuigkeit – in den drei Monaten nach unserer Zusammenarbeit hatten die Trois Mousquetaires eine innovative tägliche Jugendsendung namens *Morning Live* für M6 entwickelt, die gerade neu im Programm gestartet war. Am nächsten Morgen schaltete ich sofort den Fernseher ein, und auf dem Bildschirm war tatsächlich Michael als Hauptmoderator zu sehen sowie die beiden anderen Mousquetaires als (sehr talentierte) Sidekicks. Ich erkannte sofort, dass die Show ein großer Erfolg werden würde, sie war schnell, manchmal albern, oftmals saukomisch und machte einfach Spaß. Michael hatte bei unseren Brainstorming-Sessions gut aufgepasst und sich auch von meinem Moderationsstil inspirieren lassen (natürlich und chaotisch) – auch wenn er etwas rauer und den Zuschauern gegenüber nicht so freundlich war.

Ob ich mich für sie freute? Nein, nicht wirklich.

Ich war nicht nur ein wenig neidisch auf die Tatsache, dass sie eine Sendung bekommen hatten und ich nicht, sondern ich hatte auch (ob gerechtfertigt oder nicht) das Gefühl, von einer Gruppe (zweifellos talentierter) junger Schnösel kopiert worden zu sein. Auch wenn ich mich ein wenig damit tröstete, dass sie immerhin etwas von mir gelernt hatten und dieses Wissen sinnvoll einsetzten (in Windeseile waren aus den drei Musketieren drei Jedi-Ritter geworden), fühlte ich mich dennoch niedergeschlagen. Es ist hinlänglich bekannt, dass die meisten Egos kreativer Menschen schnell angeschlagen sind sowie stets gehegt und gepflegt werden wollen, und ich bin keine Ausnahme. Als die Sendung vorbei war, versicherte Fred mir, dass mein Talent noch zum Tragen kommen würde und dass die Fernsehbranche groß genug für uns alle sei.

Die erste Gelegenheit für eine zweite Chance bot sich mir bei der Pilotsendung einer Quizshow, die ich moderieren sollte und die von einem berühmten Kollegen namens Nagui kreiert worden war. Ich hatte mich auf diese mögliche Aufgabe vorbereitet, mein Französisch aufpoliert und mich über Nagui informiert, damit ich wusste, mit wem ich es zu tun hatte. In den vergangenen zehn Jahren hatte er ganz oben mitgemischt und preisgekrönte Sendungen wie etwa die legendäre Musikshow *Taratat* moderiert. Außerdem hatte das französische Volk ihn regelmäßig zum besten Moderator des Landes gewählt.

Die Pilotsendung lief gut, und alle waren glücklich mit dem Ergebnis außer dem Sender France 2, der einige Tage später beschloss, keine weiteren Sendungen in Auftrag zu geben – aus Gründen, die

Fernsehbosse sich eben einfallen lassen, um einer Show kein grünes Licht zu geben. Ich war sogar recht froh, dass nichts daraus wurde, da mir die Arbeitsumgebung nicht gefallen hatte. Während Nagui mich mit Respekt behandelte (und mir immerhin half, meine Karriere voranzutreiben), war er auch laut und unhöflich gegenüber einigen seiner Mitarbeiter, was bei mir einen bitteren Nachgeschmack hinterließ. In Fällen wie diesem richte ich mich gern nach der Kellner-Regel, die gegen Ende der Siebziger von Bill Swanson, Boss des Rüstungs- und Elektronikkonzerns Raytheon, aufgestellt wurde. Er sagte: »Ein Mensch, der nett zu dir ist, aber unfreundlich zu einem Kellner, ist kein netter Mensch.« Ich habe festgestellt, dass diese Regel ausnahmslos zutrifft.

Nagui und ich wurden nie Freunde, zwischen uns entstand sogar eine Art Rivalität. In der Presse warfen wir uns gewisse Dinge an den Kopf, und bei öffentlichen Events beachteten wir uns gar nicht. Ich fand ihn überheblich und ziemlich vulgär, und er mochte mich auch nicht. Während meiner sechs Jahre in Paris liefen mir einige Moderatoren und andere Stars aus der französischen Promilandschaft über den Weg, die alle ein divenhaftes Verhalten an den Tag legten, und Nagui gehörte nicht mal zu den schlimmsten. Aber in Frankreich ist es nun mal so, *c'est comme ça*.

Meine nächste Mission war ein Treffen mit dem Programmdirektor von Europe 2, einem sehr beliebten Radiosender. Der Mann hieß Sébastien Cauet, und auch er war im Business sehr bekannt, aber noch nicht der Megastar, der er später werden sollte. Monsieur Cauet, ein etwas dickerer Typ Ende 20, hatte bereits als Radio-DJ Erfolg gehabt und wurde wegen seines kontroversen Verhaltens und seiner rücksichtslosen Regelverstöße bei jugendorientieren Sendern geliebt wie gehasst. Einige Zeit vor unserem Treffen hatte er sich als Moderator zurückgezogen und arbeitete eher hinter den Kulissen, und nun war er seit einem Monat verantwortlich für den kompletten Output von Europe 2. Am Ende unseres Meetings hatte ich eine feste Zusage für eine tägliche Sendung am frühen Abend, und bereits wenige Tage später hatten die Entscheidungsträger grünes Licht für eine Pilotsendung gegeben.

Allerdings war das Gehaltsangebot von Monsieur Cauet absolute Beutelschneiderei, wie man so schön sagt (ungefähr 4.000 Francs im

Monat, was heute etwa 600 Euro wären). Aber ich beschloss, meine Ersparnisse zu opfern, um mir bis auf Weiteres ein angenehmes Leben zu ermöglichen und mir erst später Gedanken über das große Geld zu machen.

An jenem Morgen, an dem wir zur Vertragsunterzeichnung in seinem Büro verabredet waren, erhielt ich einen Anruf von Cauet. Er freute sich sehr, mir mitteilen zu können, dass jeder im Team es für eine gute Idee hielt, wenn ich auch die erfolgreichste Show des Senders, *Top 20 Countdown*, moderierte, die live am Wochenende gesendet wurde. Ich fühlte mich geschmeichelt, und obwohl ich wusste, dass mir das alleinige Ankündigen von Songtiteln und deren Chartpositionen wenig Spaß machen würde, war mir auch klar, dass dies eine namhafte Sendung war, die mir auf der Karriereleiter weiter nach oben helfen würde. Natürlich bedeutete diese Gelegenheit auch mehr Arbeit und mehr Sendezeit, daher fragte ich dementsprechend nach einer Gehaltserhöhung. Allerdings sagte man mir, dass es für diese zusätzliche Arbeit und Zeit nicht mehr Geld geben würde – das ursprüngliche Angebot war nicht mehr zu verhandeln.

Diese Vorgehensweise widersprach aber meinem beruflichen Kodex, den ich ganz am Anfang meiner Karriere von meinem belgischen Mentor Michel Perin eingebläut bekommen hatte. Er hatte mir beigebracht, mein Talent wertzuschätzen und es dementsprechend anzupreisen, und er riet mir, niemals für lau zu arbeiten (wenn, dann nur für wohltätige Zwecke). Er sagte mir, dass ich niemals schlechte Deals annehmen solle, da dies in der Branche Schule machen würde.

Mit diesem Grundsatz im Hinterkopf lehnte ich das Angebot Cauets ab und teilte ihm mit, dass ich gern an der ursprünglichen Abmachung festhalten und nicht zusätzlich die Chartshow moderieren wolle. Leider war dies nicht die Antwort, die er hören wollte, und so informierte er mich auf der Stelle, dass, wenn ich sein neues Angebot nicht annähme, es zu gar keiner Sendung kommen würde. Trotz allem hielt ich an meinen Prinzipien fest – und er an seinen. Er sagte mir, dass ich einen großen Fehler machen würde, bevor er verkündete, dass unser Deal geplatzt sei, und auflegte. Wieder mal trieb ich ziellos umher, und wieder mal war ich derjenige gewesen, der die Leinen losgemacht hatte.

Als ich ein paar Tage später nach London zurückkehrte, hatte sich jegliches Gefühl von Verbitterung gegenüber diesen Leuten verflüchtigt, da ich mir ins Gedächtnis rief, dass die Animositäten, die ich in der Zeit nach MTV gegenüber Chris Evans und Davina McCall verspürt hatte, mir absolut nicht gutgetan hatten. Negativität sorgt für noch mehr Negativität, und jegliche Animosität gegenüber anderen Leuten kommt immer wie ein Bumerang zurück – und kann auf lange Sicht sehr zerstörerisch sein. Und überhaupt, diese Dinge passieren einfach – es liegt in der Natur dieses Monsters namens Showbusiness.

Acte Trois: Aller guten Dinge sind drei

Zurück in London, war ich beruflich immer noch eine *Persona non grata*, und während ich die meiste Zeit allein zu Hause hockte, machte sich wieder diese Verzweiflung breit, die mich in jene schreckliche Depression getrieben hatte. In den vergangenen sechs Monaten war ich vorsichtig optimistisch gewesen und hatte geglaubt, dass ich in Frankreich endlich wieder Arbeit finden würde. Außerdem hatte ich es geschafft, meine unaufhörlichen Internetausflüge und die Zeitverschwendung namens Videospiel in den Griff zu bekommen. Aber die jüngsten Misserfolge und Rückschläge hatten mich unsanft auf den Boden der Tatsachen zurückgeholt, und so geriet ich wieder in diesen Teufelskreis. Wenn ich heute zurückblicke, wird mir klar, dass ich mir professionelle Hilfe hätte suchen müssen, aber mir war – wie ich bereits geschildert habe – meine Schwäche überaus peinlich, und ich wollte dieses schmutzige Geheimnis nicht mit einem Therapeuten teilen, und schon gar nicht mit meinen engsten Freunden, damit sie mich nicht für irgendeinen verwirrten Perversen hielten. Nur meine Ehefrau wusste von diesem intimen Geheimnis, aber mittlerweile war ich auch sehr gut darin geworden, meine Dämonen vor ihr zu verbergen, und so war sie der Meinung, dass ich so gut wie geheilt sei. Doch in Wirklichkeit war ich ganz gehörig rückfällig geworden. Aber dieses Mal sollte ich gerettet werden, bevor ich richtig willenlos wurde.

Im Januar 2001 wollte das Glück es, dass sich meine Lage änderte. Mein französischer Manager Fred rief mich aus Paris an und sagte mir, dass man für eine Fernsehshow mit dem Titel *Union Libre*, die bereits zwei Jahre lang erfolgreich auf France 2 gelaufen war, einen neuen Mitstreiter suchte. Darin gab es einen Moderator, einen prominenten Gaststar sowie eine Gruppe von sechs europäischen Journalisten, die ihr jeweiliges Land auf spaßige und möglichst unterhaltsame Weise vertraten. Das Studiopublikum war stets heiter, und die Einschaltquoten gingen sozusagen durch die Decke.

Der vorherige Vertreter aus England, ein gebildeter zweisprachiger Schauspieler namens David Lowe, war sehr beliebt gewesen und hatte deshalb eine Erhöhung seiner Gage gefordert. Allerdings ist es in diesem Business immer wichtig, sich vor Augen zu führen, dass niemand unersetzlich ist, egal wie groß seine oder ihre Fangemeinde ist, und auch David sollte in diesem Punkt keine Ausnahme sein – beim Gespräch über seine Gagenforderung wurde er kurzerhand gefeuert. Blöd gelaufen für ihn, gut für mich.

Fred schlug vor, dass ich ein kurzes Video aufnehmen und es der mächtigen Chefin von France 2, Michèle Cotta, schicken sollte. Fred war der Meinung, dass diese einflussreiche, bodenständige Lady positiv auf eine persönliche Bewerbung von mir reagieren würde. Das Video begann damit, dass ich einen Blumenstrauß in der Hand hielt und auf Französisch direkt in die Kamera sprach, wobei ich den Text des Beatles-Songs *Michelle* zitierte: »Michelle, my belle, sont des mots qui vont très bien ensemble, très bien ensemble.« Dann brachte ich das Ganze zu Ende, indem ich mich vorstellte und mich als idealen Ersatz für den ausgeschiedenen Engländer bei *Union Libre* präsentierte. Das alles war so abgedroschen, wie es sich anhört, erfüllte aber seinen Zweck, und so erhielt ich wenige Wochen später einen Anruf von dem Content-Produzenten und Redakteur Nicolas Helias, einem kleinen Hitzkopf, der mir den Job anbot. Natürlich freute ich mich riesig und konnte es kaum erwarten, mich auf dieses witzige Projekt einzulassen. Mein Leben war wieder so, wie ich es haben wollte, jedenfalls beruflich gesehen. Im privaten Bereich hingegen drohte meine Ehe, obwohl gerade mal ein Jahr alt, in die Brüche zu gehen, aber hier bot sich nun die Gelegenheit, das Ruder nochmals herumzureißen. Dachte ich zumindest.

Gleich am nächsten Tag fuhr ich los, traf mich mit Nicolas und dem Team, unterschrieb den Vertrag und akzeptierte die Gage von 500 Euro pro Aufzeichnung. Neben mir waren die anderen Hauptakteure (zusammen Les Chroniqueurs genannt) Ilario, ein größtenteils unvorbereiteter und bequemer Italiener, der wegen seines verdammt guten Aussehens und seines Charmes mit allem durchkam; Annette Burgdorf, eine hübsche, aber viel zu dünne Deutsche, die uns faszinierende technische Dinge vorstellte sowie unglaublich lustige Geschichten über die deutsche Schrulligkeit erzählte; Dominique Dislaire, eine total verrückte Belgierin, die so schnell französisch sprach, dass die meisten von uns sie nicht verstehen konnten, und deren Themen der Woche ebenso unverständlich waren; María Martín, eine umwerfende und aufgeschlossene Spanierin, die sehr geschickt Unschuld mit Sex-Appeal kombinierte, allerdings die schwächsten Geschichten ablieferte (was aber niemanden störte); und ein weiterer charmanter, attraktiver Mann, Nikos Aliagas, der immer modisch gekleidet und perfekt gestylt war und seine Berichte mit perfekter Professionalität ablieferte. Nikos trug auch immer wieder Volkslieder aus seinem Heimatland vor, wobei er wie ein griechischer Julio Iglesias klang und aussah. Die weiblichen Zuschauer gerieten bei ihm regelmäßig ins Schwärmen, und er war ganz eindeutig der Liebling der Chefin, der Moderatorin und Ko-Schöpferin des Formats, Madame Christine Bravo.
Bei *Union Libre* wurde ich also zu einem der europäischen Reporter und war in fast jeder Sendung dabei. Insgesamt war es eine schöne Erfahrung und hat auch viel Spaß gemacht, aber hinter den Kulissen herrschte ein immenser Druck.
Die intensive Vorbereitung, die für jede Sendung nötig war, um effektiv daran teilnehmen zu können, war Neuland für mich, da ich zuvor größtenteils aus dem Stegreif gearbeitet hatte. Der Rechercheaufwand für die Sendung war unheimlich hoch – eine Woche vor jeder Aufzeichnung musste ich meinem Boss Nicolas all meine Ideen vorlegen, alles, was ich an Gadgets, Presseberichten und ausgefallenen englischen Traditionen zusammengetragen hatte. Er sah sich alles an und lehnte meistens 50 Prozent davon ab, bevor er mich anwies, mir etwas Besseres auszudenken. Meine Texte musste ich auch immer auf Französisch schreiben, sie ihm vorlegen, damit er

sie korrigieren konnte, und sie dann auswendig lernen, um sie vor der Kamera makellos vortragen zu können. Er hatte Angst, dass mein fast fließendes Französisch, das ich allerdings mit einem starken Akzent sprach, nicht von der Öffentlichkeit verstanden würde, wenn es nicht absolut klar und präzise rüberkam. Allein das war schon eine große Herausforderung, da ich es gewohnt war, zu improvisieren oder von einem Teleprompter abzulesen – aber ein langes, detailliertes Script auswendig zu lernen, war für mich komplett neu. Am Set und auch außerhalb der Arbeitszeit ging ich den Text immer wieder im Kopf durch, bis ich ihn verinnerlicht hatte und perfekt wiedergeben konnte, ohne wie ein Roboter zu klingen.

Nicolas war ein sehr tougher Boss, aber er schien intuitiv zu wissen, wie er das Beste aus mir herausholen konnte, und er verstand sein Publikum besser als jeder andere, den ich jemals kennengelernt habe. Was die Sendung betraf, so ermutigte er mich, meine britische Exzentrik zu überspitzen und selbstbewusste, lustige und oft irre Darbietungen abzuliefern. Mir machte es großen Spaß, mit ihm zusammenzuarbeiten, und obwohl er mich sehr forderte, war dies nicht die größte Herausforderung des Jobs – diese Ehre gebührte Christine, der Chefin des Chefs.

Madame Bravo war ein ganz eigener Fall. Als ich zum ersten Mal am Set auftauchte, war ich schockiert, wie sie mit meinen Kollegen umging, oder besser gesagt, mit den jüngeren, noch nicht so etablierten Kräften. Sofort nach jeder Sendung ging sie zu jedem von uns Chroniqueurs, um unsere Performance zu beurteilen. Allerdings gab es von Christine nie irgendeine konstruktive Kritik – es kam auf ihre Laune an. Entweder brüllte sie die Leute an: »Mais vous êtes de la merde! Si c'est pas mieux la semaine prochaine, vous êtes virés, compris?!« (Sie waren scheiße, und wenn es nächste Woche nicht besser ist, sind Sie gefeuert – verstanden?!)

Oder wenn die Show gut gelaufen war, kam sie den Leuten unangenehm nahe, umarmte sie, gab ihnen einen feuchten Kuss auf die Lippen und flüsterte ihnen ins Ohr: »Mon petit, mais t'es bon, tu sais, continue, t'es génial!« (Mein Kleiner, du bist toll, das weißt du, mach so weiter, du bist großartig!)

Manchmal – und das ist wirklich die Wahrheit – ging Christine sogar auf die männlichen Chroniqueurs zu und griff ihnen in den

Schritt, als eine Art Kompliment für die Performance. Dies war keine sexuelle Anmache, sondern nur ihre bizarre Art zu kommunizieren – eine Klage wegen sexueller Belästigung am Arbeitsplatz wäre völlig sinnlos gewesen, man hätte mich aus dem Studio gelacht. Vive la France!

Da ich der Neue in der Runde war, ließ ich ihr zunächst ihr unangemessenen Verhalten durchgehen, aber als sich meine Position mehr oder weniger gefestigt hatte, besuchte ich sie in ihrer Garderobe und machte ihr unmissverständlich klar, dass ich ein Profi sei und sie nicht auf diese Art mit mir reden, geschweige denn meine Männlichkeit begrapschen solle. Offensichtlich hatte sie gar nicht gemerkt, dass ihr Verhalten unflätig war – sie entschuldigte sich aufrichtig, und wir beließen es dabei.

Im Verlauf des folgenden Jahres gewann ich ihre großherzige und legendäre Art sogar lieb, und sie konnte auch eine extrem witzige und intelligente Gesprächspartnerin sein, wenn sie nüchtern war. Offen gesagt, richtete sich ihr Verhalten am Set immer nach der Menge Rotwein, die sie aus den unter ihrem Schreibtisch versteckten Flaschen konsumiert hatte. Sie war schon nach wenigen Gläsern betrunken, aber ab und zu, wenn der Alkohol ausgiebig floss, zog sie sich in der Pause zwischen den beiden Aufzeichnungen in ihre Garderobe zurück und schlief völlig dicht ein. In diesen Fällen fand die Aufzeichnung der zweiten Show viel später als geplant statt – nachdem man die Chefin aufgeweckt und irgendwie aufgepäppelt hatte, damit sie normal weitermachen konnte. Bei wiederum anderen Gelegenheiten trank Christine einfach weiter, und dann saßen wir immer peinlich berührt von ihrem schlechten Benehmen im Studio und hofften, dass die Sendung möglichst bald vorbei war – um uns, die Gäste und das Studiopublikum endlich zu erlösen.

Auch wenn sie viele der Sendungen nüchtern erlebt hatte, war allen außer Christine klar, dass sie, wenn sie zu viel trank, das Ganze nicht auf die Reihe bekam. Sie brauchte Hilfe, oder zumindest eine Art Kontrolle, aber die ihr Nahestehenden schienen hilflos oder nicht bereit zu sein, ihr einen guten Rat zu geben. Dies lag vermutlich wieder mal an den französischen Gepflogenheiten, nach denen niemand es wagt, einen Promi zur Rede zu stellen, und ich hatte das Gefühl, sie gar nicht gut genug zu kennen, um dieses persönliche

Thema anzuschneiden. Immerhin wurden die Sendungen aufgezeichnet, sodass der talentierte Cutter jegliches anstößige Material herausschneiden konnte, die Einschaltquoten konstant blieben und die Zuschauer gar nichts von alledem mitbekamen.

Alle zwei Wochen wurden zwei Sendungen von *Union Libre* aufgezeichnet, und so pendelte ich ein paar Monate lang mit dem Eurostar zwischen London und Paris, bevor ich erkannte, dass ich vor Ort wohnen musste, wenn ich meine Karriere voranbringen wollte. Mithilfe meines italienischen Kollegen Ilario fand ich eine wunderschöne Dachgeschosswohnung im selben Gebäude, wo auch er wohnte, und so wurde er mein Nachbar und neuer Freund, der mir auch die Stadt zeigte. Die Wohnung befand sich im 6. Arrondissement – eine umwerfende Maisonette-Wohnung mit 360-Grad-Blick über ganz Paris. Die Miete war ebenfalls umwerfend – mit 2.500 Euro im Monat ein kleines Vermögen. Dafür musste ich einen Großteil meiner Ersparnisse opfern, bis ich mehr Arbeit fand und mir diesen Lebensstil leisten konnte. Aber wenn dies bedeutete, dass ich meine Ehe retten, meine Karriere neu beleben und einen Neustart hinlegen konnte, dann würde es das Geld wert sein. Melanie hatte ihre Meinung bezüglich eines Umzugs geändert, und im September 2001 mieteten wir uns einen Van und brachten unsere wichtigsten Sachen in unsere neue Pariser Wohnung.

Acte Quatre: »Mit ein bisschen Hilfe von meinen Freunden werd ich es schon schaffen«
(THE BEATLES, WITH A LITTLE HELP FROM MY FRIENDS, 1966)

In meiner neuen Wohnung, mit meiner Frau an meiner Seite und einem festen Job bei *Union Libre* fühlte ich mich wieder stark und so lebendig wie seit einer Ewigkeit nicht mehr – ich war bereit, mich zusammenzureißen und auf die Aufgabe vor mir zu konzentrieren. Natürlich war ich mir auch im Klaren darüber, dass ich mich gerade in einer Art Probezeit befand, in der ich Melanie zeigen musste, dass ich mich geändert hatte – dass ich fröhlich und gesellig war, nicht länger ein Sklave der schädlichen Abhängigkeiten, die unsere Ehe gefährdeten. In den nächsten Monaten kehrte sie regelmäßig nach London zurück, um sich um »unerledigte Dinge« zu kümmern, wobei sie manchmal mehrere Wochen lang wegblieb, während ich in Paris blieb und hart an mir selbst und für meinen Job arbeitete. Ich versuchte, uns ein stabiles Umfeld zu schaffen, in dem wir ihr ihren lang gehegten Wunsch, endlich Mutter zu werden, erfüllen konnten. All die Jahre, die wir nun zusammen waren, hatte ich mich geweigert, noch ein Kind zu zeugen, und verständlicherweise hatte dies für Unstimmigkeiten zwischen uns gesorgt. Meine Zurückhaltung rührte größtenteils daher, dass mein erster Versuch des Vaterseins nicht gerade erfolgreich gewesen war und immer noch schmerzte.

Jetzt war ich jedoch der Meinung, dass dies die einzige Möglichkeit war, wie wir wieder zusammenkommen und all unsere Probleme lösen konnten. Dies war natürlich ein schrecklich naiver Gedanke, aber zur damaligen Zeit war unsere Beziehung bereits sehr belastet, und ich erkannte, dass ich die meisten von Melanies Tests nicht bestand. Ein Baby zu bekommen, war das Einzige, was mir einfiel, um sie zum Bleiben zu bewegen.

Im Nachhinein bin ich mir nicht sicher, warum ich so verzweifelt an unserer Ehe festhielt, denn ich erinnere mich, selbst unzufrieden mit unserer Beziehung geworden zu sein, und ich erkannte immer mehr, dass wir irgendwie nicht dasselbe wollten. Vielleicht ignorierte ich diese Stimmen, weil ich sie wirklich liebte, aber heute neige ich dazu, zu denken, dass ich eher Angst davor hatte, allein zu sein und mich dem Unbekannten stellen zu müssen – und das ließ mich so verzweifeln. Ich versuche immer, meinem täglichen Dasein ein wenig Struktur zu geben, da es in meinem Beruf keine Tagesroutine gibt und somit zu viel Freizeit, in der ich mein hyperaktives Hirn beschäftigen muss. Ich habe mittlerweile gelernt, dass ich ohne einen soliden Plan Gefahr laufe, von meinem Weg abzukommen.

Was ich damals allerdings nicht wusste, war, dass Melanie bereits eine Entscheidung getroffen hatte und all meine Bemühungen in Sachen Versöhnung bedeutungslos waren. Hin und wieder war sie gedanklich sehr weit weg, was ich auf die Tatsache schob, dass sie mit ihrer neuen Umgebung nicht klarkam und Heimweh nach England hatte. Während ich mir sicher bin, das dies auch in gewissem Maß stimmte, war es jedoch nicht die ganze Wahrheit.

Eines Tages Anfang April 2002 fuhr Melanie mal wieder nach London, und als ich am folgenden Morgen aufwachte, fand ich (schließlich) heraus, was los war.

Während ich mir wie gewöhnlich eine Tasse Tee im Bett gönnte, fiel mir plötzlich und aus mir heute unbekannten Gründen ein Gespräch zwischen uns ein, das wir kurz vor unserem Umzug nach Paris geführt hatten. Damals hatte sie mir gestanden, dass sie Gefühle für jemand anders entwickelte und dass ihr das Angst machte. Ihre Gedanken und Gefühle hatte ich sofort als eine flüchtige Laune abgetan, und ich hatte ihr gesagt, dass dies ziemlich albern sei. Ich weiß noch, wie ich angemerkt hatte, dass es einfach sei, dem Zauber eines anderen Mannes zu verfallen, wenn der eigene Ehemann sie nicht glücklich machen könne, und dass dies alles nichts zu sagen habe, solange sie nicht auf diese Gefühle reagierte. Seitdem hatten wir dieses Thema nicht wieder angeschnitten.

Aber an diesem Morgen, als mir ihr Geständnis urplötzlich wieder in den Sinn kam, wurde mir klar, warum sie mit den Gedanken immer woanders war und warum sie so oft nach London reisen musste. Bei unserem damaligen Gespräch hatte sie keinen Namen genannt, aber wie ich nun darüber nachdachte, kam mir eine Ahnung, wer der Mann in der glänzenden Ritterrüstung sein musste, und ich hatte auch eine Idee, wie ich herausfinden könnte, ob ich recht mit meinem Verdacht hatte. Melanie ließ ihre Handyrechnungen mittlerweile an unsere neue Adresse schicken, wobei die letzten noch ungeöffnet in unserer Wohnung lagen.

Ich bereitete mich auf das Schlimmste vor, stellte nochmals den Wasserkocher an, machte mir eine zweite Tasse Tee und setzte mich zurück aufs Bett mit den Briefen, die möglicherweise mein Leben verändern könnten. In meinem Kopf hatte ich den möglichen Übeltäter, den wahrscheinlichen Verdächtigen gefunden, und in meinen Händen hielt ich eine Auflistung aller Telefongespräche, die Melanie in den letzten drei Monaten geführt hatte. Wenn es Beweise für eine schmutzige Affäre hinter meinem Rücken gäbe, dann würde ich sie finden, sobald ich den Umschlag öffnete – dann lägen sie vor mir, schwarz auf weiß, unwiderlegbare Beweise.

Die Anklage stützt sich auf folgende Beweise
- Umschlag 1: April 2002, vielfache Telefongespräche zwischen Melanie und einer belgischen Handynummer
- Umschlag 2: März 2002, vielfache Telefongespräche zwischen Melanie und einer belgischen Handynummer
- Umschlag 3: Februar 2002, vielfache Telefongespräche zwischen Melanie und einer belgischen Handynummer, darunter viele Verbindungen am Valentinstag

Die Verteidigung plädiert auf
- schuldig im Sinne der Anklage, Euer Ehren

Als ich so dalag, mit der Tatsache einer offensichtlichen Affäre konfrontiert, war ich zunächst schockiert, dann verspürte ich Wut, es folgte ein heftiger Tränenausbruch. Die Wut kam sofort zurück, als ich merkte, zu wem die Telefonnummer gehörte. Für den Mann hatte ich mal gearbeitet, er war Marketingboss beim Elektro-Riesen Sony, für den ich mal als Moderator gebucht worden war. Eine Zeit lang hatte ich ihn tatsächlich verdächtigt, scharf auf meine bessere Hälfte zu sein und sie anzubaggern, immerhin war sie eine attraktive Frau, die zwangsläufig Aufmerksamkeit erregte.

Als ich mich wieder etwas gefasst hatte, rief ich sie an und konfrontierte sie mit den Beweisen. Ausreden zwecklos, für sie gab es keinen Weg zurück (außer zurück in seine Arme), da ich die Beweise in der Hand hatte, und obwohl sie alles zugab, machte sie mir schwerste Vorwürfe, weil ich ihre Post geöffnet hatte. Trotz allem ließ ich sie wissen, dass ich ihr vergeben würde und dass wir einen Neuanfang wagen könnten, denn ich gab mir selbst die Schuld an diesem Schlamassel, aber ihre Antwort war unmissverständlich – sie war verliebt, unsere Ehe war vorbei, und es gab kein Zurück. Schluss, aus, Ende.

Ich legte auf und brach zusammen, rappelte mich wieder auf und rief ihn an, um ihm zu sagen, was für ein dummer Wichser er sei, weil er mir meine Frau weggenommen hatte. Dann brach ich wieder zusammen und rief schließlich seine Frau an, um ihr von der Affäre zu erzählen, aber sie wusste bereits Bescheid, und das schon seit drei Monaten.

Am Morgen nach dem Gespräch, das meine Ehe beendet hatte, bekam ich Besuch von einer langjährigen Freundin aus Brüssel, einer Fotografin namens Andrea, die für mich all ihre anstehenden Termine abgesagt hatte und darauf bestand, so lange bei mir zu bleiben wie nötig. Etwa eine Woche nach ihrer Ankunft fühlte ich mich wieder stark genug zum Reisen und kehrte nach London zurück, um mich im Haus meiner Schwester von dem Verlust zu erholen. Ich habe großes Glück, eine so wundervolle Beziehung zu meinen Geschwistern zu haben – wir sind Seelenverwandte, und sie sind immer für mich da, jeder hat eine ganz eigene Art, mit schwierigen Situationen umzugehen. Meine Schwester Penny ist wie ein Fels in der Brandung, sie ist immer auf meiner Seite und hilft mir mit ihrer »Scheiß auf sie alle, Ray – du bist besser als sie«-Haltung. Meine jüngste Schwester Debbie ist die Einfühlsame, die beide Seiten der Geschichte betrachtet und viel Verständnis aufbringt, was meistens mit dem Satz endet: »Das schaffst du schon, Ray – das hast du immer.« Und dann ist da noch mein Bruder Mark, der Pragmatiker der Familie, der immer gute Tipps auf Lager hat, wobei er mir meistens sagt: »Reiß dich zusammen, Ray – er/sie/es ist es nicht wert.« Diese drei sind meine Musketiere, ohne die ich absolut verloren wäre.

Die unmittelbare Zeit nach Melanies Weggang war für mich sehr schwer, und zweifellos hätte ich diese wohl kaum ohne die Liebe und Zuneigung meiner Familie und engsten Freunde durchgestanden. Es wird viel darüber diskutiert, ob absolute Selbstlosigkeit überhaupt möglich ist, aber ich muss sagen, dass ich in meiner dunkelsten Stunde durchaus viele selbstlose Taten von den mir Nahestehenden erlebt habe.

Wie die meisten Menschen habe auch ich viele Bekannte, aber meine wahren Freunde kann ich an einer Hand abzählen, und die meisten von ihnen sind seit vielen Jahren an meiner Seite. Ich fühle mich wirklich gesegnet, dass diese Leute mit mir durch dick und dünn gegangen sind, da ich ziemlich eigenwillig bin und als Freund recht fordernd sein kann – was diejenigen, die mir nahestehen, sicherlich bestätigen können. Ich erwarte Mitgefühl, Verständnis und Einfühlsamkeit sowie ganz viel Humor (weil ich die Dinge meistens von ihrer lustigen Seite betrachte). Außerdem möchte ich nicht kritisch beurteilt werden, und allen voran erwarte ich Loyalität. Natürlich ist mir bewusst, dass ich meinen Erwartungen manchmal selbst nicht gerecht werde, deshalb bewundere ich auch Leute, die verzeihen und vergeben können.

Wenn du in der Tinte steckst, findest du heraus, wer deine wahren Freunde sind; betrachte es niemals als selbstverständlich, dass sie immer für dich da sind, und sei immer für sie da, wenn sie dich brauchen.

Acte Cinq: Aus der Dunkelheit in die Stadt des Lichts

Nachdem ich mich etwa einen Monat lang in London erholt hatte, kehrte ich zum Arbeiten nach Paris zurück und versuchte, so gut wie möglich zurechtzukommen. Aber meine Gefühle kamen mir immer und überall in die Quere, als ich die berüchtigten sieben Phasen der Trauer durchmachte, die wir alle nach einem schrecklichen Verlust erleben. Falls ihr sie nicht kennt, lasst mich sie euch kurz vorstellen:

Phase 1: Schock (Ich weinte und weinte, dann weinte ich noch mehr.)
Phase 2: Leugnen (Ich weinte, trank und rauchte, und ich redete mir ein, dass sie zu mir zurückkehren würde, dann trank und rauchte ich noch mehr.)
Phase 3: Wut (Ich rief sie an und schrie, dann rief ich ihren Lover an und beschimpfte ihn, und dann wiederholte ich Phase 2.)
Phase 4: Verhandeln (Ich rief sie an und flehte sie an, zu mir zurückzukehren, und ich versprach ihr, mich zu ändern und alles zu tun, um sie glücklich zu machen.)
Phase 5: Schuld (Ich weinte und gab mir die Schuld an allem, dann wiederholte ich Phase 4.)
Phase 6: Depression (Da ich aus meinen Fehlern gelernt hatte, holte ich mir professionelle Hilfe von meinem Hausarzt, der mir über drei Monate Antidepressiva verschrieb, wobei mich allein der Gedanke daran noch mehr deprimierte.)
Phase 7: Akzeptanz und Hoffnung (Irgendwann akzeptierte ich endlich die Situation und verliebte mich kurzzeitig in einen französischen Superstar.)

Szene 1

Insgesamt brauchte ich etwa ein Jahr, um den obigen Hindernislauf zu vollenden, aber zum Glück war ich während dieser Zeit so gut wie nie allein, wobei meine Freunde und Nachbarn Ilario und Virginie es übernahmen, auf mich aufzupassen. Eine Woche nachdem ich nach Paris zurückgekehrt war, tauchte Ilario nach einem Shoppingtrip mit zwei Flaschen Whisky in meiner Wohnung auf und verkündete, dass Vollmond sei und er einen Plan habe. Er hatte meinen Lieblings-Single-Malt, The Macallan, dabei, den er mit mir an jenem Abend trinken wollte, und eine Flasche einer billigen Marke, mit der in einer Art pseudo-heidnischem Ritual mein Geist, mein Körper und meine Seele gereinigt werden sollten. Sein Plan bestand darin, all die teuren Designerdecken, mit denen Melanie während ihres kurzen Aufenthalts in der Wohnung unser Sofa und die Esstischstühle dekoriert hatte, sowie die restlichen Klamotten, die sie vergessen hatte mitzunehmen, zusammenzusammeln und sie auf der Terrasse zu verbrennen, wobei der billige Whisky zum Feueranzünden benutzt werden sollte.

Obwohl ich seinen Vorschlag etwas leichtsinnig und gefährlich fand, reizte mich die Idee, jegliche Erinnerungen an Melanies Anwesenheit auf dramatische Weise zu zerstören, und so stimmte ich der Zeremonie zu. Ilario wies mich an, all die verletzenden Gegenstände sowie ein paar Fotos meiner zukünftigen Exfrau zusammenzusuchen und daraus einen schönen Haufen draußen auf der Terrasse zu machen, der dann verbrannt werden konnte und damit Vergangenheit wurde. Damit das Szenario noch kraftvoller wirkte, schlug Ilario außerdem vor, dass wir uns von den Hexen inspirieren lassen und uns nackt ausziehen sollten – sodass die Energie besser fließen konnte. Letzten Endes einigten wir uns jedoch darauf, wenigstens unsere Boxershorts anzubehalten. So standen wir beide draußen, nahmen immer wieder einen kräftigen Schluck Macallan und sahen zu, wie die Flammen gen Himmel loderten, und die Beweise dafür, dass Melanie mal in meinem Apartment gewohnt hatte, verschwanden so schnell, wie sie es getan hatte.

Als das Feuer schließlich niedergebrannt war – und als ob die ganze Situation, wie wir beide völlig betrunken in unseren Unterho-

sen dastanden, nicht schon surreal genug gewesen wäre –, schnappte Ilario (übrigens ein überzeugter Hetero) sich meine Hand und lud mich zu einem Tanz rund um die glühende Asche ein, wobei wir lauthals sangen:
We are the champions – my friends
And we'll keep on fighting
Till the end
Jedes Mal, wenn ich heute den Song höre, werde ich an jenen unvergesslichen Abend auf meiner Pariser Terrasse erinnert. Ich bin mir ziemlich sicher, dass Freddie Mercury nicht wollte, dass sein mitreißender Text auf diese Weise eingesetzt wird, aber die meisten Künstler schätzen es, wenn ihre Werke für uns Zuhörer eine eigene Bedeutung haben, und ich bin mir ganz sicher, dass unsere Interpretation zu seinem extravaganten Charakter gepasst hätte. Ich kann nur den guten Geistern danken, die an jenem Abend bei uns waren und aufpassten, dass wir nicht bei einem Hausbrand ums Leben kamen, sowie auch den Nachbarn, die glücklicherweise nicht die Feuerwehr oder Polizei gerufen haben – ich hätte absolut nicht gewusst, wie ich erklären soll, warum zwei betrunkene Freunde lauthals einen alten Queen-Song singen und dabei halb nackt um ein Feuer tanzen.

Zur Wirkung dieses Rituals muss ich sagen, dass es viel Spaß gemacht und mir sicherlich auch dabei geholfen hat, den Schmerz kurzzeitig zu lindern. Aber es brauchte doch wesentlich mehr, um mich aus diesem Tief zu holen.

Szene 2

Nach einem Monat voller unproduktiver, tränenreicher Trauer und nachdem ich mich im Selbstmitleid gesuhlt hatte, beschloss ich endlich, mir professionelle Hilfe zu holen, und stattete meinem Arzt einen Besuch ab. Eigentlich hielt ich es langfristig gesehen für besser, unter den Schmerzen zu leiden, daraus zu lernen und gestärkt aus dieser Sache hervorzugehen, aber ich verlor mehr und mehr das Interesse an allem, inklusive meiner Arbeit, und ich nahm an, dass eine kurzzeitige Einnahme von Antidepressiva mich schnell wieder auf den Weg der Besserung bringen würde. Dies war in der Tat eine schwierige Entscheidung, da ich persönlich das Einnehmen dieser Psychomedizin als Zeichen von Schwäche betrachte. Ich bin der Meinung, dass ich in der Lage sein sollte, mit allem, was das Leben mir vor die Füße wirft, umgehen zu können, ohne auf verschreibungspflichtige pharmazeutische Produkte zurückgreifen zu müssen. Ich ziehe es vor, Drogen zum Vergnügen oder aus körperlichen Gründen zu nehmen – um Schmerzen zu lindern oder eine Krankheit zu heilen –, nicht aus psychischen Gründen.

Ich weiß, dass die Zeit alle Wunden heilt, vor allem bei Herzschmerz und Trauer, aber nachdem ich lange in mich gegangen war, akzeptierte ich die Diagnose des Arztes – akute Depression – und verließ seine Praxis mit einem Rezept für eine dreimonatige Therapie mit Antidepressiva. Man sagte mir, dass die Pillen nach etwa einem Monat zu wirken begannen und ich nach einem weiteren Monat von ihrer Wirkung profitieren würde, bis ich nochmals einen Monat später die Dosis reduzieren sowie die Therapie zu Ende bringen könne und mich hoffentlich besser fühlen würde. Ich weiß noch, wie ich zu Hause die Schachtel öffnete, mir die zahlreichen Nebenwirkungen durchlas und es zum Heulen fand, dass es so weit mit mir gekommen war.

Bevor ich noch weiter in Selbstmitleid versinken konnte, klingelte das Telefon – es war Christine Bravo, meine Chefin von *Union Libre*. Sie rief an, um zu erfahren, wie es mir ging, und als ich ihr verriet, dass ich wütend auf mich selbst war, weil ich mit alledem nicht klarkam und eine Therapie mit Antidepressiva machen musste, antwortete sie, dass sie diese Pillen auch nehme – dann schlug sie vor, dass wir gemeinsam Antidepressivum-Bingo spielen sollten. Die Regeln waren einfach: Wir lasen uns gegenseitig abwechselnd die Nebenwirkungen unserer jeweiligen Medizin vor, und der Gewinner sollte derjenige sein, der einem größeren Risiko ausgesetzt war. Es war absurd und ziemlich lächerlich, aber es half, und am Ende konnte ich darüber lachen. Ich habe übrigens verloren – ihr Medikament war wesentlich stärker als meins.

Ein paar Wochen später fühlte ich mich wesentlich zuversichtlicher und nicht mehr so überfordert. Ich kann mich noch daran erinnern, wie ich eines Morgens aufwachte und mich einfach nur darüber freute, gesund und munter zu sein, die Sonne erhellte mein Apartment, und ich ging spontan zum Blumenladen um die Ecke, um Blumen für das Wohnzimmer und weitere Pflanzen für die Terrasse zu kaufen – ich wollte wieder lebendige Farben in meinem Leben haben. Ich weiß, das klingt wie eine kleine, unbedeutende Sache, aber zu jener Zeit war es genau das Gegenteil von dem, was ich bis dahin gefühlt hatte, und es hatte Ähnlichkeit mit dem Moment, als die Flat Earth Society erkannte, dass die Welt eine Kugel und keine Scheibe ist. Na ja, vielleicht ist dieser Vergleich übertrieben, aber ihr versteht sicherlich, was ich meine.

Ich verspürte auch sehr das Verlangen nach weiblicher Gesellschaft, nicht wegen Sex, möchte ich hinzufügen, sondern nur wegen des reinen Vergnügens, mit einer Frau Zeit zu verbringen. Mit einer Frau, die mich nicht verurteilte, einer Frau, die mich lustig und charmant fand, einer Frau, mit der ich reden und der ich zuhören konnte – jemand wie jene elegante und wundervolle französische Berühmtheit, die ich kennengelernt hatte, als sie zu Gast bei *Union Libre* war. Während der Sendung hatten wir uns sofort sehr gut verstanden, und da ich nun Single war, bot es sich an, dieser Sache mal nachzugehen.

Ich rief sie also auf ihrem Handy an, und ohne zu zögern nahm sie meine Einladung zum Abendessen an. Danach trafen wir uns etwa einen Monat lang zweimal in der Woche zum Dinner, wobei wir das Restaurant unserer Wahl immer sehr kurzfristig anriefen, damit niemand die Paparazzi alarmieren konnte, und wir ließen uns immer Tische in abgelegenen Ecken geben, um uns vor neugierigen Blicken zu verstecken. Sie verriet mir, dass die Klatschpresse nur auf eine Titelstory mit der Schlagzeile »Einsamer Superstar findet endlich die Liebe« wartete, da sie seit geraumer Zeit Single war. Sie gab zu, ein schwieriger Lebenspartner zu sein, da sie alle Kraft in ihre Karriere steckte und all ihre Liebe ihren Fans gehörte – dies mache es den Männern schwer, einen Platz in ihrem Leben zu finden. Ihrer Erfahrung nach hatten die meisten Männer Angst davor, auf sie zuzugehen, und diejenigen, die es tatsächlich wagten, waren mehr an ihrem Erfolg und Reichtum interessiert als an der Frau hinter der Maske.

Sie besaß ein luxuriöses Apartment in Paris, von dem aus man Blick auf den Präsidentenpalast hatte, und ihr einziger Mitbewohner war ihr Hund (ein nerviger und ziemlich verzogener kleiner Köter, der mich nicht ausstehen konnte). Je näher ich sie kennenlernte, umso mehr verstand ich, was es bedeutete, ein wahrer Superstar zu sein, und ich war froh, dass ich bloß ein B- (oder vielleicht sogar C-) Promi war.

Während wir uns immer näherkamen und mehr Zeit miteinander verbrachten, verspürte ich beim Blick in ihre Augen – die schönsten tiefblauen Augen, die jemals gesehen habe – immer heftiger dieses besondere Gefühl. Ich war gerade dabei, mich zu verlieben – dachte ich zumindest. Vielleicht lag es an den Pillen, vielleicht auch an den Umständen, aber eine Zeit lang glaubte ich wirklich, dass Amors Pfeil mich endlich mal wieder getroffen hatte.

Ich muss zugeben, dass es viel Spaß gemacht hat, mit einer französischen Ikone Zeit in Paris zu verbringen, wo echte Prominente wie Könige behandelt werden, wo ich von ihrem Chauffeur abgeholt und wieder zu Hause abgesetzt wurde, wo die Läden schlossen, damit wir einkaufen konnten, und wo in den besten Restaurants der Stadt immer ein Tisch zu haben war, auch wenn die Besitzer kurzfristig Reservierungen anderer Leute stornieren oder, noch schlimmer, Gäste an einen anderen Tisch setzen mussten, damit wir den besten Platz im Restaurant bekamen. Mein Promistatus hatte nie diese Dimensionen erreicht, daher war es für mich eine Zeit lang eine unterhaltsame Spielwiese.

In diesen ersten Wochen war unsere Beziehung eher platonisch als alles andere, abgesehen von dem Abschiedsküsschen. Dies musste sich ganz klar ändern, und das tat es auch nach einem Gespräch, das wir eines Abends bei einem Drink im Hôtel Costes hatten, einem glamourösen und dekadenten Etablissement im Herzen von Paris, wo all die Promis und Models abhingen und wohin reiche Geschäftsmänner ihre Hostessen einluden – alle waren in ihrer eigenen Welt, sodass wir fast gar nicht auffielen. An jenem Abend verkündete sie, dass ich der erste Mann seit Langem sei, der sich nicht gleich beim zweiten Date an sie herangemacht hatte, und so nahm sie an, dass ich nichts von ihr wollte. Ich wiederum verriet, dass genau das Gegenteil der Fall sei, dass ich sie sehr sexy fand, aber schreckliche Angst vor einer Abfuhr hatte. Das Gespräch ging eine Weile so weiter, bis sie einfach sagte: »Demain soir, je viens chez toi.

On dine pas, mais on boit, et puis on baise – okay? J'ai envie de toi.« (»Morgen Abend komme ich zu dir nach Hause. Wir werden nicht zu Abend essen, aber wir werden etwas trinken, dann werden wir ficken – okay? Ich will dich.«)

Manchmal ist die direkte Art die beste Herangehensweise.

Am nächsten Tag stellte ich überall in der Wohnung Blumen auf, und am Abend dimmte ich das Licht und drehte Marvin Gaye auf, während wir unseren Ruinart Rosé Champagne genossen und uns zu der Musik bewegten. Was als Nächstes passierte, war nicht gerade das, was ich wollte, aber man muss bedenken, dass ich immer noch auf Antidepressiva war, und diese Medizin kann einen unerwünschten Effekt auf die Männlichkeit haben. Ich werde nicht allzu sehr ins Detail gehen, aber ich muss das Ganze ein wenig näher ausführen, um meine Frustration und meinen Schwur, nie wieder stimmungsaufhellende Mittel zu nehmen, zu erklären. Also, los geht's.

Licht – gedimmt und in rötlichen Farben.

Musik – sanft und sinnlich.

Champagner – belebend und kalt.

Sie forderte mich auf, es mir auf dem Sofa bequem zu machen, damit ich die Show genießen konnte, während sie sich verführerisch vor mir bewegte und langsam ihre Hüllen fallen ließ. Ich hatte sie einige Male im Fernsehen singen und tanzen sehen, und nun war sie hier, in meinem Wohnzimmer – meine private Tänzerin. Ich muss nicht erwähnen, dass sie eine Augenweide war, während sie ihren gepflegten Körper vor mir immer mehr entblößte. Irgendwann wurde mir meine Hose etwas zu eng, sodass ich sie ausziehen musste und sich meine Wertschätzung ihrer Darbietung deutlich zeigte. Gleich darauf kam sie auf mich zu und nahm meinen erigierten Penis in die Hand, um ihn in ihren Mund zu führen, während ihre glänzenden blauen Augen mich hingebungsvoll ansahen. Dieses Bild habe ich immer noch deutlich im Kopf, und ich weiß noch genau, wie ich in dem Augenblick dachte: Oh wow, was für ein Anblick! Ein Superstar hockt vor mir und gibt mir gerade einen Blowjob – das Leben ist doch gar nicht so übel!

Während dieses zauberhaften Moments bemerkte ich, dass die Jalousien nicht heruntergelassen waren und die Nachbarn uns zusehen konnten, und als meine Liebste sich für die nächste Runde unseres sexuellen Abenteuers positionierte, stand ich auf, um die Jalousien herunterzulassen. Dabei ließ meine Erektion nach, und als ich mich wieder zu der Madame gesellte, war mein Schwanz total schlaff und in Schlafstellung. Während sie aufreizend auf dem Rücken vor mir lag, versuchte ich, meine Männlichkeit zu reanimieren, aber dank der Stimmungsaufheller war dies vergebens. Sie bot mir ihre Hilfe an, aber auch das brachte nichts, und da der Zauber nun dahin war, konnte ich nichts anderes mehr tun, als mich aufrichtig zu entschuldigen. Meine Liebste war sehr einfühlsam und sagte, dass wir unser Vorhaben einfach aufs nächste Mal verschieben würden. Wir zogen uns an, und bevor sie ging, verabredeten wir uns fürs kommende Wochenende zum Abendessen.

Dieses nächste Rendezvous sollte das Ende für unsere aufblühende Affäre bedeuten, da ich tapfer/dummerweise während des Essens verkündete, dass ich mich gerade in sie verliebte – worauf sie antwortete, dass sie überhaupt nicht so empfinde, obwohl sie mich sehr gern mochte. Daraufhin war die Atmosphäre ein wenig angespannt, da wir beide versuchten, meine Liebeserklärung unter den Teppich zu kehren und so zu tun, als sei nichts gewesen. Als uns die Small-Talk-Themen ausgegangen waren, bezahlten wir und gingen getrennte Wege.

Etwa ein Jahr lang blieben wir noch in Kontakt, aber dann flaute unsere Freundschaft ab, und seitdem habe ich nichts mehr von ihr gehört oder gesehen. Die kurze Zeit, die ich mit dieser eleganten, klugen Frau verbracht habe, war ein willkommener Sonnenstrahl in jenen dunklen Zeiten, und trotz der Tatsache, dass ich vielleicht zu früh zu viel preisgegeben und wir sexuell nie die Ziellinie überschritten haben, bin ich froh, dass sich unsere Wege gekreuzt haben.

Szene 3

Ein Ratschlag, der Menschen mit gebrochenem Herzen immer gern gegeben wird, ist, sich am besten in Arbeit zu vergraben, um alles andere zu vergessen. Genau das tat ich, als ich versuchte, mein neues Leben als Single in den Griff zu bekommen.

Anfang 2002 lief *Union Libre* zum letzten Mal, aber einige Monate zuvor, im Oktober 2001, moderierte ich die erste Ausgabe einer brandneuen Musiksendung auf ARTE, einem deutsch-französischen Kultursender. Der Sender hatte mich kontaktiert wegen einer Idee zu einer Sendung, die zweimal im Monat ausgestrahlt werden sollte und sich um die Live-Performance einer Band und ihres eingeladenen Support-Acts drehen sollte, mit Zwischenschnitten eines seriösen und tiefgründigen Interviews, das am selben Tag geführt werden sollte. Da es sich um einen internationalen Sender handelte, sollte die Show an zwei Orten gedreht werden – im Grünspan, dem berühmten kleinen Club in Hamburg, sowie in einer noch intimeren Umgebung, einem kleinen Restaurant namens Le Reservoir in Paris.

Die Größe beider Orte bedeutete, dass nur ein kleines enthusiastisches Publikum – wahre Fans – bei der Aufzeichnung dabei sein und für eine wahrlich einzigartige Atmosphäre sorgen würde, vor allem in Paris, wo nur ein paar Hundert Glückspilze die Möglichkeit bekamen, die Bands hautnah auf der Bühne zu erleben. Im französischen Fernsehen gab es nichts Vergleichbares, und mir gefiel die Idee sehr – nur der Name der Sendung, *Music Planet 2Nite*, nicht, den ich wirklich hasste. Der Job klang vielversprechend, allerdings mit der Einschränkung, dass es sich um einen seriösen Kultursender handelte und ich meinen Moderationsstil entsprechend anpassen musste. ARTE legte fest, dass die Künstler mit Ehrfurcht und dem nötigen Ernst, den ich bei MTV oft hatte vermissen lassen, behandelt werden sollten. Ich hatte meine Gäste immer mit größtem Respekt behandelt, war allerdings auch ein wenig frech gewesen, was ich eigentlich nicht ändern wollte. Dennoch willigte ich ein, eine etwas seriösere Seite von mir zu präsentieren, und nahm das Angebot an.

Im Laufe der nächsten zwei Jahre freute ich mich (meist), Konzerte von allen möglichen Künstlern, die gerade eine Platte veröffentlicht hatten oder auf Tour waren, präsentieren zu dürfen. Auch wenn ich an die Interviews viel ernsthafter herangehen musste, konnte ich mich insgesamt als Moderator verbessern, und während ich mich immer bemühte, tiefgründige Fragen zu stellen, um meine Bosse zufriedenzustellen, schob ich hier und da auch mal eine alberne Bemerkung ein, um das Ganze aufzulockern – meistens sehr zur Erleichterung der Künstler.

Im November 2003 wurde die letzte Folge ausgestrahlt, die unter französischen Musikfans als eine der besten Live-Performances, die jemals im Fernsehen gezeigt wurden, gilt. Dabei handelte es sich um einen seltenen Fernsehauftritt von einer der begehrtesten Bands der Welt, nämlich Radiohead. Am Tag zuvor hatten sie auf einem französischen Festival gespielt, und dies sollte eigentlich ihr Ruhetag sein, aber ich kannte die Jungs schon seit ihrer Anfangszeit – sie waren immer wieder Gäste bei *Most Wanted* gewesen –, daher war es nicht schwierig, sie zu überreden, als Hauptattraktion bei meiner letzten Sendung für ARTE aufzutreten.

Dieses Event war ein einziges Spektakel. Die Band selbst beschloss, dass Thom Yorke und Jonny Greenwood als Duo auftraten, während die anderen drei Mitglieder an der Bar relaxten und zusahen. Der kleine Raum war proppenvoll mit Fans sowie ein paar internationalen Musik- und Filmstars, die alle bei diesem einzigartigen Event dabei sein wollten. Den ganzen Tag lang herrschte in Paris großer Trubel, wobei einige Radiosender frecherweise angekündigt hatten, dass Radiohead einen Secret Gig im Le Reservoir spielen würden. Als wir mit der Aufzeichnung anfingen, hatten sich Hunderte von Fans auf der Straße versammelt in der verzweifelten Hoffnung, noch irgendwie dabei sein zu können.

Auf der nur wenige Quadratmeter großen Bühne befanden sich ein Flügel, zwei Barhocker, zwei Akustikgitarren, eine E-Gitarre, eine Menge Effektgeräte, ein Drumcomputer, ein Laptop, ein paar Verstärker sowie ein einziges Mikrofon. Von Anfang an wussten wir alle, dass wir etwas Besonderes erleben würden, und als Thom am Flügel und Jonny auf dem Barhocker Platz genommen hatte, fingen sie an, überarbeitete Versionen von alten wie neuen Songs zu spielen. Es fühlte sich an, als wären wir alle an einem heiligen Ort und würden diese Rockgötter am Altar anbeten. Ich glaube, es war bei *No Surprises* vom Album *OK Computer*, als mir zum ersten Mal eine Träne die Wange hinunterlief. Und als sie am Schluss eine fantastische Darbietung von *Karma Police* brachten, blieb im Saal kein Auge trocken.

Für mich war es einer der bewegendsten musikalischen Momente, die ich jemals erlebt habe. Fast die komplette ARTE-Führungsebene war anwesend, und am Ende der Show ging ich feierlich auf den Big Boss zu, um mich zu verabschieden und ihn zu fragen, warum er die Sendung abgesetzt hatte, obwohl sie offensichtlich sehr beliebt war und so große Acts anziehen konnte. Wenn er mir etwas über schwache Einschaltquoten oder allgemeines Desinteresse an Musik im Fernsehen (das gern benutzte Argument dieser Bosse) erzählt hätte, wäre mir schon eine passende Antwort eingefallen – zum Beispiel dass ARTE ein öffentlich-rechtlicher Kultursender sei, der die Pflicht hat, Kunst in all ihren Formen zu fördern und nicht auf Einschaltquoten zu schauen. Aber seine tatsächliche Antwort überraschte mich – klar und deutlich sagte er, dass ARTE zwei Musiksendungen habe, meine und *Tracks* (ein exzellentes Magazin, allerdings ein ganz anderes Format), und dass man sein Budget für die kommende Saison gekürzt habe, wodurch er sich nicht beide Sendungen habe leisten können. Um zu entscheiden, welche Sendung überleben sollte, habe er einfach eine Münze geworfen, zu meinem Nachteil. Im Ernst, genau das war seine Antwort. Ich werde wohl niemals verstehen, was in diesen Köpfen vorgeht. Auch wenn ich manchmal in kreativer Hinsicht vielleicht nicht gerade klug vorgehe, handeln die Männer in Anzügen meistens einfach bloß wie Maschinen, und sie und ich werden garantiert niemals zusammenfinden.

Im Jahr darauf arbeitete ich für France 5 an zwei innovativen Formaten, die von dem Boss Alexandre Michelin ins Leben gerufen wurden und das gerade neu gestartete Breitbandinternet nutzten, um die Zuschauer zum Mitmachen zu ermutigen. Die erste Sendung, *Je M'en Mail*, war eine tägliche Talkshow, die auf dem Internetportal des Senders gezeigt wurde und vier Monate lang lief. Sie war nur mäßig erfolgreich, diente aber als Versuchslabor für die radikale und bahnbrechende Show *CULT*, die bald folgen sollte. Dies war eine von Montag bis Freitag ausgestrahlte interaktive Livesendung, die sich mit urbaner Kultur beschäftigte, eine Koproduktion zwischen den Verantwortlichen von *Union Libre* sowie einer medienübergreifenden Produktionsfirma namens Streampower, geleitet von einem der besten Bosse, für die ich jemals arbeiten durfte, Dominique Delport (heute Global Managing Director der Havas Media Group).

Die flotte Sendung zielte auf die Altersgruppe der 15- bis 35-Jährigen ab, war nonkonformistisch und förderte den Multikulturalismus. Jeder Zuschauer mit High-Speed-Internetzugang und einer Webcam konnte etwas zur Show beitragen und von zu Hause aus live daran teilnehmen, außerdem wurde nach der Sendung über die Website ein Chat angeboten. Ich moderierte die Sendung zusammen mit einem jungen und engagierten Journalisten aus Marokko namens Chakib Lahssaini, und gemeinsam empfingen wir im Studio eine interessante Mischung aus Politikern, Fußballstars, Schauspielern, Musikern, DJs, Graffitikünstlern und Breakdance-Crews, mit denen wir angenehme Gespräche führten, bevor sie sich den Fragen der furchtlosen und manchmal herrlich politisch unkorrekten Zuschauer per Webcam stellten. Es war mir eine Ehre, mit all den Rebellen, die wir in unserer Show zu Gast hatten, die Sendezeit zu teilen, und ich habe von ihnen gelernt, was es bedeutet, ein Underdog zu sein, ungewollt und ausgestoßen aus der französischen Gesellschaft.

Ich freute mich sehr, als unsere gemeinsame Leistung 2006 mit einem renommierten Emmy Award in der Kategorie »Beste interaktive Sendung« belohnt wurde. Wir waren gegen Sendungen von Sky Television und der BBC angetreten, beide führend in Sachen interaktives Fernsehen. Als das Ergebnis während einer noblen Zeremonie im Carlton Hotel in Cannes verkündet wurde, flippte unser gesamtes Team vor Freude völlig aus. Später an der Hotelbar durfte ich zusehen, wie meine beiden Bosse sich wie Kinder verhielten und darüber stritten, wer die wertvolle Statue in seinem Büro aufstellen dürfe. Am Ende wurde beschlossen, dass jeder das Ding mal für gewisse Zeit haben dürfte – was mich betrifft, so habe ich den Emmy an diesem Abend zum ersten und letzten Mal gesehen. Aber mir ist es egal, ich weiß, dass ich einen gewonnen habe, und werde immer stolz darauf sein.

Die nächste Sendung, bei der ich landete, war eher bekanntes Terrain für mich, und sie sollte auch etwas länger laufen als die vorherige. Die folgenden vier Jahre klapperte ich mit einem umgebauten klassischen Airstream-Wohnwagen die Rockfestivals in Frankreich ab, um für France 4 einmal im Monat eine dreistündige Livesendung mit dem Titel *En Direct De* zu moderieren. Das Sendeformat war klassisch: Wir zeigten Ausschnitte von den Liveauftritten auf der Bühne und luden die Künstler zum Chat und für eine

Akustiksession in unseren Wohnwagen ein. Festivalstimmung fürs Fernsehen einzufangen ist immer schwierig – das ist etwas, was man wirklich hautnah erleben muss: den Jubel des Publikums, das Zusammengehörigkeitsgefühl unter den Festivalbesuchern, die Kälte, den Regen und den Matsch, meistens begleitet von dem alles überlagernden Uringestank, der von zu viel warmem Bier und zu wenigen Toiletten auf dem Gelände herrührt. Dennoch war die Sendung sehr beliebt, und unser kurioses Mobilheim wurde zu einer zusätzlichen Attraktion der Festivals, immer umringt von enthusiastischen Fans, die gern an unserer Sendung teilhaben wollten. Es war ungewöhnlich einfach, die Künstler zur Teilnahme an unserer Sendung zu überreden, und ohne Ausnahme genossen sie die entspannte Atmosphäre in dieser ziemlich surrealen Umgebung. Auf diese Weise traf ich im Laufe der Jahre viele alte Musikerfreunde wieder und konnte auch einige neue Bands in meiner Plattensammlung willkommen heißen. Die Produktions-Crew war wie eine Familie, jeder widmete sich seiner Arbeit mit Hingabe, die Einschaltquoten waren gut, und ich war wieder in Bestform.

In der Fernsehbranche sind vier Jahre beinahe schon eine Ewigkeit, und früher oder später musste das Ende der Show kommen, was es 2008 auch tat, als der Boss von France 4 entschied, dass er etwas verändern wollte. Ich wurde gefeuert, ein neuer Moderator wurde eingestellt, die Sendung wurde in etwas ganz anderes (etwas ganz Ähnliches, um ehrlich zu sein) verwandelt, und so sollte dies mein letzter Auftritt im französischen Fernsehen gewesen sein.

Aber ich will nicht vorgreifen – bevor dies alles passierte und das Universum seine neuen Pläne für mich enthüllen sollte, gab es immer noch einige unerledigte Dinge, um die ich mich erst einmal kümmern musste.

Acte Six: Krise? Welche Krise?

Für die meisten Außenstehenden muss diese Phase meines Lebens wie eine klassische Midlife-Crisis ausgesehen haben. Auch ihr, liebe Leser, habt diese Schlussfolgerung wohl schon gezogen, und das ist auch völlig okay. Ich hingegen bin mir nicht mal sicher, ob man es als Krise bezeichnen konnte, obwohl ich tatsächlich einige der typischen Symptome zeigte.

Beweisstück 1 –
Ich wurde in einem schnellen Sportwagen gesehen

Ich kann mich noch genau an das Jahr 2003 erinnern, genauer gesagt an die ersten Monate des Sommers, der zum heißesten und auch tödlichsten Sommer wurde, den Paris seit 1950 erlebt hatte. Damals wurde ich von dem Gefühl übermannt, dass ich mich in dieser wunderschönen, aber brutalen Stadt einfach wohlfühlte, und es zauberte mir wieder ein Lächeln ins Gesicht und hob meine Stimmung beträchtlich. Dies lag einzig an meinem Kumpel und ehemaligen Kollegen Ilario und einer seiner verrückten Ideen.

Hin und wieder setzte dieser italienische Hengst seinen Promistatus und seinen Charme ein, um ein Wochenende lang einen schnittigen, teuren Wagen Probe zu fahren. Ferrari, Bugatti, Lamborghini und Maserati – alle hatten Ausstellungsräume in Paris und man kannte Ilario und seine Leidenschaft für diese Schwanzverlängerungen – Entschuldigung, wundervoll gefertigten Automobile. Im Gegensatz zu ihm stehe ich nicht so sehr auf PS-starke Autos, sondern eher auf schnelle Motorräder, die ich seit meinem 16. Lebensjahr liebend gern fahre. Trotzdem war es unglaublich aufregend, in einem dieser exorbitant teuren Autos durch Paris chauffiert zu werden und das einzigartige Fahrgefühl zu spüren sowie das Aufheulen des Motors zu hören. Wir zogen auch neugierige und bewundernde Blicke der Passanten auf uns, oftmals hübsche Mädels, die uns von *Union Libre* kannten. Während ich normalerweise vor jeglicher Protzerei zurückschrecke, machte es mir dennoch sehr viel Spaß, meinen italienischen Freund in seinem Element zu sehen, wie er stolz posierte und den hübschen Damen auf der Straße »Ciao Bella« hinterherrief, bevor er das Gaspedal durchtrat und davonbrauste (bis die nächste Ampel ihn wieder zum Anhalten zwang). Eines Tages, als wir am Champ De Mars entlangfuhren und sich der Eiffelturm vor uns mächtig emporhob, bemerkte Ilario meine trübe Stimmung, drehte sich zu mir und sagte: »Keine Sorge, mein Freund, du wirst dich wieder in eine Frau verlieben.«

»Nein, werde ich nicht«, sagte ich und seufzte.

»Doch, wirst du, wart's mal ab«, gab er zurück, worauf ich gleich antwortete: »Nein, werde ich nicht, Ilario, Frauen und Liebe sind für mich gegessen. Sieh doch, was sie mit mir gemacht haben.«

»Vertrau mir, mein Freund, du bist noch nicht durch damit«, sagte er und hielt für einen besonders dramatischen Effekt kurz inne, bevor er weitersprach: »Ich sage dir, du wirst dich bald in die schönste Frau, die du jemals kennengelernt hast, verlieben – ihr Name lautet Paris, aber sie wird deine Liebe nicht erwidern.«

Typisch Ilario: Er hatte zwar das Image eines oberflächlichen Playboys, war in Wirklichkeit aber ein aufmerksamer Gentleman mit großem Herzen. Er war auch sehr belesen und höchst intelligent, und er brachte mir viel über das Leben bei. Jedenfalls brachte mich seine Prophezeiung in Sachen Liebe zum Lachen, und in diesem Augenblick erkannte ich, dass ich tatsächlich bereits in diese beeindruckende Stadt verknallt war, und mir war es egal, ob meine Liebe erwidert wurde oder nicht. Wenn Paris mir nur half, wieder zu Kräften zu kommen und meine Lebenslust neu zu entfachen, würde ich der Stadt für immer dankbar sein. Und letzten Endes tat sie genau das.

Beweisstück 2 –
Ich besuchte einen Sexclub

Depressionen, Stress und Herzschmerz wirken sich negativ auf die männliche Libido aus, und während der vergangenen 18 Monate war ich in Sachen Sex eher im Rückwärtsgang gefahren. Die Swingerszene hatte mich schon immer interessiert, und ich wollte das Ganze auch gern immer mal ausprobieren, allerdings hatte ich meine Ehefrau nie zu dem freizügigen Abenteuer überreden können, und so blieb die Fantasie weiterhin unausgelebt und auf meiner To-do-Liste. Im Februar 2004 ergab sich schließlich eine unerwartete Gelegenheit, und zwar in Form eines Geburtstagsgeschenks.

Zwei langjährige Bekannte, ein verheiratetes Pärchen aus Belgien, von denen ich wusste, dass sie Swinger waren, besuchten Paris und luden mich auf einen Ausflug in einen ihrer Lieblingsclubs ein. Sie wussten von meinem Interesse und waren der Meinung, dass eine Einführung in ihre Lebensweise eine willkommene Abwechslung zu meiner selbst auferlegten Sexabstinenz sein würde. Um ihre Privatsphäre zu wahren, nenne ich die beiden hier einfach B. und G.

Bei dem betreffenden Etablissement handelte es sich um den wohl exklusivsten Swingerclub in Paris – Les Chandelles. Dieser heilige Ort der eleganten Sittenlosigkeit war normalerweise nur Pärchen vorbehalten, aber montags durften auch alleinstehende Männer vorbeikommen, und so konnte ich meine Freunde begleiten. Zuerst hatte ich ein wenig Angst und fragte mich, ob ich in ihrer Anwesenheit und in dieser Umgebung überhaupt entspannen, geschweige denn mitmachen könne. Aber nach ein wenig einfühlsamer Überzeugungsarbeit und Bestärkung vom weiblichen Teil des Paares war ich überzeugt und nahm die Einladung an.

Man würde den Club nicht finden, wenn man nicht wüsste, wonach man sucht, da draußen kein Leuchtschild hängt, es gibt keinerlei Anzeichen dafür, dass es in dem Gebäude überhaupt einen Sexclub gibt. Zuerst mussten wir an dem grimmigen und sehr pingeligen Türsteher vorbei, und im Inneren blieben wir zunächst in einem kleinen Wartebereich zwischen Eingang und den Räumlichkeiten – man kam sich wie in einer Bank vor, wo auch eine Kamera an der Decke auf einen gerichtet ist Meine Freunde erklärten mir, dass all diese Sicherheitsmaßnahmen dazu da seien, unerwünschte Personen auszusieben und sicherzugehen, dass nur die bestgekleideten und bestaussehenden Freigeister Zutritt zu dem Club hatten.

Als der Türsummer brummte, gingen wir hinein und kamen in den Rezeptionsbereich, wo wir unsere Mäntel abgaben, unsere Vornamen nannten und schließlich an den heiligen Ort geführt wurden. Ich weiß noch, dass ich sehr nervös war, als ich meinen Freunden die kleine Treppe hinab durch einen engen Gang folgte, vorbei an einem Buffetbereich mit Erdbeeren in Schüsseln und vielen Süßigkeiten, einen weiteren Gang entlang bis zum Hauptbereich, der aus einer langen Bar, einer Tanzfläche und einem Sitzbereich bestand.

Während B. loszog und Getränke bestellte, setzte ich mich mit seiner Frau hin und genoss den sexy Ausblick. Alle um mich herum sahen gut aus, tadellos gekleidete Menschen im Alter zwischen 25 und 50, die herumstanden und sich unterhielten, lachten und tranken. Auf der Tanzfläche befanden sich einige Pärchen, die sich eng aneinandergeschmiegt hatten und sich verführerisch bewegten, sowie auch das eine oder andere Trio. Ein paar Girls tanzten in Miniröcken, andere in exotischer und teurer Unterwäsche, bewundert von anzüglich dreinblickenden Männern, von denen manche sich ebenfalls auf die Tanzfläche wagten und dabei eine eher schlechte Figur machten.

Als B. mit einer Flasche Champagner zurückkehrte, merkte er an, dass ich es mir in diesem Bereich nicht allzu bequem machen sollte, da dies nur ein Appetitanreger sei und wir in Kürze gemeinsam in den Playroom gehen würden. Als sie schließlich verkündeten, dass es Zeit für einen Besuch in den Hinterzimmern sei, zog ich es vor, sie nicht zu begleiten, sondern zu warten, bis ich bereit, sprich, betrunken genug war.

Etwa 30 Minuten später kehrten meine Freunde zurück, mit geröteten Wangen und zufriedenem Lächeln im Gesicht, in Lust und Liebe vereint. Nach einem weiteren Glas Schaumwein verkündete G., dass sie mich nun mit auf eine Tour durch den Laden nehmen wolle, und nach einem zustimmenden Nicken von B. nahm sie mich an die Hand und führte mich den langen Gang entlang. Wir schoben einen Vorhang beiseite und standen nun in einem separaten, schwach beleuchteten Raum mit einer sehr großen, erhöhten Matratze in der Mitte, die von kleineren Sitz- und Liegegelegenheiten mit weichen Kissen umgeben war. Das Erste, was mir auffiel, bevor sich meine Augen an das Licht gewöhnt hatten, waren die unverkennbaren Sexgeräusche – »Ohs« und »Ahs« sowie immer wieder ein lustbetontes »Oui, ohh ouiiii!«.

Während ich die Hand von G. fest umklammerte, konnte ich mittlerweile einige Paare erkennen, die allesamt nackt waren. G. flüsterte mir ins Ohr, dass es sich um den Partnerraum handele, in dem ein Pärchen sich vor den Augen anderer amüsieren kann; dann informierte sie mich, dass wir Zeugen von noch heftigerem Sex werden sollten auf unserem Weg immer weiter hinein ins

Labyrinth der Lust. Auf der nächsten, noch ein wenig dunkleren Spielwiese tummelten sich andere unbekleidete Pärchen, die sich mit anderen Paaren oder einzelnen Frauen vergnügten sowie mit den Singlemännern interagierten, die ihnen zusahen und masturbierten. Während wir weitergingen, bemerkte ich ein paar kleinere Räume an beiden Seiten des Ganges, in denen sich jeweils zwei Paare näherkamen – Zuschauer waren zwar erwünscht, Mitmachen jedoch nicht. Im letzten Bereich, am Ende meiner geführten Tour, bot sich mir eine Orgie mit etwa 20 nackten Körpern, die alle eng umschlungen miteinander beschäftigt waren. Meine Sinne waren extrem stimuliert. Ich war erregt, fasziniert, nervös und gleichzeitig auch etwas verunsichert.

Eine Zeit lang sahen wir zu, berührten den einen oder anderen oder wurden berührt, und dann verließen wir den Playroom wieder. Ich danke meiner Begleiterin für diese unglaubliche Einführung in eine unbekannte Welt, dann gingen wir zurück zu ihrem Ehemann in den Barbereich. Ich weiß noch, wie ich ihm von meinem Erlebnis erzählte sowie davon, wie aufregend ich es fand, dass alles eher sexy und überhaupt nicht anrüchig war.

Ein wenig später, als meine Angst abgeflaut war und meine Libido sich stark bemerkbar machte, kehrten wir zu dritt in die Playrooms zurück und gaben uns der Nacht einfach hin. An einem Punkt unserer Session blickte ich mich um und stellte fest, dass ich Darsteller in meinem ganz privaten Pornofilm war.

Am Ende des Abends verabschiedeten wir uns, glücklich und zufrieden, mit einer festen Umarmung voneinander und ich dankte ihnen nochmals für diese Erfahrung, wobei mir nur allzu bewusst war, dass es nur sehr wenige Leute gibt, mit denen ich darüber sprechen, geschweige denn diese Erfahrung teilen kann. Zwar betrachte ich mich nicht als vollwertiges Mitglied der Swinger-Community, aber ich teile die Auffassung, dass alle guten Sachen in Maßen genossen werden sollten – und sich nackt mit gleichgesinnten Fremden zu amüsieren, gehört definitiv dazu.

Beweisstück 3 –
Ich hatte viel Gelegenheitssex

Eines Nachmittags im Spätfrühling 2005 saß ich vor dem Fernseher und sah zufällig eine dieser billig produzierten, schlecht gespielten, noch schlechter synchronisierten importierten Seifenopern, mit denen das Nachmittagsprogramm aller Sender weltweit infiziert ist. In einer Szene versuchte ein männlicher Darsteller (diese Bezeichnung benutze ich hier im weitesten Sinne), einen anderen Mann zu trösten, der kurz zuvor seine Ehefrau bei einem tragischen Unfall, durch eine heimtückische Krankheit oder an einen anderen Kerl verloren hat – ich hatte die vorherige Episode nicht gesehen, aber schließlich sind dies die üblichen Handlungsstränge einer Soap. Ich muss zugeben, dass es nicht gerade die Einsicht in das menschliche Befinden gewesen ist, die mich an diese Fernsehsendung fesselte (aber das würde man von einer Produktion wie dieser auch nicht erwarten), sondern eher eine grundlegende Wahrheit, die mir bis dahin noch nicht in den Sinn gekommen war. Das Wesentliche des Gesprächs zwischen den beiden Männern war, dass der schnellste Weg, um ein gebrochenes Herz wieder zu reparieren, einfach ganz viel Sex ohne Verpflichtungen ist. Dies, so sagte der Schauspieler, sei zwar nicht die Heilung, aber für den Moment sei es sicherlich die beste Medizin.

Bis dahin war ich in Sachen One-Night-Stand noch Jungfrau gewesen, aber ich fand irgendwie Gefallen an der Sache, also beschloss ich, einen Versuch zu wagen, natürlich gänzlich im Namen der Wissenschaft. Da ich eine recht bekannte öffentliche Person bin, hätte ich wahrscheinlich bei einem Drink in der nächsten Bar sofort eine passende Partnerin für die Nacht finden können, aber wie ich bereits erwähnt habe, bin ich jenseits der Kameras oder Bühnen ziemlich schüchtern, was Frauen angeht. Abgesehen davon, halte ich nichts von dieser »Fuck me, I'm famous«-Attitüde. Stattdessen entschied ich mich für das, was ich kannte – das Internet –, und wurde Mitglied der Dating-Website Meetic, die sich selbst als »europaweite Nummer eins unter den Websites für Chats und Treffen zwischen Singles« bezeichnete. Ein Kollege hatte mir gesagt, dass Meetic zwar eigentlich ein seriöses romantisches Dating-Portal sein wollte, man dort aber auch viele Frauen fand, die einfach nur Spaß haben wollten, und dass ich dort durchaus finden würde, wonach ich suchte.

Ich bezahlte den Mitgliedsbeitrag, erstellte mein Profil so verführerisch wie möglich, postete ein Foto von mir und hatte innerhalb von drei Tagen um die 100 Rückmeldungen. Die Antworten auf meine »Englischer Gentleman sucht ein wenig Spaß«-Anzeige waren gemischt, wobei manche ein romantisches Dinner vorschlugen, andere fragten, ob ich nicht der Typ aus dem Fernsehen sei, und einige beschwerten sich, dass ich ihrem Club beigetreten war und offensichtlich meinen Promistatus nutzen würde, um Sex mit Groupies zu haben. Insgesamt gab es auch ganz wenige offensichtliche Sexangebote, mit Fotos von Frauen im Bikini bis hin zu deutlichen Aufnahmen von weiblichen Geschlechtsorganen, und alle diese Frauen hatten mich erkannt und den Wunsch geäußert, den »Engländer von *Union Libre* zu ficken«.

Es dauerte ein paar Tage, bis ich mich mit der Idee angefreundet und den Mut aufgebracht hatte, die Sache tatsächlich durchzuziehen, und in dieser Zeit erhielt ich eine E-Mail vom Webmaster von Meetic. Er wies mich an, sofort mein Foto von meinem Profil zu entfernen, da es illegal sei, sich als Prominenter auszugeben – ansonsten werde man meine Mitgliedschaft umgehend löschen. Ich antwortete ihm pflichtgemäß, dass Foto und Profil echt seien, dass es tatsächlich ich war, Ray Cokes – der Engländer von *Union Libre* –, aber nach nur wenigen Tagen war mein Foto wirklich verschwunden und jegliche Antwortmails blieben aus. Das war aber nicht weiter schlimm, da ich mir zu diesem Zeitpunkt bereits acht potenzielle Kandidatinnen ausgesucht hatte, und in den nächsten fünf Wochen lud ich fünf von ihnen zu mir nach Hause ein (natürlich erst, nachdem ich meinen freundlichen Hausarzt besucht und mir Viagra hatte verschreiben lassen, um zu vermeiden, dass es während meines Testflugs zu irgendwelchen Startschwierigkeiten kam).

Mein Jungfernflug sollte allerdings schon auf der Startbahn zu Ende sein. Dies lag nicht an der Aufregung vor dem ersten Mal, sondern an der unglücklichen Tatsache, dass die Dame, die vor mir stand, definitiv nicht aussah wie die auf dem Profilfoto. Vor mir stand eine weitaus kleinere und auch dickere Frau als erwartet, und mein erster Gedanke, als ich die Tür öffnete, war: Ich bin ein Star, holt mich hier raus! Aber dies war keine Reality-Show irgendwo im australischen Busch, dies war das wahre Leben im urbanen Dschungel, und das Einzige, was ich herausbrachte, war eine Ausrede, um sie nicht hereinbitten zu müssen.

»Oh, hallo«, sagte ich, »je suis vraiment désolé mais mon ami Ilario, tu sais – L'Italien dans *Union Libre*?« (»Es tut mir wirklich leid, aber mein Freund Ilario – du weißt schon, der Italiener von *Union Libre*?«)

»Et bien il est avec moi en train de pleurer car sa copine viens de le larguer.« (»Nun ja, er ist hier und weint sich gerade die Augen aus dem Kopf, weil seine Freundin ihn verlassen hat.«)

»Oh, non, le pauvre« (»Oh, nein, der Arme«), sagte sie mitfühlend, »t'inquiète pas, je comprends – écoute ce n'est pas grave, tu sais, on remet ca a la prochaine fois.« (»Keine Sorge, ich verstehe, das ist kein Problem – wir machen es beim nächsten Mal.«)

»Oui«, log ich, »une autre fois, excuse-moi.« (»Ja, ein anderes Mal, tut mir leid.«)

Und damit war sie verschwunden.

Beim zweiten Mal war ich ein wenig vorsichtiger. Ich lud die betreffende Dame nicht direkt zu mir nach Hause ein, sondern verabredete mich mit ihr zunächst in dem wunderschönen nahe gelegenen Park Jardin du Luxembourg. Das entzückende Mädchen, das ich dort traf, kam aus England, und wir genossen einen schönen Spaziergang durch die gepflegten Gärten, bevor wir zu mir nach Hause gingen und ich ihren geheimnisvollen Garten erkundete.

Die übrigen drei Bewerberinnen waren eine verheiratete Frau, die Lust auf einen Quickie mit einem Fremden hatte, bevor sie zu ihrem Ehemann nach Hause zurückkehrte, ein zynisches Mädchen, das Männern nicht mehr traute und sie nur noch für Sex benutzen wollte (was für mich völlig in Ordnung war), und schließlich eine freundliche, positive Frau, die zufällig auch noch eine wilde Nymphomanin war. Mit ihren Forderungen konnte ich kaum mithalten, aber allein dies auszuprobieren hat schon Spaß gemacht, und für eine Weile waren wir ganz gewöhnliche Fickfreunde.

Dies sollte jedoch meine letzte Eroberung dieser Art sein, da ich, nachdem sie nach einer besonders heißen Session um vier Uhr morgens meine Wohnung verlassen hatte, zur Vernunft kam und erkannte, dass diese Medizin einen bitteren Nachgeschmack hinterließ. Das Wohnzimmer sah aus wie ein Set nach einem Pornodreh, mit leeren Champagnerflaschen auf dem Boden, einem überquellenden Aschenbecher sowie aufgerissenen Kondom- und Gleitmittelverpackungen überall. Auf einmal kam mir das alles sehr anrüchig vor und wie etwas, was ich nicht wollte. Ich brachte erst Ordnung in meine Wohnung und dann in mein Leben, indem ich an Ort und Stelle beschloss, erst wieder Sex zu haben, wenn ich die wahre Liebe gefunden hatte. Die sollte jedoch noch einige Zeit auf sich warten lassen, aber immerhin hatte ich eine kluge Entscheidung gefällt, und es sollte auch nicht lange dauern, bis ich eine weitere fällte. Ich musste wieder zu meinem spirituellen Selbst zurückfinden, und ich wusste auch genau, wohin ich dafür gehen musste.

Beweisstück 4 –
Ich nahm am Burning Man teil

Seit einigen Jahren hatte mein Freund Will Henshall, ein in Los Angeles lebender Musiker und Erfinder, mir immer wieder vorgeschlagen, seine Truppe bei ihrem jährlichen Besuch beim Burning Man zu begleiten – einem einwöchigen Event in den USA. Diese geheimnisvolle Zusammenkunft in der Wüste Black Rock Desert in Nevada hatte mich schon seit geraumer Zeit gereizt, aber entweder war ich zu beschäftigt gewesen, um daran teilzunehmen, oder hatte mir die Reise dorthin nicht leisten können.

Dieses Mal jedoch wollte ich unbedingt hin, und ich fragte meinen Kumpel Simon, ob er mich begleiten würde auf diese wissentlich schwierige Reise, körperlich wie geistig. Burning Man wird als Experiment in Sachen Zusammenleben, Kunst und radikaler Selbstdarstellung angepriesen. Es spielen weder Bands, noch legen hier überbezahlte DJs auf, und es liegt an jedem selbst, für die Unterhaltung zu sorgen. Ich finde es schwierig, das Ganze in Worte zu fassen, aber ich kann euch immerhin einen Einblick geben, was dieses Erlebnis für mich bedeutet hat.

Burning Man findet in Black Rock City statt, einer temporär errichteten Stadt in einem ausgetrockneten Seebett, die auf Luftaufnahmen aussieht wie ein antikes griechisches Amphitheater oder wie eine riesige Uhr. In der Mitte steht eine große hölzerne Statue eines Menschen, und von diesem Punkt aus führen Wege, angeordnet wie Speichen in einem Rad, nach außen. Der innerste Weg wird Esplanade genannt, und sie umgibt einen offenen, weiten Platz namens Playa, der zentrale Treffpunkt für alles und jeden. Sieben Tage lang leben knapp 50.000 Bürger in der Stadt, untergebracht in Zelten und Wohnwagen, und die meisten von ihnen finden sich in Gruppen zusammen, um Themencamps auf die Beine zu stellen. Am Ende der Woche wird alles wieder abgebaut und die Bürger nach einer »Halte deine Umwelt sauber«-Philosophie evakuiert, was bedeutet, dass alles, was man mitgebracht hat, auch wieder mitgenommen werden muss, um den ursprünglichen Zustand der Wüste wieder herzustellen. Jedes Jahr hat das Event ein bestimmtes Thema, und in jenem Jahr, als ich dabei war, lautete das Motto passenderweise »Hope and Fear: The Future«, also »Hoffnung und Angst: Die Zukunft«. Wenn ich meine Phase der Selbstbesinnung und Selbsttransformation zu einem Ende bringen wollte, dann war dies der richtige Ort dafür.

Simon und ich hatten den Survivalguide auf der offiziellen Homepage studiert und baten Will um weitere Tipps, der uns riet, zwei günstige Fahrräder zu kaufen, da die Playa eine riesengroße Fläche ist und die einzig praktische Art des Vorwärtskommens auf zwei Rädern sei. Alternativ böte sich an, als Anhalter bei einem der vielen bewundernswerten Kunstautos mitzufahren – Fahrzeuge, die zu den unglaublichsten Gebilden wie Walen, Piratenschiffen, feuerspuckenden Drachen oder riesigen Spinnen umgebaut waren. Diese überaus einfallsreichen Transportmittel haben kein besonderes Ziel, man steigt einfach ein und lässt sich durch die Gegend fahren – eine Art persönliche *Magical Mystery Tour*. Wir waren also bestmöglich vorbereitet, als wir mit unserem kleinen Wohnmobil auf dem Gelände ankamen. Bei Burning Man geht es um Selbstständigkeit, man kann nichts kaufen und muss sich alles, was man eine Woche lang zum Überleben in der Wüste braucht, mitbringen.

Tagsüber war die Hitze in der öden Landschaft einfach unerträglich. Wir ruhten uns im Schatten aus, tranken Tee, spielten Gitarre und sprachen über alles und jeden mit unseren Campernachbarn sowie mit vorbeilaufenden Fremden. Jeden Tag schlossen wir neue Freundschaften, wobei Gleichgesinnte aus anderen Camps bei uns vorbeischauten oder wir zu ihnen eingeladen wurden. Da auf dem Gelände keine Geldtransaktionen erlaubt sind, wird für die »Kunst des Gebens« stark geworben, was im Grunde bedeutet, dass jeder dem anderen etwas anbietet, was demjenigen fehlt, und nichts als Gegenleistung erwartet. Dieser Gemeinschaftssinn – nur allzu selten in der heutigen Gesellschaft – war eine wahre Freude und hinterließ bei mir einen bleibenden Eindruck.

Wenn wir uns mal in die intensive Tageshitze hinauswagten, um uns ein paar der unglaublichen Kunstwerke anzusehen, in den temporären Tempeln meditierten oder einfach nur fasziniert die vielfältigen Charaktere beobachteten, die in der Stadt umherliefen, nahmen wir immer unsere obligatorischen Gasmasken und Wasserflaschen mit für den Fall, dass wir in einen dieser heftigen Sandstürme gerieten, vor denen uns andere Burners (wie man die Bewohner nennt) gewarnt hatten. Selbst wenn uns der Sturm mal nicht seine brutale Stärke demonstrierte, konnte man vor dem grauen Playa-Sand nicht flüchten, er gelangte in unsere schweren Stiefel und sorgte für schmerzhafte wunde Stellen oder hinterließ eine dicke Schicht Salzstaub in und vor unserem Wohnmobil.

Nachts fielen die Temperaturen unter den Gefrierpunkt, und so zogen wir uns warme, bequeme Kleidung an und gingen ziellos hinaus in die Wüste. Überall gab es Partys und Zusammenkünfte, von minimal bis ausgefallen, die alle ein sehr großer Spaß waren. Anders als in der Außenwelt fragt beim Burning Man niemand, was man beruflich macht, da die Leute eher daran interessiert sind, wie man als Mensch tickt. Es fühlte sich unglaublich befreiend an, Teil einer Stadt zu sein, wo auf natürliche Weise ein Gemeinschaftsgeist entstand, wo kreativer Ausdruck in Form von Kunst gefördert wurde und wo man einfach sein konnte, wer man wollte, ohne Gesellschaftsdruck und ohne Angst davor haben zu müssen, sich lächerlich zu machen. Während ich persönlich anfangs einige Probleme hatte, die üblichen gesellschaftlichen und persönlichen Grenzen zu überwinden, hatte ich am Ende unseres Aufenthalts das Gefühl, angekommen zu sein und endlich Frieden mit mir geschlossen zu haben.

Am allerletzten Abend wurde die Holzstatue in Menschengestalt, die eine ganze Woche lang das Zentrum dieses Events dargestellt hatte, in einer rauschenden Zeremonie verbrannt, begleitet von einem großen Feuerwerk und im Beisein aller Burners, die sich gemeinsam das Spektakel ansahen. Zusammen mit unseren alten sowie neuen Freunden tanzte auch ich rund um das Feuer und fühlte mich frisch, fast wie neugeboren. Die einzigartig stimulierende Umgebung und die liebenswürdigen Freigeister boten mir ein Erlebnis, das ich niemals vergessen werde und das mich dazu brachte, mich selbst und meinen Platz in der Welt zu hinterfragen. Da man keinen Handyempfang hatte, konnte jeder Anwesende den Moment leben, anstatt wie besessen Fotos von diesem Augenblick auf irgendeiner Social-Media-Seite zu posten. Ihr habt sicherlich davon gehört, dass beim Burning Man Tausende von Leuten auf Drogen sind, nackt herumrennen, für freie Liebe plädieren und Gelegenheitssex haben. Während dies teilweise auch so ist, ist es auch so viel mehr. Auch wenn es nur eine utopische Gesellschaft auf Zeit ist, erinnert sie mich daran, wie wir Menschen zusammenleben könnten – und sollten.

Beweisstück 5 –
Ich hatte eine jüngere Freundin

Um diesen speziellen Aspekt drehen sich die meisten Midlife-Crisis-Geschichten von Männern. Sie handeln generell von einem rücksichtslosen, gewöhnlich verheirateten Mann mittleren Alters, der eine jüngere Frau verführt und mit ihr zusammen ist, weil er glaubt, dass sie ihm seinen jugendlichen Esprit zurückbringen oder sein Ego streicheln wird, indem sie ihm bestätigt, was für ein Hengst er immer noch ist – dass er es immer noch draufhat.

Hand aufs Herz, ich kann ganz ehrlich sagen, dass während meiner persönlichen »Krisenjahre im mittleren Alter« keines dieser Klischees zutraf, als ich mit einer etwa 30 Jahre jüngeren Dame zusammen war.

Vor dem Burning Man war ich eine Art Einsiedler geworden, hatte mich zu Hause verkrochen und mir reihenweise Serien wie *The Wire*, *Dexter*, *Six Feet Under* (das beste Serienende aller Zeiten), *Prison Break*, *Weeds*, die großartigen *Sopranos* und *24* reingezogen. Nach dem Erlebnis in der Wüste Nevadas war ich aufgerüttelt, geistig wiedererwacht, völlig befreit und wieder der »Burning Man«, der ich manchmal sein kann. Ich wollte und musste mein Leben ändern, war mir aber nicht sicher, was ich tun sollte.

Glücklicherweise kannte mein Unterbewusstsein die Antwort und flüsterte mir ein paar weise Worte zu, die es einige Jahre zuvor in weiser Voraussicht für Zeiten wie diese beiseitegelegt hatte. Der erste Satz, der mir ein Licht aufgehen ließ, war der Refrain des Songs *Any Road* von George Harrison: »If you don't know where you're going, any road'll take you there« – wenn du nicht weißt, wo es hingehen soll, ist jeder Weg der richtige (im Grunde gibt dies ein Gespräch zwischen Alice und der Grinsekatze in Lewis Carrolls berühmtem Roman *Alice im Wunderland* wieder). Dann offenbarte sich mir noch ein zweiter Gedanke – einer meiner Freunde (ich glaube, es war wieder mal Paul McKenna) hatte mir mal gesagt: »Wenn du nicht weißt, was du tun sollst, machst du am besten gar nichts. Bleib einfach stehen und halte inne.« Und genau das tat ich auch – ich hörte auf zu grübeln und fing an, ich zu sein.

Ein paar Wochen später, völlig aus heiterem Himmel, rief mein Freund Simon mich aus Kapstadt an und verkündete mir interessante Neuigkeiten. Während eines kürzlichen Kundalini-Yoga-Wochenendes hatte er ein nettes englisches Mädel namens Judith kennengelernt und sich mit ihr angefreundet. Sie hatte ihm erzählt, dass sie vor Beginn ihres Studiums ein Jahr Auszeit nehmen und unter anderem ihre Familie in Großbritannien besuchen wolle. Simon hatte ihr vorgeschlagen, einen Zwischenstopp in Frankreich einzulegen und sich von seinem besten Kumpel Ray Paris zeigen zu lassen. Nach einigen lockeren und überraschend angenehmen Gesprächen über Skype lernten Judith und ich uns besser kennen, und etwa einen Monat später hieß ich sie in meiner Wohnung willkommen. Eigentlich war geplant, dass sie für zwei Wochen bei mir unterkam, aber wir verliebten uns ineinander, und so blieb sie zweieinhalb Jahre.

Während dieser gemeinsamen Zeit pflegten wir eine wahrlich hedonistische Lebensweise und lachten und liebten uns jeden Tag. Abends machten wir es uns entweder zu Hause gemütlich oder zogen ins wilde Nachtleben hinaus, wo wir in Swingerclubs gingen oder zu Gast bei intimen Privatpartys waren. Wie bereits erwähnt, hatte ich schon ein wenig Erfahrungen mit dem gesammelt, was manche Leute vielleicht als dekadente und verbotene Seite des menschlichen Sexualverhaltens betrachten (was ich eher als befreiende Experimentierfreudigkeit mit Einwilligung des Partners sowie als weitaus besser als eine geheime Affäre betrachte). Ich hatte gehofft, diese Erfahrungen ein wenig vertiefen zu können, und durch Judith bot sich mir nun die Chance dazu, da sie offen für diese Ideen und diese Lebensweise war und auch ihre eigenen sexuellen Neigungen erforschen wollte.

Auch wenn es einen Altersunterschied von knapp 30 Jahren zwischen uns gab, bin ich persönlich davon überzeugt, dass Reife nichts mit Alter zu tun hat, und Judith war für ihr Alter definitiv erfahren. Wie die meisten jungen Menschen konnte sie manchmal ein wenig eigensinnig sein, aber sie brachte mir vieles über alle möglichen Dinge bei, unter anderem über mich selbst. Ich weiß, dass ihr kurzer Auftritt in meinem Leben kein Beweis für eine Midlife-Crisis war, sondern eher für einen Midlife-Wandel – und dass das Beste noch kommen sollte.

KAPITEL 12

Transit-Man

Anfang 2007 hatte ich das Gefühl, meine Möglichkeiten im französischen Fernsehen so gut wie ausgeschöpft zu haben; die Tatsache, dass ich Französisch mit einem breiten englischen Akzent sprach, hielt mich auf und ermutigte die großen Sender nicht gerade, mir neue Angebote zu machen. Meine einzige Geldquelle war eine gelegentliche Musiksendung auf France 4, und ich hatte bereits einen großen Teil meiner mageren Ersparnisse ausgegeben, um einen Lebensstil zu pflegen, den ich mir eigentlich gar nicht leisten konnte. Nachdem ich mit Judith alle Optionen besprochen hatte, beschlossen wir, Paris zu verlassen und eine Zeit lang nach England zu ziehen, um bei meiner Schwester Debbie zu wohnen und dort unseren nächsten Schritt zu planen.

Einige Monate lang trieb ich auf einem Meer der Ruhe im Kreise der Familie und inmitten meiner Freunde, bis eine alte Bekannte sich bei mir meldete – ihr Name lautete Belgien. Ich wurde eingeladen, auf dem jugendorientierten flämischen Musiksender JIM zwei Sendungen zu moderieren. Beim ersten Job sollte ich eine Reihe von Sendungen namens *I Love The Nineties* präsentieren, in der, wie man sich sicherlich denken kann, viele Videos aus den Neunzigern gezeigt wurden, und beim zweiten Job sollte ich eine Castingshow mit dem Titel *Host Wanted* komoderieren, deren Name offensichtlich an meine alte MTV-Sendung angelehnt war und in der, wie man sich ebenfalls sicherlich denken kann, junge Moderatoren gesucht wurden. Meine Aufgabe bestand darin, die Kandidaten auszusieben, die Besten zu coachen und schließlich den Zuschauern die Entscheidung zu überlassen, für wen der Traum in Erfüllung gehen sollte. Ich war kein Freund dieser Shows, in denen man auf der Überholspur zum Erfolg kommt und sofort mit Überschallgeschwindigkeit wieder in der Bedeutungslosigkeit verschwindet, aber dieses Format schien auf jene zynische Manipulation, die so typisch für diese Sendungen ist, zu verzichten, und ein glücklicher Teilnehmer sollte am Ende schließlich einen Vollzeitjob bekommen, also beschloss ich, dem Ganzen eine Chance zu geben. Mein erster Ausflug in die Welt der Realityshows stellte sich als großer Spaß heraus, und während dieser angenehmen Zeit in Belgien durfte ich mit zwei netten Komoderatoren zusammenarbeiten, Miss The Man und Mister The Cock – in ihrem Heimatland sind die Nachnamen von Nina (De Man) und Gerrit (De Cock) sicherlich nicht außergewöhnlich, aber ich als Engländer fand sie immer sehr amüsant.

Als die Sendungen gelaufen waren und ich zurück im Londoner Vorstadtleben war – ohne Plan, was ich tun und wo ich hingehen sollte –, lieferten mir drei weise Männer die Koordinaten meines nächsten Anlaufhafens. Eines sonnigen Sommernachmittags traf ich mich in London mit Björn Tagemose, einem angesagten Fotografen und Regisseur aus Schweden, sowie mit zwei einflussreichen Männern aus Berlin, Professor Jo Groebel, dem Leiter des Deutschen Digital Instituts, sowie Karl-Heinz Müller, Präsident und Chef der BREAD & BUTTER, der bekannten Messe für Streetwear-Mode. Der Präsident bot mir einen Job als Moderator bei zwei seiner bekanntermaßen opulenten Events an (in der Modebranche war von einer Finanzkrise definitiv nichts zu spüren), und mit dem Professor als Komoderator sollte ich eine lockere Talkshow moderieren, in der bekannte Modedesigner zu Gast sein würden und die von dem schwedischen Fotograf auf die Beine gestellt und geleitet würde. Diese drei Gentlemen mochte ich auf Anhieb und ich fand ihre Ideen für spektakuläre Shows großartig, und bevor der Hauptgang serviert wurde, war unser Deal bereits unter Dach und Fach. Am Ende unseres Meetings und nach einigen Flaschen besten Chablis Premier Cru sprachen wir noch über meine Karriere. Die drei waren Fans von MTV gewesen und wollten wissen, was ich heute so trieb. Als ich ihnen von meiner jüngsten Flaute in Sachen Arbeit und meiner wachsenden Unsicherheit in Hinblick auf die Zukunft erzählte, empfahlen sie mir wärmstens, nach Berlin zu ziehen. Enthusiastisch erzählten sie mir, dass die wiedergeborene deutsche Hauptstadt ein lebhafter, kreativer, unkonventioneller und inspirierender Ort sei, und sie versicherten mir, dass ich, da man meinen Namen immer noch kannte, dort hundertprozentig Arbeit finden würde.

Weitere Überzeugungsversuche waren nicht notwendig; kurz nach diesem Meeting verließen Judith und ich die Londoner Vorstadt und tauchten in Berlins Boheme ein, indem wir uns eine Wohnung in dem früheren Ostberliner Stadtteil Prenzlauer Berg nahmen. Ich hoffte, von meinem Erfolg bei MTV profitieren zu können und vielleicht eine Musiksendung bei einem deutschen Sender zu bekommen. Zwar konnte ich kein Deutsch, aber meine Sendungen auf MTV und Kiss FM waren auch auf Englisch ausgestrahlt worden, außerdem hätte man eine mögliche neue Show mit Untertiteln versehen können. Obwohl sich allein durch meinen Namen einige Türen öffneten, wurde mir schnell klar, dass ich, wenn ich meinen Plan in die Tat umsetzen wollte, zuerst einmal die Sprache lernen musste. Kein Fernsehboss, mit dem ich mich traf, hielt etwas von der Idee, eine Sendung in meiner Muttersprache auszustrahlen, und Untertitel waren auch keine Option, da der Großteil der deutschen Zuschauer beim Fernsehen nicht lesen und deshalb jede ausländische Produktion synchronisiert haben will.

Fest entschlossen, mein Vorhaben nicht aufzugeben, schrieb ich mich bei einer Sprachschule ein, wo ich bei Weitem der älteste Schüler war. Das ging sogar so weit, dass die anderen Schüler (alle zu jung, um mich noch von MTV zu kennen) anfangs immer aufstanden, wenn ich den Unterrichtsraum betrat, weil sie mich für den Lehrer hielten. In den kommenden Monaten eignete ich mir langsam die Grundlagen der deutschen Sprache an, aber viel weiter kam ich nicht – als es darum ging, zu verstehen, wie Nominativ, Akkusativ und Dativ anzuwenden sind, verlor ich komplett den Faden und hatte das Gefühl, dass mein Gehirn kurz vor einer Kernschmelze stand. Der Lehrer versicherte mir, dass ich diese Mauer des Nichtbegreifens irgendwann überwinden könne, wenn ich dem alten deutschen Sprichwort »Übung macht den Meister« folgen würde, aber ich war einfach nicht mit Herz und Seele dabei. Ich hatte das Gefühl, dass mir diese Sprache nicht lag, und musste an der linguistischen Front schließlich kapitulieren – was letztendlich auch meine Jobsuche beendete. Was mein Privatleben anging, so lebten Judith und ich uns immer weiter auseinander. Meine Geduld, Libido und Energie stimmten nicht mit ihrer überein, und sie hatte ein paar neue jüngere Freunde gefunden, mit denen ich nichts anfangen konnte. Es ist nicht gesund, wenn Paare sich nicht gemeinsam neue Freunde suchen, und in diesem Fall sorgte es dafür, dass mir plötzlich der Altersunterschied zwischen uns auffiel. Ich hatte Judith immer wieder gesagt, dass wir uns aufgrund des Altersunterschieds irgendwann zwangsläufig trennen würden, da sie ihre Jugend ausleben müsse. Sie hingegen forderte mich immer auf, ihr so etwas nicht zu sagen, weil es sonst noch in Erfüllung gehen würde, was es nach etwa anderthalb gemeinsamen Jahren in Berlin auch tat, als sie mir sagte, dass sie mich verlassen wolle. Wir wussten beide, dass unsere Zeit um war, einer von uns musste es einfach beenden, und letzten Endes hatte sie mehr Mumm in den Knochen als ich. Die Trennung tat gut, aber auch weh, und wir waren dankbar für das, was wir gehabt hatten – jedenfalls für das meiste. Sie kehrte nach Kapstadt zurück, zog wieder bei ihren Eltern ein und begann zu studieren, während ich noch ein paar Monate in Berlin blieb.

Zwar hatte ich beruflich nicht erreicht, was ich mir für Berlin vorgenommen hatte, aber zum Glück hatte ich in anderen Bereichen Erfolg gehabt. Ich konnte nicht nur die Freundschaft zu meinem alten Freund Markus wiederbeleben, den ich während meiner Arbeit für Kiss FM kennengelernt hatte, sondern schloss auch drei Freundschaften fürs Leben – mit einem Engländer, einem Franzosen und einer Deutschen, die mich mit ihrer Gesellschaft vor vielen einsamen Stunden bewahrten.

Wenn ich aber nicht gerade mit meinen neuen Freunden John, Fred und Carola durch die Bars zog, saß ich zu Hause und dachte über meine Situation nach, wobei sich langsam ein Tsunami aus Selbstzweifel und Unsicherheit vor mir aufbaute. In den vergangenen Jahren hatte ich karrieretechnisch nicht wirklich viel erreicht, und auch wenn ich wusste, dass regelmäßige Arbeit in diesem Business ein Luxus ist, den nur eine Handvoll Leute genießen dürfen, fand ich mich immer mehr mit dem Gedanken ab, dass meine Tage als Moderator gezählt waren, dass meine 15 Minuten Ruhm offenbar vorüber waren. Ohne Fernsehjobs, vor allem gut bezahlte von den großen Sendern (die seit der Rezession auch nicht mehr so lukrativ waren), fing ich an, mir große Sorgen zu machen. Um mich in meinen Grundfesten zu erschüttern, braucht es nicht viel, und als sich die ersten Risse zeigten, breiteten sie sich in Windeseile aus. Ich kann ein angstloser Kampfhund sein, aber wenn mich mein Glaube verlässt, kann ich auch zum kampflosen Angsthasen werden. Das Ende vom Lied war also, dass, wenn meine Karriere sich tatsächlich dem Ende zuneigte, ich mir einen alternativen Plan zurechtlegen müsste, aber so wie Alice Cooper hatte ich nie wirklich einen Plan B. Also tat ich das, was alle kreativen Leute tun, und verbrachte den ganzen Tag in einem Café unter gleichermaßen verlorenen Seelen, hing über meinem MacBook und dachte mir Projekte aus, aus denen eventuell etwas werden könnte (wahrscheinlich aber nicht).

Eines Nachmittags, als ich an meinem billigen Cappuccino nippte und so tat, als würde ich eine exklusive Idee auf meinem teuren Apple-Computer ausarbeiten, vernahm ich plötzlich das altbekannte »Pling« einer eingegangenen E-Mail. Sofort checkte ich meine Inbox und entdecke die Nachricht von einem unbekannten Absender mit dem Betreff: »Die Reeperbahn und du«. Ich dachte nur: Soll das ein schlechter Witz sein? Einer von der Sorte, bei der ein stolzer Engländer eine Bühne in Hamburg betritt, angeblich Ausschreitungen anzettelt und seine Karriere ruiniert? Wer würde mich schon an den Hamburg-Schnitzer erinnern wollen, und vor allem warum?

Die Erinnerungen an diesen schicksalhaften Abend sowie an die langwierigen Nachwirkungen brachen über mich herein. Ich gab mein Bestes, um in dem gut besuchten Café die Fassung zu bewahren, bestellte mir zur Beruhigung eine große Apfelschorle und bereitete mich auf das Schlimmste vor.

KAPITEL 13

Reeperbahn Reloaded

Als ich die E-Mail gelesen hatte, lehnte ich mich zurück und ließ sie erst einmal sacken. Sie enthielt positive und auch negative Neuigkeiten. Gut war, dass mich endlich jemand für einen Job anheuern wollte; schlecht war, dass dies an genau jenem Ort stattfinden sollte, wo ich knapp 13 Jahre zuvor, 1996, meinen Niedergang erlebt hatte. Nun gibt es bei mir eine Charaktereigenschaft, von der ich euch noch nichts erzählt habe, und zwar bin ich von Natur aus ein wenig abergläubisch. Aus mir unbekannten Gründen (möglicherweise hat dies etwas mit meiner Kindheit zu tun) und solange ich denken kann, habe ich stets ein paar Unheil abwehrende Rituale gepflegt. Dazu gehören beispielsweise das Berühren von Holz oder das Daumendrücken als Glücksbringer. Außerdem gehe ich niemals unter Leitern hindurch, um Unglück zu vermeiden, klopfe auf Holz, um das Schicksal nicht herauszufordern, und werfe Salz über die linke Schulter, um böse Geister zu vertreiben. Der Gedanke daran, an jenen Unheil bringenden Ort ausgerechnet nach 13 Jahren – eine absolute Unglückszahl für die meisten Menschen – zurückzukehren, brachte mich beinahe dazu, die Mail zu löschen und keinen weiteren Gedanken daran zu verschwenden.

Da aber weit und breit kein Plan B in Sicht war, wurde mir klar, dass ich jetzt nicht wegen unbegründeter und irrationaler Gefühle das Handtuch werfen sollte, sondern alle Bedenken in den Wind schlagen musste. Also berührte ich Holz, drückte alle verfügbaren Daumen, kippte etwas Salz auf den Tisch und warf die Körnchen über meine linke Schulter, bevor ich dem Absender antwortete. (Die Tatsache, dass ich euch all dies in Kapitel 13 verrate, ist übrigens purer Zufall, und jegliche andere Gedanken, die ihr oder ich haben könntet, sind bloß übernatürlicher Blödsinn.)

Die in spiritueller Hinsicht beunruhigende E-Mail kam von einem jungen Unternehmer aus Hamburg namens Detlef, der zusammen mit seinem Kollegen Alexander ein neues Kunst- und Musikfestival auf der und um die Reeperbahn herum aufziehen wollte. Er hatte mir geschrieben, dass ihm meine unglückliche Verbindung zu Europas wohl berüchtigtster Rotlichtmeile bewusst sei, er aber hoffe, dass ich die Vergangenheit ruhen lassen und eine Rede bei der Eröffnungszeremonie halten könne. Da ich ein Publikum lieber unterhalte, als eine Rede zu halten, lehnte ich jenes Angebot freundlich ab, bot aber stattdessen an, ein Showcase mit Livebands und lockeren Interviews zu moderieren, die täglich während des Festivals stattfinden könnte. Detlef gab der Idee grünes Licht und bot mir drei Shows an, und so arbeiteten mein neuer Berliner Kumpel John und ich ein einfaches Format aus und tauften es *Ray's Reeperbahn Revue*.

Seit jenem katastrophalen Abend im Mai 1996, der mein Leben verändert hatte. war ich nicht mehr in Hamburg gewesen, und obwohl ich mehr als nur ein wenig besorgt war, an den Ort des Verbrechens zurückzukehren, freute ich mich sehr, als ich erfuhr, dass die Shows im prunkvollen Schmidt Theater stattfinden sollten. Dieser legendäre Saal befand sich nur wenige Meter von dem Ort entfernt, wo ich vor Jahren mehr oder weniger implodiert war, aber der Kontrast hätte nicht stärker sein können. Statt auf einem notdürftigen Podest im bitterkalten Regen umherzutänzeln, würde ich auf den Brettern einer legendären Bühne stehen und einem freundlichen und zivilisierten Theaterpublikum entgegentreten anstatt aufgebrachten, barbarischen Bierwerfern.

Als der Abend der Eröffnung anstand und die erste Show losgehen konnte, stand ich im Backstage-Bereich und war nervös, aber auch zuversichtlich, während draußen aus der PA-Anlage des Theaters die Eröffnungsmusik ertönte (die Melodie von *Stingray*, einer Fernsehsendung, die ich als Kind geliebt hatte). Das Adrenalin floss mal wieder durch meine Adern, und so schritt ich hinaus auf die Bühne des Schmidt Theaters, mit breitem Lächeln, die Arme ausgestreckt und mit erhobenem Haupt. Als die Musik vorbei war, hielt ich mir wegen der Scheinwerfer, die meine triumphale Rückkehr auf die Reeperbahn in grelles Licht tauchten, die Hand über die Augen und blickte in den großen Saal. Als Erstes genoss ich den Ausblick auf die tollen Samtbezüge der Sitze, aber gleich drauf rutschte mir das Herz in die Hose, als ich bemerkte, dass die meisten Plätze im Theater leer geblieben waren. Etwa 50 Zuschauer lächelten mich an, und ich müsste lügen, wenn ich leugnen würde, dass es mir anfangs nicht ein wenig peinlich gewesen wäre, dass mich nur so wenige Leute in Action sehen wollten. Dieses kleine Publikum war für mich ein weiterer Beweis, dass meine Karriere ein für alle Mal vorüber war. Mit Johns Stimme und seinen positiven Worten der Aufmunterung in meinem Ohrhörer, blieb ich ruhig und zog mein Programm durch. Schließlich waren diese 50 Leute wegen mir gekommen, und auch die Bands, ein wichtiges Element dieses Events, waren vor Ort, deshalb war es meine Pflicht als Profi, dafür zu sorgen, dass niemand diese Entscheidung bereute, und ihnen eine Show zu bieten, die sie nie vergessen sollten. Offenbar lief es an dem Abend recht gut, denn am nächsten Tag hatte sich die Zuschauerzahl allein durch Mundpropaganda verdoppelt, und am letzten Abend hatte sich diese Zahl wiederum verdoppelt. Auch wenn das Theater damit immer noch nur halb voll war, war diese ganze Sache für mich ein großer Spaß, und ich wusste, dass wir auf einem guten Weg waren.

Im folgenden Jahr wurde ich erneut eingeladen, und seitdem findet *Ray's Reeperbahn Revue* jedes Jahr statt. Trotz dieses holprigen Starts ist die Show zu einem großen Erfolg geworden, und mittlerweile haben wir das Glück, jeden Abend vor ausverkauftem Haus auftreten zu dürfen.

Zurückblickend kommt mir jene Woche in Hamburg wie meine Wiedergeburt vor, bei der ich endlich die Hamburger Dämonen besiegen konnte, die mich nach all den Jahren immer noch verfolgt hatten. Wie ein Phönix war ich aus der Asche emporgestiegen und erreichte von diesem Moment an neue Höhen, in professioneller wie persönlicher Hinsicht.

Kapitel 13 war also gar nicht so unglückselig wie gedacht. So viel zur Triskaidekaphobie.

KAPITEL 14

Renaissance Ray

Nach meiner Wiedergeburt in Hamburg begann im Sommer 2009 sozusagen der Brauprozess meines neuen Lebens, passenderweise mit ein paar belgischen Bieren. Eine flämische Produktionsfirma engagierte mich als Komoderator für eine zehnteilige Dokuserie über belgisches Bier mit dem Titel *Tournée Générale*.

Damals wusste ich so gut wie nichts über den altehrwürdigen goldgelben Gerstensaft, bis dahin hatte ich bloß endlos viele abgestandene Pints in verrauchten Pubs getrunken, um dem typischen Lebenswandel eines Engländers gerecht zu werden. Mein alkoholhaltiges Lieblingsgetränk bestand eher aus gegorenen Trauben als aus Gerste, Hopfen und Malz, aber über diese Präferenz sah ich natürlich hinweg, da ich bei diesem Job fürstlich fürs Biertrinken bezahlt werden würde. In der Serie sollte ich einen neugierigen Touristen spielen neben einem bekannten belgischen Musiker, Produzenten und Bierkenner namens Jean Blaute. Mit Jean verstand ich mich auf Anhieb – ein freundlicher und lustiger schmaler Kerl –, und so durfte ich zwei Monate lang mit einer der besten Crews, mit denen ich jemals zusammengearbeitet habe, in einem alten VW-T2-Bulli durch ganz Flandern reisen, um alle möglichen Sorten (größtenteils) schmackhaften Bieres mit vielen wundervollen Menschen zu trinken. Jedenfalls sah es im Fernsehen so aus – in Wirklichkeit tranken wir nur einen kleinen Schluck von den jeweiligen Bieren. Dass unsere Gläser am Ende der jeweiligen Aufnahme leer waren, lag an einem durstigen Tonmann (Pascal, ein echt feiner Kerl) sowie an einem geschickten Bildschnitt. Was die Fahrten betraf, so übernahmen Produktionsassistenten die langen Strecken – wir saßen nur für die Nahaufnahmen am Steuer. Bei den meisten dieser Einstellungen saß Jean am Lenkrad und kämpfte mit der schwergängigen Schaltung und einer extrem eingeschränkten Sicht, da vor der Windschutzscheibe eine große Fernsehkamera montiert war, an der man kaum vorbeischauen konnte. Das Ganze war ziemlich surreal und oft auch unglaublich lustig, da diese Segmente bewusst aus dem Stegreif gedreht wurden, und Improvisieren macht immer besonders Spaß, wenn man einen guten Sparringspartner an seiner Seite hat, was Jean durchaus war. Die Serie war großartig gedreht, meisterhaft geschnitten und wurde zu einem großen Erfolg auf VRT, dem flämischen öffentlich-rechtlichen Fernsehen. Sie war sogar so beliebt, dass gleich im Anschluss eine zweite Staffel in Auftrag gegeben wurde, die zum Katalysator für meine Rückkehr nach Belgien werden sollte.

Zuerst sträubte ich mich gegen die Vorstellung, wieder dorthin zu ziehen, weil mein persönlicher »Code de la Route« mich anwies, dass ich, wenn ich vorwärtskommen wollte, niemals zurückschauen sollte. Nachdem ich aber ein wenig darüber nachgedacht hatte, überzeugte ich mich selbst davon, dass eine Rückkehr nicht zwangsläufig ein Rückschritt sein muss, und dass man sich auch auf bekanntem Terrain weiterentwickeln kann.

Also packte ich meine Sachen in Berlin und zog von der Spree an den Fluss Schelde in Antwerpen – einer kleinen Stadt, die sich für eine große hält. Und so wusste ich, dass ich dort ein mittelgroßer Fisch in einem kleinen Teich sein würde und nicht die orientierungslose kleine Pfrille, die ich in den letzten Jahren gewesen war.

Während der Dreharbeiten zur zweiten Staffel der Bierreise passierte etwas recht Unerwartetes: Ich wurde zwei Blonden vorgestellt und verliebte mich Hals über Kopf in beide. Bevor ihr jetzt voreilig den Schluss zieht, dass ich eine polyamouröse Beziehung führe, sollte ich klarstellen, dass ich mich zum einen ganz in ein kühles Blondes verliebte, ein exquisites belgisches Bier namens Omer, und zum anderen in eine wundervolle belgische Frau namens Lilith. Das kühle Blonde war das wohl leckerste Bier, das ich jemals getrunken habe, und die kühne Blonde war ganz einfach diejenige, nach der ich immer gesucht hatte. Zum Zeitpunkt des Schreibens sind Lilith und ich knapp drei Jahre zusammen, und ich hatte noch keine Beziehung gehabt, in der sich alles so perfekt anfühlte.

Mittlerweile hat sich der Kreis geschlossen, ich habe die Liebe meines Lebens gefunden und erlebe eine graduelle, recht deutliche Wiederbelebung meiner Karriere. Für den Flämischen Rundfunk habe ich eine weitere Staffel von *Tournée Générale* abgedreht, ich habe eine wöchentliche Radiosendung auf dem französischsprachigen Sender RTBF moderiert, war mit einer Liveshow namens *Ray's Guesthouse* auf einer kurzen, aber ausverkauften Tour durch Deutschland, und habe mich einer ganz neuen Herausforderung gestellt, indem ich ein überraschendes Angebot angenommen habe – bei einer der größten Shows der Fernsehlandschaft. Ich wette, ihr hättet so was nicht von mir erwartet, stimmt's? Na ja, ehrlich gesagt, das hätte ich auch nicht.

KAPITEL 15

You Gotta Be in It to Win It

In der Antike verkündete ein griechischer Philosoph namens Heraklit: »Nichts ist so beständig wie der Wandel.« Natürlich sprach er vom Universum, aber sein Gedanke trifft auch auf mich zu, besonders auf meine dauernd wechselnde Umgebung. Die ständigen Umzüge, meistens aufgrund meines Strebens nach beruflicher Zufriedenheit, waren immer Segen und Fluch zugleich. Einerseits bedeutete dies, dass ich viele verschiedene Orte und die unterschiedlichsten Menschen kennenlernen durfte, aber andererseits hat es auch dafür gesorgt, dass ich keine beständige, verlässliche Community um mich herum aufbauen konnte. Aufgrund meiner Reiselust sind meine Freunde und Familie mittlerweile über den ganzen Erdball verstreut, und oftmals wünschte ich, sie würden bloß um die Ecke wohnen und hätten Zeit für ein spontanes Dinner oder einen Drink. Da ich mittlerweile Mitte 50 bin, habe ich mir ernsthaft vorgenommen, dieses Verhaltensmuster zu beenden und den Teufelskreis zu durchbrechen. Nach all den Jahren habe ich mittlerweile Sehnsucht nach einer festen Adresse, nach einem Ort, an dem ich mich niederlassen und den ich als mein Zuhause bezeichnen kann. Für mich bedeutet das konkret, die Stadt zu verlassen und nach dem Ideal zu streben, das ich immer vor Augen hatte, und zwar in der Sonne zu leben, am Meer.

Bis vor Kurzem hatte ich immer das Verlangen, irgendwann mal in Südfrankreich zu leben, aber diese Idee habe ich mehr oder weniger aufgegeben – ich habe gemerkt, dass eine starke Community in meinem Umfeld für mein Glück von größter Bedeutung ist, und mir ist bewusst geworden, dass jene gleichgesinnten Seelen, die ich suche, nicht an der Côte d'Azur wohnen. Ganz abgesehen davon, könnte ich mir einen Wohnsitz dort sowieso nicht leisten. Mein neues Wunschziel ist Ibiza, eine Idee, die vor einigen Jahren Gestalt annahm, als Lilith und ich ein paar Freunde auf der Insel besuchten, die dort das ganze Jahr über wohnen. Bis dahin hatte mich eine Reise auf die Baleareninsel nicht gereizt, da Ibiza in meinen Augen ein Ort war, der einzig von technowütigen Irren belagert wurde, die ihre sorgenfreie Jugend auslebten, indem sie sich in einem Nachtclub total zudröhnen und bis zum Morgengrauen verrückt tanzen, dann den ganzen Tag lang schlafen, bevor sie zum Sonnenuntergang wieder aufstehen, in einer Lounge chillen und schließlich das ganze Programm von Neuem starten. Sollen sie tun, was sie glücklich macht, aber meiner Vorstellung von einem Urlaub in der Sonne entsprach das nicht wirklich. Meine Freunde versicherten mir aber, dass das nicht die ganze Wahrheit war, obwohl es diesen saisonal stattfindenden Unfug tatsächlich gab. Nach den Anweisungen meiner Freunde und dank Liliths Abenteuerlust und Erkundungsdrang – ich hingegen neige dazu, mir einen (FKK-)Strand zu suchen, der mir gefällt und zu dem ich immer wieder zurückkehre – reisten wir im Laufe eines Monats einmal rund um die Insel. Besonders begeisterte uns die Schönheit des weniger bekannten Nordens, und die tiefer gehenden menschlichen Beziehungen, die wir während unseres Aufenthalts eingingen, prägten uns sehr. Ich bin kein religiöser Mensch (obwohl ich, wenn ich muss, zugeben würde, ein flüchtiges Interesse an Modernem Heidentum gehabt zu haben), aber ich betrachte mich als spirituellen Menschen (auch wenn ich, wenn ich müsste, nicht mal genau definieren könnte, was das bedeutet). Viele jener tollen Menschen, die wir auf Ibiza kennengelernt hatten, bezeichneten die Insel enthusiastisch als magischen, mystischen Ort, wo ich mich meiner Spiritualität widmen und sie entwickeln könnte. Okay, einige dieser enthusiastischen Menschen waren New-Age-Gurus und besessene Yogis, die mich sicherlich auf Dauer auf die Palme bringen würden, aber ihre Worte fanden Anklang bei mir. Zwei Jahre sind nun um, und es ist immer noch nicht entschieden, ob Lilith und ich irgendwann nach Ibiza ziehen werden oder nicht, da mittlerweile auch Mallorca auf die Wunschliste gekommen ist, und ehrlich gesagt, kann ich den Süden Frankreichs immer noch nicht so ganz vergessen. Im nächsten Jahr müssen wir uns mal wieder intensiv damit beschäftigen, und eines habe ich auf meinem Weg gelernt: Was immer wir auch für eine Entscheidung treffen werden, sie wird zu dieser Zeit die richtige sein.

Ihr fragt euch sicherlich schon, warum ich so sehr abschweife und euch nicht von dem neuen und unerwarteten Fernsehjob erzähle, den ich am Ende des vorherigen Kapitels erwähnt habe. Nun, liebe Leser, es war während meines Wonneurlaubs auf Ibiza – in Einklang mit der Natur und im Bewusstsein, dass die Göttlichkeit uns allen innewohnt –, als ich den Anruf bekam, der alles ändern sollte. Wieder einmal.

Ein Produzent namens Geert wollte wissen, ob ich Interesse daran hätte, Jurymitglied bei *Belgium's Got Talent*, der brandneuen flämischen Version von *Got Talent* – im deutschen Fernsehen heißt die Show *Das Supertalent* – zu werden, jenem weltweit erfolgreichen Showformat, das der englische Medienmogul Simon Cowell erfunden hat. Die logische Antwort hätte gelautet: »Ja, gern«, aber wie ihr mittlerweile vielleicht mitbekommen habt, läuft es bei mir nie so unkompliziert.

Ich war nie ein Fan von Reality- oder Talentshows, vor allem nicht von denen mit Karaoke-Flair, wo Sänger auftreten in dem Glauben, dass sie Ruhm finden, ja sogar verdienen, indem sie eine durchschnittliche Interpretation eines bekannten Songs raushauen. Klar, jedem Sieger winkt kurzfristiger Erfolg, aber die einzigen wirklichen Gewinner dieser Sendungen sind die Produzenten, der Sender oder der Erfinder des Formats. Jedenfalls zähle ich mich noch zu den Oldschool-Typen und bin der Meinung, dass Möchtegern-Musiker sich ein Instrument schnappen und darauf spielen lernen sollten, bevor sie eine Solo- oder Bandkarriere anstreben und ihren eigenen Sound finden – sei ein Original, keine Kopie. Aber die einzige Talentshow, die ich mir ansah, wenn ich meine Familie in England besuchte, war eben Simon Cowells *Britain's Got Talent*, weil es hier nicht allein um Karaoke ging, sondern leichte Familienunterhaltung für alle geboten wurde – okay, für fast alle. Zuzugeben, dass ich die Sendung hin und wieder mal einschaltete, war eine Sache, aber wahrhaftig bei dem Spektakel mitzuwirken war etwas ganz anderes. Was meine Arbeit betrifft, so bin ich immer einem moralischen Kodex gefolgt, einem einfachen Grundsatz, bei dem ich folgende Dinge beachtete: Ich nahm nur Arbeit an, die ich herausfordernd oder interessant fand, ich ließ die Finger von Reality-TV- und billigen Gameshows, und ich achtete darauf, niemals mit Arschlöchern zu arbeiten, egal wie positiv sich diese Arbeit auch auf mein Bankkonto oder meinen Promistatus auswirken würde. Nachdem ich den Großteil meiner Karriere auf holprigen Pfaden gewandelt war, kam hier nun die Einladung zum Mainstream – ich durfte mit den Big Boys spielen. Aber ich befürchtete, wenn ich mich dafür entschied, letztendlich doch meine Seele zu verkaufen. Dieses Angebot war durchaus eine große Herausforderung, und die Rolle als Juror interessierte mich, also beschloss ich, nachdem ich die Produktionscrew kennengelernt und mich vergewissert hatte, dass keine Wichser an Bord waren, dass dieser Schritt gut für meine Karriere und auch für mein Bankkonto sein würde. Und abgesehen davon, hörte es sich auch nach einer Menge Spaß an. Bis zu dem Zeitpunkt im Jahr 2012, als ich bei *Belgium's Got Talent* unterschrieb, hatte ich eigentlich nie nach den Regeln gespielt, aber auch der beste Moralkodex muss immer wieder neu bewertet werden und entwickelt sich weiter, so wie jeder vernünftige Mensch.

Beim ersten offiziellen Meeting wurde ich erst einmal dem Team vorgestellt. Der Moderator der Sendung war Koen Wauters – der Leadsänger der bekannten belgischen Band Clouseau und auch einer der angesagtesten Fernsehmoderatoren in Flandern. Zuerst fand ich ihn ein wenig distanziert und gab ihm insgeheim den Spitznamen »King Koen«, aber als ich ihn besser kennenlernte und sein erstklassiges Handling der Teilnehmer und der Show mitbekam, mochte ich ihn immer mehr und bewunderte seine beeindruckenden Talente. Meine zwei Jurykollegen waren Karen Damen, Sängerin der erfolgreichen Girlgroup K3, die vornehmlich Kinder als Zielgruppe hatte, sowie Rob Vanoudenhoven, ein leidenschaftlicher Fernsehmoderator, der mindestens genauso lang im Geschäft ist wie ich. Obwohl in ihrem Heimatland ein Superstar, war Karen sehr bodenständig und hatte ein sehr lebhaftes Wesen, und Rob war ein wahrer Gentleman, der mich mit seinen unendlichen Geschichten immer zum Lachen brachte. Natürlich wird bei diesen Shows die Jury vom Produktionsteam zusammengestellt, und das Resultat live im Fernsehen kann manchmal gezwungen wirken sowie jegliche wahre Chemie vermissen lassen, aber dieses Casting war ein Geniestreich, da wir drei bestens harmonierten.

Die anderen Profis, die bei jenem Meeting anwesend waren, gehörten zu der Produktionsfirma Fremantle Belgium, und ein sogenannter »Flying Producer« von Fremantle UK war auch anwesend, um dafür zu sorgen, dass wir uns strikt an Simon Cowells ursprüngliches Showformat hielten. Ich freute mich, war aber auch ein wenig skeptisch, da ich annahm, dass meine Rolle in der Show genauso choreografiert sein würde wie die Show selbst, mit geschriebenen Gags und vorbereiteten witzigen Kommentaren. Aber sehr zu meiner Überraschung (und Erleichterung) lief bei *Belgium's Got Talent* alles nach dem Motto: »What you see is what you get« – alles war echt. Die Juroren mussten nur ein paar grundlegende Regeln beachten: Bedenke, dass der Zuschauer der vierte Juror ist; benutze den lauten roten Buzzer bei Kindern und Tieren nur mit Vorsicht, da sie dadurch traumatisiert werden können; habe eine eigene Meinung und sei immer du selbst. Es gab also diese mehr als vernünftigen Richtlinien, und ansonsten wurde ich ermuntert, nach meinen eigenen Regeln zu spielen. Angemerkt sei, dass ich mich nicht als Experte für irgendeine Sache abgesehen von der Kunst der Unentschlossenheit (in der ich ein absoluter Meister bin) betrachte, und von Anfang an fragte ich mich, ob ich tatsächlich der Richtige sei, um anderer Leute Talent zu beurteilen. Diese Frage brachte ich sogar gleich bei jenem ersten Zusammentreffen auf den Tisch, und das Produktionsteam sagte mir, dass meine Vergangenheit meine Position in der Jury rechtfertige und dass ich meine Glaubwürdigkeit in dieser Rolle niemals infrage stellen solle, weil die Zuschauer dies sonst auch tun würden. Als mir also bewusst wurde, dass die Juryarbeit gänzlich natürlich ohne Produzenteneinfluss oder Sendervorgabe über die Bühne gehen sollte, betrachtete ich die Aufgabe als große Verantwortung und nahm den Job sehr ernst.

Manchmal war es schwierig, irgendetwas Cleveres, Hilfreiches oder Bedeutungsvolles zu Acts oder einzelnen Personen zu sagen, die an ihr Talent glaubten, obwohl sie offensichtlich gar keines hatten – aber ich gab immer mein Bestes, sie wieder sanft auf den Boden der Tatsachen zurückzuholen. Obwohl ich mir sicher bin, dass manche Journalisten mich gern als typisch zynischen und großmäuligen Juror gesehen hätten, hatte ich nie Interesse daran, ihnen diesen Wunsch zu erfüllen, und blieb mir einfach treu. Ich hielt mir immer vor Augen, dass für die meisten der Teilnehmer ein Traum in Erfüllung ging und dass es für sie ein ziemlich weiter Weg bis in die Show gewesen war. In dem Moment, als sie zum ersten Mal die Sender-Website angeklickt hatten, hatte das Spiel begonnen. Zuerst hatten sie auf die Anzeige im Internet geantwortet, dann hoffnungsvoll auf eine Antwort gewartet. Als diese kam, wurden sie zu den Castings jenseits der Kameras sowie im Beisein der Produzenten eingeladen und hofften auf eine Einladung zu den öffentlichen Vorsprechen. Nachdem sie dies geschafft hatten, harrten sie den ganzen Tag lang in dem Veranstaltungssaal aus, bis ihre Zeit kam und sie ihr Talent in den zwei Minuten, die ihnen zur Verfügung standen, auf der Bühne präsentieren durften, vor drei Juroren, einem großen Saalpublikum sowie über einer Million Fernsehzuschauer – für belgische Verhältnisse eine ganze Menge. Als sie dann ihr Bestes gegeben hatten, mussten sie hoffen und beten, dass wenigstens zwei der Juroren für sie stimmten, damit sie die nächste Runde erreichten. Karen, Rob und ich mussten uns bloß zwischen »Ja« und »Nein« entscheiden – wie nervenaufreibend es für die Teilnehmer sein musste, »gewöhnliche« Leute, die ungewöhnliche Dinge taten, konnte ich nur erahnen.

Für die Zuschauer wurde ich zu dem Jurymitglied, das immer ehrlich, aber nie grausam war, und obwohl meine nüchterne Attitüde gelegentlich für eine abfällige Bemerkung oder Buhrufe von einem Familienmitglied, das im Publikum saß, sorgte, nahm ich dies nie persönlich, denn immerhin spielte ich bloß meine Rolle in einem Stück Fernsehtheater. Das Studio, in dem wir die Sendung drehten, war tatsächlich ein Theater, in dem ein aus etwa 1.000 Personen bestehendes Publikum für eine tolle Atmosphäre sorgte. Das Chaos hinter der Bühne – eine Vielzahl von Teilnehmern, Kameracrews, Technikern, Roadies und gestressten Produktionsassistenten, die wie aufgescheuchte Hühner durcheinanderliefen – wurde in freundlicher, familienähnlicher Manier von Nele gemanagt, einer der liebenswürdigsten Produzentinnen, mit denen ich jemals zusammengearbeitet habe. Der Leiter der Show und gleichzeitig mein Boss, Geert, war ein Genie und wusste genau, wie er das Beste aus mir herausholen konnte. Dies ist im Laufe meiner Karriere nur sehr selten der Fall gewesen, aber immer wenn ich mit Produzenten oder Regisseuren zusammenarbeite, die ich bewundere und respektiere, nehme ich ihren Input und ihre Ratschläge gern an. Hart zu arbeiten, um ihren Respekt zu bekommen, hilft mir, mich zu verbessern.

Wenn ich nicht auf meinem Jurystuhl saß, schwirrten Kameracrews um mich herum und filmten jeden meiner Schritte, wobei ein Reporter mir ständig Fragen stellte, auf die ich geistreiche Antworten geben musste. Noch nie zuvor war ich Teil einer Fernsehproduktion gewesen, bei der man mir so nah auf die Pelle gerückt war, aber ich muss auch sagen, dass ich Realityshows bis dahin noch nicht hautnah miterlebt hatte. Auch wenn ich gelegentlich hoffte, dass man mich mal für eine Weile in Ruhe lassen würde, freute ich mich jede Woche aufs Neue auf den von Kameras begleiteten Lauf durch die Backstage-Flure, wenn wir Juroren uns für die Liveshow auf den Weg zur Bühne machten und die jubelnde Menge im Saal hörten, die von einem fleißigen Animateur auf die richtige Betriebstemperatur gebracht worden war. Es war ein unglaublich bestärkendes Gefühl, die Arena zu betreten, während Koen jeden Einzelnen von uns unter großem Publikumsjubel ankündigte – ein Adrenalinschub, den man nur bei großen TV-Events dieser Art bekommt. Auf dem Bildschirm wirkte die Show spektakulär, so als habe sie ein großes Budget (obwohl sie das nicht unbedingt hatte), und das Storytelling war aufgrund des hervorragend aufbereiteten Filmmaterials superb.

Bei den zwei Staffeln, an denen ich bisher mitgewirkt habe, war die Vielfalt der Darbietungen selbst sehr bemerkenswert und der Standard viel höher, als ich von diesem kleinen Land erwartet hatte. Die Auswahl an Künstlern deckte genau die Kategorien ab, die man bei solch einer Show erwarten würde, aber unter den Tänzern, Akrobaten, Sängern, Athleten, süßen Kindern, Zauberern, Comedians und dressierten Tieren gab es ein paar echte Überraschungen. Zu denen, an die ich mich am besten erinnern kann, gehören eine 80-jährige Oma, die stolz und dynamisch ihre Yogafähigkeiten zur

Schau stellte, zwei blinde Musiker, die eine unglaublich positive Einstellung hatten und ihre eigenen mitreißenden Songs präsentierten, ein Businessman mittleren Alters in grauem Anzug und mit dickem Bauch, der ein paar ungewöhnliche und sehr lustige Dancemoves hinlegte, die seine Kinder ihm beigebracht hatten, ein cooler Alternativer, der keine Angst davor hatte, anders als alle anderen zu sein und mit wortgewandter Slam-Poetry überzeugte, sowie ein exzentrischer Stadtschreier, der in drei Minuten mit dem Mund so viele Weintrauben wie möglich fangen wollte, um den Weltrekord zu brechen (was er auch schaffte, und zwar mit beeindruckenden 223 Trauben, die es nun zu schlagen gilt). Keiner dieser Menschen konnte die Show gewinnen (wie man sich schon denken kann, wählten die Zuschauer bei beiden Staffeln jeweils einen Sänger zum Sieger), aber abgesehen von den blinden Jungs hatte auch keiner von ihnen wirklich einen Sieg erwartet; sie waren nur gekommen, um ein wenig Spaß zu haben, und es war toll, sie bei diesem ungewöhnlichen Gemisch an Talenten dabeizuhaben.

Ich bin stolz auf die Show und auf meine Rolle darin, und ich freue mich, verkünden zu können, dass meine Teilnahme an der dritten Staffel von *Belgium's Got Talent* im Jahr 2015 kürzlich bestätigt wurde. Da das Schicksal mir diese großen Shows vor die Füße geworfen hat, habe ich letztendlich akzeptiert, dass es für mich möglich ist, mich an Regeln zu halten und trotzdem nach meinen eigenen Regeln zu spielen.

Eines ist jedoch sicher – Belgien hat tatsächlich ein gewisses Talent, nämlich mir Arbeit zu geben, und ich habe mir vorgenommen, das Beste daraus zu machen. Wenn ich weiterhin Teil des Teams sein will (was ich durchaus will), dann hat es keinen Sinn, als unbeteiligter Außenstehender zuzusehen. *You gotta be in it to win it* – man muss mitmachen, um zu gewinnen.

Epilog

Im Durchschnitt leben wir alle länger als vorherige Generationen, und meiner Meinung nach stimmt das alte Sprichwort »Das Leben beginnt mit 40« einfach nicht mehr. Der dritte und letzte Akt des Lebens beginnt zwischen dem 50. und 60. Lebensjahr, was in meinem Fall bedeutet, dass der Beginn dieses Aktes kurz bevorsteht.

Anders als viele andere Männer interessiere ich mich nicht besonders für Fußball (die großen internationalen Spiele mal ausgenommen), aber in meinen Augen ist das Leben selbst wie ein Fußballmatch – ein Spiel mit zwei Halbzeiten. In der ersten Hälfte meiner Zeit auf unserem wundervollen Planeten habe ich mein Team zusammengestellt und bin gegen andere Spieler angetreten, habe versucht, so viele Tore wie möglich zu schießen – ohne echte Strategie, nur mit der Entschlossenheit, nach den eigenen Regeln zu spielen. Heute, da die zweite Halbzeit begonnen hat, habe ich aus meinen früheren Fehlern gelernt, deshalb ist es auch an der Zeit, ein paar Wechsel vorzunehmen und mein Spiel zu verbessern. Wenn ich Glück habe (Daumen gedrückt, auf Holz geklopft), werde ich noch viel Zeit haben, bei Bedarf weitere Änderungen in meinem Team vorzunehmen, falls nötig an mir zu feilen, den Spieler, der ich mal war, zu vergessen und mich damit anzufreunden, wer ich heute bin, um glücklich und zufrieden alt zu werden, bevor der Schiedsrichter das Spiel endgültig abpfeift.

So bleibt mir hier, im letzten Kapitel meiner Autobiografie, nur noch eine Sache zu erledigen: ein emotional zufriedenstellendes Ende der Geschichte zu präsentieren. Doch das ist, wenn alles gesagt und getan ist, einfacher gesagt als getan. Andererseits ist alles einfacher getan, sobald man es gesagt hat.

Jeder denkende Mensch sucht nach einer eigenen Identität; mein Problem ist, dass ich mit zwei Persönlichkeiten umzugehen habe – einer öffentlichen und einer privaten. Was die erste angeht, kann ich offen und ehrlich sagen, dass ich heute mehr oder weniger zufrieden mit meinem beruflichen Weg und dem, was ich erreicht habe, bin. Mir ist klar, dass die meisten Leute mich immer noch von meiner Arbeit für MTV vor knapp zwei Jahrzehnten kennen, und darauf bin ich auch stolz, allerdings war es bis vor wenigen Jahren ein Problem für mich. Lange Zeit machte mir die Tatsache zu schaffen, dass ich diesen wundervoll chaotischen Fernsehtrip oder sogar jenen Erfolg von damals nie wieder erleben würde – nicht nur weil ich nicht nach den Spielregeln gespielt habe, sondern auch weil sich das Spielfeld seit den Neunzigern so drastisch verändert hat. Als ich akzeptiert hatte, dass diese glorreichen MTV-Zeiten eine einmalige Erfahrung waren, an der ich glücklicherweise teilhaben durfte, und mich einfach von dem Gedanken verabschiedet hatte, diese schwindelerregenden Höhen noch einmal erreichen zu wollen, konnte ich es schließlich genießen, kleinere Brötchen zu backen. Nach etwa 30 Jahren ohne das, was mein Dad einen vernünftigen Job nennen würde, merke ich, dass ich mich glücklich schätzen darf, Geld mit dem zu verdienen, was ich liebend gern tue, und dafür bin ich sehr dankbar.

Was meine private Persönlichkeit angeht, so fühle ich mich immer wohler in meiner älteren Haut, ich spüre, dass die spirituelle Seite meines Wesens immer mehr an Bedeutung gewinnt (auch wenn ich nicht mal wirklich sagen könnte, was das genau bedeutet), und irgendwie freue ich mich ein bisschen über die Tatsache, dass ich ein wenig unangepasst bin. Damit meine ich, dass ich nicht den gängigen Klischees der Männer in meinem Alter entspreche und mich auch nicht einer einzigen bestimmten Ideologie hingebe, wie man Glückseligkeit erreicht. New-Age-Weisheiten besagen, dass der wahre Weg zu Zufriedenheit und Seelenfrieden über die sieben Naturgesetze des Universums führt, aber auch wenn ich dies für einen vernünftigen Ansatz halte, besteht das Problem dieser (sehr trendigen) Lehre für mich darin, dass sie sich für einen alten

Punk wie mich zu hippiemäßig anhört. Unterm Strich beziehe ich mein Wissen und Orientierungshilfen aus den unterschiedlichsten Quellen, und ich werde mir auch weiterhin das für mich Passende heraussuchen und mir meinen eigenen Weg bahnen, so wie ich es immer getan habe.

Meine Autobiografie zu schreiben war ein allumfassender Prozess und das schwierigste und herausforderndste Abenteuer, auf das ich mich jemals eingelassen habe. Indem ich mich zwang, mich mit mir selbst zu beschäftigen, hinterfragte ich nicht nur, wer ich bin, sondern auch wer ich sein will. Man sagt ja, um zu wissen, wo man hinwill, muss man wissen, wo man herkommt. Und da ich diese Aufgabe nun hinter mich gebracht habe, kann ich mein Schiff beruhigt zu einer Insel der Zufriedenheit steuern und dort vor Anker gehen. Zwar liegen noch ein paar Seemeilen vor mir, aber mit all meiner Erfahrung sowie mit Lilith an meiner Seite – dem wunderbarsten, verständnisvollsten Menschen, der mir je begegnet ist, und der liebenswürdigsten, verspieltesten Partnerin, die ich jemals hatte – sehe ich wie nie zuvor, dass auf einmal alles Sinn ergibt; ich muss nur mein hyperaktives Gehirn zügeln und meine weit gereiste Seele irgendwo niederlassen.

Von allen Lektionen, die ich auf meinem Weg gelernt habe, ist die wohl wichtigste, den Moment zu leben, und gerade jetzt, in diesem Moment, ist es an der Zeit, einen Schlussstrich unter die Vergangenheit zu ziehen und sich wieder der Zukunft zu widmen, da ich das nächste Kapitel nicht beginnen kann, solange ich mich immer wieder mit dem letzten beschäftige. Um ehrlich zu sein, hatte ich während dieses mühsamen und epischen Buchtrips manchmal das Gefühl durchzudrehen, aber da es nun endlich vorbei ist, sind die Stimmen in meinem Kopf laut und deutlich, in einer mir verständlichen Sprache sagen sie:

»Okay, allesamt, legen wir los ... auf dich, Ray – DAS LEBEN in fünf, vier, drei, zwei, eins ...«

Deleted Scenes

Die folgenden MTV-Geschichten sind leider der Schere zum Opfer gefallen und tauchen hier nur aus dem Grund auf, dass sie meiner Meinung nach unterhaltsam sind und bei euch ein Lächeln auf dem Gesicht hinterlassen werden – was mir generell sehr wichtig ist.

MOST Hypocritical – Die Heuchler

1989 arbeitete ich zusammen mit einigen amerikanischen VJ-Kollegen auf dem Moscow Music Peace Festival, das die größten Namen des Hardrock und Glam Metal versammelte, unter anderem waren Mötley Crüe, Poison, Ozzy Osbourne, die Scorpions, Skid Row und Bon Jovi dabei. Das Event war Teil einer internationalen Charity-Initiative namens Make A Difference Foundation, die sich für den Weltfrieden einsetzt und damals eine weltweite Kooperation gegen den Drogenkrieg in Russland auf die Beine stellte. Ironischerweise erlebte ich im Backstage-Bereich einen mir bis dahin nicht bekannten Drogen- und Alkoholkonsum, und zwischen verschiedenen egomanischen Musikern und Managern flogen sogar die Fäuste. Ich erinnere mich noch an das besonders bizarre Bild von Sebastian Bach, Leadsänger von Skid Row, der ständig seine Hose runterzog und seine Weichteile entblößte, wann immer er Tommy Lee von Mötley Crüe über den Weg lief, der Gerüchten zufolge den größten Schwanz im Rockbusiness hatte. Da ich nicht genau hingesehen habe, kann ich diese Behauptung weder bestätigen noch dementieren.

MOST Idiotic Idea – Die Schnapsidee

»The Siege« ist der Name eines berüchtigten Vorfalls, der in die Annalen der MTV-Geschichte eingegangen ist. In der Anfangszeit, während wir auf die Fertigstellung unseres brandneuen Hauptquartiers in Camden Town warteten, wurde die gesamte Crew in einem kleinen gemieteten Studio zusammengepfercht, um eine ganze Woche lang Anmoderationen zu filmen. Einer der Bosse hatte die nicht ganz so glorreiche Idee gehabt, alle VJs auf diesem engen Raum zusammenzubringen, damit sie ihre Shows gemeinsam präsentieren konnten, wobei alle so taten, als würden sie den Sender besetzt halten, bis man ihnen eine bessere Arbeitsumgebung bot und die Arbeiten endlich abgeschlossen waren. Was als lustiger und anarchischer Spaß begann, entwickelte sich schnell zu einem Reality-TV-Albtraum, der einer echten Belagerung ziemlich nahekam. Die beklemmende Umgebung gepaart mit dem brutalen Zusammenstoß der Egos führte zu ausufernden Streitereien, ungeheuerlichem Diva-Gehabe und einer wahrlich fürchterlichen Sendung. Zum Glück existieren davon schon lange keine Aufnahmen mehr.

MOST Anarchic – Die Vandalen

Die erste MTV-Weihnachtsparty, die live auf Sendung ging, begann damit, dass verschiedene verkleidete VJs eine absurde Pantomime ablieferten, und endete damit, dass die Gäste – Deep Purple sowie Rik Mayall und Ade Edmondson von der Fernsehserie *The Young Ones* – völlig betrunken anfingen, zu randalieren und das gesamte Studioset zerlegten, inklusive eines geliehenen superteuren Konzertflügels.

Nach diesem unglaublich lustigen, chaotischen Treiben wurden die MTV-Weihnachtsspecials immer im Voraus und unter wesentlich nüchterneren Umständen aufgezeichnet.

MOST Unsportsmanlike – Die Tortur

1992 wurde ich mit einer kleinen Crew für eine Woche nach Barcelona geschickt, um ein paar Ansagen von den Olympischen Sommerspielen zu machen. In typischer MTV-Manier hatten wir mal wieder keinerlei Presseausweise bekommen und so auch weder Zutritt zu den Sportwettkämpfen noch Zugang zu den Athleten. Unser Programm war unglaublich anstrengend, da wir etwa 100 Ansagen pro Tag aufzeichnen mussten. Zu allem Übel verkündete unser Kameramann Simon am Ende des ersten langen Tages, dass sein Equipment kaputt sei und alles, was wir bisher gedreht hatten, unbrauchbar war und neu gefilmt werden müsse. Dies war bei Weitem der schlimmste Außendreh, den ich jemals erlebt habe, und als wir wieder nach Hause zurückgekehrt waren, redeten wir alle kaum noch ein Wort miteinander. Man könnte auch sagen, dass dieser Trip für uns alle eine sportliche Herausforderung gewesen ist.

MOST Revealing – Die Freizügige

Hier geht es um den Vorfall, als die Studiocrew mehr bekam, als sie sich erhofft hatte, während sie die Ansagen einer VJane aufzeichnete. Diese präsentierte gerade eine ihrer wöchentlichen Chartshows auf einem hohen Barhocker sitzend, wobei sie unwissentlich eine ganze Stunde lang ihren Intimbereich entblößte – sie trug keinen Slip, sehr zur Überraschung des immer überaus freundlichen Rob The Cameraman und des ebenfalls immer liebenswürdigen Toby (Wan Kenobi). Beiden war es zu peinlich, etwas zu sagen, aber hinterher amüsierten sie sich köstlich darüber. Übrigens, wer jetzt vorhat, auf YouTube die Suchbegriffe »VJ flashes pussy MTV Nineties« einzugeben, sollte seine Zeit nicht verschwenden. Dieser vielversprechende Ausblick blieb den Fernsehzuschauern sowieso verwehrt, da von den VJs meistens eh nur der Oberkörper als MCU (Medium close-up) gezeigt wurde.

MOST Embarrassing – Die Peinlichkeit

In Cannes hat einmal einer unserer freien Kameramänner der Crew einen Gefallen getan und die Kameras dazu genutzt, die Pornofilme von seinem Hotelfernseher abzufilmen, sie mit nach London zu nehmen und für alle Beteiligten zu kopieren (es gab noch kein

Internet, und an Pornos kam man damals in Großbritannien nur schwer ran). Sehr zur allgemeinen Belustigung der Crew entdeckte man während des Überspielens im Schneideraum die Silhouette des masturbierenden Kameramannes, der sich im Fernsehbildschirm spiegelte.

MOST Cunning Linguist – Der Lernfaktor

Bei diesem Vorfall geht es um ein Zusammentreffen mit der deutschen Hardcore-Pornodarstellerin Katja Kassin, die meines Wissens vielfach für ihre herausragenden Leistungen bei Analszenen ausgezeichnet wurde. Wie so viele andere Leute, die ich im Laufe der Jahre getroffen habe, sagte auch sie mir, dass sie durchs regelmäßige *Most Wanted*-Schauen Englisch gelernt habe. Dies fand ich sehr bizarr, weil ich mich nicht daran erinnern kann, jemals live auf Sendung gesagt zu haben: »Oh ja, Baby, steck ihn mir in den Arsch!«

MOST Unexpected – Die Überraschung

Überraschendes passierte, als ich auf einer After-Show-Party in Kopenhagen zu Gast war, die vom Kronprinzen von Dänemark geschmissen wurde und auf der Kid Creole and The Coconuts als Hausband auftraten sowie Duran Duran und The Prodigy als Gäste anwesend waren. An die Party selbst kann ich mich nicht mehr wirklich erinnern, aber ich weiß noch, wie ich völlig verkatert am nächsten Morgen in der Hotelsauna saß und mich mit Keith Flint über unsere gemeinsame Schwäche für Motorräder unterhielt. Ich war völlig überrascht, von seiner Leidenschaft für Gartenarbeit zu hören. Während bei uns der Schweiß in Strömen floss und die grelle, pinkfarbene Haartönung Keith das Gesicht herunterlief, versuchte ich, mir vorzustellen, wie der wilde Prodigy-Frontman seine Rosen stutzte, und musste mir ein Lachen verkneifen.

Abspann

Dieses Buch, meine erste umfassende Erfahrung als Autor, war eine emotionale Achterbahnfahrt voller Höhen und Tiefen, mit beglückenden Wonneschauern und manchmal auch der puren Angst, wenn ich mich der berüchtigten Schreibblockade ausgesetzt sah. Während des Entstehungsprozesses des Buches habe ich meine Arbeit nur mit drei Menschen geteilt, die mir geholfen und wesentlich dazu beigetragen haben, dieses Buch zu Ende zu bringen. Zuerst danken möchte ich meiner überaus brillanten Lektorin Lilith Berghmans (die zufällig auch meine verehrte Lebenspartnerin ist) sowie meinem coolen und besonnenen Korrekturleser Mark Cokes (der zufällig mein geliebter Bruder ist). Ohne ihre unermüdlichen Bemühungen hätte ich diesen Marathon wahrscheinlich nie beendet, und ich schulde ihnen großen Dank. Auch dem Dritten im Bunde möchte ich meinen Respekt zollen, Thorsten Wortmann, Übersetzer der deutschen Ausgabe meines Buches, der ebenfalls eine sehr geschätzte Hilfe war. Mein Literaturagent Jens Puppe war eine Quelle sehr willkommenen Lobes, und mein Freund Marcel Vanthilt bot mir bei Sturm einen sicheren Hafen, gab mir weise Ratschläge und stellte mir seine Wohnung an der belgischen Küste zur Verfügung, damit ich mich in den letzten Wochen ein wenig abschotten und inspirieren lassen konnte.

Ich möchte mich auch bei folgenden Leuten für die Zusammenarbeit und Unterstützung auf dieser Reise bedanken: Frédéric Antelme, Maurice Amaraggi, Tracey-Lea Barrett, Serge Bergli, Pat Bird, Steve Blame, Tim und Sara Bran, Neil Breakwell, Toby Clifton, Familie Cokes, Dean Corthier, Brian Diamond, John Dunton-Downer, Melanie Ellis, Nina Ferguson, Simon Goddard, Hamish Hamilton, Brent Hansen, Rob Hartt, Dr. Dirk Hendriks, Alan Howard, Simone Hunt, James Hyman, Carola Jung, John Keeling, Mike Kaufman, Nadine Landeck, Robert Lewis, Rob Mansfield, Chris Mansson, Rachel Mansson, Sara Martin, Will Macdonald, Justin Murphy, Liz Nealon, Susie Pearl, Michel Perin, Debbie Phillips, Rob Sawyer, John Sherwood, Ian Stewart, Mary J. Warner und Debbie Woodcock.

Ich danke auch den Webseiten CollinsDictionary.com, Focusatwill.com und Thesaurus.com fürs Bereitstellen von Informationen sowie für ihre beeindruckenden Tools, und den folgenden Orten für ihre Inspiration: Antwerpen und Ostende in Belgien, La Croix-Valmer in Südfrankreich, Agua Blanca auf Ibiza und Kapstadt in Südafrika.

Zu guter Letzt bin ich sehr dankbar, dass ihr euch dieses Buch überhaupt gekauft oder geliehen habt, und ich möchte den zahlreichen Facebook-Freunden und Twitter-Followern sowie allen, die ich jetzt vielleicht vergessen habe, einfach danken für das beständige Interesse an der Arbeit an meinem Buch und die netten Worte der Unterstützung. Für mich war dieses Projekt ein Riesenbrocken, und ich hoffe, dass es euch gefallen hat.

IBIZA

© EDICIONES 07   TEL. 91 632 08 99

516 IBIZA
Two friends
Los dos amigos
Zwer Freunde
Les deux copins

JUNE 2014

Dear Ray,
Still wishing you were here?
Well, forget the reasons why
it won't work and believe the
one reason why it will. Remember,
you don't always need a plan —
sometimes you just need to
trust, let go and see what
happens. Much love, Ray
xJx

RAY COKES
ANTWERP
BELGIUM

www.ediciones07.com

DISTRIBUCION TEL. 656 83 40 36   DISEÑO Y FOTOGRAFIA: HANS LÖHR

Jedes Exemplar dieser Ausgabe ist nummeriert und exklusiv von Ray Cokes handsigniert!

Dieses Buch ist auch in englischer Sprache erhältlich. Bei Interesse wenden Sie sich bitte an Ihren Buchhändler oder besuchen Sie die Website: www.ray-cokes.com

Ray Cokes
MY MOST WANTED LIFE
*Vor der Kamera, hinter der Kamera und überhaupt
Die Autobiografie
Deutsche Ausgabe*

ISBN 978-3-86265-332-4
© Schwarzkopf & Schwarzkopf Verlag GmbH, 2014
Alle Rechte vorbehalten. Dieses Werk ist urheberrechtlich geschützt. Jede Verwendung, die über den Rahmen des Zitatrechtes bei korrekter und vollständiger Quellenangabe hinausgeht, ist honorarpflichtig und bedarf der schriftlichen Genehmigung des Verlages.

Die Originalausgabe erscheint zeitgleich in englischer Sprache unter dem Titel »Ray Cokes: MY MOST WANTED LIFE – On-screen, Off-screen and In-between. The Autobiography« ebenfalls im Schwarzkopf & Schwarzkopf Verlag, Berlin.

Projektkoordination und Übersetzung aus dem Englischen: Thorsten Wortmann
Lektorat der deutschen Ausgabe: Nadine Landeck, Madeleine Lampe

BILDNACHWEIS
Coverfoto und Autorenfoto auf der hinteren Klappe: © Moritz Thau | Bildteil 1: S. 11, Nr. 1 und 3: © VRT. S. 12, alle Fotos: © VTM außer Nr. 2: © Lilith Berghmans. S. 14 oben: © Jo Fischer | Alle MTV-Fotos mit freundlicher Genehmigung von Chris Mansson und MTV Europe | Trotz großer Sorgfalt konnten die Rechteinhaber nicht in allen Fällen ermittelt werden. Es wird gegebenenfalls um eine Mitteilung an den Verlag gebeten.

KATALOG
Wir senden Ihnen gern kostenlos unseren Katalog
Schwarzkopf & Schwarzkopf Verlag GmbH / Abt. Service
Kastanienallee 32 | 10435 Berlin
Telefon: 030 – 44 33 63 00 | Fax: 030 – 44 33 63 044

INTERNET | E-MAIL
www.schwarzkopf-schwarzkopf.de
info@schwarzkopf-schwarzkopf.de